Analysis on the Mechanism of Hazardous Driving Behavior

王俊骅　方守恩　傅　挺　徐文翔　上官强强　著

危险驾驶行为机理解析

同济大学出版社
TONGJI UNIVERSITY PRESS
·上海·

内容提要

本书研究建立在"人-车-路"全要素数据基础上，深入解析了危险驾驶行为的发生发展规律，从危险驾驶行为的定义、表征、意图、先兆、识别、过程、致因、影响、预警及容错等方面全方位介绍了作者在危险驾驶行为方面的研究成果。该成果弥补了既往有关危险驾驶行为研究定义简单、指标单一化的模型缺陷，使研究结果鲁棒性更高、结论针对性更强，为道路基础设施建设、交通控制、行车干预等交通安全技术提供有效依据。

本书可作为高等院校交通安全教学实验与科研的参考书，也适合从事智慧交通或交通工程领域的工作者以及政府相关管理人员阅读。

图书在版编目(CIP)数据

危险驾驶行为机理解析 / 王俊骅等著. -- 上海：同济大学出版社，2023.7

ISBN 978-7-5765-0047-9

Ⅰ.①危… Ⅱ.①王… Ⅲ.①汽车驾驶—安全技术 Ⅳ.①U471.15

中国国家版本馆 CIP 数据核字(2023)第 165679 号

危险驾驶行为机理解析

王俊骅　方守恩　傅　挺　徐文翔　上官强强　**著**

责任编辑 朱　勇　**助理编辑** 王映晓　**责任校对** 徐春莲　**封面设计** 陈益平

出版发行 同济大学出版社　www.tongjipress.com.cn

(地址：上海市四平路 1239 号　邮编：200092　电话：021-65985622)

经　　销 全国各地新华书店

制　　作 南京月叶图文制作有限公司

印　　刷 启东市人民印刷有限公司

开　　本 787 mm×1092 mm　1/16

印　　张 18.25

字　　数 421 000

版　　次 2023 年 7 月第 1 版

印　　次 2023 年 7 月第 1 次印刷

书　　号 ISBN 978-7-5765-0047-9

定　　价 98.00 元

作 者 简 介

王俊骅(1979—):同济大学交通运输工程学院道路与机场工程系教授,博士生导师,同济大学工学博士,澳大利亚纽卡斯尔大学工程系工程管理硕士,美国加州大学伯克利分校访问学者,上海市浦江人才。主要研究方向:道路运营安全、道路应急管理、交通大数据应用。现任道路交通安全与环境教育部工程研究中心秘书长,2017 年获上海市浦江人才,兼任 *International Journal of Transportation Science and Technology* 期刊编委,上海市公路学会安全与环境分会委员。

方守恩(1961—):同济大学交通运输工程学院道路与机场工程系教授,学科方向为交通安全与环境。现任同济大学党委书记,同济大学道路安全与环境教育部工程中心主任;担任“国家道路交通安全科技行动计划”总体专家组组长、“全国预防道路交通事故专家组”组长;担任国家道路交通管理工程技术研究中心副主任,中国智能交通协会常务理事、交通安全专业委员会副主任委员,上海市系统仿真学会理事长,上海市交通工程学会副理事长。

傅挺(1989—):同济大学交通运输工程学院副教授,博士生导师,青年百人 B 岗特聘研究员。2018 年博士毕业于加拿大麦吉尔大学,2020 年入选上海市“海外高层次人才计划”,上海市青年英才扬帆计划。主要研究方向为道路交通安全风险解析与量化辨识,担任国际汽车工程师学会(SAE International)交通安全替代指标研究委员会秘书、决策委员、委员,世界交通运输大会(WTC)交通与空间优化委员会技术委员;担任 *Digital Transportation and Safety* 副主编、《铁道科学与工程学报》青年编委。

徐文翔(1993—)：北京航空航天大学杭州创新研究院助理研究员。长期从事交通信息与控制、交通安全与管理、大数据挖掘、智能交通系统等方面的研究工作，现阶段致力于低空空域态势、无人机运行管理等低空空域专项研究。近年发表交通领域 SCI、SSCI 及 EI 论文 11 篇，其中一作及共同一作论文共 5 篇，申请发明专利及软著 5 项，获 1 项软著授权。

上官强强(1993—)：加拿大滑铁卢大学博士后研究员，同济大学工学博士，上海市优秀毕业生。研究方向为危险驾驶行为、交通冲突技术、车辆轨迹数据挖掘。近年来在国内外期刊及会议发表论文 20 余篇，参与完成多项国家重点研发计划、国家自然科学基金等科研课题，曾获 2023 年美国交通运输委员会年会最佳青年研究者论文奖和 2022 年加拿大道路安全委员会年会最佳论文奖。

序

自 2015 年以来，我国道路交通事故数和十万人口死亡率下降缓慢，交通安全水平与发达国家相比，仍存在差距。驾驶人因是道路交通事故的重要致因，道路交通事故致因中，与驾驶人相关的因素占比高达 93%。随着道路基础设施建设进程放缓和车辆制造技术趋于成熟，回答好“如何有效保障驾驶人行为安全”这个问题对于突破道路交通安全水平发展瓶颈至关重要。驾驶人的危险驾驶行为是导致交通事故发生的关键，解析驾驶人危险驾驶行为发生、发展及演化机理对提升道路交通安全水平、减少交通事故和伤亡具有重大意义。

危险驾驶行为研究一直是国内外道路交通安全领域研究者们关注的热点问题。由“人-车-路-环境”组成的道路交通系统中各要素错综复杂，如何解析多因素耦合作用下的驾驶人危险驾驶行为演化机理是提升交通安全水平的关键。以往研究多采用急刹车、急转向等“现象”来判定危险驾驶，难免导致误判和漏判。其次，导致驾驶人发生危险驾驶的因素众多，如何客观量化道路交通系统多要素耦合作用与危险驾驶行为的关联关系是实现危险驾驶行为精准防控的基础。另外，解析危险驾驶行为发生、发展、演化过程，实现危险驾驶行为实时预测，进而提出有效的预警方案，切断风险发展链，是防范危险驾驶及降低交通事故风险的关键。而上述问题在以往驾驶行为研究中一直没有得到有效解决。随着近年大范围的自然驾驶实验技术、模拟驾驶实验技术、广域车辆轨迹数据采集技术等的迅猛发展，数据驱动和人工智能背景下的道路交通安全研究迎来重大改革，这也为客观认识并深入解析驾驶人的危险驾驶行为提供了基础。

本书作者针对上述背景，依托国家自然科学基金项目“不良驾驶状态的先兆诊断及干预技术”“跟驰和换道中危险驾驶行为的病理诊断、致因和转归机理”与“高速公路容错性车流状态识别与管理控制方法研究”，面向驾驶人因的道路交通主动安全管控，面向危险驾驶行为演化机理这一科学问题，深入解析了危险驾驶行为的表征、识别、预测、致因、演化及防控，提出了基于知识图谱的危险驾驶行为表征方法，构建了危险驾驶行为识别指标集，形成了危险驾驶行为实时预测框架，解析了多要素耦合作用与危险驾驶行为的关联关系，探究了危险驾驶行为风险演化机理，提出了基于高精度预警设备的危险驾驶行为预警方法，探索了危险驾驶行为对全域交通流的影响，形成了具有理论意义和应用价值的成果。本书的出版将对提升驾驶人危险驾驶行为管控能力、提升我国道路交通安全风险防控能力、助力实现《交通强国建设纲要》中的“交通安全水平达到国际先进水平”目标有重要的理论和应用意义。

中国工程院院士

2022年10月

前言

在我国，每年约 60 000 人死于道路交通事故，“安全保障完善可靠、反应快速”是我国《交通强国建设纲要》的主要内容。与车、路和环境因素相比，驾驶人因素在交通事故致因中占比高达 94%，其中 74%的事故由驾驶人的危险驾驶行为直接导致。在以往的研究中，危险驾驶行为往往被简单地定义为“单一可观测现象”或“以急刹车等为代表的单一指标表现”，导致构建的危险驾驶行为模型仅从车辆操作角度对风险进行评估，忽略了驾驶行为本身耦合多变量特征以及时空间变化属性，最终造成研究结果鲁棒性不高、结论针对性不强等问题，难以为道路基础设施设计、交通控制、行车干预等交通安全技术提供有效依据。

本书深入解析了危险驾驶行为发生发展规律，从危险驾驶行为的定义、表征、意图、先兆、识别、过程、致因、影响、预警及容错等方面全方位介绍了作者在危险驾驶行为方面的研究成果。

第 1 章综述了现阶段道路交通安全发展趋势，分析了道路交通安全研究中的驾驶行为特性，并详细描述了危险驾驶行为与事故的关联。从行为学的角度提出了针对危险驾驶行为机理解析的基本研究内容。

第 2 章从驾驶行为理论和数据驱动的角度提出了危险驾驶行为定义，以及危险驾驶行为研究基本假设，构建危险驾驶行为的表征方法与指标体系。

第 3 章介绍了用于危险驾驶行为研究的基础数据，包括自然驾驶实验基础数据、模拟驾驶实验基础数据、仿真实验数据以及车辆运行轨迹基础数据等。为后文的行为表征、识别、预测、致因分析、演化以及车流影响分析研究奠定了坚实的基础。

第 4 章采用知识图谱方法，构建了危险驾驶行为研究图谱，不仅提供了定性的观测图像，还提供了定量的图谱输入结构，为后文行为识别、预测以及演化研究提供了指标基础。

第 5 章基于因子分析算法对多维危险驾驶行为数据进行降维，提取了用于识别危险驾驶行为的两个公因子，构建了危险驾驶行为识别的指标体系，并通过对异常换道与跟驰行为的研究构建了面向高速公路异常行为识别的基础模型，为后文预测提供了参数依据。

第 6 章针对危险驾驶行为预测，使用不同数据结构构建了分层模型结构、图谱模型结构以及面板数据结构，通过模型有效性对比提出了最合适的时间窗以及模型结构建议。此外，基于隐马尔可夫模型挖掘驾驶意图，并为长短时记忆模型设计了一种注意力机制，实现了预测模型改进。在危险跟驰行为实时预测模型方面，采用了滚动时窗方法构建输入及输出特征变量，此外，采用 SHAP 算法对危险跟驰行为预测中的关键特征及其交互下的贡献度分布进行分析，构建了长短时记忆神经网络模型来识别驾驶人的车道保持、向左换道及向右换道驾驶意图。

第 7 章针对危险驾驶行为致因分析，构建了危险驾驶行为致因分析结构方程模型。采用病例对照方法，构建了考虑驾驶人异质性特征的条件 Logit 模型，以及考虑换道行为模式的异质性特征随机参数 Probit 模型，据此对危险驾驶行为致因进行了深度剖析。

第 8 章针对高快速路驾驶人危险跟驰和危险换道行为风险演化过程，解析了风险演化模式，厘清了高快速路危险换道切入行为及危险换道切出行为对周边车流运行风险的影响。

第 9 章综述现有在途危险驾驶行为预警方法，提出基于高精度预警设备的在途危险驾驶行为预警方法。主要包括疲劳预警、追尾预警、车道偏离预警和基于 LBS 的事故致因和危险驾驶行为耦合预警。

第 10 章分析了危险驾驶行为对于车流运行风险的影响，分别建立基于慢速驾驶行为构建的容错性车流识别模型、基于突然停车行为构建的容错性车流识别模型和基于典型交通突然事件构建的容错性车流识别模型。面向容错性车流运行状态，提出了限速、车道控制等车流风险控制方法，以降低危险驾驶行为的危害。

本书可作为高等院校交通安全教学实验与科研的参考书，也适合从事智慧交通或交通工程领域的工作者以及政府相关管理人员阅读。

本书撰写过程中，同济大学方守恩教授课题组成员孔雨萌、董自伟、赵书熠等参与了资料整理和案例编写，在此一并表示感谢。

驾驶行为是道路交通安全理论和技术的基石，开展驾驶行为理论研究，促进我国道路交通安全水平提升，任重道远，需要不断深入研究与探索实践，希望本书能够起到抛砖引玉的作用。由于著者水平有限，书中难免存在错漏之处，恳请读者批评指正。

著者

2023 年 1 月

目录

第1章 绪 论

1.1 道路安全发展趋势

2018年世界卫生组织道路安全全球现状报告显示，全球每年道路交通事故致死人数高达135万，在所有死亡原因的排名中位列第八，道路交通安全问题俨然成为全球焦点[1]。聚焦国内，国家统计局数据显示，2021年，中国发生27万余起交通事故，超6万人因此死亡，28万人受伤，造成经济损失超过14亿元。2019年，为有效提升道路安全水平，中共中央、国务院印发《交通强国建设纲要》，多次强调提升交通安全，实现交通安全保障完善可靠、反应快速，提升本质安全水平等[2]。

交通安全研究的主要目的是采用有效手段解决"人-车-路"三个要素之间交互而产生的风险。随着基础设施的不断完善及信息化水平的更新迭代，交通安全研究经历了规范设计、理论构建以及特征挖掘等多个发展阶段。20世纪70年代以来，研究人员以"路"为研究主体，采用调研与经验评估相结合的手段，初步构建了道路交通安全规划及设计方法，并提出了基本的交通安全研究理论。21世纪初，随着模拟仿真技术与传感技术的发展，研究人员开始采用实车数据采集与驾驶模拟等研究手段，以"车-路"结合为研究主体，完善交通安全研究体系，实现事故全过程建模，并采用事故仿真构建事故模型，通过设施优化提升交通安全水平。2015年以来，随着智能网联技术的发展，研究人员开始采用高精度数据采集设备及数据挖掘手段，逐步以"人-车-路"为主体，重点研究多要素交互状态下的交通安全理论及控制方法。

1.1.1 国外交通安全研究发展

国外交通安全研究的发展大致划分为三个阶段，随着相关理论以及各国国家层面的发展战略的提出，逐步形成了完整的交通安全体系。

1）第一阶段：20世纪70年代—2000年，构建交通安全基础理论，提出相关规划及规范

20世纪70年代，Baker等[3]提出的Haddon矩阵被广泛应用于事故预防领域。该矩阵着眼于个人因素、设备因素与环境因素，构建了事故前、事故发生和事故后的框架，并据此了解事故发生机制，进而制定干预策略。这一开创性的理论使得交通安全领域从仅关注事故预防转变为注重人、车辆和环境的协同作用，并贯穿事故前、事故中和事故后全过程，扩大了干预范围，从而减少了事故伤害与损失。1975 年，美国国家公路交通安全管理局(NHTSA)创建了死亡事故分析报告系统(Fatality Analysis Reporting System，FARS)。该系统通过全国性普查收集并发布机动车交通事故中的致命伤亡数据，该数据被用于从宏观层面衡量道路安全，为评价安全标准的有效性提供了客观依据。同年，Sabey 等[4]采用该数据首次构建了事故要素模型，并对事故因素进行研究，描述了道路使用者对交通安全的影响，并厘定了道路使用者犯错行为与道路环境缺陷之间的密切联系。

20 世纪 80 年代，基础安全理论得到进一步发展。美国制定了公路安全战略计划(Strategic Highway Safety Plan，SHSP)，为减少公共道路伤亡建立了 4E 框架，包括工程(Engineering)、法律(Enforcement)、教育(Education)和紧急医疗救助(Emergency Medical Care)四个方面。在该基础上，1993 年，加拿大交通协会提出道路断面变化与事故发生影响模型，并制定道路安全设计规范。1998 年，美国为了进一步推进交通安全研究，颁布《面向 21 世纪交通公平法案》(*Framsportation Equity Act for the 21th Century*)，对交通安全研究与设施设置提出了项目实施方法及建议，并首次明文要求其交通部和城市规划局将道路交通安全作为重要因素纳入交通规划全过程。

2）第二阶段：2000—2014 年，挖掘交通安全体系科学问题，推动交通安全顶层设计

2002 年，美国交通部将交通安全纳入长期和短期交通规划中，提出了交通安全规划理论及方法，指出应将交通事故数据与交通量等结合，为交通安全规划提供有用的信息。2004 年，美国州公路及运输协会(American Association of State Highway Transportation Officials，AASHTO)出版《公路安全手册》(*Highway Safety Manual*，HSM)，用于定量评估现有或拟建道路的交通安全性能，为评价和预测各种道路设施的安全效应提供主要依据。2005 年，美国启动公路安全改进计划(Highway Safety Improvement Program，HSIP)，强调每个交通规划都需考虑到交通安全，并规定了后期项目设计范围。该计划同时以安全改进性能为重点，首次提出了采用数据驱动的战略方法，有效地指导了相关研究，进而提高了公共道路安全。2009 年，第二期美国公路战略研究计划(The second Strategic Highway Research Program，SHRP 2)开始实施。该计划的目标是挽救生命、减少拥堵、提高生活质量，旨在解决三个具体的交通领域问题：改善交通安全、减少拥堵以及改进道路桥梁的更新方法。其中，交通安全占据了重要的位置，美国依托对于车辆和交通设施的研究，对事故数据进行整合与分析，通过对驾驶人的监测，探究了不同道路环境下的驾驶人行为对于交通安全的影响。2005—2014 年，大量研究重点关注交通事故预测模型与方法。主要研究方法分为两类[5]：定性预测方法，包括德尔菲法、专家预测法、趋势判断法、相互影响分析法等；定量方法，包括经验模型法、灰色预测法、灰色马尔可夫链预测法、基于车速的预测法、灰色关联分析法及神经网络预测法、时间序列预测法、回归分析预测法等。此外，自

2005 年起，驾驶行为研究快速发展。危险驾驶行为致因被判断为交通事故的重要原因，早先的驾驶行为分析只能依靠各种量表和调查，主观性过强。随着模拟驾驶技术、车载传感器和通信技术的发展，采集驾驶人行为特征数据愈发普及，驾驶行为研究也随之不断发展。

3）第三阶段：2015 年至今，聚焦智能网联交通下的安全新问题，开展自动驾驶运行控制策略、自动驾驶车队编组控制方法和混合驾驶情况下协同适应驾驶方法等新研究

2016—2017 年，美国颁布《联邦自动驾驶汽车政策》(*Federal Automated Vehicles Policy*)及《自动驾驶系统 2.0：安全愿景》(*Automated Driving Systems 2.0：A Vision for Safety*)。美国国家公路交通安全管理局将自动驾驶系统视为提升道路安全水平的下一次革命，并在报告中确立了自动化汽车性能指南框架，包括系统安全、网络安全、防撞性等指标，划定了政府监管职能。2017 年，中美颁布《中美智能交通白皮书》，透过中国和美国智能交通的发展现状，探讨智能交通发展的重点任务。其中提到交通事故仍是当前交通面临的重要问题，新一代的通信技术所具备的泛在互联、智能处理和大数据分析能力为解决交通安全问题带来契机。得益于政策支持、企业布局以及资本市场的推动，近年全球智能汽车开始从路测迈入运营。随着技术进步和商业模式发展，一些国家正积极调整现有法律和政策，为高级别智能汽车的商业化提供法律支撑。2017 年，德国颁布首部针对智能汽车的法规《道路交通法(第八修正案)》，初步为智能汽车在德国落地加强了法律保障。2019 年，欧盟发布《欧盟自动驾驶车辆许可豁免流程指南》，日本通过《道路运输车辆法》和《道路交通法》的修正案，韩国出台《促进和支持自动驾驶汽车商业化法案》。2020 年，美国颁布《自动驾驶汽车 4.0：确保美国自动驾驶汽车技术的领导地位》(*Ensure American Leadership in Automated Vehicle Technologies　Automated Vehicles 4.0*)。2021 年，德国颁布《自动驾驶法》，为无人驾驶技术的落地运营提供法律依据和监管框架。该法允许 L4 级别智能汽车在德国公共道路指定区域常态化运营，对其技术要求、准入条件、数据处理规则等作了规定。该法还创设了“技术监督员”制度。各种相关法规的实施颁布从法律层面上明确了各方的安全保障义务，从监管的角度降低和控制了安全风险。

1.1.2　国内交通安全研究发展

中国的交通安全研究依托国家科研项目，因地制宜，以中国自身的交通安全重点问题为抓手，开展相关研究，构建了符合中国国情的交通安全体系。中国交通安全发展并没有明确的划分阶段，大致可以分为以下三个阶段。

1）第一阶段：交通安全规划设计阶段(21 世纪初及以前)

该阶段借鉴国外经验及相关理论，提出相关规划及规范。

道路基础设施及周围环境是道路交通的载体，在道路交通安全中占据重要的地位。因此，世界各国在道路交通安全方面都非常重视道路设施及其环境对安全的影响。1998 年，中国部分高校、研究所开始系统性开展道路交通事故多发位置鉴别与整治研究。在这一阶段，事故多发道路(路段)鉴定的研究旨在通过对已有事故进行分析，剔除偶发因素，寻找道路、环境存在一定缺陷的路段和地点，以指导编写道路安全设施的相关规范；同时，通过对已有道路在运行中发生事故的调查、分析，找出道路设施和环境存在的安全问题，相关研究和所提出的措施取得了显著成效。2004 年，中国编制了第一部公路安全评价标准——《公路项目安全性评价指南》(JTG/T B05—2004)，该标准编写研究组在分析和跟踪欧美等国家道路安全评析成果的基础上，结合中国国情，选择了具有代表性的辽宁沈大、山东济青及烟青、山西太旧、重庆成渝、湖北汉宜、上海沪宁、新疆吐乌大等高速公路和一级公路进行调查研究。在大量数理统计分析的基础上，对交通事故与公路几何指标、交通事故与运动车速、公路几何指标与运动车速等关系进行了深入研究，初步提出了对中国高速公路和一级公路进行安全性评价的内容、方法和标准。这对中国高速公路和一级公路安全性评价工作的开展以及进一步保障和提高中国公路的行车安全起到了积极作用。

2）第二阶段：交通安全基础研究阶段(2003—2010 年)

该阶段开设多项交通安全国家级科研项目，推动交通安全基础研究及顶层设计。

2003 年，交通运输部“西部交通建设科技项目”设立了一系列交通安全研究项目，旨在通过交通安全调查对中国的交通安全现状形成全面、客观的认识，建立符合中国国情的交通安全评价体系与方法。研究成果包括：提出事故相对多发路段的判别方法，构建不同场景下的公路交通安全性预测模型，建立微观安全评价模型研究的指标体系，编制交通安全评价软件。2005 年，国家科技支撑计划设立了交通安全相关研究项目，从道路事故分析技术、道路事故预防技术和道路交通安全评估技术三方面开展研究，分析和研究了中国道路交通安全领域，特别是特大交通事故预防方面存在的突出问题和关键技术，在重点交通违法行为的执法取缔技术、交通事故预防措施和交通安全综合评价等方面取得了明显突破。

2006 年，“国家高技术研究发展计划”(简称“863 计划”)设立了一系列交通安全研究课题，项目根据综合交通运输系统与安全技术发展趋势，聚焦于提高综合交通运输系统与安全技术的创新能力，开展了安全保障新技术、交通安全预警及救援技术等方面的研究。2007 年起，“国家道路交通安全科技行动计划”启动，以实现道路交通事故死亡人数逐年下降、特大道路交通事故进一步减少、万车死亡率接近中等发达国家水平等目标，在“交通参与者行为干预、车辆安全、运输组织、道路基础设施安全保障、道路交通管理等”涉及道路交通安全系统工程的关键技术方面开展研究，引导和推动相关技术的标准化、系统化和普及化，为道路交通安全提供技术保障。

3）第三阶段：基于数据驱动的交通安全研究发展阶段(2010 年至今)

该阶段基于数据驱动，探索新型交通环境下的安全新问题，开展车路协同新基建与自动驾驶新发展的相关研究。

2011 年前后，大型模拟驾驶实验设备、自然驾驶设备引入中国，基础理论研究全面加强，更多聚焦于驾驶行为研究。驾驶模拟器最初是作为一种驾驶练习的训练设备诞生的，它能帮助人们掌握行车技巧，缓解实车训练的压力，消除驾驶初学者的恐惧心理，适时规范驾驶者的操作。在交通安全领域，通过驾驶模拟器所构建的虚拟道路交通场景进行仿真实验，可以规避实车实验的风险，用于复杂交通场景下的研究。2011 年，同济大学 8 自由度驾驶模拟器投入运行，该设备能逼真模拟车辆驾驶的加减速、转向等各种场景，为交通行为与交通安全研究项目提供严谨的理论依据。与 6 自由度运动系统相比，8 自由度运动系统更加逼真地模拟了车辆驾驶，如车辆启动时座椅给人的推背感，以及山区行驶、小半径转弯等情景。

与模拟驾驶相对的自然驾驶研究是在车辆上安装包括雷达、摄影头、显示器、数据集成记录器等一套数据采集系统，并全时监测和记录驾驶人的实际驾驶过程。2012 年，国内首个“自然驾驶研究项目”(以下简称“上海自然驾驶实验”)在同济大学启动，5 辆测试轿车上安装有国际最先进的自然驾驶研究数据采集设备，全时监测和记录 60 个中国驾驶人在自然状态下的实际驾驶行为特征。基于自然驾驶数据，分析研究了中国驾驶人的驾驶行为、道路环境及交通流特性，为提升中国道路交通安全提出了有针对性的改善措施和对策。自然驾驶和模拟驾驶的应用，扩展了交通安全的研究范围。

随着智能网联交通的发展，数据驱动将更多应用于交通安全研究领域。2011 年，科学技术部正式设立 863 计划之一——智能车路关键技术研究项目。车路协同虽然在中国起步较晚，但政府对于车联网、自动驾驶技术发展的积极引导，使车路协同在短期内快速积累了后发优势。2015 年，《中国制造 2025》提出，到 2020 年，掌握智能辅助驾驶各项关键技术；到 2025 年，建立完善的智能网联汽车自主研发体系、生产配套及产业群。2017 年 4 月，《汽车产业中长期发展规划》提出，以新能源汽车和智能网联汽车为突破口，引领产业转型升级，制定新能源汽车、智能网联汽车、汽车动力电池等技术路线图，到 2025 年，智能网联汽车进入世界先进行列。

2019 年，为了进一步提升道路安全水平，《交通强国建设纲要》明确以构建安全、便捷、高效、绿色、经济的现代化综合交通体系为指导思想，提出到 21 世纪中叶，交通安全水平、治理能力、文明程度、国际竞争力及影响力达到国际先进水平的目标，同时，该目标的实现也将主要依赖于中国交通安全研究智能化水平的发展。2020 年 2 月，国家发展和改革委员会、工业和信息化部、科学技术部等 11 个部委联合发布《智能汽车创新发展战略》，指出智能汽车已成为全球汽车产业发展的战略方向，发展智能汽车对中国具有重要的战略意义，需要从关键技术、测试评价、应用示范、基础设施、网络通信、标准法规、质量监督、网络安全等方面确保 2025 年实现 L2 级自动驾驶规模化生产，L3 级自动驾驶在特定环境下市场化应用。2021 年，中国《道路交通安全法(修订建议稿)》第一百五十五条也出现了自动驾驶车辆运营的规定。2022 年，中国市场监管总局等 5 个部门联合发布《关于试行汽车安全沙盒监管制度的通告》，所谓“沙盒(sandbox)监管”，指先要划定一个范围，对“盒子”里面的企业采取包容审慎的监管措施。专家指出，“沙盒监管”将利好国内企业在汽车自动驾驶领域的尝试。

虽然中国技术研究水平近年发展很快，但尚难支撑中国交通安全问题的改善。面向新手段、新环境下的交通安全问题，传统的交通安全理论以及技术均不适用，如何聚焦驾驶人行为特征，发掘事故发生机制，指导智能交通设施设置，是现阶段亟待解决的关键问题。

1.2 道路安全中的驾驶行为特性

1.2.1 驾驶行为

驾驶行为是对驾驶人在操作机动车辆时有意和无意的特征和行为的描述，是由驾驶人根据道路驾驶条件和汽车行进状态而实施的操作[6]。驾驶人通过四肢的肌肉动作操纵离合器踏板、加速踏板、制动踏板、挡位手柄和方向盘等，其目的是使汽车实际运行状态符合驾驶人的心理预期[7]。驾驶行为本质上是一种融合操作、决策和感知的复杂主观行为，同时也是一种“人-车-路”协同交互过程的重要影响因素[8]。

驾驶人生理和心理特性是影响驾驶人行为的关键因素，这取决于驾驶人的个体特征，如年龄、性别、驾驶经验等。

年龄是研究驾驶人行为时经常使用的人口统计变量。在所有涉及交通事故和死亡的驾驶人中，年轻驾驶人的事故发生率最高。Golias 等[9]发现，随着年龄的增长，驾驶人变得更遵纪守法。55 岁以上的驾驶人比年轻驾驶人开车更小心，而 25 岁以下的驾驶人更容易违反交通法规。

男性和女性可能表现出不同的驾驶行为。一般来说，与女性相比，男性寻求刺激、冒险的行为更多，这可以用心理学的观点来部分解释。而对于经常违规者，驾驶人性别对主动参与碰撞的概率没有影响，风险是一样的[10]。在有关激进驾驶的文献中，性别的作用是一个非常复杂的问题[11]，不能一概而论。

就驾驶经验而言，Mourant 等[12]发现，新手驾驶人的视觉捕获不够熟练。与经验丰富的驾驶人相比，新手驾驶人的视野对街景的覆盖不足，视线更靠近车前方。经验丰富的司机视觉覆盖区域更广。Brown 等[13]在风险感知方面的发现表明，驾驶经验发挥了重要作用。新手驾驶人最初使用基于知识的行为来换挡，而有经验的驾驶人使用基于自动动作模式的技能进行换挡[14]。新手驾驶人更容易低估危险，而经验丰富的驾驶人更可能通过改变速度、方向、视线焦点来避免危险。研究发现，除新手驾驶人外，驾驶经验并不是影响驾驶特性的主要因素[15]。

对于驾驶行为的研究，早期主要以调查量表等形式进行，随着驾驶模拟技术的发展和车载传感器的应用，驾驶模拟、实车实验以及自然驾驶成为驾驶行为研究中广泛采用的方法，可通过时间序列数据完整呈现驾驶人行为的全过程。

1.2.2 驾驶行为分类特征选择

驾驶行为主要基于车辆动力学特征进行分类。选择最合适的特征对于模型至关重要。

汽车行驶包括纵向行驶和横向行驶，反映驾驶人对道路的感知、决策以及驾驶人的意图和行为。纵向行驶是主要集中在沿行驶方向的车辆运动，横向行驶是主要集中在垂直于行驶方向的车辆运动。两种行驶操作代表了当驾驶人操作加速、刹车踏板和方向盘时，车辆状态的变化以及与其他车辆的关系，如跟驰、换道、保持车道、加减速等。车辆状态可以量化为位置、速度、加速度、转向角度和转向速率，以及车头时距、碰撞时间等。

驾驶行为分类模型的输入主要由速度、加速度、减速、角速度、转向角等特征组合而成[16-19]。此外，纵向和横向加速特征被用于检测转弯和换道。模型的输出将驾驶行为根据风险程度进行分类标记。

Saleh[20]等将驾驶行为分为正常、困倦和激进三类，通过智能手机内置的传感器收集数据，提出了基于长短时记忆(Long-Short Term Memory, LSTM)架构的模型，配置了两个隐藏的 LSTM 模型记忆细胞层。该模型以 64 个向量和 9 个特征时间序列窗口作为输入，提供给 LSTM 模型的两类特征是车辆特征和道路特征。Moukafih[22]等根据道路等级和风险将驾驶行为分为四类，提出了一种基于长短时记忆全卷积网络(LSTM-Full Convolutional Network，LTSM-FCN)架构的模型，提供给 LSTM 模型的两类特征也是车辆特征和道路特征。车辆特征包括加速度、偏移等，道路特征包括车辆相对于车道中心的位置、车辆相对于车道曲率的角度、道路宽度、碰撞时间以及与前车的距离等。

1.2.3 驾驶风格

驾驶操控行为和状态反映了驾驶者一定时间内的行为规范性特征，而驾驶风格则是对驾驶人习惯性驾驶方式的泛化概括，综合反映了驾驶人行为选择和决策判断的倾向性，是一种固有的模式[22]。一般来说，驾驶风格的激进程度与事故数量呈正相关，具体而言，驾驶人发生超速、急加减速等不良驾驶行为的频次越高，诱发交通事故的可能性越大。

多维度驾驶风格量表(Multi-dimensional Driving Style Inventory, MDSI)是最早用于评估驾驶风格的一种方法。2004 年，Taubman-Ben-Ari 等[23]设计的多维度驾驶风格量表首次对驾驶风格进行了界定，并将四种驾驶风格进行了明确区分。其另一项研究表明，驾驶相关指标与预期的驾驶风格呈现系统相关性，有助于阐明驾驶方式与性别、种族、汽车所有权、年龄和经验等变量之间的关系[24]。

车载智能设备的应用使得车辆可接入网络平台，实现信息通信、事件检测、信息记录等功能。在此基础上，基于自然驾驶研究的驾驶风格研究开始成为主流。Li 等[25]提出了一种基于驾驶操作图片(Driving Operation Pictures，DOP)的驾驶风格分类方法，将自然驾驶的序列数据映射到二维图片中，通过嵌套时间窗口方法，采用神经网络识别驾驶风格。Xue[26]等提出了一种危险驾驶行为标记方法，考虑车辆类型的影响因素，基于碰撞风险指标修正后的碰撞裕度(Modified Margin to Collision，MMTC)，将驾驶行为划分为安全驾驶和危险驾驶，为监督型机器学习算法自动识别危险驾驶行为提供样本标记，利用 LGBM 算法对危险驾驶行为进行识别。

在驾驶过程中，外部刺激可能会引发短期的心理变化，而这些变化被认为是许多异常驾驶行为的内在原因，其往往导致风险驾驶甚至事故。Chen 等[27]研究了驾驶人在经历外部刺激后的内在长期驾驶特性及其短期变化，提出了一种长短期驾驶（Long-and Short-term Driving，LSTD）模型，通过聚类分析提取长期驾驶特性，识别并测量经历外部刺激后的变化作为短期驾驶特性的指标，应用 NGSIM 数据证明 LSTD 特征的存在。

1.2.4 驾驶行为模型

驾驶行为模型可以分为描述性模型和功能性模型两种[28]。

描述性模型描述了驾驶人在不同驾驶任务中的驾驶行为。描述性模型试图根据驾驶人所做的或必须做的事情来描述驾驶任务，其预测能力是非常有限的，因为它没有考虑到引发不同行为的因素[29]。描述性模型可以分为层次模型和控制循环模型。层次模型用三层结构来描述行为。最底层是操作层，在该层，大多数行为都是驾驶人的一种条件反射，包括对环境变化的快速反应。第二层是策略层，指如何掌握交通状况。该层级行为不是反射性的，而是驾驶过程中有意识的决定，比如在高速公路上换道。第三层是规划层，包括选择哪条路线，甚至是否开车等长期决策。可以根据任务要求、执行任务所需的时间和每个层次所涉及的认知过程来区分这三个层次。控制循环模型从输入、输出和反馈的角度描述了驾驶任务的实现。控制循环模型主要处理转向控制，以遵循指定的路线。

功能性模型通过关注驾驶行为的原因来预测驾驶人的行为，可以将其集成到现有的仿真软件或驾驶人辅助设备中。功能性模型研究驾驶过程中的心理活动，试着解释驾驶人为什么会采取某些行动。该模型对于理解人为错误、设计适合驾驶人需求的驾驶辅助系统是非常必要的。功能性模型包括信息处理模型和动机模型，强调驾驶人的认知状态，并纳入了重要的心理学概念，如动机和风险评估。信息处理模型涉及驾驶系统不同组件之间的交互，由不同的阶段组成，包括感知、决策和执行。在信息处理模型中，驾驶人被视为一个信息传输通道，在能力范围内执行不同的行为。其中两个重要组成部分是注意力分配机制和反馈回路[30]。驾驶人的通用信息处理模型对于预测人类性能的渐近极限是有价值的。然而，该模型描述的是特定个体在特定时间和环境下的特定行为，有非常大的局限性。动机模型强调了驾驶人的内在动机和激励因素在塑造他们的驾驶决策和行为中的重要作用，包括驾驶动机、激励因素和决策过程。动机模型可以提供对驾驶行为的深刻理解，通过考虑驾驶人的动机，能够更好地预测其可能的反应和决策，还可以考虑不同驾驶人之间的个体差异。但动机模型通常比较复杂，需要考虑多个变量和因素。

1.2.5 危险驾驶行为与道路交通事故的关系

随着国家经济水平的不断提高，机动车保有量逐年增加，交通安全形势也将愈发严峻，提高交通安全水平、降低交通事故已成为中国交通行业亟待解决的关键问题。

道路交通事故受交通系统各类因素交互影响，研究发现，在人、车、路和环境耦合形成的道路交通系统中，大约65%的事故直接由驾驶人造成；此外，近95%的交通事故都与驾驶人相关[31]。在与驾驶人相关的因素中，与交通事故直接相关的是驾驶人的危险驾驶行为，即“驾驶人侵犯其他交通参与者利益，危害自身或他人安全的驾驶行为”。据统计，由驾驶人感知、决策、操控错误及违法等危险驾驶行为导致的交通事故占比高达94%[32]。同时，《道路交通事故统计年报(2020年底)》显示，未按规定让行、超速、酒驾等危险驾驶行为是导致事故的主要原因，其导致的死亡人数占比分别为12.5%、7.2%和6.2%，且较往年呈上升趋势。如何对驾驶人的危险驾驶行为进行管控，进而减少道路交通事故的发生，俨然已成为道路交通安全领域面临的重大挑战和难题。

1.3 行为学

1.3.1 行为的概念

行为的基本意思是人的举止行动，即人受思想支配而表现出来的外表活动，如做出动作、发出声音、产生反应等。它是个人或系统在某种环境下做出的一系列动作和习惯，是对各种刺激或输入的响应，无论是内部的还是外部的、有意识的或潜意识的、明显的或隐蔽的、自愿的或非自愿的[33]。著名的德裔美籍心理学家库尔特·勒温(Kurt Lewin)认为，行为是人及环境相互作用的结果。据此，他提出了一个行为公式

$$B=f(P,E) \tag{1-1}$$

式中，B代表行为(Behavior)，P代表人(Person)，E代表环境(Environment)。需要指出的是，P并不是简单地代表具体的人，更重要的是指人的思想。

该行为公式表明，人的行为取决于人及其所处环境的综合影响。该式看似简单，但这三者的关系是非常复杂的。同一个人，在不同的环境下会有不同的行为；同样的环境、不同的人会有不同的行为；即使是同样的人、同样的环境，如果这个人的思想发生了变化，其行为也会不同。

1.3.2 影响个体行为的主要因素

1）性格

性格是涵盖认知、情感和行为的复杂组织，为一个人的生活模式指引方向，反映了先天和后天的经历[34]。性格体现了一个人稳定的自我特质，使其与众不同。这就是不同的人在理解和行为模式上存在差异的原因。通过性格可以预测一个人在特定情况下的行为。先天的基因和后天的环境对于塑造性格起着至关重要的作用。Jonah[35]提出了一种描述个人从事极端和危险行为动机倾向的性格特征——感觉寻求(Sensation Seeking)。拥有这种性

格特征的人更有可能从事危险行为，例如极端危险的运动和犯罪等。感觉寻求特征与驾驶行为相关，感觉寻求者更有可能无视交通规则，进行容易导致事故的高风险行为[36]。

2）感知与决策

感知是组织和解释感官印象的过程，目的是赋予所处环境以意义。所感知到的内容可能与客观现实有本质差异。人的行为是基于其对现实的感知，而非现实本身。对行为而言，人所感知到的世界是更为重要的。换句话说，感知变成了行为的现实基础。许多因素会影响甚至扭曲人们的感知。人的态度、个性、动机、兴趣、过往经历和期望决定了感知到的内容，从某种程度上讲，人会听到自己想听到的，看到自己想看到的，这是因为与自己的想法契合。同时，目标的特征所在的环境也会影响感知。决策被认为是在几种可能的替代选择中选择一种信念或行动方案的认知过程。决策通常涉及评估不同选项之间的潜在风险、回报、后果和不确定性，以确定最佳的行动方向。它可能是理性的，也可能是非理性的。

感知和决策是在对感知问题的反应中相互联系的想法，感知会导致决策。感知与决策之间存在密切的相互作用。感知提供了决策所需的信息和上下文，帮助个体评估选择的后果和风险。决策本身也可能影响感知，因为不同的决策可能导致不同的注意力分配和信息获取策略。

3）态度

态度是对物体、人或事件的评价性陈述，反映了人的感受。心理学家将态度定义为以某种方式评价事物的习得倾向[37]。这种评价可以是积极的、消极的，或不确定的。通常假定态度有认知、情感和行为三个组成部分。认知指一种对事物现状的描述或评价，为态度中的情感成分奠定了基础；情感是态度中的一种情绪，可以导致行为结果；行为描述了一种意图，反映了以某种方式对待某物、某人或某事。把态度看作由三个组成部分组成，有助于理解其复杂性以及态度和行为之间的潜在关系。

4）情绪

情绪通常被描述为扩散和持久的情感状态，任何个体在任何时间都处于或多或少的积极或消极情绪中[38]。关于情绪对行为的潜在影响，最关键的特征是它们与对象无关。尽管情绪可能是格外强烈突出的，但人在体验它们时却没有同时意识到情绪产生的原因。情绪可以激活记忆中的信息用作评价判断[39]。

情绪-行为模型是一种综合性的模型框架[40]，它考虑了以下两个方面：①情绪影响认知过程；②人以享乐为导向，即总是倾向于保持积极情绪。该模型的核心假设是，情绪没有具体的动机，但可以对行为的起始、强弱和持续性产生影响。情绪可以对行为产生信息性影响，从而影响对行为的判断和评估，并通过影响符合享乐动机的行为偏好，对行为产生指导。

5）动机

动机是引导和激发个体行为的因素[41]，被定义为开启、引导和维持目标导向行为的过程。动机引导人去追求想要的结果，避免不想要的结果，做喜欢的事情。其重要性在于它是行为的中心点，直接影响一个人的日常情绪，也影响长期的目标。动机既可以对行为产生积极影响，也可能因缺乏而产生消极影响。

心理学家提出了不同的动机理论，包括本能理论、驱动力理论和唤醒理论。本能理论指出行为是由本能驱动的，而本能是固定的和与生俱来的行为模式。驱动力理论认为，有机体生来就有一定的心理需求，当这些需求得不到满足时，就会产生消极的紧张状态；当需求得到满足时，驱动力就会减弱，有机体会恢复到稳态和放松状态。唤醒理论表明，人们往往有动力从事有助于保持最佳唤醒水平的行为，低唤醒需求的人可能会追求放松的活动，而高唤醒需求的人可能会被刺激从而产生令人兴奋的、寻求刺激的行为。事实上，有许多不同的力量能够引导不同的动机。

1.3.3 行为的特点

(1) 目的性。人的行为不是盲目的，而是在一定的目的驱使下产生的。人的行为是为了达到某种目的，因此，目的在行为之前。行为的目的性规定了行为的方向，并成为控制行为进程的内在参照。当人的行为达到了原定的目的时，该行为即告结束；如果行为未能达到原定的目的，人会继续这种行为，或采取另一种行为，或修正、调整原定的目的。

(2) 能动性。虽然人的行为与其所处的环境有关，但并不仅仅由环境单方面决定。在与环境相互作用的过程中，人往往会表现出积极主动的能动性。一方面，人能支配、调节和控制自己的行为，使自己适应周围的环境；另一方面，人还能主动地改变环境，使环境符合自己的要求。

(3) 社会性。人的行为是人及环境相互作用的结果，即人的行为主要取决于人和环境这两个因素。其中，在"人"的因素中，起决定作用的是人的思想，而人的思想就是社会化的产物；"环境"因素包括社会环境，社会环境对人的行为也有重要的影响。另外，人的行为发生后，对他人和社会也会产生影响。因此，人的行为既被动地受社会的影响，也会主动地影响社会，所以，人的行为具有社会性。

(4) 适应性。当外界环境发生变化时，人的生理和心理因素也会变化，从而影响人的行为变化，而行为的这种变化是朝着适应环境变化的方向发展的，即人们根据外界环境的变化来调整自身的行为以适应这种变化。行为的这种适应性反映了人的行为具有可塑性。

(5) 持久性。行为的目的性规定了人的行为是朝着能够达到目的的方向进行努力的。除非改变原有的目的，否则，在目的没有达到之前，行为是不会终止的。在这个过程中，也许会改变行为方式，也许由外显行为转变为潜在行为，但持久性不变。

1.3.4 行为理论

1) 理性行为理论(Theory of reasoned action, TRA)

理性行为理论[42]是由美国学者 Madden 和 Ellen 提出的，该理论从社会学和心理学的角度解释和预测人的行为。该理论成立的前提是假设个体在面对选择和判断时总是理性的并且能够充分有效地处理信息；同时，个体能够完全自主地决定采纳或放弃某种行为。

理性行为理论认为，人做出某种行为的主要原因是其行为意图，而这种行为意图又是由其行为态度和主观规范共同决定的。

行为态度受信念和评价的影响，属于个人因素。信念是个人预期从事某特定行为所产生的主观想法，评价是对从事该特定行为产生结果的个人评价。个人在抉择时，不仅会考虑抉择对自己的影响（个人态度），还会考虑对周围人的影响（社会态度）。这是因为个人处于社会之中，个人的行为也会对他人产生一定的影响。行为的个人态度是由个体对其行为结果的判断和评价决定的，而行为的社会态度则是由个体预期社会对于其行为结果的评判所决定的。对于不同的个人来说，个人态度和社会态度对其最终的行为态度形成的重要性和影响力是不同的。当人更看重个人态度时，其行为决策更偏向于个人利益；而当人更看重社会态度时，则最终态度会偏向于社会利益。

主观规范的前置影响因素是规范信念和顺从动机，属于社会因素。主观规范是人在采取某行为时所感受到的社会压力，而这些社会压力主要来自对其而言重要的人，如父母、亲友等。主观规范愈高，表示感受到的社会压力倾向于支持个人从事某行为的程度愈高，亦即服从动机愈高，该行为意图则愈高；反之，主观规范愈低，行为意图愈低。

主观规范对于个人行为的影响可以分为从众、服从和模仿三种形式。从众是指个人感受到来自外界的压力从而放弃自己原有的态度和主张，按照他人的意愿做出行为决策。从众心理是个人为了迎合社会群体的要求而形成的。服从是指个体按照社会群体或群体中的个人意愿而做出行为决策。服从与从众的最大区别在于个体原有的态度是否发生转变，服从是在外界压力下产生的态度，而从众则是由于压力而发生了态度的转变。模仿是指个人在受到他人行为刺激后仿照其行为的一种表现。个人做出模仿行为可能是有意识的，也有可能是无意识的。对于无意识的模仿来说，模仿者不存在行为动机，其模仿行为是在不自觉的过程中完成的，而有意识的模仿则有多种驱动动机。

理性行为理论能否成功解释行为，取决于行为在多大程度上受到意志控制。行为意图可以定义为某个行动发生的可能性。行为意图是一种行为过程的解释，是任何行为发生的必要程序，也是行为显现前的决定。行为意图愈强烈，进行该行为的可能性愈大；行为意图愈低，愈不可能进行该行为。

2）计划行为理论（Theory of planned behavior，TPB）

当人无法有意识地控制自己的行为时，理性行为理论就缺乏解释力度。计划行为理论将知觉行为控制作为行为的解释变量加入模型中，就是为了弥补这方面的缺陷。知觉行为控制是人在采取行为时，对于所需要的机会和资源的控制能力，或反映出其所感受到的外部或内部对行为的限制。当人感觉自身拥有的资源及机会越多时，其预期的阻力就越小，对行为的控制也就越强。可以说，计划行为理论扩展了理性行为理论的适用范围，该理论认为，人做出某种行为是经过深思熟虑的规划和斟酌之后的结果，对于预测和解释人们的行为具有更强的力度。

计划行为理论模型在理性行为理论模型架构的基础上加入知觉行为控制变量，作为个人执行事件所感受到的难易程度，不仅能够对行为意图产生直接影响，还能在一定程度上反映实际控制条件的状况，因而能够间接预测个体最终的实际行动。Ajzen[43]于1985年初步提出了该理论，并于1991年发表《计划行为理论》(*Theory of Planned Behavior*)，标志着计划行为理论的最终成型，计划行为理论框架如图1-1所示。

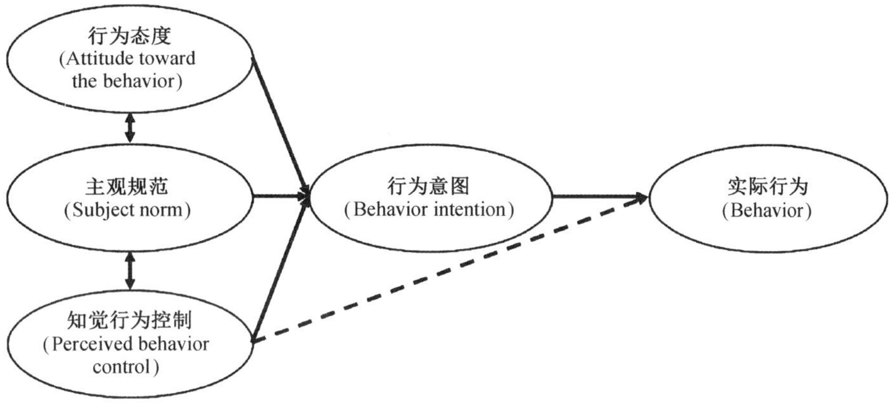

图1-1 计划行为理论框架

由图1-1可知，行为态度、主观规范和知觉行为控制是决定行为意图的三个主要变量，行为意图是作用于实际行为的关键要素。同时，各变量之间相互影响，其中知觉行为控制也作用于最终的实际行为。总体来说，行为人对于执行该行为的态度越积极、外界支持力度越大、知觉行为控制能力越强，行为意图就越强烈，即执行该行为的可能性越大，反之就越小。三个主要变量的解释如下。

(1) 行为态度

行为态度是行为人执行某特定行为的倾向性，即潜意识的行为习惯。该态度受到两个要素的影响，一是行为发生的可能性，即执行该行为的倾向强度；二是行为人对于行为所导致结果的评估。

(2) 主观规范

该变量受到两个要素的影响，即规范信念和顺从动机。所谓规范信念，是指行为人从外界环境中所获取的对于执行该行为的压力。顺从动机是指行为人从外界吸取的关于执行该行为的期望动力。

(3) 知觉行为控制

知觉行为控制是指行为人在执行某特定行为过程中所感知的困难程度，它反映的是行为人对于执行某任务的直观知觉。知觉行为控制也受两个因素的影响，分别是控制信念和知觉强度。控制信念是指行为人在操作过程中感受到的可能促进和阻碍该行为执行的直接因素，知觉强度则是指行为人所感知到的该要素对行为的影响程度。

《计划行为理论》一书补充了以下五个主要观点。

(1) 行为人的态度源于平常的操作习惯，并由行为信念组成，但在特定的时间和环境下，该态度会被影响且能被实际获取，这些可获取的态度被认定为突显态度。

(2) 存在非个人意志完全控制的行为，即主观规范，行为人可能受行为人能力以及外界环境等条件制约，当外界条件在系统中恒定不变时，行为意图直接决定行为。

(3) 知觉行为控制可反映实际操作过程，因此它可作为行为人意图以及限制条件的替代指标，并用于预测执行行为的可能性，预测的准确性取决于行为人对于外部环境的知觉能力的大小。

(4) 行为态度、主观规范和知觉行为控制从概念上可完全区分开来，但有时它们可能拥有共同的执行意图，各变量彼此独立，同时又两两相关。

(5) 其他要素，例如人格、智力、经验、年龄、性别、文化背景等也会影响执行意图，从而间接影响行为态度、主观规范和知觉行为控制，并最终影响行为的执行。

1.4 危险驾驶行为机理

事故统计数据表明，与车、路和环境因素相比，驾驶人因素在交通事故中占比高达94%，其中，74%的事故由驾驶人的危险驾驶行为直接导致[32]。基于此，现阶段研究人员根据信息化手段，采集高维度、细粒化、全场景的驾驶行为数据，通过探索事故发生前至事故发生的时空数据变化规律，构建以风险表征及预测为研究方向的交通安全研究方法，为进一步优化交通环境、解释交通安全本质问题、提升交通安全水平提供了新的思路与研究方法。

在以往的驾驶行为研究中，危险驾驶行为往往被简单地定义为“单一可观测现象”或“以急刹车等为代表的单一指标表现”，基于该定义，研究人员所构建的危险驾驶行为研究框架鲜少从驾驶行为意图解析危险驾驶行为发生的致因，导致构建的危险驾驶行为模型仅从车辆操作角度对风险进行评估，忽略了驾驶行为本身的耦合多变量特征以及时空间变化属性，最终表现为研究结果鲁棒性不高、研究结论针对性不强等问题。从细节来看，该类问题存在于风险“萌芽—演化—结果”全链条的危险驾驶行为研究过程，问题集中体现为危险驾驶行为研究理论不完善、行为特征挖掘不充分、指标体系构架不完整以及危险驾驶行为分类不准确等。另有一些研究在危险行为识别与预测过程中仅考虑个体历史驾驶数据，忽略了驾驶个性特征和环境因素对危险驾驶行为演化过程的影响，继而导致研究结果精度不高、指导性不强等问题[44,45]。另外，危险驾驶行为的干预效果评价集中于“有效、无效”的二项统计分布，行为的微观转变过程未能全面准确表达，导致干预效果评估片面。由此，危险驾驶行为的诊断、致因和演化规律问题尚不明晰，危险驾驶行为发生、发展的机理研究也未形成完整体系，针对危险驾驶行为的防治和处置管理尚缺乏科学理论的支持。

第 2 章 危险驾驶行为基本研究方法

2.1 数据驱动的危险驾驶行为内涵

2.1.1 危险驾驶行为定义

道路交通活动中,交通控制的要求在于将人身伤亡或财产损失控制在可接受的水平。一旦道路安全超过了可接受水平,则被评定为不安全,而导致该不安全水平的驾驶行为则被认定是危险驾驶行为。危险驾驶行为一般被认为是所有不安全或违反交通法规的机动车驾驶行为,该行为包含一般性不谨慎驾驶以及高危性不安全驾驶两类。如疲劳驾驶、没有取得驾驶证驾驶机动车、闯红灯驾驶、在高速路上逆行等。2011 年,《中华人民共和国刑法修正案(八)》规定了危险驾驶罪。2015 年,《中华人民共和国刑法修正案(九)》对危险驾驶罪作出修改。刑法中规定的危险驾驶行为包括驾驶机动车追逐竞驶、醉酒驾驶、从事校车或旅客运输严重超载或超速行驶、违反危险化学品安全管理规定运输危险化学品危及公共安全的驾驶等。

2.1.2 危险驾驶行为研究指标问题及内涵

《中华人民共和国刑法》虽然对危险驾驶行为本身进行了定义,但对其实际内涵解析仍然不足。现有研究常将危险驾驶行为理解为“单一可观测现象”或“以急刹车等为代表的单一指标表现”。目前,研究人员多认为危险驾驶行为本身即是瞬时的观测结果,从而仅采用带有明确阈值的有效指标,例如 TTC(Time-to-collision,碰撞时间)等,对危险驾驶行为进行判定,或采用简单的观测方法(如驾驶分心检测等方法)对危险驾驶行为进行识别。

然而,采用单一观测指标的方法难以匹配危险驾驶行为的研究内涵,致使构建的危险驾驶行为模型仅从有限的车辆操作数据对风险进行评估,忽略了驾驶行为耦合多变量特征以及时空间变化属性,导致识别精度不高等现象。例如,紧急换道过程常伴随急刹车、急转向等多种驾驶行为操作,单用有限指标表征最终的危险驾驶行为容易产生误判及漏判。并且,现有研究难以从行为本质角度挖掘危险发生、发展演化规律,研究人员所构建的危险驾驶行为研究框架鲜少从驾驶行为意图开始解析危险驾驶行为发生致因,导致危险驾驶行为预测准确率不高等。总的来说，以上问题的本质在于现有研究很少从数据驱动角度系统化地分析危险驾驶行为的发生与发展机制，忽略了驾驶行为相关指标之间的交互与演化规律，从而导致得到的结论并不能完全表征危险驾驶行为的突变特性与本质规律。

其实，危险驾驶行为的产生不仅与当前时刻观测现象有关，其行为过程本身还是时间序列的综合结果，不同时间节点所蕴含的驾驶行为意图相互作用，并最终决定了危险驾驶行为发生的概率与时机。为了有效识别与预测危险驾驶行为，需要深刻理解危险驾驶行为的研究内涵，以数据为驱动，解析危险驾驶行为的发生意图，解构危险驾驶行为的发展过程，形成符合研究需求的危险驾驶行为理论与框架，并以此指导构建危险驾驶行为表征、识别、致因和预测模型，阻断危险发生过程，提升道路安全水平。

2.2 危险驾驶行为理论

2.2.1 危险驾驶行为理论研究现状

在以往的危险驾驶行为研究中，研究人员挖掘了许多标识性的研究成果，构建了部分危险驾驶行为研究理论。然而，现阶段大部分危险驾驶行为理论均侧重于挖掘行为与事故之间的关系，对于行为本身的复杂性以及行为与外界的交互性探索均有待提升。其中，对于行为从发生到发展的整个时间脉络的梳理还不完善，有必要借鉴已有的行为研究理论，从驾驶行为本质安全出发，结合交通特有的驾驶行为规律，构建符合危险驾驶行为从发生到发展的多节点时序研究理论。因此，本书借鉴计划行为理论，结合驾驶行为发生、发展规律，提出危险驾驶行为研究的基础理论体系，为构建危险驾驶行为表征指标体系、建立相关研究假设提供理论基础。

2.2.2 基于“动机-意图-行为”框架的危险驾驶行为理论架构

计划行为理论中，实际行为的发生可以归结为行为意图的结果，而决定意图的要素可以定义为感知变量，即行为态度、主观规范以及知觉行为控制变量。比对计划行为理论，驾驶操作其实由驾驶意图决定，驾驶意图由驾驶人感知决定，该感知同样可以大致归纳为三个变量，即驾驶状态、驾驶环境、驾驶操作。因此，本书构建了基于“动机-意图-行为”框架的危险驾驶行为理论架构，该理论架构不仅可以对实时的危险驾驶行为进行研究，同时也可以对驾驶人整段出行过程的驾驶行为进行评价，如图 2-1 所示。

与计划行为理论相似，该理论架构也包括三个步骤：将驾驶行为的执行归结为驾驶意图引导的结果；该结果在一定情况下也可能直接由驾驶操作决定(例如应急操作)；驾驶意图则由驾驶动机产生，影响驾驶动机的主要变量有三个，在本书中被定义为驾驶状态、驾驶环境和驾驶操作，各变量分别对应交通三要素——人、环境、车。

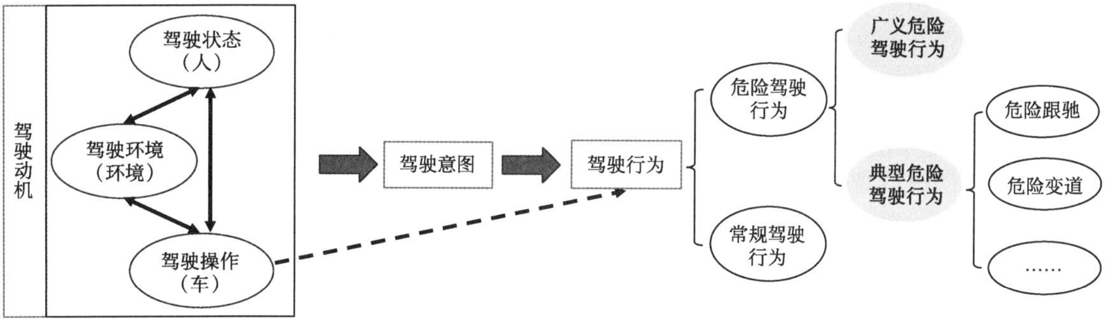

图 2-1 危险驾驶行为理论架构

1. 驾驶动机

1）驾驶状态

驾驶状态指驾驶人在驾驶车辆时所呈现的状态。该状态可以分为静态和动态两类。静态包括驾驶人常规属性，如性别、年龄以及驾驶经验等与驾驶人日常生活息息相关的状态；动态包括驾驶人在操作过程中可能进入的状态，如比较常见的分心驾驶和疲劳驾驶等。其中，驾驶人的静态状态并不受其他要素的影响，而动态状态可能受到驾驶环境和驾驶操作的影响。同时，驾驶人状态也将影响驾驶环境和驾驶操作，例如，驾驶人状态可能影响对外界环境的感知，从而改变操作习惯。根据文献检索和经验，本书所选取的关于驾驶状态的静态指标包括驾驶人年龄和性别，动态指标包括分心和疲劳。

2）驾驶环境

驾驶环境指驾驶过程中所感受到的外部环境。驾驶环境包括道路环境和车辆环境。道路环境主要由驾驶人所感受到的声光要素决定，主要包括天气和道路线形等。车辆环境主要由周边车辆运行情况决定，可以由道路交通量来表示。驾驶环境可以直观地影响驾驶操作，也会对驾驶状态造成一定的影响，例如，下雨天车辆更难操控，驾驶状态也可能不佳。同时，驾驶人对于环境的感知也受到驾驶状态以及驾驶操作的影响。本书所选取的关于驾驶环境的指标包括驾驶过程中的天气情况和周边交通流情况。

3）驾驶操作

驾驶操作指驾驶人操作车辆所展示的车辆运行状态。该状态包括本车驾驶状态和与他车的交互情况。本车驾驶状态主要表现为本车的横向操作和纵向操作，例如速度、转向操作等。与他车的交互情况表现为与他车的间距和相对时间等，可以由 TTC 等指标进行检测。TTC 是表征碰撞风险的重要指标，Hayward[46] 定义其为两车均保持当前车速行驶时，从当前时刻到碰撞时刻所需的时间。驾驶操作的关键影响要素是驾驶人状态，其次是驾驶环境；同时，驾驶操作也反作用于驾驶状态，进而影响驾驶人对于驾驶环境的感知。在常规驾驶任务中，常常发生需要驾驶人进行应急反应的驾驶操作，例如紧急避让等，该类驾驶操作属于驾驶人临时反应，将直接导致驾驶行为改变。本书所选取的本车驾驶状态包括速度、加速度、偏航加速度和方向盘转角；与他车的交互情况选择 TTC 指标，为了更好地验证本书危险驾驶行为表征方法的有效性，TTC 将作为危险驾驶行为识别的替代性指标。本书第 5 章将对替代性指标进行拓展与分析。

2. 驾驶意图

驾驶意图由驾驶状态、驾驶环境和驾驶操作决定。作为不可测的驾驶行为变量，驾驶意图的产生和测量关联两个关键要素，即时间要素和决策独立要素，这两个要素独立且可测。时间要素指驾驶意图的产生具备时间属性，换言之，表征驾驶意图的指标在一定时间窗宽度对比之下具备显著性差异。为了描述该差异，需要在指标层面对意图进行表征及刻画。决策独立要素指驾驶意图的改变仅受到上一个状态的影响，即状态与状态之间存在独立性，因此，在考虑时序状态建模过程中，需要考虑其意图改变的不连续性。综上，本书对于驾驶意图的表征，一方面构建时序指标体系以刻画其时间属性；另一方面，采用隐马尔可夫模型构建其状态转移模型，进而刻画其决策独立属性，最终融合三个驾驶行为动机指标完成驾驶意图表征。

3. 驾驶行为

驾驶行为是驾驶意图和驾驶操作的最终体现，具体表现为车辆的操作状态与外界环境的交互情况。据此，驾驶行为可以分为危险驾驶行为和常规驾驶行为。危险驾驶行为是本书的重点，且本章着重探索描绘危险驾驶行为的方法和指标体系，最终为危险驾驶行为的预测和防控奠定基础。

驾驶行为是驾驶人在内在因素与外在因素影响（包括直接与间接影响）作用下的车辆操作行为，该行为受到“人-车-路”的综合影响，并最终表现为车辆运行现象。为了完整地表征驾驶行为，必须考虑内、外两种情况下的影响因素及不同的行为意图[47]。

为了进一步明确本理论架构的具体内容，本书提出以下六个主要观点。

(1) 驾驶状态取决于日常习惯，并由行为信念组成，但在特定的时间和环境下，该状态会被影响。同时，可被获取的对于驾驶行为有显著影响的驾驶状态较少，这些可获取的状态被认定为突显状态，一般与驾驶经验和性别有关。

(2) 驾驶环境是非个人意志完全控制的外部条件，驾驶行为受到外部环境的影响，同时不同驾驶人对于外部环境的接受度不同，当外界条件在系统中恒定不变或应急突变时，驾驶操作直接决定驾驶行为。

(3) 驾驶操作可反映实际操作过程，因此，它可作为行为人意图以及限制条件的替代指标，并通过构建替代指标用于预测执行行为的可能性，预测的准确性取决于行为人对于外部环境知觉能力的大小。

(4) 驾驶行为、驾驶环境和驾驶操作从概念上可完全区分开来，但有时它们可能拥有共同的高风险驾驶结果，各变量彼此独立，又两两相关。

(5) 驾驶意图难以观测，但是可以通过驾驶动机的时序特征描绘、驾驶状态的不连续模型构建进行刻画。驾驶意图可以直接导致驾驶行为，根据驾驶操作情况，最终呈现出不同的驾驶行为被执行的可能性。

(6) 其他要素,例如人格、智力、经验、年龄、性别、文化背景等也会影响执行意愿,从而间接影响驾驶行为、驾驶环境感知、驾驶操作,并最终影响驾驶行为的执行。

2.2.3　广义危险驾驶行为与典型危险驾驶行为

危险驾驶行为常被划分为广义危险驾驶行为和典型危险驾驶行为。

广义危险驾驶行为包括所有不安全或违反交通法规的机动车驾驶行为。广义危险驾驶行为研究不关注某一特定危险驾驶场景,研究对象为任意场景下可能发生的危险驾驶行为。本书以此为基础,提出针对广义危险驾驶行为的主要研究方法:面向任意驾驶场景,提取场景本身特征为标记,以驾驶行为数据的规律为研究对象,通过提取异常数据,定义并研究危险驾驶行为。一般,在实际应用中,广义危险驾驶行为判别可作为算法逻辑的第一层判别依据,基于该判别条件,筛选可能发生的危险驾驶行为,再进入下一层典型危险驾驶行为判别。在以往的驾驶行为实际情况下,危险驾驶行为的发生是小概率事件,如果对每个行为均进行深入计算,容易导致大量错报和误报。本书通过在任意场景下进行广义危险驾驶行为判别,不仅提升了危险驾驶行为判别和预警的准确性,还提升了运算效率。

典型危险驾驶行为以“危险跟驰”和“危险换道”为代表进行阐述,并依次展开了相应研究。跟驰和换道作为高快速路上的两类最典型危险驾驶行为,很大程度上影响了道路交通的运行状态和安全水平。据统计,中国由于机动车违法行为导致的交通事故中,未与前车保持安全距离的事故占比为 3.81%,违法变更车道和违法超车的事故占比达到了 4.28%。此外,多数危险驾驶行为归根结底表现为驾驶人跟驰和换道过程中的危险操作,如跟车距离过近、突然并线或近距离驶入其他车辆之前等。本书将基于车辆轨迹数据,提取驾驶人跟驰及换道事件,在此基础上提出危险跟驰及危险换道行为的判别方法,并提取这两类典型危险驾驶行为,继而深入挖掘探索其发生、发展规律,解析危险驾驶行为表征、致因及其对车流风险演化的影响。这对防范危险驾驶行为、提升主动交通安全管控能力、减少交通事故数量及伤害至关重要。

广义危险驾驶行为因为没有规定场景,所以适用性比较广泛,但由于去场景化,往往只能给出广泛的判断依据。同时,由于危险驾驶行为判断的严谨性,广义危险驾驶行为模型判断结果往往比实际危险驾驶更严格,容易造成过度预警。典型危险驾驶行为虽然针对不同场景存有独立判断依据,然而场景的多样化往往导致前置判断条件无法满足,导致漏报概率增加。

2.3　危险驾驶行为研究方法

道路交通安全一直是研究人员着力解决的关键研究问题,其中,驾驶行为作为影响道路交通安全的关键因素而备受关注。避免危险驾驶行为进而提升驾驶安全已然成为国内外交通安全研究领域的重点问题，众多学者对这一主题进行了深入的研究，按照危险驾驶行为发生、发展顺序，相关研究可以依次划分为驾驶行为数据采集、危险驾驶行为表征、危险驾驶行为识别、危险驾驶行为预测、危险驾驶行为致因分析、危险驾驶行为演化、危险驾驶行为预警研究以及危险驾驶行为对交通流扰动的影响八个方面。

2.3.1 驾驶行为数据采集

驾驶行为数据采集方法可以粗略地分为问卷调研和客观驾驶行为数据采集两类。在早期的危险驾驶行为研究中，由于客观数据获取难度较高，研究人员多采用驾驶行为量表与问卷形式采集危险行为数据，并据此构建危险驾驶行为理论框架及关联模型。随着驾驶模拟技术和自然驾驶研究数据采集设备的革新迭代，高精度及高细粒度的危险驾驶行为数据越来越容易获取。研究人员开始采集客观驾驶行为数据并展开对应研究，这也使得客观量化表征危险驾驶行为特征成为可能。也有研究人员采用主观问卷与客观驾驶行为数据采集相互结合的方法，印证了驾驶人的内在情绪和个性特征对于驾驶行为危险程度的影响[48]，从而为驾驶行为数据的采集提供了新的思路。

针对驾驶行为的问卷调研可以追溯到20世纪60年代。当时，研究者开始科学地采用问卷方式探究危险驾驶行为与事故之间的关系[49, 50]，研究内容聚焦于驾驶人个性特征与危险驾驶行为的关系，常见的量表有曼彻斯特量表[51]、Dula量表[52]及Zuckerman风险感知量表[53]等。21世纪前后，问卷调研方法在国内被广泛采用，研究人员开始借鉴并修正曼彻斯特量表以研究危险驾驶行为致因与主因素[54]。其中，张瑞[55]采用问卷调研的方法研究了驾驶人人格特质与驾驶安全性之间的关系，研究结果表明，年龄和驾龄与事故和违章处罚存在较强的相关性。另一些研究据此进一步证明了驾驶人个性特征对驾驶人的危险驾驶行为的影响，研究结果表明，驾驶人个性特征对驾驶行为具有显著影响，并通过影响驾驶操作导致交通事故发生[56]。随着问卷的不断完善，对于驾驶人特征与驾驶安全之间的研究也更加细致。其中，Constantinou[57]利用主观调查问卷调查了352个样本，解释了攻击型驾驶与驾驶人人格特质之间的关系。张长军等[58]通过研究发现，安全驾驶人具有爱思考、低忧虑等特征。然而，单纯采用量表、问卷的研究主观性相对较强，调查结果容易受到被调查人员不愿提供危险驾驶行为信息、调查人员培训不统一及问卷设置不规范等因素的影响，导致结果无法真正表现危险驾驶行为特征等缺陷，这些缺陷局限了问卷调研作为调查方法进一步发展的可能。

为了提升驾驶行为研究的客观性，研究人员进行了很多尝试来采集客观驾驶数据，并获得了显著成果。其中，驾驶模拟技术的发展为研究人员提供了新的技术手段，该技术因其安全性高、可控性强且数据获取完整等特点，被广泛应用于驾驶行为研究，尤其是一些特殊的、危险场景下的驾驶行为研究。例如异常天气条件下的危险驾驶行为研究[59, 60]、不同危险驾驶情况下驾驶人的车辆驾驶行为研究等[61]。大量的研究者采用驾驶模拟技术设计特定的场景，并在该场景下记录驾驶人的行为差异，获取驾驶人的操作特性，通过数据分析研究危险驾驶行为[62]。例如，Zhao 等[63]面向酒驾构建驾驶模拟场景，研究不同酒驾水平下驾驶行为和车辆的运行特征，实现了基于驾驶行为数据的酒驾识别。Sandberg 等[64]采用驾驶模拟实验，采集疲劳状态下的车辆速度、方向盘转角等指标，利用神经网络算法实现了疲劳状态的分类和检测。姚莹[65]基于驾驶模拟实验，获取了分心驾驶下的驾驶行为数据，提出了一种基于随机森林的分心驾驶行为甄别方法。此外，驾驶模拟还可配合其他生理、心理采集仪器更精确地实现驾驶行为识别，从而提早发现危险驾驶行为[66]。然而，驾驶模拟技术由于其技术特点，仍存在一定的局限性，主要体现为场景真实度不高、驾驶数据与实际情况存在差异性等。同时，驾驶模拟场景往往针对特定的场景进行设计，而在实际驾驶过程中，车辆与驾驶人常受到包括道路环境及周边车辆环境的耦合作用，该作用难以在模拟场景中复刻，导致最终研究结果指导性不强，在实际道路交通安全防控中应用受限。

为了提升客观数据的真实性，研究人员着手采集实际驾驶行为数据。随着传感设备和信息化手段的日新月异，越来越多的研究人员将自然驾驶研究实验作为研究驾驶行为和交通安全的关键手段。自然驾驶研究实验通过不间断记录真实环境下的驾驶人操作、车辆状况及周边环境，真实地反映了驾驶人行为[67-69]。车辆数据的采集方式百花齐放，应用最多的包括车辆本身的 OBD(on Board Diagnostics)数据、车载 GPS 数据以及各传感器设备所采集的数据。例如，Shaout 等[70]利用 GPS 数据和 OBD 设备采集车辆速度、加速度，并根据数据大小判别危险驾驶行为，构建了不同的警报阈值。Eren 等[71]利用传感器中加速度计、陀螺仪和磁力计采集了速度、加速度、转向角等信息，而后利用 DTW(Dynamic Time Warping)算法识别危险驾驶行为，从而实现驾驶行为安全性评估。

2.3.2　危险驾驶行为表征

驾驶行为是驾驶人在内在与外在因素影响(包括直接与间接影响)下的车辆操作行为，该行为受到“人-车-路”的综合影响，并最终表现为车辆运行现象，为了完整地表征驾驶行为，必须考虑内、外两种情况下的影响因素及不同的行为意图。影响驾驶行为的内在特性主要包括个性特征、驾驶风格、驾驶经验与技能以及风险感知特性，而影响驾驶行为的外在环境因素主要包括道路环境和交通环境等[72]。无独有偶，针对危险驾驶行为意图表征，研究人员采用驾驶人内在特性以及外部环境作为主要变量并展开了广泛的研究。该类研究多采用统计分析和关联分析方法，研究结论主要集中在相关特性对危险驾驶行为的影响。该结论虽然为危险驾驶行为意图表征提供了理论依据和指标参考，但少有构建完整的研究体系，更难以形成有效的危险驾驶行为意图表征方法。与此同时，危险驾驶行为是一段时间内的累积结果，现有研究在时间维度的危险驾驶行为意图表征方面略显不足。其主要原因在于缺乏合理的危险驾驶行为研究理论支撑，无法构建完整的危险驾驶行为意图表征模型及方法。

针对驾驶人的内在特征影响，研究人员提取出年龄、性别、驾龄、驾驶经验及个性特征等关键因素，这些因素均显著影响驾驶人的危险驾驶行为[73]。例如，年龄显著影响危险驾驶行为，驾驶人年龄越大，则危险驾驶行为比例越低，年轻驾驶人（20～30 岁）比其他年龄段驾驶人更容易发生交通事故；驾驶经验显著影响危险驾驶行为，随着驾驶经验的增加，危险驾驶行为比例显著降低[74]；不同个性特征的驾驶人同时也表现出不同的危险驾驶行为特征。个性特征指不同个体在驾驶时表现出的相对稳定的心理倾向，如路怒型、谨慎型、常规型等。个性特征方面的研究表明不同驾驶个性的驾驶人对风险感知存在显著差异，并表现出不同的危险驾驶行为操作，此类操作最终导致驾驶人危险驾驶行为及交通事故[75]。

在危险驾驶行为外在特性影响要素方面，研究人员提取了包括天气、交通状况、有无乘客、白天或黑夜等因素，该类因素均对危险驾驶行为具有显著影响[76, 77]。例如，研究人员基于 SHRP 2 自然驾驶数据，采用广义线性混合模型研究危险驾驶行为，结果表明，与危险驾驶行为相关的因素中包括不良天气、疲劳及分心等[45]；在不同交通流状况下，驾驶人表现为不同的驾驶行为，在拥堵情况下，更少出现危险驾驶行为[78]；驾驶过程中有无青少年驾驶人或乘客与事故风险显著相关，在有青少年驾驶人或乘客的情况下比独自情况下危险驾驶行为产生的风险更高[79]；在能见度较好的情况下，危险驾驶行为产生的概率显著小于能见度低的情况[80]。

2.3.3 危险驾驶行为识别

以往的研究中，危险驾驶行为的识别主要包括两种，一种是酒驾、分心及疲劳等特殊状态下的危险驾驶行为识别，另一种是在常规驾驶状态下由于操作不当等导致的危险驾驶行为的识别。针对两种危险驾驶行为，研究人员均取得了丰富的研究成果。由于特殊状态的危险性，研究多通过驾驶模拟，采用模式识别或回归分析等方法构建不同场景下的危险驾驶行为识别方法，然而由于驾驶模拟设备的限制，其有效性和真实性仍有待商榷。常规驾驶状态下的危险驾驶行为识别则多采用自然驾驶数据，基于特定参数构建危险驾驶行为识别模型。然而，现有研究多采用一个指标或阈值范围来识别危险驾驶行为，或多以一个短时的减速度绝对值作为判别依据，同时仅剖析了特定指标之间的关联关系，忽视了危险驾驶过程中的行为变化以及对于整体驾驶行为平衡的考虑，导致出现漏检或错检等情况。

酒驾作为典型的危险驾驶行为，严重危害道路交通安全，其对驾驶行为的影响一直是研究热点，很多研究均证实了酒驾对危险驾驶行为的直接影响。例如，Zhao 等[81]通过研究驾驶人在正常状态和酒驾状态下的驾驶行为差异，采用 Fisher 判别法构建了基于酒驾状态的危险驾驶行为识别模型。孙一帆[82]采用驾驶模拟设备采集了酒驾情况下的驾驶行为数据，并基于离散动态贝叶斯网络构建了酒驾状态下的危险驾驶行为识别模型。

随着智能化的发展，分心驾驶近年来也越发受到研究人员的关注，研究表明，分心驾驶已然成为现阶段危险驾驶行为的关键诱因，并据此构建了驾驶人分心状态的识别模型。例如，Wollmer 等[83]通过对比实验的方法，采集不同分心状态下的分心驾驶行为数据，基于 AdaBosst 方法构建了分心识别模型。Wang 等[84]采用自然驾驶实验数据，基于长期短时记忆神经元网络构建了分心驾驶识别模型。

疲劳驾驶与分心驾驶其形虽异，实质却相同，都是因为驾驶人缺乏对道路状态的关注而产生了危险驾驶行为状态。研究人员常采用驾驶行为数据构建疲劳驾驶识别模型，并获得了较好的研究成果。例如，Mine[85]通过分析车辆横向位置变化的频域特征，构建了基于横向位置频域功率的驾驶人疲劳状态识别方法。汪宴宾[86]基于驾驶行为数据，采用典型操作指标如车速、加速度及方向盘转角等数据，配合眼动数据，构建了疲劳驾驶识别模型，并进一步探索了不同变量之间的关联性。

在常规驾驶状态中，现阶段研究基本采用单一阈值进行危险驾驶行为识别。例如，100 - Car 自然驾驶研究[87]将危险驾驶行为状态的识别标准确定为横向加速度（绝对值）大于 0.7g，纵向加速度大于 0.6g。美国国家公路交通安全管理局将车辆纵向加速度大于 0.4g、制动踏板超过 0.5 s 定义为危险驾驶行为状态[67]。还有一些研究采用综合性指标来表征危险驾驶行为，其中，近年来的研究多采用紧急制动（Jerk）事件作为定义危险驾驶行为状态的研究指标[88]。相关研究表明，紧急制动事件显著提高了预期的事故数量，研究指出紧急制动事件可以用于驾驶人危险驾驶及异常操作导致的事故风险研究[89]。紧急制动事件作为一种危险驾驶行为状态的表现，其涉及的加速度和加加速度取值的阈值也得到了很多研究的关注。在交通冲突情况下，车辆加速度达到 $-7.7 \sim -4.0\ \text{m/s}^2$ 时，被认定为发生紧急制动事件[90]。同时，车辆在自然驾驶状态下，当刹车行为导致的加速度和加加速度分别约为 $-3.1\ \text{m/s}^2$ 和 $-3.6\ \text{m/s}^2$ 时，也认定为发生紧急制动事件[91]。近年来，其他相关研究对紧急制动事件中加速度和加加速度的取值基本与上述一致[92]。

2.3.4　危险驾驶行为预测

目前，驾驶行为预测主要集中于预测短时驾驶行为变化趋势，进而对危险驾驶行为进行提前甄别，最终服务于智能网联车辆的危险驾驶行为预测模块及操作模块，以提高驾驶安全性。危险驾驶行为的短时预测解决的问题主要集中在两个方面：其一为预测数据结构，该结构包括预测数据的时间长短（又名时间窗）、数据的维度以及输入格式，这部分的研究所涉及的参考文献较少，大多仅针对预测时间窗进行研究，并没有对数据维度与输入格式进行深入探索。其二是预测算法的选择，随着神经网络与机器学习的发展，越来越多的研究开始采用新的学习方法来解决驾驶行为相关的预测问题。但神经网络往往是个“黑匣子”，虽然预测结果的准确性较强，但内在逻辑并没有办法获取，导致该模型在指导危险驾驶行为优化方面受到掣肘。

在预测数据结构方面，现阶段的研究主要集中在特征指标和时间窗两个方面[93]。特征指标的相关研究与危险驾驶行为识别类似，主要包括驾驶人特征、车辆行为以及道路环境等指标。其中，驾驶人特征较明显的指标为方向盘转角、驾驶人视觉特性、车辆横向偏移、加速度、交通流特征、周围车辆运动状态以及道路类型等[94, 95]。一些研究者还采用位置信息、加速度、速度和车头间距等指标进行危险驾驶行为预测研究[96]。为了拓展特征指标维度，一些研究人员进一步采用驾驶模拟器结合生理、心理与眼动设备，基于车辆数据、心电、皮电、眼动数据、肌电及心率数据，实现驾驶行为预测[97]。在预测时间窗的研究方面，研究人员也进行了较多尝试。预测时间窗指驾驶人产生意图到发生操作的时间长度，有的研究者采用固定时间窗方法，即筛选执行行为前固定时间段的特征指标进行模型构建，并通过比对时间长度获取了最适应预测的时间窗。另有研究人员结合驾驶意图进一步构建了时间窗与预测结果之间的关系[82]。其他研究则考虑驾驶人特征（保守型、稳重型、激进型），选择不同时间窗进行模型构建[98, 99]。

在危险驾驶行为预测算法选择方面，现阶段的时序预测模型可大致分为三类，即参数模型、非参数模型及半参数模型。参数模型中使用较多的是整合移动平均自回归模型（ARIMA）及其衍生模型[100]。该模型仅考虑了时间维度的危险驾驶行为变化规律，在多维参数拟合模型方面表现不佳。非参数模型包括 K -近邻算法、支持向量机、人工神经网络等[101, 102]。相比于参数模型，非参数模型面对时序数据，在短时预测中正确率较低[103]。为了提升参数及非参数模型的预测正确率，研究人员综合这两种模型提出了半参数模型。主要应用在交通领域的半参数模型包括指数平滑法、神经网络模型等[104, 105]。然而，基于网络的半参数模型通常使用浅层网络或仅具有一个隐藏层，同样无法捕获驾驶行为的时序和复杂非线性特征。近年来，随着深度学习的不断发展，越来越多的深度学习方法被应用到交通领域中。其中，长短期记忆（LSTM）网络及卷积神经网络（Convolutional Neural Network，CNN）均表现出较好的适用性。例如，Jain[106]采用 LSTM 构建了交通流短时预测模型，该模型有效地表征了交通流预测中的时序不确定性特征。研究人员通过不断探索，发现 LSTM 适用于解决多维、时序的驾驶行为预测问题[107, 108]。然而，现有研究多只对 LSTM 进行了套用，在危险驾驶行为预测方面并没有形成较好的时间窗选择建议及模型数据结构优化方法的参考，影响了其在交通领域的进一步推广应用。

2.3.5 危险驾驶行为致因分析

危险驾驶行为由多种因素耦合导致，包括驾驶人个性特征、车辆运行状态、交通环境特征等。研究者基于不同类型数据研究了各类因素对行车风险及危险驾驶的影响。

传统的驾驶安全风险致因分析多基于事故数据，例如，Huang 等[109]采用贝叶斯层次模型来评估交通安全水平与所在区域、道路条件、驾驶人等特征之间的关联；Khattak 等[110]采用负二项回归模型发现事故的严重程度与交通流量、天气及道路条件显著相关；Lee 等[111]采用结构方程模型分析了降雨因素对交通事故严重程度的影响，结果显示降雨量与事故严重程度呈正相关。

然而，基于事故数据的行车风险致因分析较为宏观，未考虑驾驶人行为的微观变化过程。随着车辆轨迹数据采集技术的发展，越来越多的研究者基于微观轨迹数据研究行车风险的影响因素。例如，Yuan 等[112]采用驾驶模拟实验分析了驾驶人强制换道行为安全风险与驾驶行为特征和交织段长度等交通条件的关联，研究结果显示高峰时段强制换道风险上升，而驾驶人之间的协作可以显著降低行车风险；Wang 等[69]采用多元 Logit 回归分析了道路条件、交通环境特征及车辆类型对跟驰行车风险的影响；Mahajan 等[113]基于 highD 轨迹数据构建了换道行为风险关联模型，研究发现，换道过程中速度的骤减会导致风险上升。

此外，大量研究表明，驾驶人的异质性特征（指不同驾驶人之间的多个方面存在的个体差异）对驾驶行为特征和行车风险具有显著影响，在行为风险致因模型中未考虑驾驶人的异质性特征会造成分析结果的偏移[114-116]。为解决这一问题，研究者们采用混合效应模型[117-119]、配对病例对照方法[120]、随机参数模型[121, 122]等方法来进行危险驾驶行为及风险致因模型构建。例如，Wang 等[117]采用多水平混合效应回归模型分析了驾驶人换道切入行为的影响因素。Chen 等[119]考虑驾驶人异质性特征，采用混合二元 Logit 回归模型分析了换道行为风险的影响因素，研究建议根据驾驶人的异质性特征开发个性化的驾驶辅助系统。同时，Li 等[120]考虑驾驶人的异质性特征，采用配对病例对照方法研究了驾驶人跟驰行为安全性的影响因素，结果显示驾驶人不稳定的横向位移也会导致跟车风险上升。此外，Chen 等[121]采用随机参数次序 Logit 模型分析了不同车辆类型对换道行为风险的影响。Yuan 等[122]采用考虑异质性均值和方差的随机参数 Logit 模型分析了交通冲突与交通流特征的关系。

总体来看，现有研究较少基于微观车辆轨迹数据考虑驾驶人异质性特征来综合分析驾驶人行为特征及交通环境特征多因素与危险驾驶行为的关联性。因此，从多因素耦合角度出发，考虑驾驶人及行为模式的异质性特征，探究危险驾驶行为致因是本书要探讨的关键问题。深入了解驾驶行为风险致因可以对危险驾驶行为预测及交通风险管控策略的制定提供理论依据。

2.3.6　危险驾驶行为风险演化

深入了解危险驾驶行为风险演化机理，明晰危险驾驶行为所致行车风险的发生、发展及演变过程，有利于采取靶向措施切断行为风险传播链条，进而减少交通事故的发生。

目前关于危险驾驶行为风险演化的研究多基于交通事故发生链条，探究驾驶人从安全行车状态到交通事故发生的整个过程并分析其相关致因。例如，熊晓夏[123]基于道路交通事故链概念和 100-Car 自然驾驶数据，采用马尔可夫模型计算行车风险转移矩阵，构建了行车风险实时演化模型，随后提出了风险阻断方案，并采用 Prescan 仿真进行了方案有效性验证。与之类似，林琳[124]也利用交通事故数据，提取了与事故风险相关的人、车、路、环境等要素，构建了基于灰色马尔可夫模型的行车风险演化模型，提出了风险阻断方案，并采用仿真实验验证了方案的有效性。Papazikou 等[125]基于 SHRP2 自然驾驶数据研究了从正常驾驶到事故或临近事故（Near-crash）发生前整个过程中的驾驶人转向、刹车等操作，并采用分层混合线性回归模型探究了各因素对行车风险的影响。随后，Papazikou 等[126]基于行车风险演变分析提出了个性化驾驶辅助决策系统以保障驾驶人行车安全。

近年来，少数研究基于安全风险替代指标分析了驾驶人跟驰过程中从正常行车状态到高风险行车状态的演化过程。例如,Li 等[127]采用 TTC 量化驾驶人跟车过程中的追尾风险,采用线性回归模型分析了 TTC 变化程度与前后车速度差、加速度差及跟驰车辆速度之间的关系。随后,Li 等[128]又采用混合效应生存分析回归模型分析了 TTC 值从安全状态到危险状态的变化时长与车辆运行状态的关系,研究结果显示,前、后车速度差均值及车头间距方差会显著影响安全风险状态变化时长。

此外,在微观驾驶行为对交通流运行安全影响方面,Rong 等[129]采取驾驶模拟技术对驾驶人特性进行研究,将驾驶人分为保守型、一般型和冒险型,并研究这三类驾驶人对交通流特性的影响。研究发现,与保守型和一般型驾驶人相比,冒险型驾驶人趋向于选择更小的车头间距,在车流中表现出较频繁的换道。由冒险型驾驶人组成的车流虽然交通效率较高,但其表现出的交通流稳定性最差。同时,唐夕茹等[130]根据驾驶人个性特征,采用元胞自动机仿真也证明了这一点。黄天伊等[131]利用 Vissim 仿真软件构建基本路段和交织区仿真场景,研究不同驾驶行为特性对宏观交通流特征参数及通行能力的影响,结果表明,跟驰行为和强制换道行为对道路通行能力有显著影响。一些学者从驾驶行为角度解释交通震荡(Stop and go)现象。如 Laval 等[132]基于 NGSIM 车辆轨迹数据分析驾驶行为对交通流的影响,研究结果表明,保守型和冒险型驾驶人驾驶行为的差异性导致了交通震荡现象的产生。在研究违法驾驶行为对交通流运行影响方面,孙劲宇[133]和孔雨萌[134]分别基于 Aimsun 仿真软件,采用 SDK 工具编写违法驾驶行为模型,分析慢速、超速及突然停车三种违法驾驶行为对不同交通流运行状态影响的差异性以及产生相应差异的原因,并采用神经网络及逻辑回归方法探究交通流状态与交通流运行风险指标的关系,探究容错性交通流的特征。张辉[135]和肖遥[136]分别采用元胞自动机等仿真模型,标定分心情况下驾驶人车速、跟车间距、换道频率及反应时间等行为特征,研究分心驾驶行为比例及分心时长对道路交通安全和交通效率的影响。上述关于高风险驾驶行为对交通流运行安全的研究多采用驾驶模拟或交通流仿真手段实现,采用真实客观的车辆轨迹数据研究换道行为对周围车辆运行安全风险演化的影响依然较少。

2.3.7 危险驾驶行为预警研究

以往的交通安全预警主要集中于如何将交通系统各类信息与实时的交通安全状况建立有机的联系,集成位置定位、移动服务、空间信息、交通管理等理论与技术手段,为交通安全分析、事故预防和紧急救援等提供有效、及时的预警。传统意义上的交通安全预警主要存在如下问题。

(1) 道路交通的主体往往被动地接受交通安全管理,没有根据车辆行驶的位置和状况,充分利用移动终端的特点主动纳入交通安全系统中,并作为用户享有交通安全信息服务;交通信息的不准确及其产生的费用也会影响用户对交通安全信息的接受程度。

(2) 不同的交通安全信息对于驾驶者的影响是静态和被动的,没有将合理和适度的交通信息主动辐射于一定区域范围内的驾驶者,并使之产生积极的应对。

(3) 只能进行事后的分析与改进，事发前影响交通安全的车和设施之间的空间变化关系无法快速地反馈给驾驶者，从而缺少事故主动预防的实时预警信息或干预措施。

(4) 缺少用于对行驶在地下隧道及隐蔽区域路段车辆的无缝定位技术，无法在出现交通安全事故时实施紧急救援行动。

(5) 缺少交通空间信息与交通安全管理信息之间相互衔接的统一时空模型，从而导致依据空间特征进行的交通安全分析与事实产生较大的不确定性。

目前，道路交通安全预警与控制的研究重点一般采取以下四个措施以降低事故发生的可能性。

(1) 规范道路使用者行为。据统计，人为因素是造成交通事故的最主要原因，占事故总数的 83.4%，相关法规的制定和定点的摄像监控设备可以在一定程度上约束道路使用者的行为。

(2) 改造道路基础设施。其包括两种方式：一是根据经验或事故历史统计数据，采用质量控制法[137]及其改进方法[138]等排查事故多发点，并采取工程措施等进行改善；二是将事后发现安全隐患提前到事前，将对交通安全的考虑贯穿道路的规划、设计及施工过程，典型案例如 20 世纪 80 年代始于英国的道路安全核查(Road Safety Audit)[139]。

(3) 加强交通控制。通过对施工区、交通事故易发地及其他道路中断地点周围的车辆及行人进行指挥和引导，保证应急小组成员、施工人员和公众的安全，其手段包括救急人员现场指挥、交通信号灯控制、广播电视通告等[140]。

(4) 发展车辆安全技术。通过改良车辆安全系统和硬件设备来防止、避免、减少交通事故的发生及降低事故带来的损失。其分为被动措施和主动措施两个方面。被动措施包括安装缓冲溃缩区、安全带、空气袋等装置；主动措施包括安装良好的刹车、防锁死刹车系统、良好的减振器和轮胎、良好的照明设备和玻璃窗，以及循迹控制系统、制动辅助系统、电子稳定装置等[141]。

以上措施一定程度上改善了道路的安全状况。但交通安全因素反映的是与车和设施的位置相关的海量信息，以及针对单一对象、位置点或小范围道路片段的安全监控和管理方法，无法把握整个交通网络的全局实时动态变化，因此很难向交通安全分析、事故预防和紧急救援等提供有效、及时的服务，最终难以达到各方面的协同决策。

基于此，以定位系统、移动 GIS 系统和无线网络传输系统为关键技术[142, 143]的位置服务技术受到道路交通安全预警领域越来越多的关注。其基本思路是使用移动运营商的无线通信网络(如 GSM 网、CDMA 网)或外部定位方式(如 GPS、INS、WLAN、Wi-Fi 等)获取海量道路使用者的位置信息(如地理坐标、行车速度、加速度等)，并在相关模型和 GIS 平台的支持下，提供交通安全位置服务，并实现危险驾驶行为预警。

2.3.8　危险驾驶行为对交通流扰动影响研究

容错性控制是一系列用来提升系统稳定性和降低安全风险的技术的总称，其目的是阻止微小的错误发展成严重的错误[144,145]。交通流理论是采用模型描述道路上车辆(或非机动车、行人)与道路设施和环境交互运行规律的基础科学,也是交通工程学的基础[146]。本书的主要研究对象为车辆,故本书的交通流等同于车流。交通流的运行与自动化系统的运行存在一定的相似性,二者在没有外界干扰和内部扰动的情况下,均趋向于稳定运行并各自发挥作用。不同的是自动化系统产生故障后会导致系统异常运行甚至崩溃;而交通突发事件的发生会干扰原本稳定运行的交通流,从而导致交通延滞,有时甚至会引发交通拥堵[147]。容错性控制体现在自动化系统发生故障后,能及时纠正问题并使系统得以正常运行;而交通流的容错性体现在交通流本身可以抵御交通突发事件的干扰并保持其原有通行能力[148]。容错性交通流正是包含了这些交通突发事件,导致其交通运行特征参数(流量、密度和速度,简称流密速三参数)区别于普通交通流。关于容错性交通流的研究,因为交通突发事件的不可重复性和偶然性,无法利用实测数据进行相关研究,目前大部分研究很少涉及关于交通突发事件数据和交通流分析的相关识别模型[149]。

高速公路交通流运行风险评估主要包括交通流运行特征参数、微观车辆运行风险评价指标和交通流运行状态识别模型三个方面。下文主要对交通流运行状态识别模型进行介绍。最初,车流运行状态的识别主要集中于突发交通事件的检测,代表性算法如加利福尼亚(California)算法[150]、双指数平滑(Double Exponential Smoothing,DES)算法[151]、自回归移动平均(Auto Regressive Integrated Moving Average,ARIMA)算法[152]等。受限于硬件条件,这些算法所获取的数据大多为基于固定型检测器采集的流量、速度、占有率等地点交通流参数,通过建立交通流参数和固定阈值间的关系来估计车流运行状态[153]。之后,出现了判断交通拥堵类型的诸如麦克马斯特算法[154]、贝叶斯算法[155],这类算法能识别常发性交通拥堵和偶发性交通拥堵,其数据来源主要是历史数据和地点交通参数,并通过二者之间的对比来实现对车流运行状态的识别。近年来,随着感应技术的发展,所能获取的交通流参数除了传统的地点交通流参数外,还出现了基于移动型车辆检测器的车头时距、行程时间、平均行程速度等微观交通参数[156],利用这些全新的参数数据,更多算法得以发挥作用。

早期的交通流运行状态识别主要是基于统计模型,利用集计分析法(Aggregate Analysis),以历史事故或事故率作为因变量,事故发生时的时间和空间特征作为自变量,以相似时间和空间特征的交通状态作为评估交通流运行风险的标准。Lee 等[157]在研究中提出事故先兆(Crash Precursor)概念,通过对事故和事故发生前其上游检测器的交通流数据进行分析,建立了集计的对数线性事故风险预测模型,并改进了模型,得出高速度离散性和高密度是导致事故发生的关键因素。Golob 等[158]开发了一套交通流对交通的影响软件FITS(Flow Impact on Traffic Safety),用以预测不同类型事故发生的可能性,并且发现对安全影响最大的交通因素为平均流量和速度中位数及流量和速度的短时离散度。Oh 等[159]采用基于非参数贝叶斯的概率神经网络模型对事故的可能性进行预测,把交通状态划分为正常和扰乱两种,并通过 t 检验发现二者之间的显著差异。Abdel-Aty 等[160]提出根据事故地点确定其上游五个检测器和下游一个检测器的位置，然后根据相应的交通流参数构建 Logistic 回归模型，结果表明事故前 5～10 min 的上游平均占有率、下游的速度方差对事故风险影响最为显著。

2012 年，随着自动车辆识别系统（Automatic Vehicle Identification，AVI）应用于美国高速公路，实时交通流数据获取成为可能。基于微观交通流参数，许多新的算法应运而生，非集计分析法被广泛运用于交通状态的识别。2013 年，Yu 等[161]采用分类回归树和贝叶斯 Logistic 回归选取指标后，构建了支持向量机（Support Vector Machine，SVM）模型；Yu 等[162]采用随机效应 Logistic 回归模型分析工作日和周末事故数据差异；Ahmed 等[163]采用随机梯度推理机器学习方法，结合远程交通微波传感器（Remote Traffic Microwave Sensors，RTMS）和 AVI 的交通流数据对事故风险进行建模，模型最终达到了 89%的事故预测精度（伴随着 6.5%的误报率）。国内由于交通流数据获取难度较高，在实时高速公路车流运行状态识别方面研究较少。徐铖铖等[164]提取美国加州 I－880 高速公路上采集的间隔为 30 s 的实时交通流数据和事故数据，并采用 Fisher 判别分析方法建立了判别危险交通流状态的交通流参数线性组合指标及 Logistic 模型，模型具有 65.7%的事故预测精度；并在后续研究中发现，增加天气参数后能够提高实时事故风险模型的预测精度至 71.7%[165]。赵新勇[166]结合 SVM 和决策树，提出了基于交通流参数的事故多发点交通安全事件风险研判模型，选取高速公路追尾事故作为目标交通安全事件，采用 SVM 模型建立了追尾事故风险预测模型。曲栩[167]基于荷兰某高速公路的交通事故数据及相应交通流数据，应用 SVM 技术，分别建立了针对侧碰、追尾两种事故类型的实时事故风险预测模型。李志斌等[168]根据高速公路常发瓶颈上游路段运动波传播过程中的车辆行驶轨迹特征进行集计分析后，构建了高速公路常发拥堵路段的追尾事故风险实时预测模型，并采用美国加州 I－880 高速公路上的检测器数据进行了验证。孙剑等[169]基于上海市快速路上的线圈交通流数据和事故数据，采用贝叶斯网络（Bayesian Network，BN）对事故风险进行建模，基于高斯混合模型和最大期望算法对贝叶斯网络模型参数进行估计，分别对事故点前后 2 组检测器和 4 个时间段的 8 组交通流数据进行建模，结果表明，使用事故点上、下游各 1 个检测器、基于事故前 5～10 min 的交通流数据的模型效果最优，其事故预测精度达到了 76.94%。2014 年，贾丰源[170]等对模型进行了改进，采用随机森林对变量进行筛选，最终筛选变量后建立的 BN 模型效果预测效果更佳，其事故预测精度达到了 82.78%。

2.4　本章小结

1）驾驶行为数据采集

随着科技的进步，驾驶行为的采集手段也在进步。从主观问卷调研到自然驾驶研究实验采集客观驾驶行为数据的发展可以看出，驾驶行为的内在与外在数据的采集也变得越发容易。相比来说，问卷调研采集可以获取驾驶人的危险驾驶行为致因，但是主观性太强，单一应用容易导致实验结果鲁棒性低等弊端；驾驶模拟器采集的驾驶行为数据虽然完整且具备高细粒度，但由于场景的不真实性，其应用效果也随之大打折扣；自然驾驶研究实验可以获得真实且较为全面的驾驶行为数据，通过结合主观问卷调研及传感设备等手段，可以为研究提供高质量的数据。因此，本书采用自然驾驶研究实验作为驾驶行为数据采集的主要方式，配合车辆传感设备和摄像头采集包括驾驶人属性、车辆操作数据以及道路环境等多个变量的数据，并服务于后文的危险驾驶行为表征、识别、致因与预测研究。

2）危险驾驶行为表征

危险驾驶行为是“人-车-路”综合作用的结果，现阶段的危险驾驶行为表征方法虽然在各方面都有研究，却少有系统性、综合性的危险驾驶行为表征模型。归根结底，一方面，由于驾驶行为相关指标难以被全面获取，导致危险驾驶行为表征缺乏综合性；另一方面，由于现阶段危险驾驶行为研究框架与研究理论的不完善，危险驾驶行为研究易混淆，最终致使研究结论鲁棒性不高、表现力不强等。本书得益于自然驾驶研究实验数据，结合“人-车-路”三个要素下的各类指标，基于计划行为理论提出了基于“动机-意图-行为”的危险驾驶行为研究理论，基于理论框架选取显著性指标，并采用隐马尔可夫模型进一步提取危险驾驶行为意图，通过图谱方法构建具备一定可视化效果的蕴含驾驶意图推理的危险驾驶行为表征方法与指标体系，为下一步危险驾驶行为识别与预测提供指标及框架支撑。

3）危险驾驶行为识别

危险驾驶行为主要包括特殊状态下的识别和常规驾驶状态下的识别。现阶段识别方法多采用单个指标或阈值构建危险驾驶行为识别模型，该类模型较少考虑指标之间的多重交互作用，同时忽略了危险驾驶行为随时间变化的规律。若仅仅参考现有的指标进行危险驾驶行为识别，仍可能产生分类不准确、漏检或错检等问题。本书基于数据驱动方法，综合不同维度的危险驾驶行为指标，通过降维算法构建新的危险驾驶行为识别指标体系，并通过聚类算法构建新的危险驾驶行为识别方法；为挖掘各相关指标和危险驾驶行为识别指标之间的关系，采用回归算法进一步构建了危险驾驶行为致因模型，并由此构建危险驾驶行为识别数据库，为危险驾驶行为预测提供数据支撑与标签。

4）危险驾驶行为预测

危险驾驶行为预测主要集中在输入的预测数据结构和预测算法选择上。然而，现阶段的研究多只针对指标选择和时间窗研究，忽略了不同输入结构对预测结果的影响，导致研究结果精度不高等问题。另外，现有的研究在短时预测模型构建过程中，常常忽略驾驶意图的挖掘，单单采用原始获取数据进行预测，难以表达驾驶行为的客观规律。同时，很多研究只是简单地采用现有的机器学习算法或神经网络算法，获取的结果往往是个“黑匣子”，并没有实际的指导价值。本书通过结构化的数据结构，基于危险驾驶行为理论，采用马尔可夫算法挖掘危险驾驶行为意图，并据此提出了危险驾驶行为预测方法，为危险驾驶行为预测构建了指标体系与研究框架。在此基础上，以长短时记忆模型为框架构建基础预测模型，同时，通过数据结构变化与时间窗调整获取最优化参数，并基于注意力机制算法深入挖掘危险驾驶行为预测的内部关系，构建较为完整且具有指导性意义的危险驾驶行为预测模型。

5）危险驾驶行为演化

以往关于行车风险演化的研究多关注交通事故的发生及发展演变过程，较少关注驾驶人行为风险的微观变化过程，行为风险演化模式及其致因解析仍需探索。因此，如何识别驾驶人危险跟驰行为风险演化模式并探究其影响机理是要解决的关键问题。此外，基于车辆轨迹数据探索危险驾驶行为对局部交通流的扰动影响研究依然有限。故如何基于车辆轨迹数据，解析并预测驾驶人危险换道行为对其周边车辆运行风险演化的影响也是本书的关键。厘清驾驶人危险跟驰行为风险演化模式及其致因，解析并预测换道行为对周边车流运行安全风险演化的干扰可以有效帮助交通管理者制定靶向管控措施，及时切断风险传播链条，保障行车安全。

6）危险驾驶行为对交通流扰动影响

国内外对高速公路交通运行风险研判方面已经有了较为全面的探讨，形成了比较完备的评价体系，但是，目前针对车流的容错性仍有一些问题需要进一步研究。首先，容错性这一概念在交通中很少提及，目前给出的关于车流容错性的定义较少且比较模糊，难以准确地将这一概念进行描述，如何理解车流容错性需要进一步探讨。其次，一方面，对于驾驶人犯错行为的研究很少，基本停留在理论层面，缺乏相关实验研究，同时，传统微观车辆行车风险评价指标主要集中于对单个车辆的微观风险及其评价指标。需要对驾驶人犯错行为进行整理归纳，总结其逻辑，对其进行实验并加以研究。另一方面，从实用性和可行性的角度而言，需要建立中观层面的车流运行风险评价指标，目前鲜有因驾驶人犯错行为所引起的车流运行风险的相关指标。最后，为了研究车流的容错性，需要构建容错性车流以及对其中容错性表现良好的车流运行状态进行筛选，用以研究其内在机理，建立相关的识别模型来准确区分容错性表现相似的车流的运行状态。

综上所述，现有研究在驾驶人危险驾驶行为数据获取、行为表征、识别、预测、致因分析、演化以及对车流扰动等方面进行了大量研究，然而危险驾驶行为发生、发展机制等关键问题尚未明晰。现阶段亟须突破上述关键问题，以厘清危险驾驶行为“萌芽-演化-结果”的过程变化规律，形成完整的危险驾驶行为表征、识别、致因和预测的理论与方法，最终剖析危险驾驶行为的发生发展及演化机制，探索危险驾驶行为对车流的扰动影响，形成较为完整的危险驾驶行为研究体系。

第3章 危险驾驶行为实验研究基础数据及提取方法

3.1 基于自然驾驶研究实验平台的基础数据

数据是佐证假设、获取主要结论的基础。数据的准确性、齐整性是研究结论真实性和可靠性的支柱;同时,数据的细粒度和维度也是假设得以证实、创新点得以成立的关键。

本书研究对象为驾驶行为,研究指标涵盖了从行为发生发展到结果的全过程。研究要点对应的数据包括:“人-车-路”全要素数据;危险驾驶行为相关指标及可用于验证该行为的数据标签;数据具备一定的时间属性。具体来说,本书对于数据的要求涉及驾驶人属性、车辆操作数据以及道路交通环境三个方面,且提取的对象需要包含一定时间长度。据前文所述,随着传感器技术及通信技术的不断发展,自然驾驶研究(Naturalistic Driving Study, NDS)实验已然满足本书对于研究数据的要求。首先,自然驾驶研究实验通过安装车辆传感设备以及 GPS 设备可以有效采集车辆操作数据。其次,通过安装车辆前置雷达和后置雷达可以有效采集本车与其他车辆之间的交互信息,通过安装车辆前置雷达、后置雷达以及驾驶位摄像头可以验证车辆危险驾驶行为并采集驾驶人属性相关指标。最后,自然驾驶实验数据可以实时存储并上传中心服务器,同时,数据库可保存数小时的实验数据,为从时间维度对危险驾驶行为进行探索提供了便利。基于以上特征,自然驾驶研究实验数据因其高维度、高细粒度以及较好的时间属性特征,被选为本书研究的基础实验手段与实验数据。

危险驾驶行为的发生具备随机性和传导性。随机性体现在危险驾驶行为在空间上的不确定性、在形式上的多样性。危险驾驶行为可能发生在道路的任何位置,也可能在换道、跟驰等状态下发生。如果根据空间或形式对其进行划分并预测,不仅在逻辑上复杂、斑驳,在实际应用中也势必导致算法冗余,从而导致错判等现象。传导性体现在危险驾驶行为的发生具备一定的先兆,在时间维度上存在累积与传导效应,最后发生危险往往是之前操作不规范的综合结果。故而,本书所采集的数据并不规定任一状态或空间,只在时间维度上对危险驾驶行为进行扩展,从而构建在任意场景下、在时间维度上传导的危险驾驶行为研究模型。

综上，根据自然驾驶研究实验数据的特点，本书采用自然驾驶行为数据作为研究基础，并在时间维度上选取合适的时间窗进行扩展。研究指标涵盖了驾驶人属性、车辆操作数据以及道路环境数据。

3.1.1 自然驾驶研究实验

自然驾驶研究实验（简称“自然驾驶实验”）是驾驶人驾驶车辆在实际道路上行驶，并采用多种传感器综合采集驾驶行为研究相关数据的实验方式。自然驾驶研究实验的周期较长，且实验过程的数据记录在不干扰驾驶人正常驾驶的前提下进行。实验的主要目的是获取驾驶人实际自然生活的驾驶行为数据。现阶段，随着传感技术的不断发展，自然驾驶研究能有效应用于驾驶人在现实驾驶操作中的驾驶行为及状态研究，也能基于摄像头等检测设备记录实际驾驶过程中的驾驶风险与事故。为了实现对驾驶数据的采集，自然驾驶研究实验在不干扰驾驶人正常驾驶且在保护驾驶人隐私的前提下，在自然驾驶实验车上安装传感器等设备采集车辆动力学、车辆位置和驾驶人行为等数据，同时，通过摄像头记录行车过程。如弗吉尼亚理工大学交通研究所（VTTI）开发的自然驾驶研究方法，该方法引入了传感器、雷达、摄像头等硬件设备，在实验过程中自动且连续地采集车速、加速度和GPS位置坐标。自然驾驶研究的方法被广泛应用在驾驶人行为相关的研究中，比如驾驶行为分类（激进的、正常的或谨慎的驾驶风格）、驾驶分心研究、疲劳驾驶和醉酒驾驶相关研究、跟车模型的评估等。自然驾驶研究的主要优点是它能够获取到较长时间范围内（至少1个月）的驾驶人日常驾驶行为数据，这是使用模拟驾驶所不能达到的。此外，数据是在驾驶人自己的车辆中、在日常驾驶中进行记录。上述实验条件消除了驾驶者因感觉被观察或处于测试环境而调整其行为的可能性。

3.1.2 上海自然驾驶实验数据

上海自然驾驶实验自2012年开始，由同济大学与通用汽车公司、美国弗吉尼亚理工大学联合开展，持续4年，共积累了超8万h、约75万km的自然驾驶研究实验数据。本书共收集60名驾驶人的行为数据，年龄分布在35～50岁。其中，男性驾驶人32名，女性驾驶人28名。驾驶人在招募时均确定具备良好的视觉、听觉以及知觉反应能力，并具备5年以上驾龄以及一定的驾驶经验，参加实验之前已行驶的总里程大于2万km且日常行驶平均里程不小于40 km。

实验时间跨度为2012—2016年，每名驾驶人驾驶指配的实验车辆在开放路网中行驶，行驶路线按照日常工作生活需求自主选择，且无实验人员陪同，2～3个月后更换下一批驾驶人，直至完成所有实验人员的驾驶行为数据采集。本书数据涵盖了上海市区城市道路、快速路以及高速公路，驾驶行为数据累积路线如图3-1所示。综上，上海自然驾驶实验在空间范围和时间跨度上基本符合研究要求。

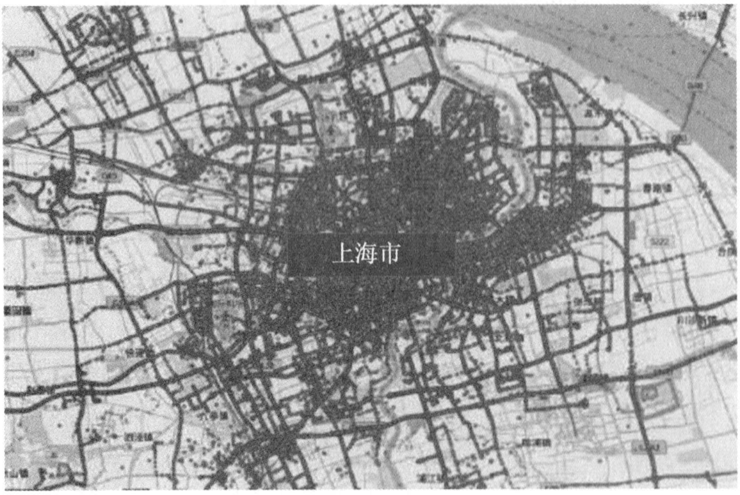

图 3-1　数据分布点位

3.1.3　设备及数据结构

上海自然驾驶实验的设备由美国弗吉尼亚理工大学交通运输学院负责设计与安装，所采集数据储存在系统硬盘内并由实验人员定期读取转存。数据采集系统由高清摄像头、全球定位系统(GPS)、三轴加速度仪、多普勒雷达、车道偏移警告系统、事件按钮等组成。各传感器子系统均相互独立，单一子系统发生故障不会影响其他设备的正常运行，以此保证系统整体的可靠性。具体设备构成见表 3-1。

表 3-1　上海自然驾驶实验采集设备

设备名称	功能概述
多普勒雷达	测量实验车辆与邻近车道前车之间的车头空距及相对速度，测量范围为车辆前方横向 40 m、纵向 150 m 内空间区域
高清摄像头	4 个摄像头分别记录车辆前方、车辆后方、驾驶员面部及手部操作的视频
三轴加速度仪	测量实验车辆横纵方向的加速度以及方位角，用于确定车辆的具体运动状态
全球定位系统(GPS)	采集实验车辆的地理坐标(纬度、经度、高程)，采集频率 1 Hz
车道偏移警告系统	当车速高于 55 km/h 的情况下系统检测到 1 个左侧或右侧车道标线，或驾驶员在没有开启转向灯的情况下穿过 1 条车道标线时，车道偏移警告系统将同时给予声音警告和闪烁的视觉警告
事件按钮	当有突发情况发生时，司机可选择按下事件按钮以触发系统记录事件发生前后的各种资料，并开启 30 s 音频记录

实验采集设备采集的数据主要包括总线数据及视频数据两种类型。车载设备在驾驶人无意识的情况下采集总线数据(如时间、位置、速度、加速度与方位)，视频设备采集驾驶

人行为(如眼动、头部转动与手部操控等)以及外部状况(如道路、交通与天气等)等视频数据。

1)总线数据

总线数据由多普勒雷达、三轴加速度仪、全球定位系统等设备进行采集。数据采集系统(Data Acquisition System,DAS)在系统初始化之后(或电脑启动阶段,即车辆引擎启动后约 90 s)开始连续记录数据,在车辆熄火时终止记录。数据导出时,将所有总线数据保存在统一的 CSV 文件中。原始数据记录指标达 247 项,其中一些空白指标及与本研究无关的指标均被剔除,仅保留与本实验相关的车辆定位、车辆操作以及与其他车辆交互的相关数据,具体指标与详细信息如表 3-2 所示。

表 3-2　总线数据

数据名称	单位	精度	采集频率	描述
vtti. timestamp	ms	—	10 Hz	雷达的实时记录时间,当发动机熄火时,时间归零
IMU. Accel_X	g	0. 000 1	10 Hz	车辆纵向加速度
IMU. Accel_Y	g	0. 000 1	10 Hz	车辆横向加速度
IMU. Accel_Z	g	0. 000 1	10 Hz	车辆垂直方向加速度
YAW. Accel_X	g	0. 000 1	10 Hz	车辆纵向巡航加速度
YAW. Accel_Y	g	0. 000 1	10 Hz	车辆横向巡航加速度
YAW. Accel_Z	g	0. 000 1	10 Hz	车辆垂直方向巡航加速度
Head. Unit. Latitude	—	—	1 Hz	车辆位置(纬度)
Head. Unit. Longitude	—	—	1 Hz	车辆位置(经度)
Road Scout. Lane_Offset	mm	0. 000 01	10 Hz	车辆中心线偏移车道中心线的距离,向右侧偏移为正
SMS. Object_ID	—	—	10 Hz	前车雷达检测目标的编号
SMS. X_Velocity	m/s	0. 1	10 Hz	与前车纵向速度差
SMS. Y_Velocity	m/s	0. 1	10 Hz	与前车横向速度差
SMS. X_Range	m	0. 1	10 Hz	与前车纵向距离
SMS. Y_Range	m	0. 1	10 Hz	与前车横向距离
FOT_Control. Speed	m/s	0. 000 01	10 Hz	实验车辆实时速度
SteeringWheelAngle	度(°)	0. 001	10 Hz	方向盘转角

2)视频数据

本实验视频数据包括 4 个摄像头所记录的单次出行过程中的连续录像文件,摄像头均安装在车辆较为隐蔽的位置以防止影响驾驶操作。设备安装点位及视频如图 3-2 所示,包括车辆前车视野、后车视野、驾驶人面部状态和手部驾驶操作图像,可用于确定驾驶人属性及状态、道路交通环境等信息。

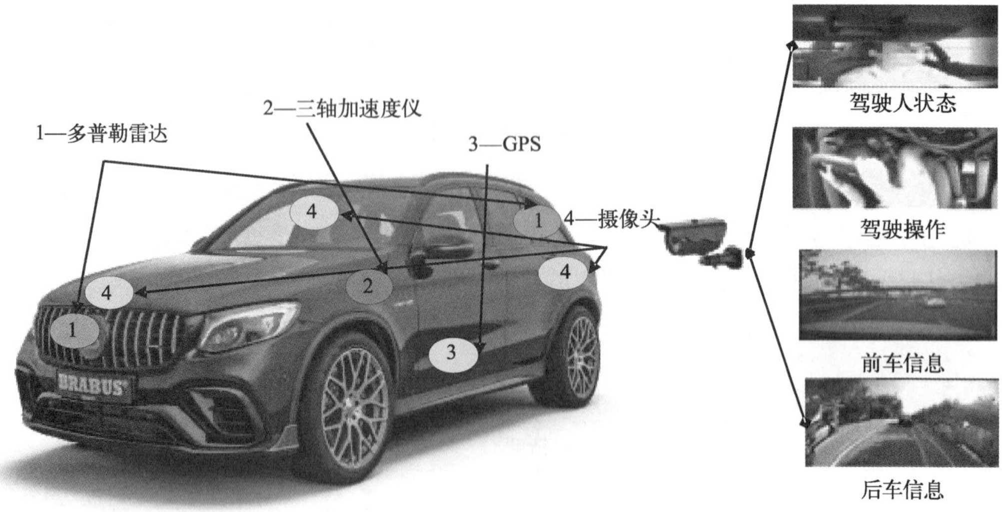

图 3-2　设备及视频采集图像

3.2　基于模拟器实验平台的基础数据

驾驶模拟器分为低级驾驶模拟器、中级驾驶模拟器和高级驾驶模拟器三类。低级驾驶模拟器通常由一个计算机或工作站、一个显示屏和一个可以控制的车辆操作系统构成(可选)。中级驾驶模拟器则要求具备较高级的图像处理技术、大型的显示屏、经由真实车辆改造的驾驶环境和一个简单的动力基础系统(可选)。高级驾驶模拟器需要提供近似 360°的视野和一个拓展的动力基础,驾驶环境同实车相近。大多数相关研究应用中级驾驶模拟器作为研究工具。高级驾驶模拟器较少应用,如德国的戴勒姆奔驰驾驶模拟器、美国的国家高级驾驶模拟器和中国的同济大学 OKTAL 驾驶模拟器。

通常,随着驾驶模拟器技术的提升,实验结果的可信度也有所提升,但并不绝对。驾驶的真实感增强,“晕驾驶模拟器”的情况会出现并极大地影响参与者的驾驶行为,而在真实驾驶和操作低级驾驶模拟器的过程中,几乎不会出现“晕驾驶模拟器”的情况。

高级驾驶模拟器通常配有高级的动力系统,用以模拟驾驶人在真实驾驶中的受力情况和各种反应,但这种模拟势必与真实驾驶行为存在相当大的差别。驾驶人在真实环境中驾驶车辆,根据周围的环境变化作出反应,对于自己将受到的力和车辆的运行状况进行预判,使自己的身体提前做好相应的准备,因此,驾驶人很少出现“晕车”的情况。而当在驾驶模拟器中的驾驶人进行同样的预判时,车辆的动力状况和对周边环境的反应会有所不同,与驾驶人潜意识中形成的预判相左,造成驾驶人的不适反应,形成“晕驾驶模拟器”的状况。

因此，驾驶人在高级驾驶模拟器中的驾驶感未必更真实。

1. 仅使用驾驶模拟器的有效性研究实验

使用驾驶模拟器进行交通行为研究的最大优势在于，许多交通行为实验如果采取实地研究的方式将会十分危险，对实验参与人员造成安全威胁，甚至实际条件无法满足实验要求。驾驶模拟器为交通事件的重现提供了安全的环境，并且依靠软件系统进行数据记录的过程更加便捷，数据采集的过程对驾驶人的感知和驾驶行为的影响较小；而实地实验中，通过各种外接设备进行数据搜集与整理时易对实验参与者的视线产生遮挡，外接设备也使驾驶人在驾驶过程中产生不适感。

Underwood 等研究驾驶人在驾驶过程中的扫视特性以探究其风险感知特性，为具备不同驾驶经验的驾驶人设计了驾驶模拟器实验，在固定基础的驾驶模拟器内播放车辆穿过交通流的视频片段。在实验中，驾驶经验更加丰富的驾驶人扫视行为更多，并会提前注视危险物体，这样的结果与先前的研究保持一致，得以建立相对有效性。

Jamson 运用驾驶模拟器研究不同的速度干预措施如何影响驾驶人对于速度的选择，并制作了相应的速度变化图表用以比较。Lenne 研究驾驶人在通过公路-铁路交叉口时对于闪烁信号灯、交通信号灯和停止信号灯的反应，类似的研究问题因其危险性，在真实的道路上难以实现。尽管无法进行实地的平行实验，驾驶模拟器的实验结果难以从数学角度证明是有效的。但是，可以推定实验结果具备相对有效性，即在真实场景中驾驶人对于不同信号灯的反应时间长短排序和在驾驶模拟器实验中一致是可信的。

Bella 运用 CRISS 驾驶模拟器研究驾驶人对于组合曲线的速度感知，基于驾驶人行为认知的假设，当水平曲线和凸形曲线叠加时，驾驶人会认为水平弯更急；而当水平曲线与凹形曲线叠加时，会认为水平曲线相对缓和。因此，驾驶人在通过两种路段时分别采取较低的和较高的速度，这项假设之前并没有实验证明。实验中，应用驾驶模拟器对假设进行了验证，在水平曲线与凸形曲线的组合中，结果与假设一致，但在水平曲线与凹形曲线组合的假设中，结果不存在显著差别。该项研究增加了对于组合曲线速度感知的认知。

低级驾驶模拟器在用于道路安全等级的评估中也是有效的[18]，研究中利用驾驶模拟器比较了在不同回旋线长度条件下驾驶人行驶速度的变化，研究结论进一步证实有效，提出了在人的反应因素无法量化的条件下，设立一个道路几何线形的安全标准是不可能的，而这需要依托于大量的实验。

Chan 等运用驾驶模拟器研究了新手驾驶人和经验丰富的驾驶人对于行车风险的感知认识、速度控制以及维持注意力的能力，结果表明，新手驾驶人倾向于使用更多的时间来完成车辆内部的目标寻找任务，在车辆外部的目标寻找任务过程中，新手驾驶人与经验丰富驾驶人的耗时不存在显著差别，实验结果与之前的研究一致，证实结果有效。Cantin 运用驾驶模拟器研究了不同群体的反应时间，结果表明，驾驶人越年长，驾驶环境越复杂，反应时间越长。Jamson 等设计实验研究了驾驶人在 Leeds Labsim 中级驾驶模拟器和低级驾驶模拟器中的驾驶行为，主观评分表明，驾驶人在中级驾驶模拟器中驾驶时感觉更舒适，结果同时表明,低级驾驶模拟器不能用于横向位置的研究,因为其结果与中级驾驶模拟器实验获得的结果存在显著差异。虚拟现实驾驶模拟器同样可以用于脊柱损伤病人的驾驶技能恢复,研究中,正常驾驶人和有脊柱损伤的副驾驶人参加了虚拟现实驾驶模拟器的驾驶研究。

在仅使用驾驶模拟器的实验中,常用问卷来收集相关信息,问卷可以了解驾驶人的个人信息、驾驶历史状况,比较驾驶人在实验前后的生理状态。在驾驶模拟器有效性研究的相关实验中,可以通过问卷收集实地实验和驾驶模拟器实验的各项参数,计算得到的相关系数可以作为评判驾驶模拟器有效性的指标。在 Ambrosio 等进行的实验研究中,为了弥补驾驶模拟器实验现实感低和风险感知不足的缺陷,设计了一套奖惩系统,在实验前,实验人员被告知如果违反相关交通法规,那么,他们得到的报酬会减少。研究者在该实验中验证了表面有效性、聚合有效性、并行效度和区辨效度。

2. 驾驶模拟器实验与实地实验结合

在驾驶模拟器有效性的研究中,将驾驶模拟器场景和实地场景设计为相同实验场景是最普遍和最具信服力的实验方式。可对两种场景下采集的同类数据进行比较和统计学检验,以验证是否可以建立绝对有效性;两种场景中,实验自变量和因变量之间的函数关系可用于判别能否建立驾驶模拟器用于相关研究的相对有效性。

通常而言,驾驶模拟器不需要提供 360°的视野,120°～180°的前方视野结合后视镜提供的视野即可以满足相关实验的要求。在实地道路实验中,驾驶人可以透过车窗观察邻近的车辆和路侧建筑、植物等作为行车过程中速度的参考。而在驾驶模拟器中,受到视野范围的限制,这类驾驶操作行为未必能够实现,但这样的驾驶行为在正常的车辆行驶中占比较少。使用驾驶模拟器时,驾驶人通过高分辨率的屏幕获取视觉信息。驾驶模拟器中的屏幕之间通常采用无缝相接的形式为驾驶人提供更好的视野。也可以假定随着屏幕分辨率的提升,驾驶模拟器的物理有效性越高。

真实驾驶环境和模拟器驾驶环境中的交通条件存在很大的差异。驾驶模拟器中的交通流由软件控制并且遵循固定的数学模型进行运动,使其与真实交通环境完全吻合是不可能的。在驾驶模拟器的诸多局限性中,这项缺陷限制了驾驶模拟器的应用范围。只有极少数的研究应用驾驶模拟器精确重现了复杂的交通场景,大多数应用驾驶模拟器进行实验的交通场景设定为自由流的环境以最小化环境对车的影响。在比较实地实验与驾驶模拟器实验中获得的交通流数据时,通常选择车头时距在 5 s 以上的样本(确保车辆处于自由流)。

通过精细的建模,驾驶模拟器中的环境可以与真实的场景十分相近。但照明条件和行车动力学参数仍然难以标定。在地下道路环境中,隧道进出口照明条件的变化使地下道路进出口成为事故的高发地点,形成安全隐患。然而,在驾驶模拟器的建模中,由于软件系统和屏幕的限制,难以将照明条件设置成与实际相近。

两种实验环境的行车动力学参数也存在较大差异,尽管中级、高级驾驶模拟器都配备有真实的车辆,但是车辆的动力参数回馈系统是由软件系统控制计算的,“晕驾驶模拟器”

的情形就是这种问题的一个例证。驾驶人同样的行车操作在驾驶模拟器中形成的反馈与真实行车中是不同的，进一步使驾驶人感到不舒适，并出现晕眩、恶心、疲劳等状况，这在真实驾驶车辆的过程中是很少出现的。其他如摩阻系数等参数的设定也难以在两种环境中保持一致。

驾驶模拟器在用于评估驾驶行为的过程中存在着缺陷和不足，而同样的问题也存在于驾校的培训课程中。Milleville-Pennel 设计实验对比驾驶人使用驾驶模拟器、驾校车辆和真实车辆驾驶的心理压力和生理压力。研究中提出并探讨了地址幻象(Place Illusion)和可信性(Plausibility)的概念，尽管实验的样本量有限，但研究指出驾驶模拟器可以用于初学者学习驾驶车辆，而且驾驶模拟器中的虚拟环境由于长期缺乏有效对比，真实性往往被低估。

由于在驾驶模拟器内驾驶的过程中，驾驶人的风险感知程度同真实驾驶存在差异，驾驶人往往会采取更为冒进的驾驶方式，Mcavoy 认为驾驶模拟器不适用于施工区的相关仿真研究，在模拟驾驶实验中引入一些经济上的奖惩措施来增加真实感是必要的。Bham 在验证固定基础驾驶模拟器的相对有效性和绝对有效性的过程中，结合 GPS、雷达和监控的多项数据来获取实车的相关数据。由于驾驶模拟器难于对交通流进行仿真，Bham 指出，应当使用自由流的实验数据进行比较(车头时距大于 5 s)。

3.2.1　个体驾驶模拟实验平台

同济大学从法国引进的 8 自由度驾驶模拟器(图 3-3)为本实验平台的模拟器，主要参数如下。

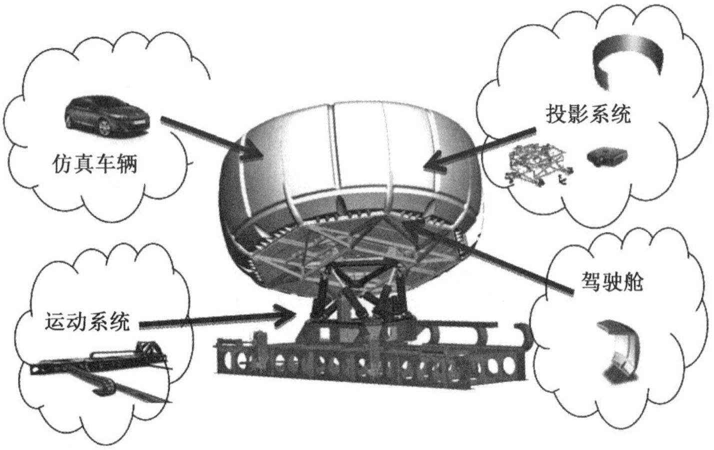

图 3-3　驾驶模拟器

(1) 运动系统：8 自由度运动系统(XY 5 m×20 m+6 自由度运动系统)，2.5 t 系统荷载。

(2) 控制软件：法国 OKTAL 公司开发的商业软件 SCANeR™1.6，具备集成控制、场景制作、数据采集、数据分析等功能，可与交通仿真软件 Aimsun 对接，实现路网交通数据的自动生成与导入。

(3) 驾驶舱：封闭刚性结构，内部最小直径 5.5 m，仿真车辆置于驾驶舱中央。

(4) 投影系统：5 个投影仪内置于驾驶舱，场景投影到球形幕上，视角为 250°(水平)×40°(垂直)，单通道分辨率为 1 400×1 050，刷新频率为 60 Hz。

(5) 仿真车辆：Renault Megane Ⅲ。去除发动机，保留轮胎，加载其他设备如方向盘、刹车、换挡的力反馈系统和数据的输入输出设备，3 块 LCD 显示屏取代后视镜。

舱内监控系统如图 3-4 所示。

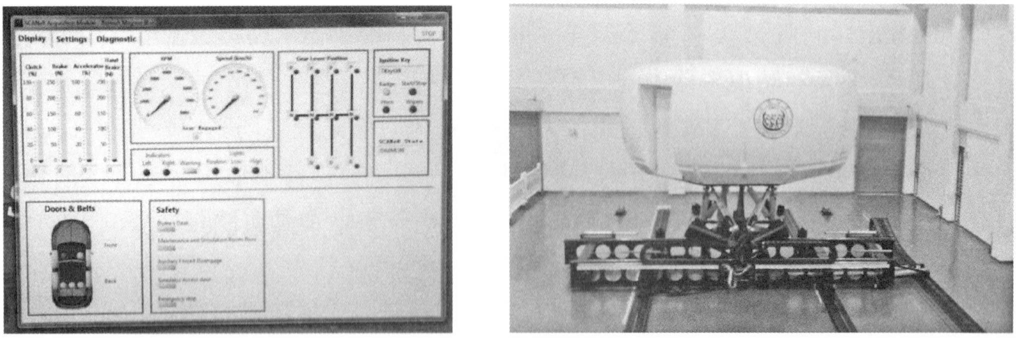

(a) 驾驶舱　　　　(b) 计算机监控系统

图 3-4　8 自由度的驾驶模拟器舱内监控系统

驾驶模拟器实验的过程中，驾驶人在仿真车内进行模拟驾驶。图 3-5 所示是进行驾驶实验过程中的实验监控场景。在驾驶人实验的过程中，实验员位于控制室内，控制实验的开始和结束，并观察驾驶人的实验状况，避免发生危险状况。

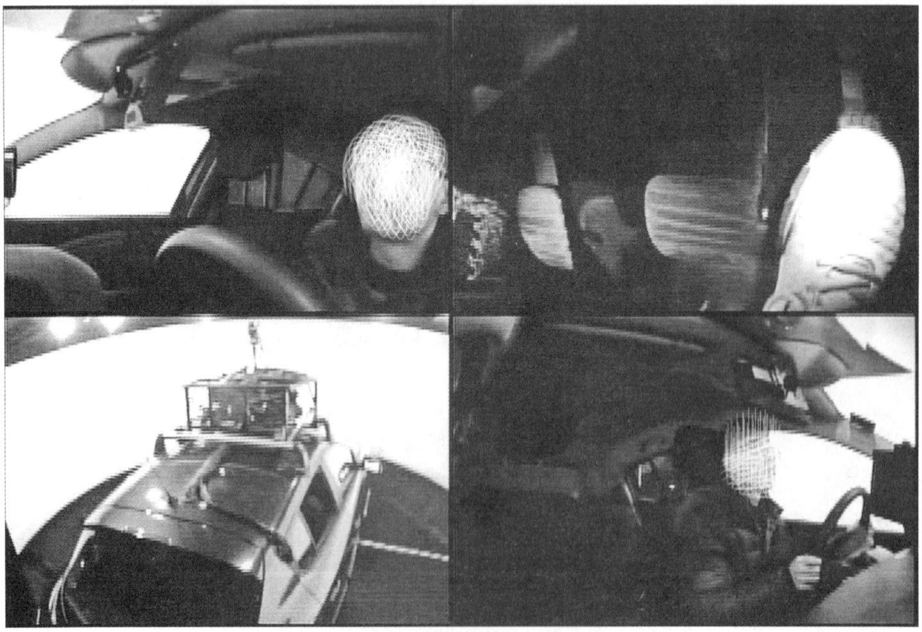

图 3-5　驾驶舱监控图像

实验场景由软件 SCANeR™ 1.6 和 SketchUp 建模完成，通过 SCANeR™ 1.6 搭建道路物理层和逻辑层模型，交通标志模型通过 SketchUp 建模后导入场景。行车记录仪录制了实验过程中的视频，建模过程中，为提升场景还原真实度，截取行车记录仪录制的视频片段，通过 Photoshop 提取材质颜色，以相同的颜色构建侧壁模型。场景示意如图 3-6 所示。

图 3-6　驾驶模拟器场景示意

参加驾驶模拟器实验的驾驶人志愿者均具有行车驾驶证，并具备实际驾驶经验，每人获取一定的实验报酬。驾驶模拟器实验过程中，实验记录员告知参与实验的驾驶人按照正常驾驶习惯驾驶。

驾驶人进入实验舱体以后需要等待驾驶模拟器动力学系统运动到指定位置，软件控制场景变换，若中途切换场景，驾驶模拟器需要归位重启动力系统。驾驶人须填写调查问卷，并附加安全检查操作及实验中的注意事项。因此，每个人完成新建路隧道东线和西线的实验耗时为 30～40 min。

驾驶模拟器实验过程中采集的数据如表 3-3 所示。

表 3-3　驾驶模拟器数据格式(处理后)

时间(s)	横向位置(m)	速度(km/h)	加速度(m/s^2)	里程(m)
27.701	5.984 56	42.547 4	0.736 823	83.946 2
27.801	5.929 42	42.801 6	0.734 489	85.084 3
27.901	5.867 04	43.076 6	0.735 648	86.324 9
28.001	5.807 30	43.331 3	0.737 984	87.477 0
28.101	5.740 37	43.606 9	0.735 551	88.732 9

实验过程中，驾驶人通过视觉接收行驶于实验路段的道路线性信息，依据自身的驾驶

判断操纵车辆。该实验模拟器为高级驾驶模拟器，其 8 自由度运动系统在实验过程中根据道路线性以及驾驶人的加速、刹车、转向等驾驶行为计算车辆的受力情况，作用于驾驶舱，营造真实的驾驶感。

3.2.2 多人驾驶模拟实验平台

多人驾驶模拟实验平台基于 SiLab 场景仿真软件，该软件是德国 WIVW(Institute for Traffic Sciences)公司历经多年开发的，既可以在其驾驶模拟系统 SiLab 中提供场景仿真，也可以与第三方驾驶模拟装置(硬件)整合，组成驾驶模拟器。

1. 平台选用准则

按照 SiLab 硬件的技术标准，该模拟器属于中级驾驶模拟器。一般来说，评价驾驶模拟器的有效性需要从以下三个方面展开。

(1) 内部有效性和外部有效性

内部有效性指科学研究得出结论的可信度，取决于研究中如何减少系统误差，通过合理的实验设计和样本选取可以提升。

外部有效性指实验得出结论推广到整体样本、其他时间段或环境的能力，通过合理的实验设计并增加样本量可以提高外部有效性。

(2) 物理有效性和行为有效性

物理有效性指驾驶模拟器环境和对应的真实场景之间的组成部分、布局以及动力学参数的相似程度，技术等级较高的驾驶模拟器通常具备更高的物理有效性。

行为有效性指驾驶人在驾驶模拟器环境和真实环境下行为表现的相似程度，现有驾驶模拟器有效性评价实验多以行为有效性为评价标准。行为有效性包括绝对有效性和相对有效性。绝对有效性是指驾驶模拟器环境下获取的数据与真实条件获取数据的相近程度。相对有效性指条件改变时实验数据服从相同的变化规律。

(3) 并行效度、区辨效度和预测效度

并行效度是指实验用以区分异质性样本的能力，即驾驶模拟器数据可以区分不同年龄阶层、不同驾驶行为群体的能力，是驾驶模拟器可以进行高风险驾驶行为研究的基础。区辨效度用以分辨一个构造能否区别于其他构造。预测效度是指实验结果能否用于支撑后续研究的能力。

本实验平台的多人驾驶模拟器是一个具备大型显示屏、改装车座椅、先进的数据采集系统和较高级图像处理技术的中型模拟驾驶平台，可满足上述有效性。

对于内部有效性和外部有效性，通过合理构建实验场景、设计合理实验规则并进行一定次数的实验可以得到保证。由于本实验平台可以与第三方驾驶模拟装置整合，本书所采用的平台都配备了先进的方向盘、刹车油门和挡位系统，能够较好地模拟真车行驶的动力感和力反馈等动力学参数，较大程度地保证了物理有效性。

SiLab 平台最大的特点是可以实现多人同时在线模拟驾驶，最大限度地保证了模拟驾驶车辆与周围车辆的相互作用，使其微观交通环境更加真实，有效地保障了驾驶人在驾驶模拟器环境和真实环境下行为表现的相似程度，弥补了一般单人驾驶模拟器交通流不真实、车辆没有交互的缺陷，极大地提高了驾驶模拟器的行为有效性。

SiLab 驾驶模拟平台的物理有效性和行为有效性提供了良好的预测效度，而且其驾驶模拟器构建场景真实，可设置元素众多，因此，模拟驾驶实验对于不同物理环境、驾驶行为都能加以区分，具有良好的并行效度和区辨效度。

2. 平台系统构成

该平台由软件和硬件两部分组成。

软件主要分为三部分：SILAB6.0 实验平台负责控制实验运行；SILABAEdit 与大部分仿真模拟软件类似，包含构建场景的各个模块，作为一款真实研究级仿真模拟软件，可以在 SiLab 中编辑道路线型、宽度、车道、交叉路口、路标树木、交通标志、建筑物、人行道、所有交通变量，设置天气条件和剧情脚本；SILABAdmin 是多机器的总控制平台，负责协调多车运动以实现多人驾驶模拟，在本平台中共有 5 台实验员可控车辆，因此，总控制平台控制 8 台电脑(主车需 3 台，分别控制车辆运行和 3 个屏幕，总控平台需 1 台，4 辆副车各需 1 台)。

硬件部分由总控平台(主机、显示屏)、主车(3 台主机，3 台显示屏，1 套车辆动力系统)、4 台副车(均有主机、显示屏、动力系统)构成，主车座椅和动力系统仿照真实车辆，视觉显示系统由 3 个巨幕显示屏联合构成，可视角度超过 120°。系统构成如图 3-7 所示。

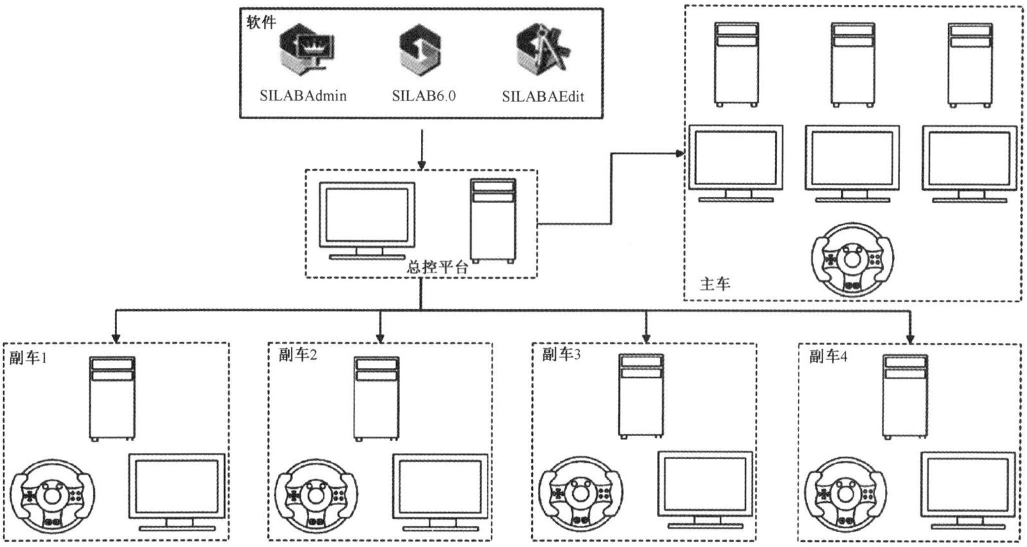

图 3-7 系统构成

3. 多人模拟驾驶实验案例

1) 实验方案设计

本次实验模拟路段选取上海典型城市快速路——上海中环快速路作为研究路段。实验方案设计包括实验人员(即驾驶人)选择和实验流程两部分。

(1) 实验人员选择

实验结果可靠与否由实验数据的质量直接决定，选择合适并适量的实验人员既能够保证实验结果的真实可靠，又能够减少实验费用和耗费时长，是进行高质量实验测试的关键一环。

参考以往的文献，研究者在选择实验人员样本数量时，样本数主要分布在 20～120，样本频次最多的区间为 20～40。研究者考虑了实验目的、实验费用支出、时长、人员召集难度等因素，共面向社会召集了 24 名成年人作为本次模拟驾驶实验的驾驶人，其中男性 18 人，女性 6 人。实验人员都拥有中华人民共和国认证的驾驶执照 1 年以上(超过实习期)，平均驾驶里程 1 万 km 以上；均没有驾驶生理、心理等疾病以及嗜酒等不良嗜好记录，符合本次实验的各项要求。

(2) 实验流程

① 实验准备

实验之前，研究人员检查实验模拟器软件、视觉显示设备、车辆动力系统是否运行正常，校准驾驶模拟器并在测试场景进行测试，为驾驶模拟实验做好相应的准备工作，确保实验顺利进行。

② 实验人员登记

实验人员在参加实验之前，需要登记相应的个人详细信息，包括姓名、性别、身份证号、年龄、驾驶证号、职业、年驾驶里程、交通事故记录等信息，主要目的是核查实验人员是否符合实验所需的条件，同时对其基本信息进行统计。

③ 实验培训

实验培训主要包括实验设备使用培训和实验场景适应性培训。研究者为实验人员介绍多人驾驶模拟实验平台的设备使用方法，目的是让实验人员对多人驾驶模拟实验系统有整体的认识，有助于舒缓实验人员的心理压力和疑虑，帮助其达到平和的心理状态，保证驾驶行为的真实性。

在实验人员参与模拟驾驶正式实验之前，研究者会让其在一个典型的驾驶模拟场景中进行适应性训练，该场景包括城市道路、弯道等元素。整个适应性训练大约持续 20 min，实验人员须保持认真的态度，遵守交通规则，能够安全理性地驾驶。实验人员可以自行进行加速、减速、超车、换道、跟驰等行为，旨在完全适应驾驶模拟器的驾驶感受，保证实验数据可靠。在适应性训练完成后，研究者会对实验人员的驾驶体验进行询问，包括场景真实性、是否感到不适(眩晕、恶心)、动力系统操作性如何、力反馈是否真实等，研究者会根据反馈对设备进行调整并根据各实验人员的驾驶模拟行为及回答判断其是否适合参与后续完整实验场景的驾驶实验，避免出现残缺或不真实的实验数据。

④ 多人驾驶模拟实验

每次召集 5 名实验人员，1 名操作主驾驶位，负责执行换道；4 名分别操作 1 辆副车，车辆分别位于换道车辆当前车道和目标车道，负责模拟在换道车辆变道过程中与其存在交互作用的周围车辆，保证受测试车辆微观交通环境真实可靠。正式模拟驾驶实验持续时长约 30 min。实验完成后记录实验数据。

2）场景构建

实验场景构建包括实验路段构建和换道切入实验场景设计。

本次实验路段选自上海中环快速路，自济阳路立交至龙东大道立交，全长约 18 km。该路段为双向八车道，中间设有中央分隔带，限速 80 km/h。若要在 SiLab 场景编辑模块构建实验路段，分为以下几个步骤实现。

① 平面线形

为了还原所选路段的平面线形，需要获取平面线形数据，如路段的直线、平曲线、缓和曲线等参数。在无法直接获得平面线形数据的情况下，一般会采用两种方法：一种是将道路的高清照片导入 SILABAEdit 中当作底图，再利用该路线编辑器的直线、曲线等绘图模块绘制逻辑层进行拟合，这种方法误差偏大且工作量较大。另一种是利用 SiLab 程序化绘制平面线形，即通过编写程序精确表达平面线形，研究者需通过其他辅助软件得到较为准确的道路平面线形数据。

ArcGIS 作为一个全面的 GIS 平台，可以存储丰富的地理信息。同济大学测绘与地理信息学院提供的上海市道路 ArcGIS 地图包含绝大多数上海市的主要道路，该地图更新 2017 年 10 月截止。通过 ArcGIS 平台打开上海市道路 ArcGIS 地图，根据道路属性选择城市快速路，再根据实际中环路所处的位置选出中环快速路，按本实验的路段需求，以立交为分界选取自济阳路立交至龙东大道立交段，再以线形的方式显示该路段，从而得出实验需要路段的道路中心线图形。以 DWG 格式导出道路中心线图形，用三维道路设计软件打开（本书采用纬地道路三维设计软件），以该道路中心线为准，利用平曲线设计功能对该中心线进行拟合，拟合结果可以作为 SiLab 中道路平面线形程序的参数输入：

- Straight 代表直线，后方括号里的参数代表直线段长度；
- Bend 代表圆曲线，后方括号里的第一个参数代表圆曲线长度，第二个参数代表圆曲线的曲线半径，曲线半径的正、负值代表该曲线是左偏还是右偏，后两个参数分别代表缓和曲线占曲线总长度的比例。

② 道路高程

SiLab 支持用户自己定义模拟路段的高程，可以通过 SILABAEdit 的可视化编辑界面手动拉坡，也可以通过程序化编写实现高程设计。三个在竖曲线设计中需要输入的参数代码如下：

- 〈slope in %〉：纵坡，以百分比表示；
- 〈length of the segment in m〉：坡道长度(m)；
- 〈fillet radius〉：竖曲线半径(m)。

由于本书选用的是城市高架快速路作为研究对象，纵坡受严格控制，对驾驶人驾驶行为影响很小，且无法获取中环快速路的纵坡数据，因此在本实验中不设纵曲线。

③ 横断面及道路标线

横断面设计及道路标线同样可以采用可视化界面手动设置和编写 SiLab 程序设置。本实验采用编写程序的方法实现。横断面设计可以分别通过对路面结构的不同部分进行设计来实现，代码如下：

- 〈lane indeX〉：车道编号；
- 〈lane width〉：车道宽度；
- 〈direction〉：车道方向；
- 〈pavement〉：路面材质；
- 〈friction coefficient〉：摩擦系数；
- 〈roughness〉：粗糙度；
- 〈superstructure〉：上部结构，上部结构为车道内标线或反光设施等。

需要注意的是，以上代码除了定义车道以外，还可以定义横断面上的其他结构，比如硬路肩、中央分隔带等。在本书中，根据中环的实际情况采用双向八车道、车道宽度 3.5 m、沥青路面构建场景。

道路标线在 SiLab 中被称为车道过渡结构(Lane Transition)，由如下代码实现：

- 〈lane indeX1〉,〈lane indeX2〉：过渡结构左、右的车道编号；
- 〈type〉：过渡结构类型(线、护栏)；
- 〈Offset〉：偏移值；
- 〈line width〉：线宽；
- 〈direction〉：方向；
- 〈line length〉：线长；
- 〈line apart from another〉：间隔。

如果是以虚线作为车道线分隔，线长代表虚线长度，间隔代表虚线间距离。本书的车道间虚线采用的是 69 线。如果车道标线不连续，需要分段编写再进行拼接。

上海中环快速路位于城市中心，路侧景物为城市楼房，SiLab 中内置多种不同场景，包括森林、城市、乡村、城郊等，研究者可以自行根据场景需求调用，只需改变参数即可。为追求高还原度的场景，也支持各个建筑单独构建。本书调用了 SiLab 场景包直接构建，参数代码形式如下：

- 〈UrbanHouseDensity = (20, 40)〉：房子的密度范围；
- 〈MinObjdist = 5〉：距离道路的最近距离；
- 〈MaXObjdist = 40〉：距离道路的最远距离。

除了上述场景之外，多人驾驶模拟平台支持天气、标志牌、行人等元素的加入，由于本书不涉及，故不作介绍。

3) 数据基本情况介绍

实验数据由多人模拟驾驶平台数据记录模块采集，记录了包括参与实验的 5 辆模拟驾驶车辆的行驶轨迹、运动参数等所有数据，数据采集频率同自然驾驶数据相同，为 10 Hz，每次实验数据以 ASC 格式保存至单一文件中。通过本次实验，共有 24 名驾驶人产生 24 次有效实验数据用于后续分析。

每次实验数据记录从点击实验启动按键开始到点击停止按键结束，每辆车记录的数据条目包含 18 项，其中用于本次研究的相关参数如表 3-4 所示。

表 3-4　城市快速路换道切入多人模拟驾驶实验车辆运行参数

数据名称	单位	精度	采集频率	描述
MeasurementTime	ms	—	10 Hz	模拟驾驶实验实时记录时间，范围为单次实验的起止时刻之间
Speed	km/h	0.000 001	10 Hz	实验车辆实时速度
Longitudinal_Acc	g	0.000 001	10 Hz	实验车辆的纵向加速度
Lateral_Acc	g	0.000 001	10Hz	实验车辆的横向加速度
X	m	0.000 001	10 Hz	实验车辆在场景所处坐标系的 X 轴坐标
Y	m	0.000 001	10 Hz	实验车辆在场景所处坐标系的 Y 轴坐标
s	m	0.000 001	10 Hz	实验车辆单次实验走过行程
LateralDistance	m	0.000 001	10 Hz	实验车辆的横向车道偏移值
LaneIdX	—	—	10 Hz	实验车辆所处车道编号

各实验车辆的位置信息与运动状态特征可以被精确表示，对于多车之间的相互作用特征，如相对速度、相对距离、TTC 等，均可由表 3-4 中的参数计算得到。

本书采用的实验方法为多人驾驶模拟实验方法，因此数据质量较好，类型比较完备，无须进行过多的数据清洗与其他准备工作，只需要删除每次实验开始前车辆驶向实验车道并保持跟车稳定的实验准备阶段数据，即可进行后续处理。

3.3　道路全域高频高精度车辆运行轨迹数据

3.3.1　同济道路轨迹数据平台

同济道路轨迹数据平台（简称 TJRD TS，图 3-8）是由同济大学道路交通安全与环境教育部工程研究中心开发的基于毫米波雷达和激光雷达采集的全域轨迹数据平台。开发团队成员为王俊骅教授及傅挺研究员。TJRD TS 利用安装在路侧的毫米波雷达群组获取连续大范围精确车辆轨迹，通过轨迹拼接实现全域轨迹跟踪。其具备目标检测、目标类型识别、车流量统计、车速检测、目标跟踪等能力。目前，该平台为 V1.0.0 版本，采集的车辆运行轨迹精度为车道级，其中，平行车辆行驶方向平均误差为 0.401 3 m，垂直车辆行驶方向平均误差为 0.281 0 m。其所共享的数据可用于交通安全、微观交通仿真、智能网联汽车测试等相关研究。平台共享的其他数据包括相关路段的线型、气象数据及路面基本信息等。目前，该平台在五个项目中得到试点应用，并采集区域内实时车辆轨迹数据，包括 4 个高速公路路段及 1 个城市地下快速路路段，如表 3-5 所示。该平台至今已有 10 余个国家、超过 169 所国内外高校（包括美国加州大学伯克利分校、美国普渡大学、加拿大麦吉尔大学等）及 23 所科研机构注册使用。

图 3-8　同济道路轨迹数据平台

注：平台网址为 https://tjrdts.com。

表 3-5　试点路段基本情况

路段名称	路段类型	监测范围长度	设备布设情况	设备布设间距
山西阳泉五盂高速	高速公路	7.43 km	单侧布设	350 m
杭州西复线	高速公路	1.5 km	上下行双侧布设	250 m
港珠澳大桥	高速公路	1.89 km	单侧布设	350 m
济南绕城高速	高速公路	2.0 km	单侧布设	450 m
上海北横通道	城市地下快速路	550 m	单侧布设	200 m

1. 平台数据介绍

下文以山西阳泉五盂高速路段（图 3-9）为例对平台数据进行简要说明，读者可根据需要进行了解和下载。

1）路段概况

该路段为山西阳泉五盂智慧重载示范基地路段，位于山西天黎高速（五台至盂县段），

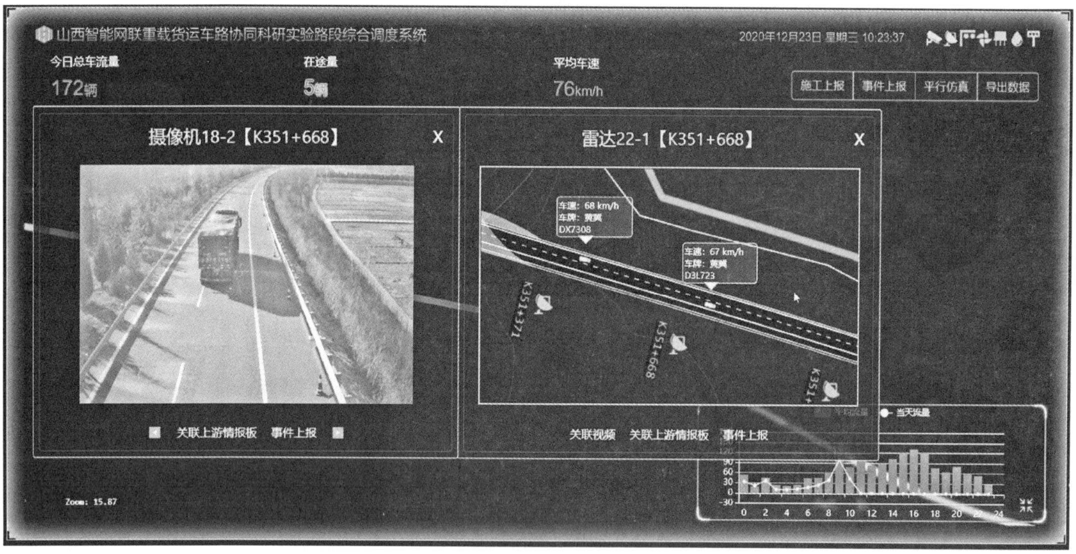

图 3-9　山西阳泉五盂高速路段车辆轨迹数据示意

全长 15 km。该路段的设备集中布设在首尾两端，中间部分路段设备数据涉及其他商业公司信息，本书不作说明。本书只针对首尾两端的两条路段的设备布设情况和数据采集情况进行说明。

首尾两端共 36 个毫米波雷达感知点位、3 个车道级可变限速板、2 个可变信息板、3 个气象监测仪点位和 3 个水膜检测点位(包括 2 个嵌入式水膜传感器和 1 个遥感式水膜传感器点位)。该路段通过毫米波雷达和边缘计算单元获取准确、低延时的全域车辆连续轨迹，通过气象监测仪获取沿线气象信息，通过水膜传感器获取路面积水、结冰信息，同时根据交通运行情况利用路侧设备(可变情报板、车道级可变限速板)实现交通调度指挥功能。

2）道路信息

山西阳泉五盂高速路段(K347＋600—K362＋600)采用双向四车道高速公路标准，设计速度为 80 km/h，包括互通 1 处(K359＋463—K359＋900 之间)、服务区 1 处(K352＋330)，隧道 1 处(K349＋919—K351＋371)、桥梁 2 处(K348＋450—K348＋750、360＋650—K360＋950)。设备布设路段为运营桩号 K347＋600—K352＋330 上行方向以及运营桩号 K359＋900—K362＋600 上行方向的两个路段，包括 2 个车道和 1 个应急车道，其中车道宽度为 3.75 m，应急车道宽度为 3.5 m。

3）设备情况

毫米波雷达布设范围包括 2 段，一段为 K347＋600—K352＋330，另一段为 K359＋900—K362＋600，布设间距 250m。气象监测仪布设点位为 K349＋160、K349＋400、K349＋550。水膜传感器布设点位为 K361＋550(嵌入式水膜传感器)、K361＋900(遥感式水膜传感器)、K362＋250(嵌入式水膜传感器)。设备点位布设情况见表 3-6。

表 3-6　设备点位布设情况

设备	桩号		间距	位置
	原施工图桩号(CAD 桩号)	运营桩号(现场)		
VMS,MMW	K035+719	K347+608	—	主线(起点)
MMW	K036+018	K347+907	299	主线
MMW,VSLS	K036+361	K348+250	343	主线
MMW	K036+561	K348+450	200	桥梁
MMW	K036+711	K348+600	150	桥梁
MMW	K036+861	K348+750	150	桥梁
MMW,VSLS	K037+025	K348+914	164	主线
MMW,RWIS Unit	K037+271	K349+160	246	主线
MMW,RWIS Unit	K037+511	K349+400	240	主线
MMW,RWIS Unit,VSLS	K037+651	K349+540	140	主线
MMW	K038+030	K349+919	379	隧道入口
MMW	K038+171	K350+060	141	隧道内
MMW	K038+321	K350+210	150	隧道内
MMW	K038+471	K350+360	150	隧道内
MMW	K038+621	K350+510	150	隧道内
MMW	K038+771	K350+660	150	隧道内
MMW	K038+862	K350+751	91	隧道内紧急停车带
MMW	K039+017	K350+906	155	隧道内
MMW	K039+172	K351+061	155	隧道内
MMW	K039+327	K351+216	155	隧道内
MMW	K039+482	K351+371	155	隧道出口
MMW	K039+779	K351+668	297	主线
MMW	K040+051	K351+940	272	主线
MMW	K040+211	K352+100	160	主线
MMW	K040+441	K352+330	230	主线
无设备	K040+801	K352+690	360	服务区入口
无设备	K041+140	K353+029	339	服务区主线
无设备	K041+481	K353+370	341	服务区出口
无设备	K041+811	K353+700	330	主线
无设备	K042+111	K354+000	300	主线
无设备	K042+431	K354+320	320	主线

（续表）

设备	桩号		间距	位置
	原施工图桩号（CAD 桩号）	运营桩号（现场）		
无设备	K042+577	K354+466	146	主线
无设备	K042+741	K354+630	164	主线
无设备	K043+091	K354+980	350	主线
无设备	K043+281	K355+170	190	主线
无设备	K043+407	K355+296	126	主线
无设备	K043+711	K355+600	304	主线
无设备	K043+871	K355+760	160	主线
无设备	K044+221	K356+110	350	主线
无设备	K044+355	K356+244	134	主线
无设备	K044+687	K356+576	332	主线
无设备	K044+916	K356+805	229	主线
无设备	K045+081	K356+970	165	主线
无设备	K045+411	K357+300	330	主线
无设备	K045+717	K357+606	306	主线
无设备	K046+111	K358+000	394	主线
无设备	K046+911	K358+800	800	主线
无设备	K047+051	K358+940	140	主线
无设备	K047+558	K359+447	507	主线
MMW，DWS	K047+995	K359+884	437	主线
MMW，VMS	K048+173	K360+062	178	主线
MMW	K048+511	K360+400	338	主线
MMW	K048+761	K360+650	250	桥梁
MMW	K048+911	K360+800	150	桥梁
MMW	K049+061	K360+950	150	桥梁
MMW，VMS	K049+311	K361+200	250	主线
MMW，E-WFS	K049+661	K361+550	350	主线
MMW，R-WFS	K050+011	K361+900	350	主线
MMW，E-WFS	K050+343	K362+232	332	主线
MMW，VMS	K050+711	K362+600	368	主线（终点）

注：1. CAD 桩号为原施工图桩号，是设计时采用的桩号；运营桩号为中国统一桩号。

2. MMW—毫米波雷达；VSLS—可变限速标志；VMS—可变情报板；RWIS—气象监测仪；E-WFS—嵌入式水膜传感器；R-WFS—遥感式水膜传感器

4）数据库字段说明（表 3-7～表 3-10）

表 3-7　毫米波雷达采集的车辆轨迹信息数据说明

字段	字段说明	单位
GlobalID	车辆全局编号	—
BornRadarID	获取该轨迹点的雷达编号	—
ObjectClass	车辆类型(0—大货车,1—小客车)	—
BornTime	车辆进入观测区域时间(起始时间为 1970-01-01 00:00:00)	ms
GoneTime	车辆离开观测区域时间(起始时间为 1970-01-01 00:00:00)	ms
N_Point	该 ID 车辆的总轨迹点数	—
IdxPoint	该车辆轨迹点序号	—
Timestamp	时间戳	ms
PositionX	车辆纵向位置,即平行道路方向距离道路起点的长度	m
PositionY	车辆所在车道编号(2—前进方向最外侧车道,1—中间车道,0—前进方向最内侧车道)	—
VelocityX	纵向车速	m/s
VelocityY	横向车速	m/s
AbnormalState	车辆状态(0—正常,1—蛇形驾驶,2—超速,4—低速,8—急加速急减速,16—跟车过近,32—路段冲突。注意:其余数字代表叠加状态,如 5—代表状态 1 和状态 4 的叠加,12 代表状态 4 和状态 8 的叠加)	—
ActualLatitudeRelativeBias	车辆实际横向偏移(车辆距离道路内侧路缘线的偏移量)	m
StakePosition	轨迹点所在桩号	—

注:—代表无单位

表 3-8　气象检测仪采集数据说明

字段	字段说明
ID	气象数据总 ID
Code	设备号
Time	监测时间
Visibility	能见度
Road surface temperature	路面温度(−40℃～+120℃)
Environment temperature	环境温度(−40℃～+120℃)
Humidity	环境湿度(1%～100%)
Surface state	路面状态
Wetting coefficient	路面湿滑系数(0～0.82)
Thickness of water	水厚度(0～10 mm)
Thickness of ice	冰厚度(0～10 mm)
Thickness of snow	雪厚度(0～10 mm)

（续表）

字段	字段说明
Wind speed	风速(0～60 m/s)
Wind direction	风向(0°～359°)
Wind strength	风力(0～12 级)
Air pressure	气压(150～1 020 hPa)
Rainfall intensity	降雨强度(mm/h)
Landing condition	降落物状态(0—无,1—雨,2—雪,4—固体)
Unit of rainfall intensity	降雨强度单位(0—mm/s，1—mm/min，2—mm/h)
Accumulated rainfall	累计降雨量(mm)

表 3-9　路面状况数据说明

百位(警告)	十位	个位(表面状态)
0 无警告 1 警告 2 报警 3 霜警告 4 预留	0	0 错误 1 干 2 潮 3 湿 4 预留 5 预留 6 雪 7 冰 8 预留 9 泥泞

表 3-10　水膜传感器数据说明

字段	字段说明
ID	—
Code	设备编号
CreateTime	数据采集时间
WaterDepth	水膜厚度,单位 mm
RiskGrade	风险指数(1～4)

2. 设备及平台功能

1）设备功能

该平台硬件设备由广域毫米波雷达组群和边缘计算单元组成。广域毫米波雷达用于探测路域车辆位置,边缘计算单元用于为毫米波雷达供电及进行雷达数据结构化处理。本书以德国大陆公司生产的 ARS408 为采集设备进行组合布设，ARS408 是一款紧凑型长距雷达传感器，可实现检测距离超过 250 m，雷达之间匹配拼接段长度为 50 m，雷达组面向车流方向感知距离为 220 m，背向车流方向感知距离为 170 m。因此，雷达组在视野开阔的直线上的布设间距为 350 m，由此实现跨视域的车辆轨迹拼接。在弯道、隧道等位置由于安装高度有限，雷达探测距离受限，布设间距需要加密至 150 m(图 3-10)。

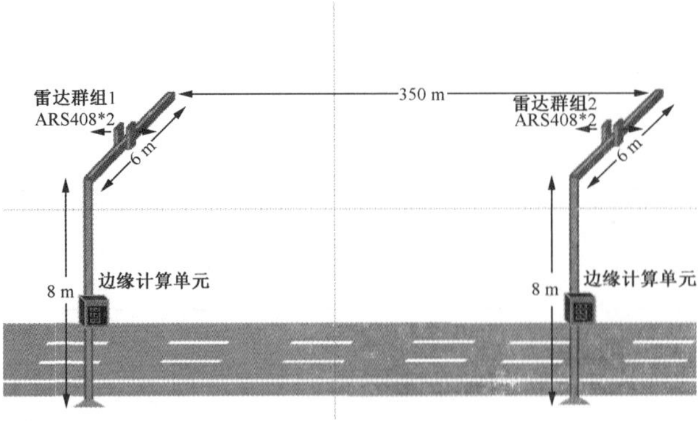

(a) 雷达群组路侧安装方法

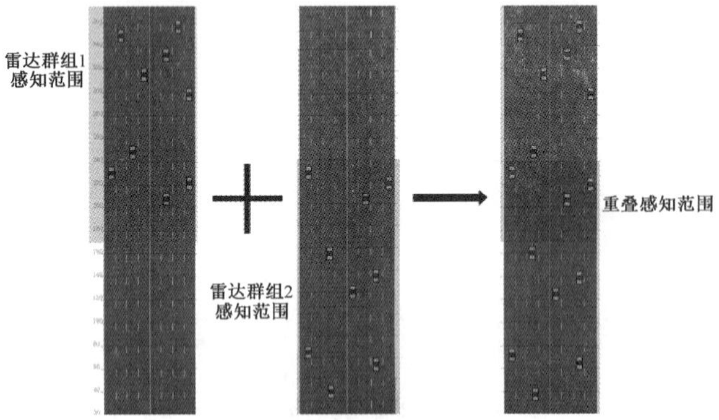

(b) 雷达群组感知范围

(c) 雷达路侧布设

(d) 雷达隧道布设

图 3-10　毫米波雷达群组典型安装及布设方法

毫米波雷达具有如下优势。

(1) 穿透能力强,不受天气影响。大气对雷达波段的传播具有衰减作用,毫米波雷达无论在洁净空气中还是在雨雾、烟尘、污染中的衰减都弱于红外线、微波等,具有更强的穿透能力。毫米波雷达波束窄、频带宽、分辨率高,在大气窗口频段不受白天和黑夜的影响,具有全天候的特点。

(2) 体积小巧紧凑,安装简单。毫米波波长短,天线口径小,元器件尺寸小,这使得毫米波雷达系统体积小重量轻,容易安装在任何位置。

(3) 识别精度较高。对于相同的物体,毫米波雷达的截面积大、灵敏度较高,可探测和定位小目标。

(4) 高频扫描,位置定位精度高。毫米波雷达扫描频率为15 Hz,每次扫描识别的目标最多为256个,可实现任意区间的车速过滤,实现±0.1 km/h的车速精度,远场±0.4 m,近场±0.1 m的位置测量精度,从而实现厘米级车辆定位及速度感知。

(5) 分布式计算延时低、稳定性高。基于大规模的分布式计算,系统鲁棒性高,对网络负载要求不高,对中心服务计算性能要求不高。单个边缘计算单元可适配4个雷达,在边端实现数据融合和结构化,降低服务器计算负载及网络延时。

2) 平台功能

该平台可通过交通风险识别算法实现风险预警,为交通调度指挥提供决策依据,具有如下优势。

(1) 车道级轨迹精度识别:基于毫米波雷达采集的高精度轨迹点,通过轨迹点位匹配复现车辆轨迹,并在GIS地图上实现车辆轨迹可视化呈现。

(2) 车道自适应校准:系统内嵌自学习模块,基于历史交通流数据对车辆轨迹进行聚类,完成车道识别及车道自适应校准。

(3) 车牌及车重信息识别:系统可配合调用卡口及动态称重设备实现车辆轨迹数据与车牌及车重信息匹配,从而得到有特殊标签的轨迹数据。

(4) 交通事件高准确率预警:基于高精度车辆轨迹,捕捉个体车辆及交通流运行特征信息,实现交通运行风险预警;针对超速,跟车过近,随意换道,急加急减速等高风险交通行为,实现不同等级高风险行为预警。

(5) 隧道内稳定识别跟踪:针对隧道内封闭的行车环境,采用自研的去镜像算法实现镜像车辆轨迹擦除,从而实现隧道内行车轨迹稳定识别跟踪。

(6) 弯道轨迹稳定识别跟踪:基于自研的分段及单点敏感聚类算法,对轨迹进行分段聚类并基于统计分析模型实现统计学意义上弯道车道识别。

3. 轨迹数据精度验证

分别选取港珠澳大桥路段和杭州西复线试点路段作为设备精度验证路段,两个路段分别采用基于实时动态(Real-time Kinematic, RTK)技术的单目标轨迹精度验证和基于无人机视频记录的多目标轨迹精度验证。两种验证方式具有各自的优势。

(1) 基于RTK技术的单目标轨迹精度验证优势有:①由于实验时正值新冠疫情隔离,

港珠澳大桥的流量较小，便于对雷达监测范围内装载 RTK 设备的车辆进行识别，司机根据要求进行风险驾驶行为不会对周边车辆安全造成影响；②港珠澳大桥装备有基于北斗卫星导航系统的连续运行参考站(Continuously Operating Reference Stations, CORS)，采用基于北斗卫星导航系统的 P3DU 型号 RTK 设备进行车载定位，可以实现厘米级定位，其纬度定位精度为 1.0 cm+1 ppm，经度定位精度为 1.5 cm+1 ppm，从 RTK 设备收集的轨迹数据可被用作真实轨迹数据。

(2) 基于无人机视频记录的多目标轨迹精度验证优势有：①无人机可以对一定范围内的全部车辆进行跟踪识别，可以据此检验雷达系统丢车率；②无人机采用基于语义分割的图像识别技术可以实现车辆横向、纵向方向平均定位误差为±3 cm。

两段路段数据选取如下。

(1) 港珠澳大桥试点路段(图 3-11)

长度 1.89 km，直线线形。在测试过程中，要求驾驶人限速 60～120 km/h，在港珠澳大桥青州航道桥路段自西向东行驶 1 次，行驶过程中做出多次换道及速度调整(加速、减速)。车顶装备有 RTK 设备，测试后将毫米波系统提取的车辆轨迹与装备 RTK 设备的车辆获得的轨迹进行对比，判断轨迹数据精度。

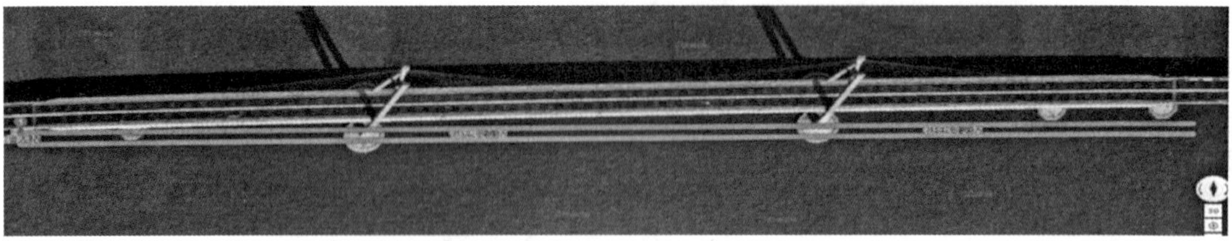

图 3-11　港珠澳大桥试点路段

(2) 杭州西复线试点路段(图 3-12)

选取 130 m 长度视野进行航拍，线形为半径 1 600 m 的圆曲线，航拍时间为 10 min，选取其中 8.5 min 视频进行人工位置标注，提取车辆轨迹作为真实车辆轨迹进行精度验证，总共 308 条车辆轨迹(从南向北 136 辆，从北向南 172 辆)。

图 3-12　杭州西复线试点路段

4. 数据精度验证方法

1）单目标轨迹精度验证方法

数据精度检验之前，需要进行时钟同步和频率同步：①测试之前，毫米波雷达系统和RTK 系统与 UTC 时钟同步；②由于毫米波雷达系统以 0.1 s(10 Hz)的时间间隔间歇记录数据，需要将 RTK 数据输出频率调整为 10 Hz；③基于 RTK 记录的轨迹时间戳，将车辆轨迹插值至 RTK 记录的时间戳位置。毫米波雷达获取的车辆位置插值后计算公式为

$$UTC^{*}_{\mathrm{MMW}i}=UTC_{\mathrm{RTK}i}$$

式中，$UTC^{*}_{\mathrm{MMW}i}$ 是毫米波雷达记载的第 i 个车辆点位插值后的时间戳；$UTC_{\mathrm{RTK}i}$ 是 RTK 记录的第 i 个车辆点位时间戳。

毫米波雷达记载的第 i 个车辆点位插值后的纬度位置 $Lat^{*}_{\mathrm{MMW}i}$ 和经度位置 $long_{\mathrm{MMW}i}$ 按下列公式计算。

$$Lat^{*}_{\mathrm{MMW}i}=Lat_{\mathrm{MMW}i}+\frac{UTC_{\mathrm{RTK}i}-UTC_{\mathrm{MMW}i}}{0.1}(Lat_{\mathrm{MMW}(i+1)}-Lat_{\mathrm{MMW}i})$$

$$Long^{*}_{\mathrm{MMW}i}=Long_{\mathrm{MMW}i}+\frac{UTC_{\mathrm{RTK}i}-UTC_{\mathrm{MMW}i}}{0.1}(Long_{\mathrm{MMW}(i+1)}-Long_{\mathrm{MMW}i})$$

式中，$Lat_{\mathrm{MMW}i}$ 是毫米波雷达记载的第 i 个车辆点位纬度位置；$UTC_{\mathrm{MMW}i}$ 是第 i 个车辆点位时间戳；$Lat_{\mathrm{MMW}(i+1)}$ 是第 $i+1$ 个车辆点位纬度位置；$Long_{\mathrm{MMW}i}$ 是第 i 个车辆点位经度位置；$Long_{\mathrm{MMW}(i+1)}$ 是第 $i+1$ 个车辆点位经度位置。

得到基于相同时间戳的毫米波雷达记录的车辆坐标及 RTK 记录的车辆坐标后，需要比较毫米波雷达记录的车辆坐标在纬度和经度方向相对于真实坐标的偏移量及误差，可以用以下公式计算。

$$\left.\begin{aligned}
&Offset_Lat(i)=Lat^{*}_{\mathrm{MMW}i}-Lat_{\mathrm{RTK}i}\\
&Offset_Long(i)=Long^{*}_{\mathrm{MMW}i}-Long_{\mathrm{RTK}i}\\
&Error_Lat(i)=|Offset_Lat(i)|=|Lat^{*}_{\mathrm{MMW}i}-Lat_{\mathrm{RTK}i}|\\
&Error_Long(i)=|Offset_Long(i)|=|Long^{*}_{\mathrm{MMW}i}-Long_{\mathrm{RTK}i}|
\end{aligned}\right\}\tag{3-1}$$

式中，$Offset_Lat(i)$是第 i 个车辆点位纬度偏移量；$Offset_Long(i)$是第 i 个车辆点位经度偏移量；$Error_Lat(i)$是第 i 个车辆点位纬度误差；$Error_Long(i)$是第 i 个车辆点位经度误差。

2）多目标轨迹精度验证方法

多目标轨迹精度验证方法使用由多目标跟踪挑战基准（Multi-Object Tracking Challenge Benchmark，MOT）提供的多目标追踪评价指标 MOTP（Multiple Object Tracking Precision）及 MOTA（Multiple Object Tracking Accuracy）。数据精度检验之前，需要进行时钟同步和频率同步，然而由于无法对无人机内视频时间进行重置，在没有参照

标准时间（如 UTC 时间）的情况下，无法实现高精度同步。同步步骤如下：①对比无人机视频轨迹和毫米波雷达轨迹，以某一时刻某一桩号为参考点手动完成时间同步；②在同步过程中，随机抽取 10 辆车，计算其经过同一位置的毫米波雷达系统时间戳（$T_{\mathrm{MMW}i}$）与无人机视频时间戳（$T_{\mathrm{UAV}i}$）的平均差值 ΔT，以确定轨迹跟踪精度检验过程中由于时间同步问题导致的系统误差。

$$\Delta T=\frac{\sum_{1}^{10} T_{\mathrm{MMW}i}-T_{\mathrm{UAV}i}}{10} \tag{3-2}$$

结果表明，ΔT 最大达 1/60 s。因此，对毫米波雷达系统的跟踪结果进行验证时，由于系统误差导致的位置估计误差可达 0～0.5 m$\left(\frac{1}{60}\ \mathrm{s}\times 30\ \mathrm{m/s}=0.5\ \mathrm{m}\right)$。

MOTP 为所有成功跟踪匹配的目标中，目标的估计位置与真实位置之间的平均距离。MOTA 为跟踪系统的跟踪准确度，由漏检数、误检数和匹配错误数三个相关指标计算，其可以衡量跟踪系统在目标识别和连续跟踪过程中保持跟踪方面的性能。

$$MOTP=\frac{\sum_{t,i} d_{t,\mathrm{i}}}{\sum_{t} c_{t}} \tag{3-3}$$

式中，$d_{t,i}$ 表示 t 时刻目标 i 的估计位置与真实位置的欧氏距离；c_t 表示 t 时刻正确跟踪的目标数量。

$$MOTA=1-\frac{\sum_{t}(FN_{t}+FP_{t}+IDSW_{t})}{\sum_{t} G_{t}} \tag{3-4}$$

式中，FN_t 为 t 时刻漏检数（即真实目标存在，但没有检测到）；FP_t 为 t 时刻误检数（即真实目标不存在，但误检出有目标存在）；$IDSW_t$ 为目标 ID 匹配错误数；G_t 为 t 时刻真实目标数。

漏检率

$$FNR=\frac{\sum_{t} FN_{t}}{\sum_{t} G_{t}} \tag{3-5}$$

误检率

$$FPR=\frac{\sum_{t} FP_{t}}{\sum_{t} G_{t}} \tag{3-6}$$

目标匹配错误率

$$MR=1-\frac{\sum_{t} IDSW_{t}}{\sum_{t} G_{t}} \tag{3-7}$$

5. 数据精度验证结果

单目标轨迹精度验证研究提取了纬度坐标和经度坐标相对于真实值的偏差和误差的均值、标准差、15%分位数和 85%分位数，验证结果如图 3-13、图 3-14 和表 3-11 所示。多目标轨迹精度验证采用 *MOTP*、*MOTA*、*FNR*、*FPR*、*MR* 五个指标，验证毫米波雷达系统轨迹跟踪性能，验证结果如表 3-12 所示。两种验证方法中，毫米波雷达系统记录的纬、经度坐标相对于真实值偏差及误差均为±1 m。此外，漏检率为 6.65%，误检率为 1.38%，*MOTA* 大于 90%，考虑到车辆在高速公路上以 100 km/h 左右的速度行驶，可以认为系统具备良好的轨迹跟踪精度。

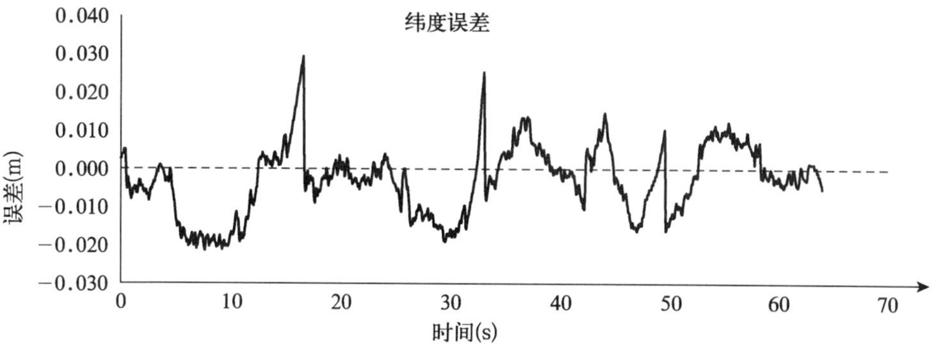

图 3-13　纬度偏移(平行于道路横断面方向)

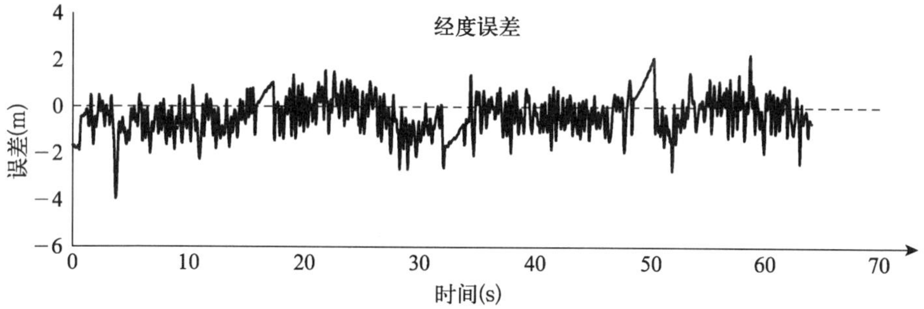

图 3-14　经度偏移(平行于车道线方向)

表 3-11　纬经度坐标相对于真实值偏差和误差的统计结果

	均值	方差	85%分位数	15%分位数
纬度偏差(m)	−0.284	0.867	0.610	−1.381
经度偏差(m)	−0.352	0.812	0.468	−1.166
纬度误差(m)	0.712	0.570	1.433	0.161
经度误差(m)	0.539	0.702	1.252	0.162

表 3-12 多目标轨迹精度验证结果

	MOTP(m)	*MOTA*	*FNR*	*FPR*	*MR*
从北向南	1.022	91.87%	6.67%	1.42%	0.041%
从南向北	0.954	92.01%	6.63%	1.33%	0.028%
均值	0.990	91.94%	6.65%	1.38%	0.035%

3.3.2 highD 车辆轨迹数据库

highD 车辆轨迹数据库为德国高速公路无人机航拍视频处理获得的车辆轨迹数据。该数据库自 2018 年公布以来，被大量交通领域研究者使用，为交通安全及驾驶行为等研究带来了极大的便利。该数据库累计收集了超过 11 万辆车、近 147 h 的车辆轨迹数据，其中车辆累计行驶约 4.5 万 km。数据库采用的无人机拍摄角度及覆盖范围(420 m)，如图 3-15 所示。数据库采用 U-Net 神经网络等计算机视频图像算法识别视频中的车辆类别及实时位置，再采用贝叶斯滤波方法对数据进行平滑降噪。处理后获得的车辆轨迹数据频率为 25 Hz，车辆的位置误差小于 10 cm。

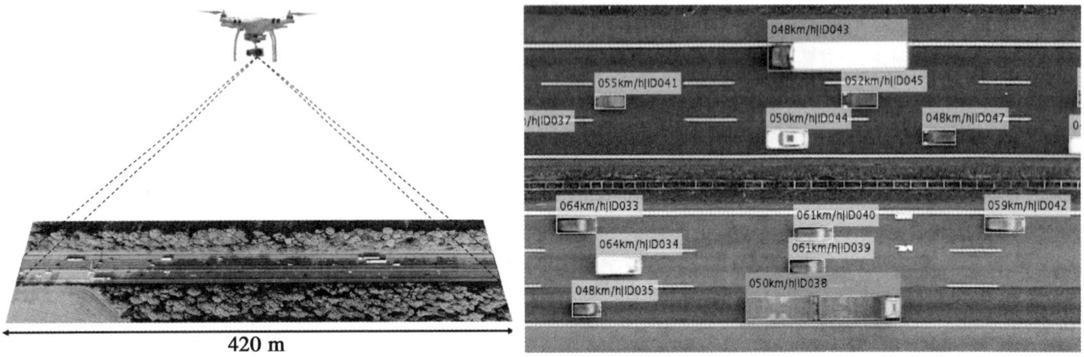

图 3-15 highD 数据库无人机数据采集及车辆识别效果示意

该数据库共包含 60 个记录文件夹，每个文件夹中包含四个子文件：①拍摄路段图像信息；②包括位置信息、拍摄时间、车辆数等的路段概况文件；③包括车辆尺寸、车辆始末时刻、行驶方向、行驶特性统计值等的轨迹概况文件；④包括车辆实时位置、速度、加速度、车辆间相对位置关系等的详细轨迹记录文件。数据的其余详细情况可以参考数据库发布网站(网址：http://www.highD-dataset.com)。

相比自然驾驶数据，highD 车辆轨迹数据基于上帝视角拍摄，可以获得拍摄范围内所有车辆的实时位置信息，可以为研究车辆间交互关系如换道行为等奠定数据基础。

3.3.3 NGSIM 微观轨迹数据库

为便于交通领域研究者更广泛地接受微观交通模拟系统的使用，并确保仿真结果的准确性，美国联邦公路管理局（FHWA）启动了下一代仿真（Next Generation Simulation，NGSIM）计划。该计划通过架设在高空中的高清摄像机（图 3-16）来采集检测路段内车辆的运行轨迹数据，并通过视频图像处理软件追踪视频中每一帧车辆的位置信息，以每秒 10 帧的频率对车辆轨迹数据进行保存和还原，数据集包括 I－80、US－101、Lankershim 和 Peactree 四个路段的车辆轨迹数据。其中 I－80 和 US－101 是高速公路，Lankershim 和 Peactree 是城市道路。

NGSIM 数据集以 0.1 s 为时间步长，记录了车辆在该时间步长内的位置、速度、加速度、所在车道及车长、车宽等信息，单个视频采集时间为 15 min，覆盖范围为 500～640 m。数据的其余详细情况可以参考数据库发布网站（网址：https://ops.fhwa.dot.gov/trafficanalysistools/ngsim.htm）。

图 3-16　NGSIM 数据库摄像机位置示意

3.4　车联网数据

现阶段车联网数据主要包括智能手机数据以及由 GPS 等设备综合采集的数据。随着智能手机技术的发展，手机中内嵌了大量的传感器，如加速度计、重力计、磁力计、GPS 芯片、摄像头等，为日常大量行为数据的采集提供了新的手段。同时，手机兼具信息计算和反馈媒介的作用，因此，越来越多的研究者开展基于手机数据的驾驶安全研究。分析以往研究发现，基于手机数据的驾驶行为风险研究多依赖于加速度计的数据，这对手机姿态的要求较高。但微小的手机姿态差异可能导致较大的数据误差，数据鲁棒性仍然需要进一步探讨。

目前，GPS 技术发展已经成熟，数据极易获取，精度稳定，对设备姿态无要求，GPS 芯片价格较低，因此，对于驾驶行为研究而言，GPS 也是一种具有较高稳定性的数据源。此外，从指标角度来看，以往自然驾驶状态下的安全行为分析主要以纵向加速度和横向加速度分析为主，而利用 GPS 数据能够计算获得车辆运行加速度，可满足研究需求，因此也广泛应用于自然驾驶行为的相关研究中。

3.4.1　车联网数据采集平台构成

一般车联网数据采集所使用的数据采集终端由车载诊断系统（On-Board Diagnostics，OBD）、全球定位系统（Global Positioning System，GPS）和通用分组无线业务（GPRS，General Packet Radio Service）三个主要模块组成。OBD 模块主要负责数据采集设备的电力支持及车辆运行信息采集；GPS 模块主要负责车辆运行坐标及车辆运行速度信息采集；

GPRS模块则主要负责将OBD和GPS模块所采集的数据进行打包，每30 s一次上传至数据中心。此外，该平台还能够获取当前的时间戳信息、设备ID信息，嵌入OBD和GPS数据进行上传。设备所采集的数据频率为1 Hz。

1. OBD

OBD最早源于20世纪80年代的美国，嵌入在行车计算机中，用于实时监控车辆发动机运行状况及尾气后处理系统。初期的OBD系统主要用于车辆故障排查，通过记录行驶过程中的车辆故障编码，能够快速、准确地定位故障性质和部位，为车辆保养和维修提供帮助。1988年，美国汽车工程师协会制定了新的OBD-Ⅱ标准，加入了针对车辆尾气排放的监测。车辆OBD系统主要通过车载OBD接口实现与外界的通信，传递车辆信息。除车辆故障检测外，通过OBD接口，还能够获取丰富的车辆运行数据。此外，OBD系统还能够作为车载数据采集的电力支持接口，通过在检测设备上集成GPS、GPRS等模块，实现多维车辆信息的实时监测和上传。早在2005年4月，国家就颁布了《轻型汽车污染物排放限值及测量方法(中国Ⅲ、Ⅳ阶段)》(GB 18352.3—2005)，明确了对OBD系统的技术要求。从2008年7月1日起，中国所有第一类汽油车均安装有OBD系统并装载OBD接口。因此，利用OBD接口进行数据采集设备安装，能够在车辆运行过程中无障碍地实现数据采集及传输，并在所有车辆中应用，具有良好的普遍性。

2. GPS

全球定位系统由美国于1994年建设，最初用于军事领域，发展至今已经成为互联网技术、信息技术中基础且重要的组成部分，广泛应用于人类生活的各个领域。GPS系统全称为导航卫星定时和测距全球定位系统，其芯片易于获取和集成，具有全球性、全时段、高精度、高响应速度、易应用等特点。GPS由卫星网、地面监控系统和用户GPS信号接收设备组成，能够提供接收设备所在位置的实时经度、纬度及海拔信息，进而利用大地坐标系统获取信号，接收设备的运动速度、运动角度等信息，数据更新频率可达200 Hz。目前，民用GPS精度可达3～10 m，且通过差分定位手段能够将精度进一步提升至厘米级。

3. GPRS

GPRS是2000年由中国研发的一种移动分组数据业务，基于二代通信技术(Global System for Mobile, GSM)发展而来。相比于GSM技术，GPRS网络增加了分组交换功能以实现数据的传输，具有网络接入时间短、传输速率高且不会掉线、资源利用率高等特点。目前，GPRS广泛应用于物联网技术，负责移动设备的数据实时上传。

4. 数据中心

数据中心主要负责接收并存储车载终端所采集的驾驶行为数据，主要包括数据接收存储模块和数据处理展示模块。数据中心搭建于云存储服务商的服务器上。服务器使用的操作系统为Linux发行版之一的CentOS(Community Enterprise Operating System，社区企业操作系统)，由Red Hat Enterprise Linux依照开放源代码编译而成，开放使用，稳定性强。利用数据网络接口，数据中心能够接收车载终端上传的数据文件信息，并根据文件中包含的时间戳信息及设备 ID 信息对信息进行初步预处理，存储在服务器硬盘中。数据中心初期搭建以生态驾驶行为的研究分析和应用为主，因此，其数据处理和展示模块主要嵌入了生态驾驶行为相关的算法，所开发的用户展示界面也以生态驾驶为主。

3.4.2　基于车联网数据采集平台的危险化学品车辆数据采集设备

1. 设备介绍

数据采集主要通过车载 Telematics 自然驾驶行为采集仪完成，平台由同济大学自主研发，提供 GPS 记录和加速度感知功能，在车辆行驶过程中对车辆行驶信息进行记录，用于危险驾驶行为识别和行驶安全性分析。采集仪安装图示和主要技术参数见表 3-13 和图 3-17。

表 3-13　设备技术参数

功能模块	采集频率	功能介绍
GPS 定位	1 Hz	
IMU 加速度传感器	3～5 Hz	
无线网卡	—	将采集的 GPS、加速度和时间等信息实时传输到数据库后台
电源连接器	—	通过点烟器连接车载 12 V 直流电源

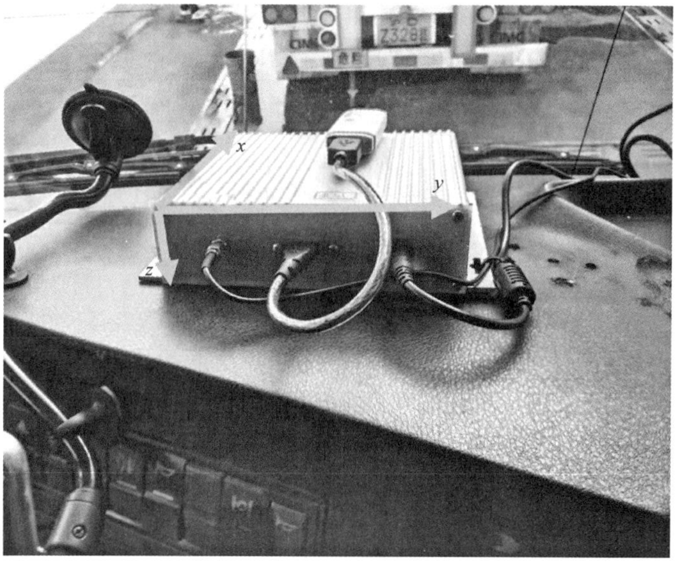

图 3-17　IMU 功能示意

采集仪安装在驾驶室前部平台上，对驾驶人驾驶不造成任何影响。其中，IMU 加速度传感器固定方向与车辆行驶方向一致，所测加速度 x、y、z 方向分别沿图 3-17 的设备盒三条边的方向。

2. 数据描述

采集仪安装在上海市危险品运输车辆上，由上海市大型车运输企业、上海市交警执法总队协调完成，由专业的车载设备安装团队负责安装，设备安装和数据采集的基本信息如表 3-14～表 3-16 所示。

表 3-14　设备安装信息

安装时间	2021 年 12 月 18—20 日
拆除时间	2022 年 2 月 20 日
设备运行时长	2 个月
装车数量	100 辆
数据采集量	1 016 次出行(1 车行驶 1 日记为 1 次)
车辆所属公司	××物流集团
车辆类型	大型危险品货物运输车辆
车辆接入 第三方监控平台名称	××监控平台

表 3-15　数据采集字段(GPS 定位)

字段名称	数据频率	示例
时间	1 Hz	2021/04/26 06:17:14
编号	1 Hz	24
经度	1 Hz	30.560 814 9(单位：°)
纬度	1 Hz	121.183 12(单位：°)
GPS 状态	1 Hz	0/1/2(未定位/非差分定位/差分定位)

表 3-16　数据采集字段(加速度传感器)

字段名称	数据频率	示例
时间	3～5 Hz	2021/04/26 06:17:14.33
编号	3～5 Hz	24
x 方向加速度	3～5 Hz	0.112 775 105(单位：g)
y 方向加速度	3～5 Hz	0.159 120 141(单位：g)
z 方向加速度	3～5 Hz	−0.847 870 617(单位：g)

注：g 取 9.806 65 m/s^2。

3.5　微观交通仿真实验平台数据

道路交通仿真技术是一种运用现代计算机技术建立、能够代替现实交通系统的计算模型技术。道路交通仿真技术的发展可以分为三个阶段：20 世纪 60 年代为起步阶段，这一阶段的仿真系统以优化城市道路的信号设计为目的；20 世纪 70—80 年代为快速发展阶段，交通仿真开始与百家争鸣的交通流理论相结合，交通仿真模型的描述更为灵活，精度迅速提高，功能也更加多样；20 世纪 90 年代至今为成熟阶段，道路交通仿真技术已经广泛普及，伴随着智能交通系统（Intelligent Transportation System，ITS）的广泛应用，道路交通仿真技术开始逐步商业化。当前一些主流的交通仿真模型，如英国 Quadstone 公司开发的 PARAMICS 模型、德国 PTV 公司开发的 VISSIM 模型和西班牙 TSS 公司开发的 Aimsun 模型等，大都起源于这一阶段。

目前，道路交通仿真研究已经成为国际上交通工程界的研究热点之一。交通仿真技术具有直观、准确、灵活的特点，是描述和再现复杂道路交通现象的一个有效手段。道路交通仿真模型的构建和交通仿真软件的开发是道路交通仿真技术研究的两个核心内容。根据交通仿真模型对交通系统描述的细节程度不同，交通仿真可分为宏观仿真、中观仿真和微观仿真。

由于采用的交通流模型不同，对仿真模型所作的假设各有差异，所以，市面上可供选用的仿真软件种类繁多。目前广泛采用的成熟的道路交通仿真软件如表 3-17 所示。

表 3-17　典型的交通仿真软件

软件名称	国家	开发单位
PARAMICS	英国	爱丁堡并行计算中心
SIGSIM	英国	钮尔卡斯大学
Aimsun	西班牙	卡特伦亚理工大学
VISSIM	德国	PTV 系统软件与咨询公司
CORSIM	美国	联邦公路管理局
MITSIM	美国	麻省理工学院
EMME2	加拿大	蒙特利尔大学交通研究中心
HUTSIM	芬兰	赫尔辛基理工大学

驾驶人的危险驾驶行为属于微观仿真层面的研究，而车流的运行风险及违法驾驶行为对车流运行风险的研究则属于中观仿真层面。表 3-18 中的软件将道路交通的元素整合后模块化，便于用户在使用时直接进行调用。大多数仿真软件还预留出完整的接口系统，便于用户二次开发，其中最具代表性的是将交通仿真软件与驾驶行为模拟引擎连通集成开发出的交互式仿真系统，如 Aimsun。除此之外，还有许多研究者利用成熟的数值仿真软件（如 Matlab）或编程语言（如 Java、C＃等）进行独立的交通数值仿真。他们将需要使用的交通元素自定义输入系统，利用自行编写的针对性算法完成仿真过程。

本书利用交通仿真软件 Aimsun 进行二次开发，首先，通过修改仿真软件中的跟驰及换道行为模型，实现危险驾驶行为加载，从而收集大量的车辆轨迹数据；其次，选取合理的车辆行车风险评价指标，得出车流运行风险状态评价指标；最终，构建一个容错性车流状态识别模型的理论模型。

3.5.1 Aimsun仿真软件简介

Aimsun是一款交互式主流交通仿真软件。它可以用来进行交通规划、交通仿真等，适用于宏观、中观、微观的交通仿真。宏观仿真方面，它可以用于实现静态路网交通流量分配；中观仿真方面，它可以用于评价测试交通控制系统、交通管理策略及交通状况的预测；微观仿真方面，它可以用于分析车辆之间的相互作用，动态在线获取路网中车辆的实时运行参数。

Aimsun以交通行为个体(本书主要指车辆)为描述对象，以跟驰模型、换道模型、间距选择模型等交通理论模型约束每个交通行为个体在车道中的各种行为。Aimsun以仿真步为基本单位，在每一仿真步长结束时，会对个体坐标位置信息、速度、加速度等仿真区域内所有个体的全部微观信息进行更新。同时，Aimsun并不试图从整体控制或约束交通流的运行状态，而是通过对每个个体以及个体与个体之间相对位置的精细化微观控制达到对整体交通系统进行调控的目的。因此，车辆在路段内的跟驰、超车、换道行为以及车辆在交叉口区域内的行驶状态等微观行为都能够得到较为真实的展现。

常见的各种交通仿真软件组成模块基本相同，与本书内容相关的模块在Aimsun中主要包括了基本参数模块、车辆生成模块、车辆运动模块等。

1. 基本参数模块

Aimsun的基本参数模块是定义各种车辆与道路的基本参数模块。车辆的基本参数包括车长、期望速度、加速度、理想减速度和最大制动速度等(图3-18)。道路的基本参数包括设计时速、设计通行能力和坡度等。在本书第4章中，会针对实际的交通流中的车辆特性进行标定。

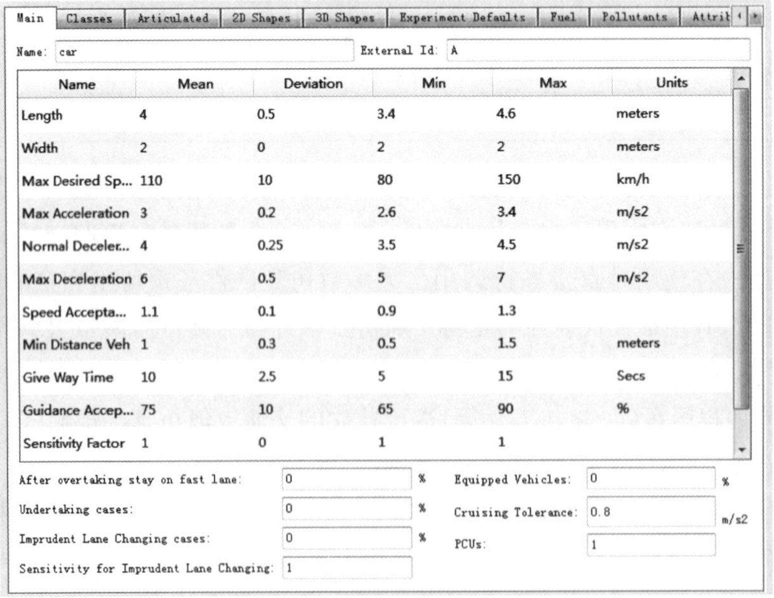

图3-18　车辆基本参数设置界面

2. 车辆生成模块

Aimsun 的车辆生成模块由两部分组成：一部分是车辆的生成分布情况(图 3-19)，另一部分是车辆进入道路的排队判断规则。车辆到达的计数分布方式主要有：泊松分布、二项分布和负二项分布三类，它们分别代表不同的交通量情况。其他分布方式还有均匀分布、指数分布等。车辆进入道路的排队判断规则由一系列运算表达式构成。为了体现车辆进入路网的随机性，本书采用默认的进入规则。

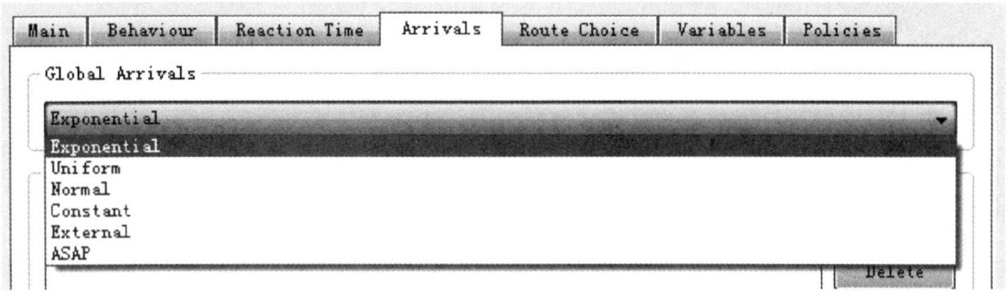

图 3-19　车辆生成分布选择界面

3. 车辆运动模块

车辆运动模块为 Aimsun 的核心模块，可以对车辆的跟驰模型(图 3-20)与换道模型进行选择。此外，该模块还包括插入间距分析、匝道模型等车辆运动行为模型。

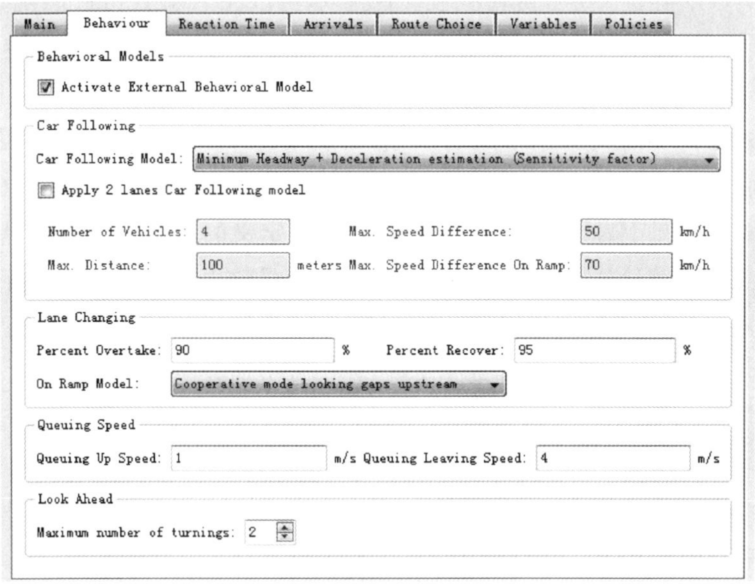

图 3-20　车辆跟驰模型参数设置界面

3.5.2　Aimsun 仿真 API 二次开发

在交通仿真中，用户常常需要根据实际需要建立仿真路段和场景，自定义车辆的行为模型和管理策略等，Aimsun 仿真 API（Application Programming Interface，应用程序编程接口）的一个主要功能是提供预先定义的通用功能集，主要是函数集，用户可以使用 API 函数进行二次开发。Aimsun 仿真 API 模块通过与外部应用进行交互，读取外部应用的交通控制或管理策略，然后在仿真模型中执行，将执行的结果再通过 API 反馈给外部应用进行统计分析。

为了保证 Aimsun 仿真模块与 Aimsun API 模块之间的有效交互，API 外部程序的结构定义了六个函数，分别为 AAPILoad()、AAPIInit()、AAPIManage()、AAPIPostManage()、AAPIFinish()和 AAPIUnLoad()。Aimsun 软件在调用 API 时的运行流程分为以下五个步骤。

（1）软件运行后，主函数开始对外部的 API 动态链接库文件进行调用，即调用 AAPILoad()。

（2）利用 AAPIInit()对仿真参数和外部程序进行初始化操作，初始化的内容包括外部程序对数据处理后需要输出文件的名称、文件地址等。

（3）AAPIManage()与 AAPIPostManage()类似，均为外部接口程序的主体，每个仿真步都会对二者进行调用，数据分析统计输出等内容都写在该两项函数内。二者的区别在于，AAPIManage()进行于调用仿真步前，而 AAPIPostManage()则是在仿真步完成后再进行调用。

（4）如果有数据需要在所有仿真步结束后获取，可以在 AAPIFinish()函数中完成。

（5）整个仿真过程完成后，使用 AAPIUnLoad()切断与外部程序的链接，完成 API 调用过程。

通过在仿真不同的阶段调用不同的函数，可实现 Aimsun 仿真与 API 之间的实时交互。开发时，用户可以调用 API 中提供的类函数，读取车辆运行的动态参数（如车速、加速度等），也可以在此基础上进行更深层次的开发，在自定义的数据分析模型基础上，利用获取的参数得出相应的统计分析指标结果等。API 模块最终以外部动态链接库（文件后缀名为.dll）的形式被 Aimsun 仿真调用，本书采用 Visual Studio 2005 软件对 API 模块进行编写开发，翻译生成对应的外部动态链接库文件，在仿真中加载便可以达到二次开发目的。

3.5.3 Aimsun 仿真 SDK 二次开发

Aimsun 的 SDK 开发技术主要着眼于车辆基础驾驶行为的二次开发。与 API 开发技术类似，SDK 开发也是通过主程序调用外部动态链接库的方式来实现其自身功能的。不同于 API 开发技术，SDK 开发在调用外部动态链接库时需要通过可扩展标记语言（.xml 文件）指定外部动态链接库的调用顺序，而且其在 Aimsun 软件打开时即完成了调用。对于仿真模型中的车辆，如果在调用外部驾驶行为模型时没有更新车辆的位置信息，则默认使用仿真软件内置的驾驶行为模型更新车辆状态。

3.6　本章小结

本章主要介绍了可用于危险驾驶行为研究的基础数据，包括自然驾驶实验基础数据、模拟器实验基础数据、车辆运行轨迹基础数据、车联网数据以及仿真实验数据。研究对实验设计、数据采集方法、场景构建和数据处理均进行了描述，并针对不同数据采集方法构建了基础数据库。通过验证，各数据库所采集的数据均符合采样要求，并具备较高的齐整性，适用于危险驾驶行为的相关研究。此后，本书根据研究需要，将从不同的数据库选取有效数据，通过验证发现，本书基础数据库基本涵盖了危险驾驶行为研究的数据范围与要求，为行为表征、识别、预测、致因分析、演化以及车流影响分析研究提供了坚实的基础。

第4章 危险驾驶行为表征

4.1 危险驾驶行为表征数据库构建

本节实验采用上海自然驾驶实验第四期数据进行相关研究。该数据的存储相比之前的数据具有较好的稳定性;同时,随着驾驶人逐渐习惯实验环境,本期数据也更符合实际驾驶情况下的驾驶行为状态。数据采集过程中,车辆总线数据及视频数据采集系统从车辆点火启动时开始记录,车辆熄火时停止记录。记录的总线数据上传云端并生成一个带时间标签的 CSV 文件,四个视频记录的数据分别存储为四个带有时间标签的 MP4 文件,命名方式与总线数据一致。由于驾驶人出行过程中的非实验任务(加油等)以及数据传感设备本身的缺陷,存储的数据常常会出现诸如数据量太小、数据缺失、数据异常以及杂音等现象,为了消除此类现象对后期数据分析的影响,本书首先对数据进行预处理,具体分为数据筛选与补齐、异常值处理与噪声过滤;再进行数据库构建。

1. 数据筛选与补齐

1) 非实验任务数据筛选

实验过程中,驾驶人按照自己的驾驶习惯在日常出行的道路上行驶,行驶过程包含日常出行中的通行以及与研究内容不相关的出行记录,如加油、洗车、检修、短距离出行等,此类出行时间较短且多为内部道路驾驶,所产生的总线数据和视频数据大小有限,且会对本书的实际研究对象造成数据污染。本书针对驾驶人在日常出行过程中的危险驾驶行为展开研究,研究对象在行驶过程中对应所产生的驾驶时间较长,故本书对总线数据中小于 1 000 KB的 CSV 文件进行标记,并通过比对视频数据,删除对应文件,删除之后,共剩余 9 899条出行记录(一次出行的总线数据和视频数据称为一条记录),占总体出行记录的 54.27%,筛分率为 45.73%。

为了进一步筛选数据,对车辆轨迹数据进行排查,将对行驶坐标点无法确定的数据进行删除。实验车载 GPS 装置以 1 Hz 频率实时采集实验车辆的经、纬度坐标位置并存储于 CSV 文件对应参数列。为能直观反映实验车辆的行驶轨迹,通过 MATLAB 编程自动读取各个 CSV 文件中的经、纬度数据,并去除经、纬度序列中的全零行,采用函数 Kmlwriteline

程序化批量生成同名 KML 文件。进一步将累积坐标点较少的出行记录删除，即筛除所有小于 10 KB 的 KML 文件所对应的出行样本。最后，剩余 8 019 条出行记录，筛选之后，最终出行记录占总体出行记录的 43.96%，筛分率为 10.31%，删除的文件如图 4-1 所示。

名称	类型	大小
File_ID_150625.csv	Microsoft Excel 逗号分隔值文件	6 KB
File_ID_286081.csv	Microsoft Excel 逗号分隔值文件	6 KB
File_ID_320047.csv	Microsoft Excel 逗号分隔值文件	6 KB
File_ID_213106.csv	Microsoft Excel 逗号分隔值文件	6 KB
File_ID_56113.csv	Microsoft Excel 逗号分隔值文件	6 KB
File_ID_306579.csv	Microsoft Excel 逗号分隔值文件	6 KB
File_ID_78414.csv	Microsoft Excel 逗号分隔值文件	6 KB
File_ID_309713.csv	Microsoft Excel 逗号分隔值文件	6 KB
File_ID_103894.csv	Microsoft Excel 逗号分隔值文件	6 KB

名称	类型	大小
File_ID_295120.kml	KML	5 KB
File_ID_295234.kml	KML	5 KB
File_ID_294102.kml	KML	5 KB
File_ID_294516.kml	KML	6 KB
File_ID_295309.kml	KML	6 KB
File_ID_291961.kml	KML	6 KB
File_ID_296772.kml	KML	6 KB
File_ID_297055.kml	KML	6 KB
File_ID_295475.kml	KML	6 KB
File_ID_295912.kml	KML	6 KB
File_ID_291953.kml	KML	6 KB

图 4-1　删除的文件

2）数据补齐

由于数据采集设备的缺陷或道路交通状况的复杂性，通过排查发现，实验数据普遍存在局部缺失现象。因此，需要针对数据缺失进行区分和修复。数据缺失根据分布情况可分为单点数据缺失、连续数据缺失和间断数据缺失三类。通过排查发现，本书数据多为单点数据和间断数据缺失，并没有大面积的连续数据缺失。主要数据如速度、加速度以及与周边车辆行驶距离等，均为时间轴上的连续序列，前、后数据点间存在传递关系，故本书采用 MATLAB 编程识别车速序列中的零元素，并采用线性插值方法进行插补。设时刻 t 存在缺失值，其前后非空数据点分别为 $(t_1,\ x_1)$ 和 $(t_2,\ x_2)$，则插值 x 计算公式为

$$x = x_1 + \frac{x_2 - x_1}{t_2 - t_1}(t - t_1) \tag{4-1}$$

任意选取 1 个出行总线数据，对其速度进行插补，其缺失值修复前后对比如图 4-2 所示。

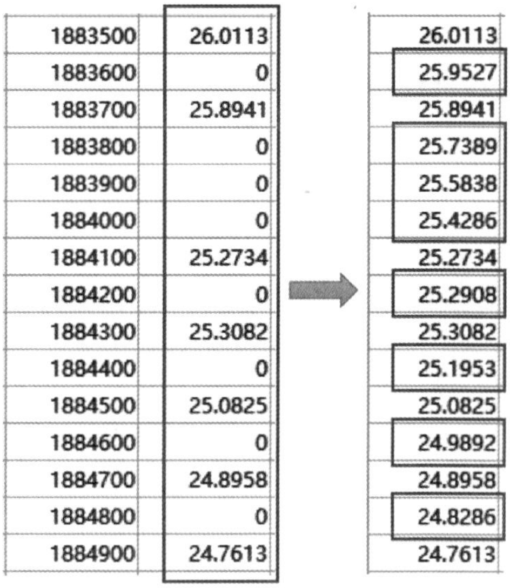

1883500	26.0113	26.0113
1883600	0	25.9527
1883700	25.8941	25.8941
1883800	0	25.7389
1883900	0	25.5838
1884000	0	25.4286
1884100	25.2734	25.2734
1884200	0	25.2908
1884300	25.3082	25.3082
1884400	0	25.1953
1884500	25.0825	25.0825
1884600	0	24.9892
1884700	24.8958	24.8958
1884800	0	24.8286
1884900	24.7613	24.7613

图 4-2　差值效果

经过数据补足，最终保存 8 019 条出行记录，各指标的数据补偿率为 5%～8%，符合研究要求。

2. 异常值处理与噪声过滤

1）异常值处理

数据采集过程中，设备故障和通信故障等传输问题容易降低上传数据的准确率，最突

出的表现包括数据序列中存在显著的离群值和无规则波动的噪声值。这类异常值将会影响后续研究的准确性，故需要对异常值进行识别与修复。

异常值识别主要有五种典型方法，即拉依达准则(3σ)、肖维勒准则(Chauvenet)、格拉布斯准则(Grubbs)、狄克逊准则(Dixon)和罗马诺夫斯基准则(t -检验)。该五种识别方法可以粗略地分为两类，即基于正态分布的异常值检验方法和基于离散化数据的异常值检验方法。前三者在正态分布数据或接近正态分布数据的异常值检测中表现良好，后两者主要针对分布较为离散的数据进行检验，其算法采用最大最小值原理进行检测。

在基于正态分布的异常值检验方法中，拉依达准则操作较为简单，如果实验数据的总体 x 是服从正态分布的，则可根据式(4-2)进行判断。

$$p(|x-\mu|>3\sigma)\leqslant 0.003 \tag{4-2}$$

式中，μ 是均值，σ 为标准差。即，大于 $\mu+3\sigma$ 或小于 $\mu-3\sigma$ 的实验数据均被视为异常数据，将予以剔除。剔除后，对剩余的各测量值重新计算偏差和标准偏差，并继续审查，直到各个偏差均小于 3σ 为止。

肖维勒准则又称为等概率原则，假设多次重复测量所得 n 个测量样本中，某个样本数据的残余误差 $|v_i|\geqslant Z_c\sigma$，则剔除此数据。其中，Z_c 为对应样本的系数，该系数可以查表获取。实际使用中 $Z_c<3$，因此，在一定程度上弥补了拉依达准则的不足。另外，考虑测量次数的因素，在一定程度上其比拉依达准则更合理。同时，肖维勒准则可用于 n 小于 10 时粗大误差的判定。

格拉布斯准则是在未知总体标准差情况下，对正态样本或接近正态样本异常值的一种判别方法。若某个测量值的残余误差 $|v_i|=|X_n-X'|>T_\sigma$，则判断此值中含有粗大误差，应予剔除。T 值(可查表获得)与重复测量次数 n 和置信概率 α 均有关，因此，格拉布斯准则往往具备较高的准确率。一般来说，格拉布斯准则理论较严密，概率意义明确，可用于严格要求的场合，当 n 取 $20\sim100$ 时，判别效果较好。

狄克逊准则亦称 Q 检验法，是通过极差比判定和剔除异常数据的。该准则认为，异常数据应该是最大数据和最小数据，因此，其基本方法是将数据按大小排列，检验最大数据和最小数据是否异常。将实验数据按值的大小排列成顺序统计量 $x(1)\leqslant x(2)\leqslant x(3)$，…，$\leqslant x(n)$。

$$f_n=\frac{x_n-x_{n-1}}{x_n-x_1} \tag{4-3}$$

根据狄克逊系数表将 f_n 与 $f(n,\alpha)$ 进行比较，如果 $f_n>f(n,\alpha)$，说明 $x(n)$ 离群远，则判定该数据为异常数据，予以剔除，其中 $f(n,\alpha)$ 可查表。

罗马诺夫斯基准则与狄克逊准则相似，也是通过检验最大实验数据和最小实验数据进行异常值方法识别。该方法将实验数据按大小排列为 $x(1)\leqslant x(2)\leqslant x(3)$，…，$\leqslant x(n)$，对最小数据和最大数据分别进行检验，如果 $x_n-x'>k(n,a)\sigma$，则 x_n 是异常数据，应予剔除。式中，x' 及 σ 分别为不包括 x_n 的 $(n-1)$ 个数据的均值和标准差，$k(n, a)$ 可查表。

因此，当数据符合正态分布时，应选择格拉布斯准则进行异常值识别，反之，可以选择罗马诺夫斯基准则进行检验。

在异常值检验之前，本书对原始数据进行正态分布检验，分别对速度类、加速度类、横向加速度类、横向偏移、方向盘转角以及前后车距离类指标进行正态检验。研究发现，速度、加速度符合正态分布，其他指标如 TTC 等均不符合正态分布(图 4-3)。

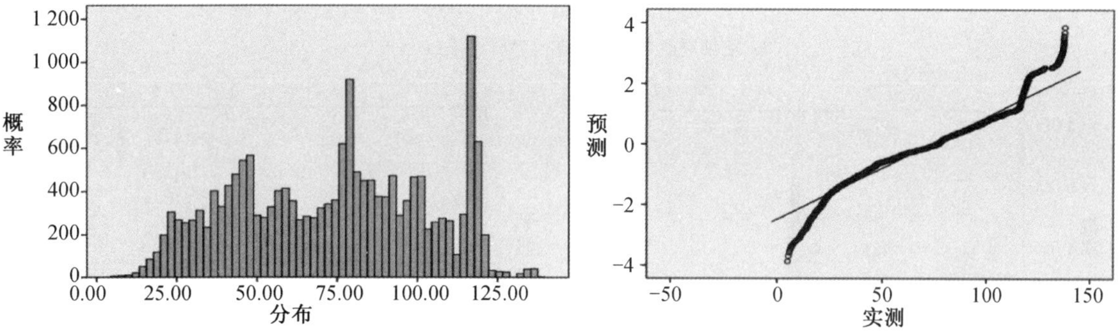

(a) 速度正态性检验结果(P=0.50)

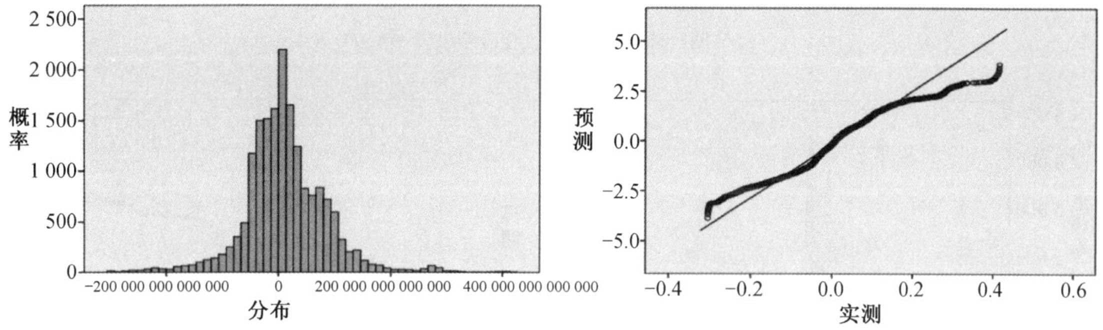

(b) 纵向加速度正态性检验结果(P=0.052)

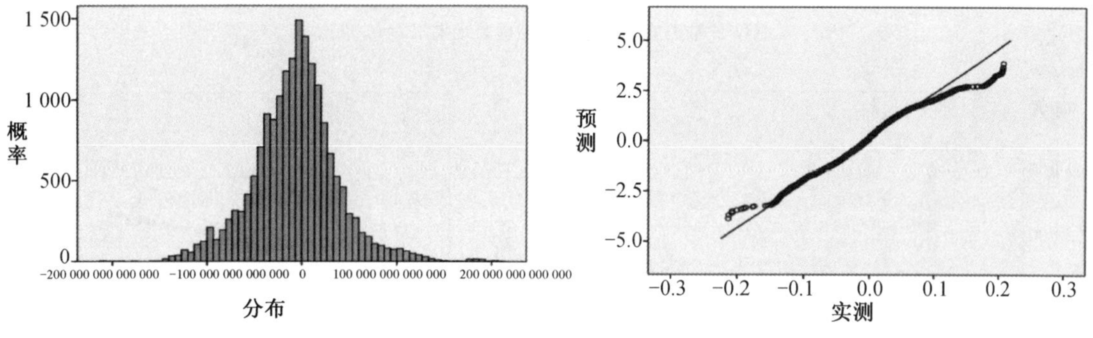

(c) 横向加速度正态性检验结果(P=0.062)

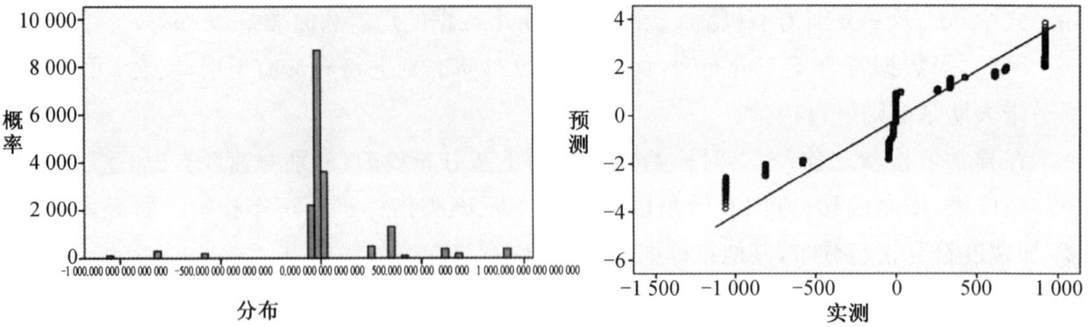

(d) *X* 轴巡航角速度正态性检验结果（$P=0.00$）

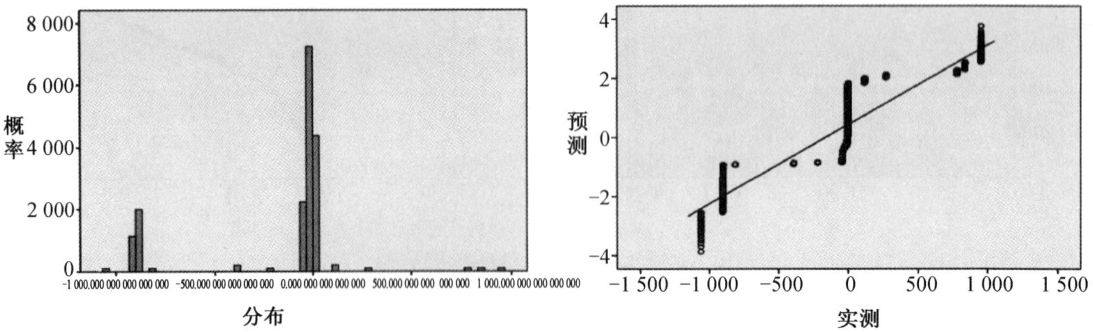

(e) *Y* 轴巡航角速度正态性检验结果（$P=0.00$）

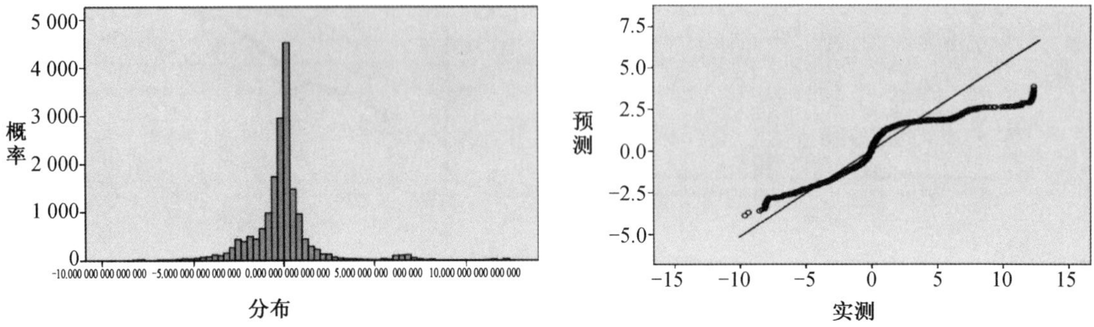

(f) *Z* 轴巡航角速度正态性检验结果（$P=0.02$）

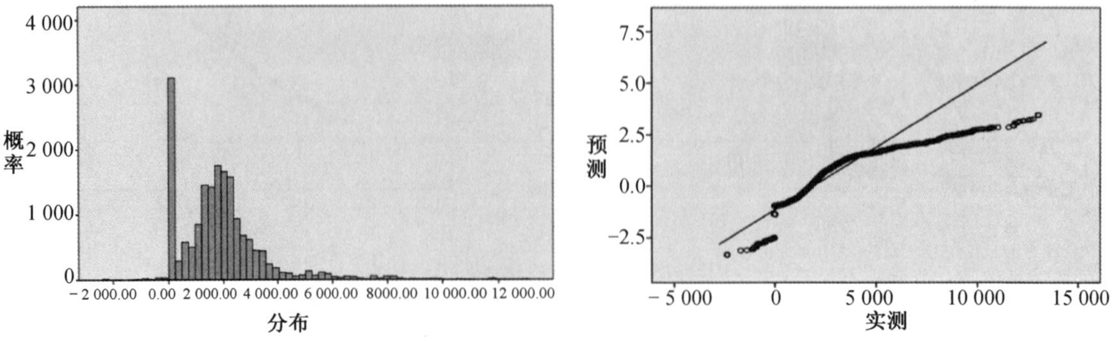

(g) 横向偏移正态性检验结果（$P=0.00$）

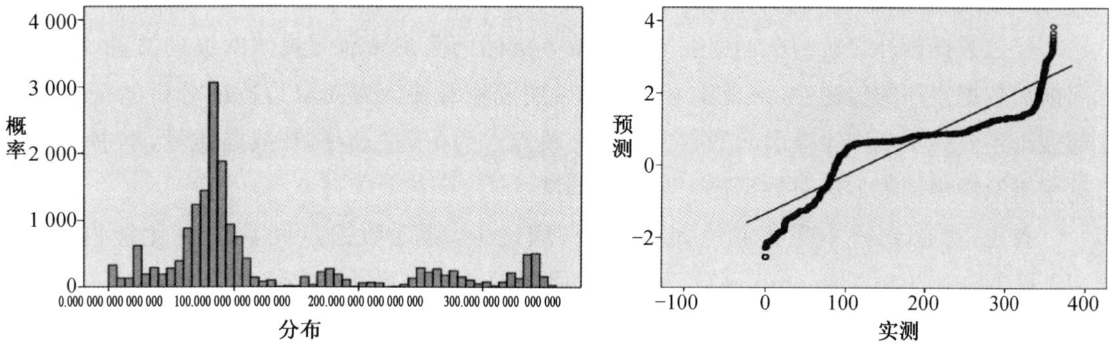

(h) 方向盘转角正态性检验结果($P=0.00$)

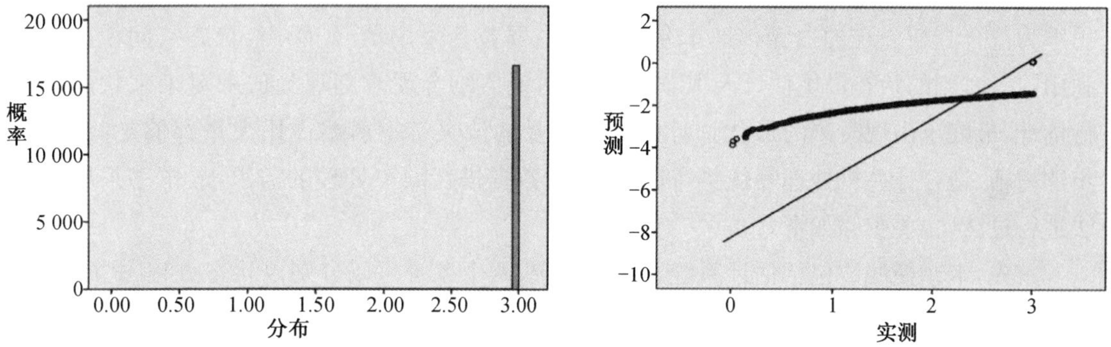

(i) TTC 正态性检验结果($P=0.00$)

图 4-3　指标正态性检验结果

综上,本书采用格拉布斯准则对速度及加速度类指标进行异常值识别,其他指标则选择罗马诺夫斯基准则进行检验。采用 MATLAB 对数据异常值进行识别并删除,同时采用上文所提及的数据补齐方法对删除数据进行补齐,随机选取一次出行的速度为例。图 4-4 所示为数据异常值删除及补齐之后的对比效果。虚线是删补之前的数据分布,实线为删补之后的数据分布。

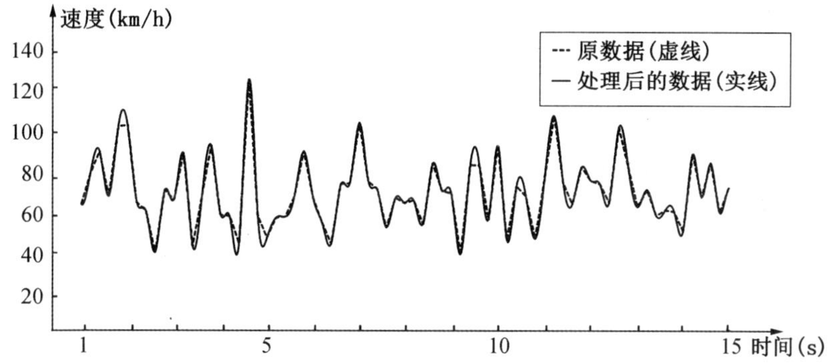

图 4-4　数据删补对比

2）数据平滑与噪声处理

经过数据删补之后的车辆速度与加速度类指标仍存在局部无规律的纵向波动，明显背离前后数据点间的传递性，该现象可能导致后期危险驾驶行为提取与特征分析的误差。局部波动主要是不规则噪声引起的数据毛点与跳点。为了进一步提升数据质量，本书采用数据平滑及噪声消除方法对数据进一步进行清洗。

首先，考虑到样本采集频率足够细密、理论上，邻近数据点间数值变化缓慢，采用MATLAB中内置的Smooth函数，基于移动平均法对整体数据进行平滑处理。

其次，为了进一步对数据噪声进行删除，强化整体数据的变化特征，提升数据判断精度，减弱原始数据的阶跃性。本书采用卡尔曼(Kalman)滤波对数据进一步过滤。卡尔曼滤波作为一种最优化自回归数据处理算法，适用于本书的数据分布特征，即呈现线性离散且噪声为符合高斯分布的白噪声。卡尔曼滤波主要包括采用信号、噪声、状态空间模型。其利用前一时刻的状态最优估计及其误差方差估计值结合现时刻观测值来对未来状态值进行估计，最终求出现时刻的最优估计值。卡尔曼滤波具有不需要占用大量存储空间、计算步骤清晰、适合计算机处理等优势，符合本书对数据进行噪声处理的需求，故本书采用该方法进行过滤，主要步骤如下。

首先，卡尔曼滤波包括估计系统及观测系统，两个系统可以分别以状态方程[式(4-4)]和观测方程[式(4-5)]进行描述。

$$\boldsymbol{x}_k = \boldsymbol{A}\boldsymbol{x}_{k-1} + \boldsymbol{B}\boldsymbol{u}_{k-1} + \boldsymbol{q}_{k-1} \tag{4-4}$$

$$\boldsymbol{y}_k = \boldsymbol{H}\boldsymbol{x}_k + \boldsymbol{r}_k \tag{4-5}$$

式中：$\boldsymbol{x}_k$ —— k 时刻的系统状态向量；

$\boldsymbol{u}_{k-1}$ —— $k-1$ 时刻的驱动输入向量；

$\boldsymbol{q}_{k-1}$ ——符合高斯分布的状态噪声，其协方差为 $\boldsymbol{Q}$；

$\boldsymbol{y}_k$ —— k 时刻系统的观测值；

$\boldsymbol{r}_k$ ——符合高斯分布的观测噪声，其协方差为 $\boldsymbol{R}$；

$\boldsymbol{A}$、$\boldsymbol{B}$ ——分别为状态转移矩阵和控制输入增益矩阵，单输入单输出时为常数；

$\boldsymbol{H}$ ——观测矩阵，单输入单输出时为常数。

式(4-4)和式(4-5)主要由五大状态更新方程计算所得，主要分为时间更新和状态更新：状态先验估计和方差先验估计为时间更新，根据前次迭代结果对先验状态估计值和先验估计协方差进行更新；卡尔曼增益矩阵、状态估计校正、方差估计校正为状态更新，通过计算卡尔曼增益衡量估计误差占总误差的权重，用于观测方程结果进行修正并得出最优估计值。

① 状态先验估计：

$$\widehat{\boldsymbol{x}_{\bar{k}}} = \boldsymbol{A}\widehat{\boldsymbol{x}_{k-1}} + \boldsymbol{B}\boldsymbol{u}_{k-1} + \boldsymbol{q}_{k-1} \tag{4-6}$$

② 方差先验估计：

$$\boldsymbol{P}_k^- = \boldsymbol{A}\boldsymbol{P}_{k-1}\boldsymbol{A}^{\mathrm{T}} + \boldsymbol{Q} \tag{4-7}$$

③ 卡尔曼增益矩阵：

$$\boldsymbol{K}_k = \boldsymbol{P}_k^- \boldsymbol{H}^{\mathrm{T}}(\boldsymbol{H}\boldsymbol{P}_k^- \boldsymbol{H}^{\mathrm{T}} + \boldsymbol{R})^{-1} \tag{4-8}$$

④ 状态估计校正：

$$\hat{\boldsymbol{x}}_k = \boldsymbol{K}\hat{\boldsymbol{x}}_k^- + \boldsymbol{K}_k(\boldsymbol{y}_k - \boldsymbol{H}\hat{\boldsymbol{x}}_k^-) \tag{4-9}$$

⑤ 方差估计校正：

$$\boldsymbol{P}_k = (\boldsymbol{I} - \boldsymbol{K}_k\boldsymbol{H})\boldsymbol{P}_k^- \tag{4-10}$$

式中：$\hat{\boldsymbol{x}}_k^-$ —— k 时刻的先验状态估计值；

$\hat{\boldsymbol{x}}_k$ —— k 时刻的后验状态估计值，亦即对应时刻的 Kalman 最优估计值；

$\boldsymbol{P}_k^-$ —— k 时刻的先验估计协方差；

$\boldsymbol{P}_k$ —— k 时刻的后验估计协方差，为滤波结果之一。

本书采用 MATLAB 编程实现对速度类、加速度类指标的卡尔曼滤波修正，由于不涉及控制量，故 $\boldsymbol{U}_k$ 取 0，初始协方差 $\boldsymbol{P}_0$ 值可预设为非零常量，其值将在迭代过程中快速收敛。

3. 数据库构建

在完成数据预处理之后，本书基于总线数据和视频数据对原始数据进行归纳，通过所采集数据与预处理数据匹配，基于原始数据的进一步数据提取，最终获得本书所需的基础数据库。本书主要针对危险驾驶行为的发生发展全过程进行研究，所需的指标包括驾驶人属性数据、车辆驾驶行为数据和道路环境数据。数据类型、变量和描述如表 4-1 所示。

表 4-1　数据描述

数据属性	变量	描述
基本参数	时间	车辆系统时间，用于总线与视频数据匹配
	车辆 ID	每个车辆的独特 ID，用于匹配驾驶人
驾驶人属性	性别	问卷记录的驾驶人性别
	年龄	问卷记录的驾驶人年龄
	驾驶分心	通过视频获取的驾驶人非驾驶任务情况
	驾驶疲劳	通过视频获取的驾驶人疲劳情况（例如打哈欠等）
道路环境	天气	车辆出行过程中的天气情况（视频获取），本实验仅区分不良天气与正常天气
	平曲线	车辆平曲线情况（视频获取），本实验仅区分直线与弯道
	纵断面	车辆纵断面情况（视频获取），本实验仅区分直线与坡道
	交通流	驾驶过程中交通流情况（视频获取），本实验仅区分拥堵与自由流

（续表）

数据属性	变量	描述
驾驶行为	速度(km/h)	车辆运行速度
	加速度(g)	车辆运行加速度
	车辆转向角(°)	车辆运行的方向盘转角
	横向偏移(m)	车辆中心线与道路右侧边缘的相对距离
	巡航加速度(g)	车辆绕其法线轴的角加速度，包括 Xyaw 加速度、Yyaw 加速度、Zyaw 加速度
与周边车辆交互	相对速度(m/s)	本车与周边车辆的相对速度
	相对距离(m)	本车与周边车辆的相对距离
	TTC(s)	TTC 是常用于表征车辆运行风险的指标之一。TTC 可以通过与前车的相对速度及相对距离计算得到，设前车为 f，在 t 时刻本车 l 的 TTC 可以通过下式计算得到：$$TTC=\frac{X_1(t)-X_f(t)-L}{V_e(t)-V_f(t)}$$ 式中，X 表示当前车辆位置；$V_e(t)$、$V_f(t)$ 表示本车与前车在 X 位置的速度；L 表示车长，一般取 3.7 m

通过计算与整理，最终形成可用于危险驾驶行为研究的标准数据库，数据库如图 4-5 所示。通过基础数据转化，最终获得的数据库包含四个属性变量，其中，基本参数属性包括车辆 ID 和系统记录时间，驾驶行为属性包括速度、加速度和方向盘转角等操作类指标，道路环境包括天气和道路数据、通过前后车距离以及相对速度。本书提取了以 TTC 为代表的与他车的交互指标。最终，在该数据库基础上以 10 s 时长提取完整的驾驶行为片段，获得完整的 8 000 个频率为 10 Hz 的疑似驾驶行为研究片段，作为后文研究的基础数据。

基本参数		驾驶行为								道路环境				他车
车辆 ID	时间	横向加速度	纵向加速度	X-yaw 加速	Y-yaw 加速	Z-yaw 加速	横向偏移	速度	方向盘转角	天气	平曲线	纵断面	交通流	TTC
1	374800	0.0903486	-0.02726	-0.227637	-0.552832	-0.325195	-745.8928	16.9	158.822	1	1	1	2	2.37
1	374900	0.0912344	-0.01334	-0.195117	-0.585352	-0.195117	-745.8928	17.2	158.826	1	1	1	2	3.27
1	375000	0.093006	-0.00986	-0.065039	-0.520313	0.1951172	-745.8928	17.5	158.83	1	1	1	2	5.22
1	375100	0.096549	-0.0058	0	-0.585352	0.3902344	-745.8928	17.9	159.429	1	1	1	2	7.25
1	375200	0.1031923	-0.00522	0	-0.455274	0.5853516	-745.8928	18.2	160.028	1	1	1	2	4.23
1	375300	0.104964	-0.00696	0	-0.325195	0.7804688	-745.8928	18.6	160.627	1	1	1	2	9999
1	375400	0.1054068	-0.01624	-0.065039	-0.195117	0.910547	-745.8928	18.9	161.226	1	1	1	2	9999
1	375500	0.1062924	-0.01566	-0.260156	-0.130078	0.910547	-745.8928	19.3	161.825	1	1	1	2	9999
1	375600	0.1054068	-0.01044	-0.195117	-0.065039	1.040625	-745.8928	19.7	162.42401	1	1	1	2	9999
1	375700	0.100978	-0.01334	-0.325196	-0.130078	1.1707032	-745.8928	20.1	163.02301	1	1	1	2	9999
1	375800	0.1031923	-0.01218	-0.390235	-0.195117	1.3658204	-745.8928	20.4	163.62201	1	1	1	2	9999
1	375900	0.1054067	-0.00928	-0.520313	-0.195117	1.4958986	-745.8928	20.8	164.22101	1	1	1	2	9999
1	376000	0.102159	-0.0058	-0.390234	-0.195117	1.4958986	-745.8928	21.1	164.82001	1	1	1	2	9999
1	376100	0.0989111	-0.0116	-0.390234	-0.195117	1.4308596	-745.8928	21.5	164.95301	1	1	1	2	9999
1	376200	0.0956633	-0.01102	-0.455273	-0.130078	1.3658204	-745.8928	21.9	165.086	1	1	1	2	9999
1	376300	0.0806051	-0.01044	-0.390234	-0.130078	1.2357422	-745.8928	22.2	165.219	1	1	1	2	9999
1	376400	0.0637755	-0.00986	-0.195117	-0.260156	1.1381835	-720.8315	22.5	165.352	1	1	1	2	9999
1	376500	0.0519653	-0.01102	-0.195117	-0.455273	1.1381835	-695.7703	22.7	165.485	1	1	1	2	9999
1	376600	0.0345451	-0.00638	-0.195117	-0.650391	1.2682617	-670.709	22.9	165.618	1	1	1	2	9999
1	376700	0.0171249	-0.0058	0	-0.910547	1.2682617	-603.145	23	165.751	1	1	1	2	9999
1	376800	0.0097435	[illegible]	[illegible]	[illegible]	1.2682617	[illegible]	23.1	165.884	1	1	1	2	9999

图 4-5　数据库示例

4.2　危险驾驶行为意图提取

意图的深层挖掘是危险驾驶行为理论构建的重点。在危险驾驶行为表征过程中，很多研究在获取表征指标、构建表征体系之后便结束了相关研究，忽略了驾驶意图的不可测性和相关表征属性。根据本书提出的危险驾驶行为理论，危险驾驶行为的形成由驾驶行为意图所致。在实际驾驶过程中，驾驶操作类数据直接或间接导致了危险驾驶行为，而驾驶人属性和道路环境变量一般并不随出行的变化而有较大的改变，故而本书所探究的危险驾驶行为意图主要由驾驶操作形成驾驶意图。通过驾驶意图提取，本书进一步优化危险驾驶行为指标结构，以期提升危险驾驶行为识别和预测准确率。危险驾驶行为是一个时序累积的结果，故本书采用隐马尔可夫模型将数据作为显性状态，利用算法，从显性状态中对驾驶意图进行提取并更新基础数据库。

4.2.1　隐马尔可夫模型

隐马尔可夫模型于 20 世纪 60 年代由 Baum 等[171]提出，该模型假设时序状态是个随机过程，并用于描述和处理时序数据。该模型假设 t 时刻的行为只与 $t-1$ 时刻有关。隐马尔可夫模型基于马尔可夫模型发展而来，马尔可夫模型可由马尔可夫链表达，其核心是状态转移矩阵。隐马尔可夫模型在显性观测数据基础上增加了隐状态数据链，在马尔可夫模型基础上构建了双重随机过程。

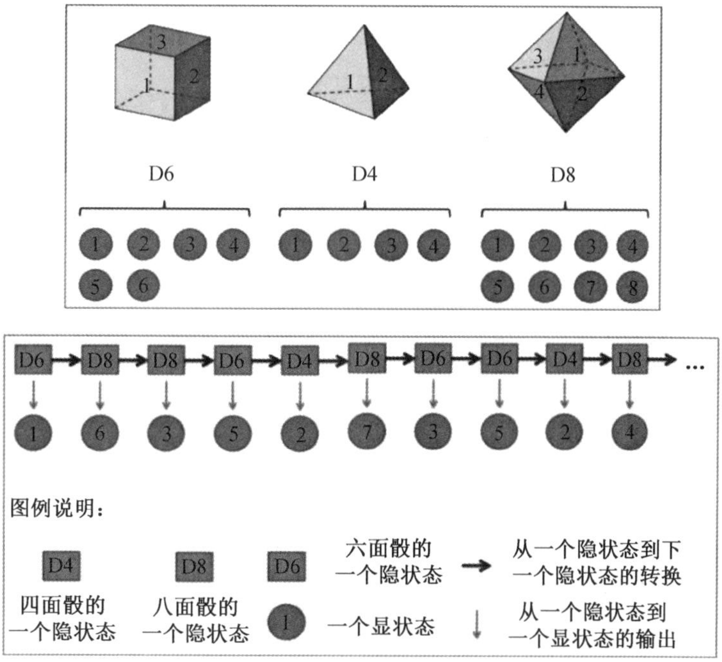

图 4-6　骰子案例

为了更好地理解隐马尔可夫模型，本书以掷骰子为例。图 4-6 展示了连续投掷不同骰子的结果。共有三种骰子：六面骰、四面骰和八面骰，各骰子的点数分别是 1～6、1～4 和 1～8。连续随机选择 3 种骰子中的一种进行投掷，并记录最终结果。在隐马尔可夫模型中，可观察的投掷结果为显状态，骰子类型则是隐状态。假设骰子选择服从某种概率分布，此概率便是隐状态的转移过程;而每个骰子的投掷结果也有不同的概率,该概率则称为隐状态到显状态的转移过程。隐马尔可夫模型便是描述这种过程转移的模型,该模型可以根据显状态,构建隐马尔可夫模型,并反推隐状态序列,同时计算隐状态转移矩阵。

1. 模型结构与参数

隐马尔可夫模型可以由两个状态和两个转移矩阵表征,如图 4-7 所示。

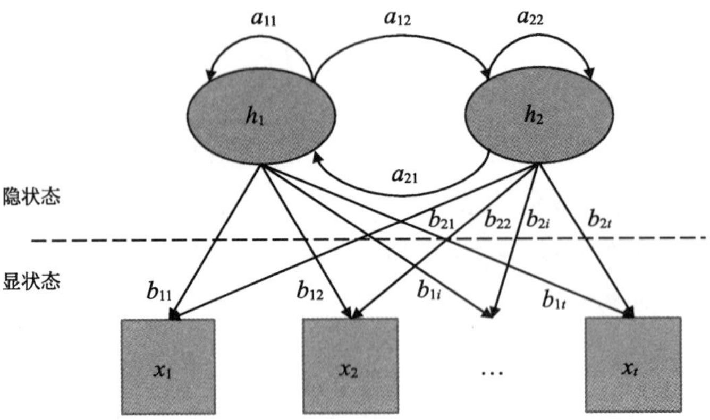

图 4-7 隐马尔可夫模型示意

$\boldsymbol{S}$ 为模型各指标隐状态集合,包含所有隐状态,并表示为 $\boldsymbol{S}=[s_1, \cdots, s_n]$,其中 n 表示指标数量。$\boldsymbol{V}$ 为模型各指标显状态集合,包括所有显状态,并表示为 $\boldsymbol{V}=[v_1, \cdots, v_m]$,其中 m 为指标数量。图中,$\boldsymbol{H}$ 为观测时间内的隐序列数据,表示为 $\boldsymbol{H}=[h_1, h_2, \cdots, h_t]$。观测值可以重复,$t$ 为观测序列长度,h_i 为 i 时刻观察到的可见状态,来自集合 $\boldsymbol{S}$。X 为观测时间内的显序列数据,表示为 $\boldsymbol{X}=[x_1, x_2, \cdots, x_t]$。观测值可以重复,$t$ 为观测序列长度,x_k 为 k 时刻观察到的可见状态,来自集合 $\boldsymbol{V}$。

$\boldsymbol{A}$ 为隐状态转移矩阵,记为 $\boldsymbol{A}=[a_{ij}]$,其中,a_{ij} 表示第 i 个隐状态向第 j 个隐状态的转移概率,即若 i 时刻隐状态为 s_i,则下个隐状态为 s_j 的概率,可由式(4-11)计算。

$$a_{ij}=P\{h_{i+1}=s_j \mid h_i=s_i\} \quad \left(1 \leqslant i, j \leqslant n, \sum_{j=1}^{n} a_{ij}=1\right) \tag{4-11}$$

$\boldsymbol{B}$ 为模型输出转移矩阵,记为 $\boldsymbol{B}=[b_{jk}]$,其中,b_{jk} 表示第 j 个隐状态向第 k 个显状态的转移概率,可由式(4-12)计算。

$$b_{jk}=P\{x_i=v_k \mid h_i=s_i\} \quad \left(1 \leqslant i \leqslant n, 1 \leqslant k \leqslant m, \sum_{k=1}^{n} b_{jk}=1\right) \tag{4-12}$$

$\boldsymbol{\Pi}$ 为模型的初始状态矩阵,记为 $\boldsymbol{\Pi}=[\pi_i]$,表示在 $t=1$ 时刻(初始时刻)、隐状态为 s_1 的概率。

$$\pi_i=P\{h_i=s_i\} \quad \left(1 \leqslant i \leqslant n, \sum_{i=1}^{n} \pi_i=1\right) \tag{4-13}$$

建立马尔可夫模型只需要一个显状态序列，一组时序观测序列 $\boldsymbol{X}=[x_1, \cdots, x_t]$。在这个基础上再设置响应的 n、m、π、$\boldsymbol{A}$、$\boldsymbol{B}$，便可以构建一个隐马尔可夫模型。因此，隐马尔可夫模型常表示为 $\lambda=(n, m, \pi, \boldsymbol{A}, \boldsymbol{B})$，由于隐状态数量 n、观测数量 m 内含在状态转移矩阵和观测概率举证中，所以，隐马尔可夫模型可以表示为 $\lambda=(\pi, \boldsymbol{A}, \boldsymbol{B})$。

2. 基本算法

隐马尔可夫模型可以解决三个问题：①评估问题——已知隐马尔可夫模型和观测序列，计算该模型产生观测序列的概率；②解码问题——已知隐马尔可夫模型和显状态序列，求解对应的隐状态序列；③训练问题——已知显状态序列，求解能最优解释该序列的马尔可夫模型。

1）评估问题

解决评估问题共有两种方法，即前向算法和后向算法。

（1）前向算法

根据已有的隐马尔可夫模型参数集合表示前向变量 $\alpha_t(i)$，即 t 时刻在状态 s_i 时 X 的产生概率。

$$\alpha_t(i)=P(x_1, \cdots, x_t, h_t=s_i \mid \lambda) \quad (1 \leqslant i \leqslant n, 1 \leqslant t \leqslant T) \tag{4-14}$$

首先，对前向变量进行初始化，计算公式为

$$\alpha_1(i)=P(x_1, h_1=s_i \mid \lambda) \quad (1 \leqslant i \leqslant n) \tag{4-15}$$

之后，采用前向变量进行递推，公式为

$$\alpha_{t+1}(j)=\left[\sum_1^n \alpha_t(i) a_{ij}\right] b_j(h_{t+1}) \quad (1 \leqslant j \leqslant n, 1 \leqslant t \leqslant T) \tag{4-16}$$

最终的中止条件为

$$P(\boldsymbol{H} \mid \lambda)=\sum_1^n \alpha_t(i) \tag{4-17}$$

式中，$P(\boldsymbol{H} \mid \lambda)$ 为隐马尔可夫模型在时刻 T 的所有状态下可能输出的可见状态数据序列 H_T 的和。

（2）后向算法

由后往前推理，即从显状态 $\boldsymbol{X}$ 往前推导。定义后向向量为

$$\beta_t(i)=P(x_1, \cdots, x_t, h_t=s_i \mid \lambda) \quad (1 \leqslant i \leqslant n, 1 \leqslant t \leqslant T) \tag{4-18}$$

首先，对后向变量进行初始化，计算公式为

$$\beta_t(i)=1 \quad (1 \leqslant i \leqslant n) \tag{4-19}$$

之后递推，计算公式为

$$\beta_t(i)=\left[\sum_{1}^{n}\beta_{t+1}(j)a_{ij}\right]b_j(h_{t+1})\quad (t=T-1,\ \cdots,\ 1;\ 1\leqslant i\leqslant n) \tag{4-20}$$

最终的中止条件为

$$P(\boldsymbol{H}\mid\lambda)=\sum_{1}^{n}\beta_1(i)\pi_i b_i(h_1) \tag{4-21}$$

式中，$P(\boldsymbol{H}\mid\lambda)$ 为隐马尔可夫模型在时刻 $t=1$ 的所有状态下可能输出的可见状态数据序列 $\boldsymbol{H}_1$ 的和。

2）解码问题

解码问题主要采用维特比算法。该算法基于沿时间轴变化的有限显序列进行反推，某一时刻点显性参数由隐状态生成，任一状态可能源于不同的隐状态，通过概率权重对比，保留最大概率的映射关系。

假设 $\delta(j)=\max P(x_1\cdots x_t=s_j\mid\lambda,\ h_1\cdots h_t=s_j\mid\lambda)\ (1\leqslant j\leqslant n)$ 为模型状态 s_j 在 t 时刻产生显状态序列 $\boldsymbol{X}$ 的最大概率。定义 $\varphi_t(j)=\operatorname{argmax}[\delta_{t-1}(j)a_{ij}]\ (1\leqslant j\leqslant n)$ 为 $\varphi_t(j)$ 在 t 时刻隐状态为 h_j 的所有单路径中概率最大的路径的第 $t-1$ 个节点。维特比算法总共有三个步骤，包括初始化、递推和终止。

（1）初始化。

$$\delta_1(j)=\pi_j b_j(h_1)\quad (1\leqslant j\leqslant n) \tag{4-22}$$

$$\varphi_t(j)=0\quad (1\leqslant j\leqslant n) \tag{4-23}$$

（2）递推。

$$\delta_t(j)=\max[\delta_{t-1}(i)a_{ij}]b_j(h_t)\quad (1\leqslant i\leqslant n,\ 1\leqslant j\leqslant n) \tag{4-24}$$

$$\varphi_t(j)=\operatorname{argmax}[\delta_{t-1}(i)a_{ij}]\quad (1\leqslant i\leqslant n,\ 1\leqslant j\leqslant n) \tag{4-25}$$

（3）终止。满足

$$P=\max[\delta_T(j)]\quad (1\leqslant j\leqslant n) \tag{4-26}$$

$$j_T=\operatorname{argmax}[\delta_T(j)]\quad (1\leqslant j\leqslant n) \tag{4-27}$$

最后，根据每个时刻的概率进行最大似然估计，解释此概率最大可能的状态序列。

$$x_t=\varphi_{t+1}(x_{t+1})\quad (1\leqslant t\leqslant T-1) \tag{4-28}$$

3）训练问题

解码问题主要用 Baum-Welch 算法。

首先，引入求解的变量，单个状态的概率 γ_i 表示给定模型 λ 和显性序列 $\boldsymbol{X}$，在 t 时刻处于状态 x_i 的概率计算公式为

$$\gamma_t(j)=P(j_t=x_t \mid \boldsymbol{X}, \lambda) \tag{4-29}$$

通过前向概率计算可得

$$\gamma_t(j)=P(j_t=x_t \mid \boldsymbol{X}, \lambda)=\frac{\alpha_t(j)\beta_t(j)}{P(\boldsymbol{X} \mid \lambda)} \tag{4-30}$$

两个状态概率 $\xi_t(j, i)=P(j_t=x_i, j_{t+1}=x_j \mid \boldsymbol{X}, \lambda)$ 表示在给定观测序列和模型参数的情况下，在 t 时刻状态是 x_t 且 $t+1$ 时刻状态是 x_j 的概率。通过前向、后向概率计算，可得

$$\xi_t(j, i)=P(j_t=x_i, j_{t+1}=x_j \mid \boldsymbol{X}, \lambda)=\frac{\alpha_t(j)a_{ji}b_i(x_{t+1})\beta_{t+1}(j)}{\sum_{i=1}^{n}\sum_{j=1}^{n}\alpha_t(j)a_{ji}b_i(x_{t+1})\beta_{t+1}(j)} \tag{4-31}$$

之后，采用 Baum-Welch 算法进行计算。先进行模型初始化，当 $n=0$ 时，设 $a_{ji}^{(0)}$，π_i^0，$b_i^0(k)$，得到模型 $\lambda=(\boldsymbol{A}_0, \pi_0, \boldsymbol{B}_0)$；再进行递推，对于 $n=1, 2, \cdots$ 可得

$$a_{ji}^{(n+1)}=\frac{\sum_{t=1}^{T-1}\xi_t(j, i)}{\sum_{t=1}^{T-1}\gamma_t(j)} \tag{4-32}$$

$$b_i^{n+1}(k)=\frac{\sum_{t=1,\ x_t=h_k}^{T-1}\xi_t(j, i)}{\sum_{t=1}^{T-1}\gamma_t(j)} \tag{4-33}$$

$$\pi_j=\gamma_1(j) \tag{4-34}$$

最后，当满足收敛条件 $P(\boldsymbol{X} \mid \lambda^{n+1})>P(\boldsymbol{X} \mid \lambda^n)$，且 $P(\boldsymbol{X} \mid \lambda^{n+1})$ 与 $P(\boldsymbol{X} \mid \lambda^n)$ 相差无几时，停止训练。

4.2.2　危险驾驶行为意图结果分析

本书根据已有的驾驶行为指标推导危险驾驶行为意图，这对应隐马尔可夫模型解决的第三个关键问题，即训练问题。本书针对危险驾驶行为进行研究，故而暂且假设驾驶人在执行危险操作时具备两种意图，即假设危险驾驶行为的隐马尔可夫模型隐层为 2。显状态包括驾驶行为相关指标，即驾驶人属性、驾驶行为数据以及道路环境类指标。在这些指标之中，驾驶人属性和道路环境类指标并不随驾驶意图而改变，因此并不在本节讨论范围之内。经过筛选，将速度、横向加速度、纵向加速度、横向偏移以及 TTC 作为显状态序列，并对其进行模型训练。

本书基于原始数据库，采用 MATLAB 中内置隐马尔可夫训练函数对数据进行训练，并

获得不同驾驶行为操作指标的意图结果(危险驾驶意图标记为状态 1,非危险驾驶意图标记为状态 2),根据意图识别结果对数据库中对应操作类数据进行补足。

如图 4-8 所示。x 表示原始的多维时序数据,x' 表示添加了驾驶行为意图(马尔可夫链)的危险驾驶行为多维时序数据库,N 表示不同的出行片段,横坐标表示各指标,纵坐标表示时间,通过补充驾驶意图指标,最终构建了蕴含意图指标的危险驾驶行为研究基础数据库。

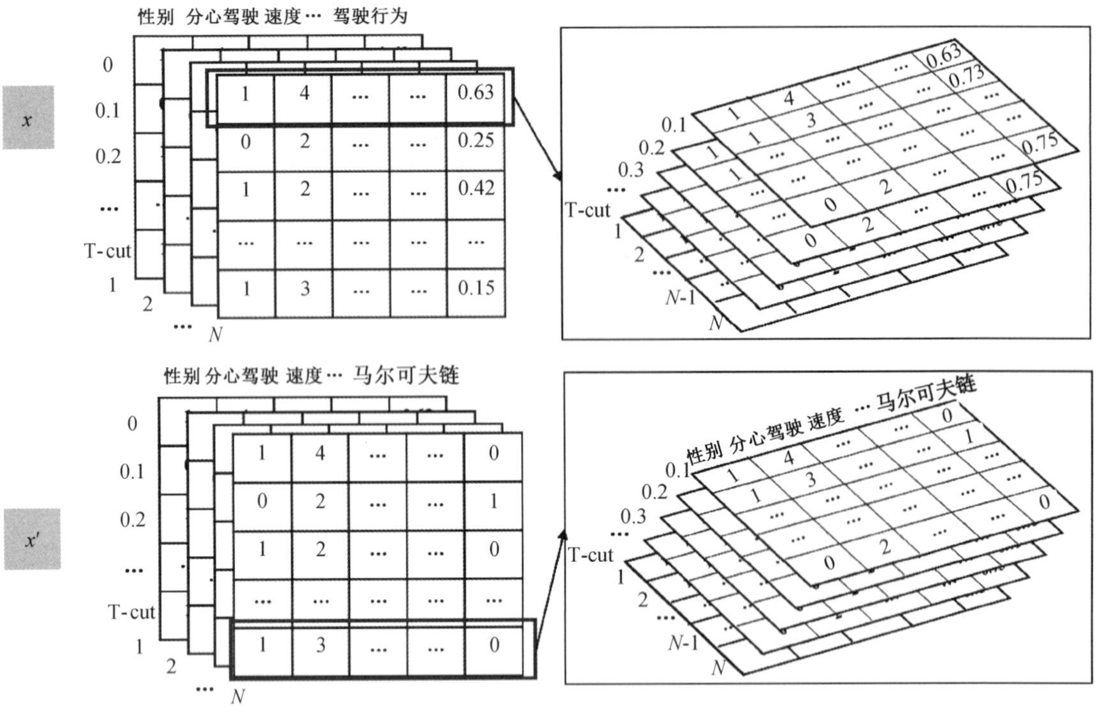

图 4-8　危险驾驶行为意图补足

对各操作类的驾驶行为意图进一步分析,图 4-9 和图 4-10 所示为操作类指标,即速度、加速度及 TTC 的隐马尔可夫转移矩阵。结果表明,危险驾驶行为状态具备持续性,即状态 1 保持在本状态的概率较大,而转向其他状态的概率较小。同理,正常驾驶状态的持续概率也较大。同时,状态 1 到状态 2 的转移概率大于状态 2 到状态 1 的概率,该现象表明,相比于从常规驾驶状态转移到危险驾驶行为状态,危险驾驶行为状态更容易变化为常规驾驶状态,即驾驶人对于消除异常驾驶行为具备主观积极性。另外,从各指标的状态 1 的保持概率可以看出,驾驶人在操作过程中,加速度状态的保持能力大于速度和横向偏移的保持能力,其中,TTC 的正常操作保持能力最弱。该结果表明,驾驶人对于直接操作所影响的指标(通过方向盘和油门控制加速度)具备较好的保持能力,而其他指标因受到外界影响,保持能力较弱,尤其是与其他车辆交互时,该保持能力最弱,即更容易发生危险。

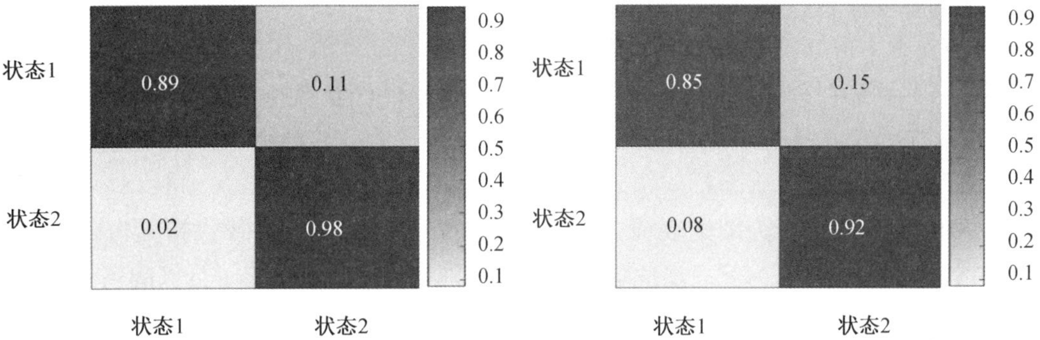

（a）速度（左）、横向偏移（右）概率转移矩阵

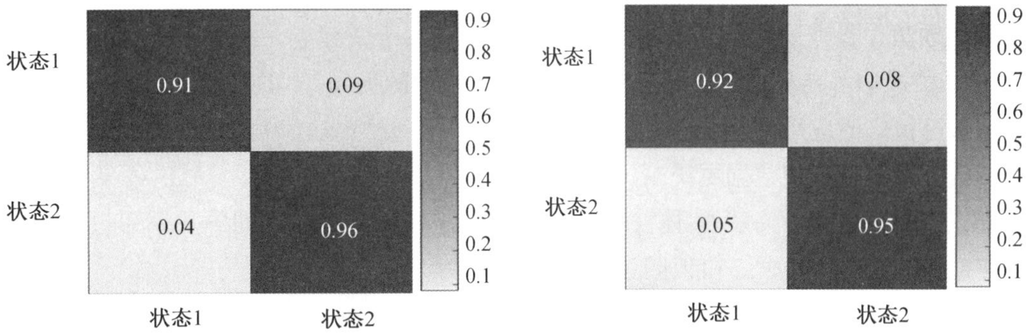

（b）横向加速度（左）、纵向加速度（右）概率转移矩阵

图 4-9　危险驾驶行为概率转移矩阵

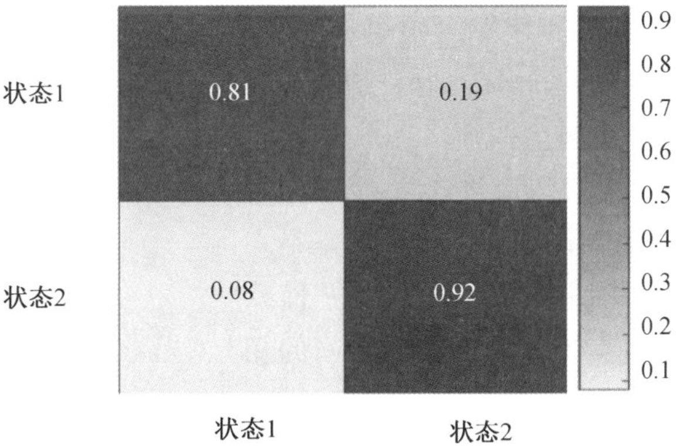

图 4-10　TTC 概率转移矩阵

4.3　基于知识图谱的广义危险驾驶行为表征指标

合理的指标体系和数据结构能有效提升研究结果的可靠性。以往的危险驾驶行为表

征研究中，驾驶人属性、道路环境和车辆驾驶行为一直作为研究危险驾驶行为的重要指标。然而，多数研究人员仅采用原始指标对危险驾驶行为进行表征，受限于采集手段与理论框架的限制，很少有研究从时间角度考虑意图表征数据结构，更难以形成完整的危险驾驶行为研究指标体系与方法。因此，本书基于自然驾驶实验平台的基础数据库，采用危险驾驶行为研究理论，首先从多维指标中筛选显著性指标，采用图谱构建危险驾驶行为表征数据结构，并构建危险驾驶行为图谱表征；其次，以现有的危险驾驶行为替代指标为因变量，验证了图谱结构的有效性，为下一步危险驾驶行为识别与致因分析奠定了良好的基础。

4.3.1 知识图谱定义

知识图谱是结构化的语义知识库，是用于迅速描述物理世界中的概念及其相互关系的一种图论方法。谷歌提出了知识图谱的概念，目的在于构建新一代智能搜索引擎，并于2013年开始被学术界和业界认同使用。随着科研水平的提升，知识图谱作为一种数据结构处理方法已被广泛应用于智能搜索、个性化推荐、情报分析等领域。通过知识图谱实现数据的链接关系分析可使数据更统一、更精确。

知识图谱由“实体-关系-实体”二元组成，实体的表征与实体之间的关系通过复杂的数据加工、处理和整合完成。知识图谱的构建分为由上而下和由下而上两种方式。由上而下的构建借助已有庞大数据库中的结构化数据源完成目标数据的标定与信息提取，并在已有数据库中构建子数据库以完善知识图谱；由下而上的构建则基于相关理论，采用技术手段从自身数据库中提取关系模式，构建具备高置信度的新表征结构，经过验证后，构建知识图谱。如图 4-11 所示，当两个实体之间存在联系时，图谱中将会存在一条有向边连接彼此，该边即是两个实体之间的关系。实体是知识图谱中的基本元素，不同实体之间存在不同的关系，如图中的“借款人”等。关系是连接不同实体并表征实体之间的相关性，各实体通过关系相互连通，如图中的“居住地”“借款”等，并构建网状知识图谱。

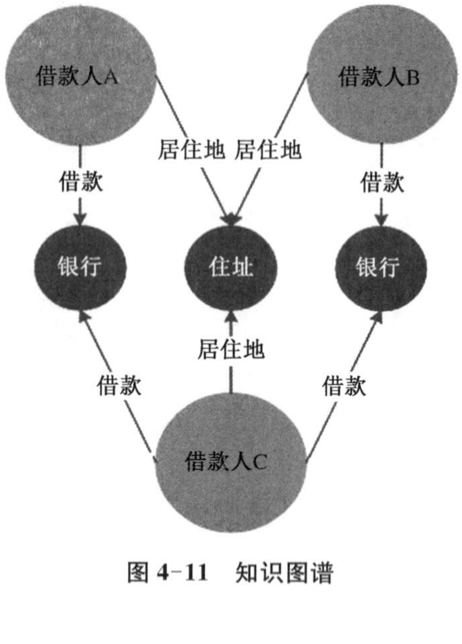

图 4-11 知识图谱

4.3.2 知识图谱构建方法

知识图谱的构建包括理论和技术两个部分。

知识图谱在理论上可以分为两层，即模式层和数据层。模式层是知识图谱的核心，通常采用实体来表征知识图谱的模式，其中，实体也是结构化知识库的概念模块，通过实体构建的结构化数据库不仅具备高鲁棒性的层次结构，而且冗余度较高。数据层由一系列观测到的事实构成，包括结构化数据（关系数据库等）、半结构化数据（百科等）以及非结构化数据（图片、视频、文本和数值等）。知识图谱中的关系以事实为单位存储，并以“实体-关系-实体”或“实体-属性-属性值”这两种方式存储在数据库中。

知识图谱的技术架构如图 4-12 所示，知识图谱构建及更新的核心包括信息提取、知识融合和知识加工三个步骤。

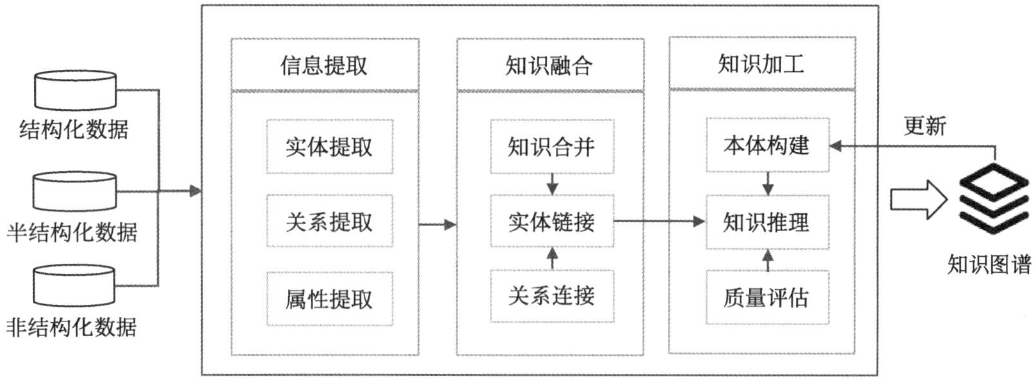

图 4-12　知识图谱技术架构

1. 信息提取（点状数据）

信息提取是图谱构建的第一步，其中的关键问题是如何从多源数据中提取信息并构建代表性实体（指标），主要包括实体提取、关系提取和属性提取三个部分。

(1) 实体提取也可以称为指标识别，指从数据库中提取出具有代表性意义的指标，例如描述交通安全的三要素相关指标。实体提取的质量对后续研究影响较大，常常采用显著性等指标对其进行验证。通过实体提取，系统将得到一系列包含数据值的离散实体。

(2) 关系提取是在一系列离散实体的基础上，通过挖掘实体之间的关联关系，添加关联系数，进而赋予实体多向连接属性。现有的关系提取方法包括统计机器学习方法，基于向量和函数的有监督、无监督学习方法等。

(3) 属性提取的目的在于赋予不同的实体以属性信息，以基于“动机-意图-行为”的危险驾驶行为理论为例，不同的指标属性如驾驶人属性与车辆操作属性，对于危险驾驶行为的影响并不一样，通过属性提取，可以赋予该实体一定的实体系数，进而对实体进行完整刻画。

2. 知识融合（线形实体）

通过信息提取可以获得具备自身属性和对外关联系数的点状实体，而为了获取线形实体，最终构建片状图谱，需要将各类实体进行知识融合，其核心是实体链接。

实体链接是指从数据库中构建具备关联关系的实体对象，并将各对象链接到对应的正确知识库的过程。先根据给定的实体指标，从知识库中选出候选的实体对象；再通过相似度和相关性计算，将各指标链接到正确的实体对象，最终构建线形实体模型。实现实体链接的方法主要包括知识合并和关系连接。

知识合并是通过第三方知识库或已有的结构化数据库对研究实体进行赋值的方法。常见的知识合并需求包括合并外部知识库和合并外部关系数据库。在合并过程中，需要避免由于不同实体导致的关系冲突等问题，减少不必要的冗余模式层，并对赋值进行检验。

关系连接是根据已有数据之间的对应关系，通过数据分析对实体之间的关系进行赋值的方法。该方法能有效避免知识合并导致的弊端，但该方法需要已有的理论予以支持，并在足量的数据层进行训练。

3. 知识加工(片状图谱)

实体本身并不代表知识，为了获取最终的片状图谱，需要将获取的知识进行结构化加工，该加工包括以下三个部分。

(1) 本体构建，指面向研究对象的概念框架和集合，如危险驾驶行为理论框架。研究过程中，可以通过数据驱动的自动化方式进行自动本体构建，也可以通过理论指导或专家指导等进行本体构建，二者均有利弊，但构建过程却相差无几，均包括三个步骤：实体并列关系的相似度计算、实体上下位关系提取以及本体的生成。通过本体构建，基础知识图谱搭建完成。

(2) 知识推理，是对基础知识图谱的缺失关系进行补充的过程。基础知识图谱各指标之间常常存在残缺部分，即指标的缺失值，为了完善图谱各实体之间的系数，需要通过知识推理技术，对缺失值进行补充。知识推理的对象不仅限于实体间关系，同时也包括实体属性值推理和本体概念层次关系推理等。

(3) 质量评估，也是图谱构建的关键组成部分，对图谱各部分系数的可信度进行测试，通过引入评价指标对图谱进行评价，筛选出置信度较低的知识并予以删除，进而提升图谱的有效性。

知识图谱在逻辑上通过概念层更新和数据层更新两部分对图谱进行优化。概念层更新是针对基础理论的变化，当理论取得相应突破时，需要对图谱各部分进行调整与优化。数据层更新通过对数据源的实时监控，将具备可靠性与一致性的数据加入图谱训练集，并对实体属性和关系进行更新。图谱的优化反馈到知识加工中，并通过实体与关系的变化最终构建全新的知识图谱。

4.3.3 危险驾驶行为知识图谱表征方法

基于知识图谱的构建，本书针对危险驾驶行为，采用基于“动机—意图—行为”的危险驾驶行为理论作为框架，对比提出了危险驾驶行为知识图谱表征方法。本书构建的危险驾驶行为知识图谱框架如图 4-13 所示。该框架的核心同样包括三个部分，即信息提取、知识融合和知识加工，分别对应获取危险驾驶行为表征的点状指标、片状指标和知识图谱。

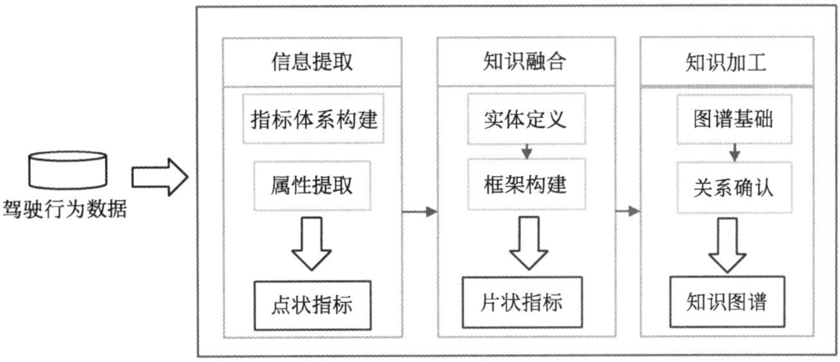

图 4-13　危险驾驶行为知识图谱框架

1. 危险驾驶行为点状指标提取

危险驾驶行为点状指标的提取包括指标体系构建和属性提取。本章所用危险驾驶行为研究数据源于基础数据库，且各属性在上文中已有介绍。然而，为了验证本书危险驾驶行为表征的有效性，需要从数据库中找出危险驾驶行为的数据。因此，本书首先基于现有的定义和替代性指标对基础数据库进行标定，并最终通过视频检验，确认实际发生的危险驾驶行为。

美国国家公路交通安全管理局将危险驾驶行为定义为由于本人的异常操作而危害他人或设施的交通违法行为[172]。研究指出，危险驾驶行为由车辆的异常交互产生，并伴随驾驶人的异常加速等操作[89, 173]。因此，本书基于已有的研究，采用自然驾驶行为数据，充分考虑车辆交互和异常操作指标，从而对基础数据库中的危险驾驶行为进行自动标定。本书中用于标定的指标包括 TTC、纵向加速度和横向加速度，这些指标可以充分表征不同的危险驾驶行为状态，比如，跟驰过近可由 TTC 和纵向加速度表征；紧急换道可以由横向加速度表征；超速可由速度表征，超速在日常判断时比较简单，本书根据不同道路的超速进行标定（如快速路限速 80 km/h，高速公路限速 120 km/h）。其他危险驾驶行为，如不遵守交通标志和信号灯（研究对象不包括城市道路）等危险驾驶行为暂不在此进行讨论。

值得注意的是，本章的重点在于研究知识图谱表征方法的有效性，危险驾驶行为的标定仅用于指标筛选和危险驾驶行为表征模型质量评价，对于危险驾驶行为的准确识别将在相应章节进行讨论。因此，本章仅采用现有的危险驾驶行为识别阈值对危险驾驶行为进行标定，对于纵向加速度和横向加速度则基于数据分布情况判断危险驾驶行为。

在日常驾驶过程中，加速度均服从正态分布，即 $X \sim N(\mu, \sigma^2)$，其中，变量 X 服从数学期望为 μ 和方差为 σ^2 的数据分布。Zhang[174] 的研究表明，超出 $[\mu - k\sigma^2, \mu + k\sigma^2]$ $(k \geqslant 3)$ 范围的数据被视为异常值。在本书中，应用 $k=4$（0.01%的观察值被设置为异常值）作为基于加速度的危险驾驶行为判别标准。本书参考了采用相同数据库的研究结论[175]，以 TTC 小于 1 s 作为危险行为判断的标准。一旦系统检测到驾驶行为超过上述阈值之一，该数据将被判定为疑似危险驾驶行为，并标记为 1（常规驾驶状态标记为 0）。当所有数据被标记后，对数据进行视频检验，确认该数据点是否真的发生如跟驰过近、紧急换道或其他危险驾驶行为，确认后，对标签进行校正，并获得具备危险驾驶行为标签的基础数据库。通过标定，共获得 1 320 例危险驾驶行为片段；通过视频校验，保留实际发生危险驾驶行为操作的数据标签，最终共获得 500 例危险驾驶行为标签。

本书截取行为发生前 10 s 行为作为研究对象，同时，为了最终模型验证效果，本书随机选取了另 500 例常规驾驶行为数据，同样以 10 s 为时间窗宽度对数据进行截取，最终获得了 1 000例时间窗宽度为 10 s，用于驾驶行为知识图谱构建的基础数据库。每例出行均包括 9 个驾驶操作变量，即速度(Speed，SP)、横向加速度(LO-ACC)、纵向加速度(LA-ACC)、x 轴巡航加速度(X-RACC)、y 轴巡航加速度(Y-RACC)、z 轴巡航加速度(Z-RACC)、横向偏移(LP)、方向盘转角(SA)以及 TTC；4 个驾驶人属性变量包括性别(Gender，GE)、年龄(Age，AG)、分心驾驶(Distracted，DD)以及疲劳驾驶(Drowsy，DW)；4 个道路环境变量包括天气(Weather，WE)、平曲线(Flat curve，FC)、纵断面(Profile，PF)以及交通量(TF)。

以往的研究表明[176]，多维指标容易降低模型拟合度，增加模型误差，且指标与指标之间存在相关性，个别指标与因变量之间并无显著性，因此应被删除。为了提取用于知识图谱构建的显著性指标，以危险驾驶行为替代性指标标记数据中的危险驾驶行为，针对不同的数据分布结构，选取合适的显著性分析方法对指标进行筛选。对变量进行显著性筛选之前，需要对各变量的分布进行检验，若变量服从正态分布，则采用参数检验方法对显著性进行检验；若变量不符合正态分布，则采用非参数检验方法对变量进行检验。例如，由第 2 章中对各变量的分布情况检验结果可知，速度、纵向加速度和横向加速度服从正态分布，采用参数检验；其他变量因不满足正态分布要求，采用非参数检验方法进行验证。为了获取适用于本书的驾驶行为研究时间窗宽度，本书将各数据以 1 s 为单位，将数据划分为 10 种时间窗宽度不一致的输入结构，并分别采用这些时间窗宽度的各变量与危险驾驶行为指标进行显著性对比，最终获得适用于本书知识图谱构建的特征变量和时间窗宽度，见表 4-2。

表 4-2 不同时间窗宽度下各变量与危险驾驶行为之间的显著性

指标		时间窗宽度(s)									
		10	9	8	7	6	5	4	3	2	1
连续性变量	SP	0.00**	0.00**	0.00**	0.00**	0.00**	0.00**	0.00**	0.00**	0.00**	0.00**
	LO-ACC	0.00**	0.00**	0.00**	0.00**	0.00**	0.00**	0.06	0.07	0.15	0.06
	LA-ACC	0.00**	0.00**	0.00**	0.00**	0.00**	0.00**	0.00**	0.00**	0.00**	0.00**
	X-RACC	0.00**	0.00**	0.07	0.08	0.06	0.25	0.50	0.40	0.10	0.06
	Y-RACC	0.00**	0.00**	0.06	0.09	0.10	0.17	0.21	0.36	0.51	0.59
	Z-RACC	0.00**	0.00**	0.06	0.06	0.23	0.51	0.63	0.83	0.58	0.71
	LP	0.00**	0.00**	0.00**	0.00**	0.00**	0.00**	0.05*	0.06	0.08	0.06
	SA	0.05*	0.25	0.21	0.42	0.54	0.45	0.62	0.66	0.35	0.58

（续表）

指标		时间窗宽度(s)									
		10	9	8	7	6	5	4	3	2	1
离散变量	GE	0.00**	0.00**	0.00**	0.00**	0.00**	0.00**	0.00**	0.00**	0.00**	0.00**
	AG	0.00**	0.00**	0.00**	0.00**	0.00**	0.00**	0.00**	0.00**	0.00**	0.00**
	DD	0.12	0.00**	0.00**	0.00**	0.00**	0.00**	0.00**	0.00**	0.00**	0.04*
	DW	0.00**	0.00**	0.00**	0.00**	0.00**	0.00**	0.00**	0.00**	0.00**	0.03*
	WE	0.00**	0.00**	0.00**	0.00**	0.00**	0.00**	0.00**	0.00**	0.00**	0.00**
	FC	0.17	0.00**	0.00**	0.00**	0.00**	0.00**	0.00**	0.00**	0.00**	0.00**
	PF	0.06	0.18	0.21	0.24	0.27	0.31	0.63	0.43	0.52	0.64
	TF	0.57	0.59	0.61	0.63	0.67	0.68	0.71	0.75	0.79	0.85
	TTC	0.00**	0.00**	0.00**	0.00**	0.00**	0.00**	0.00**	0.00**	0.00**	0.00**
数量		13	14	11	11	11	11	9	9	9	9

注：** 代表呈显著性，且显著性水平小于 0.001。

表 4-2 中，当时间窗宽度大于 5 s 时，呈显著性的指标较多；然而输入模型的时间窗宽度过长容易导致模型计算的冗余，从而导致误差。综合考虑指标数量和时间窗宽度，本书选取 5 s 作为知识图谱构建的时间窗宽度。此时，共有 11 个指标呈现显著性，包括速度、横向加速度、纵向加速度、横向偏移、性别、年龄、分心驾驶、疲劳驾驶、天气、平曲线以及 TTC，这些指标将被用于知识图谱的构建。

经过显著性筛选之后，对数据库中驾驶人属性进行统计，共保留 60 名驾驶人（年龄均值为 35，标准差为 11.88），其中包括 32 名男性和 28 名女性，通过观测视频发现，各驾驶人在驾驶过程中均较好地完成了驾驶任务，并保存了标准的数据。驾驶人属性详细情况见表 4-3。

表 4-3　驾驶人属性

变量	均值(标准差)	
	男性	女性
年龄(年)	36.5(13.2)	25(12.97)
驾驶年龄(年)	16(10.23)	13(9.32)
平均驾驶里程(km/年)	18 524(3 458.22)	9 584(5 513.12)

1）连续性变量分析

对危险驾驶行为显著性变量进行描述性统计，即对其均值（Mean）与标准差（Standard Deviation，SD）进行分析。

本书以危险驾驶行为标签和常规驾驶行为标签为分类依据，对连续性变量进行分析，如图 4-14 所示。常规驾驶行为的各变量数据分布均比危险驾驶行为集中，该结论与危险驾驶行为总是伴随较为剧烈的异常操作保持一致。

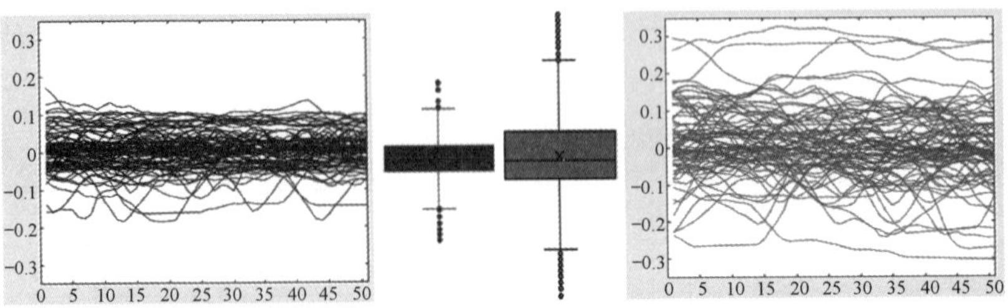

指标	正常驾驶	危险驾驶
Mean(g)	0.008	0.009
SD	0.048	0.098

(a) 纵向加速度描述性统计

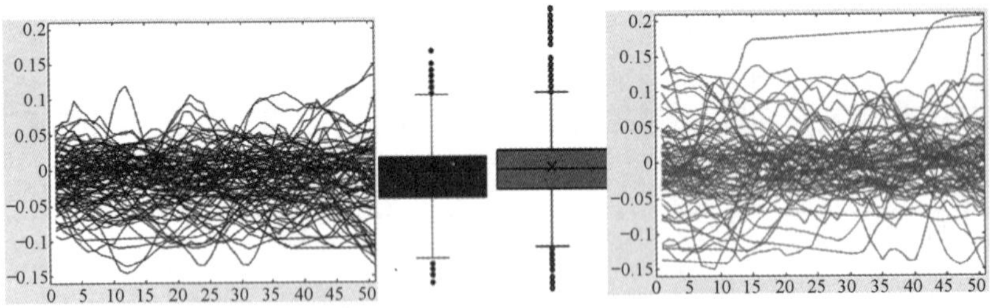

指标	正常驾驶	危险驾驶
Mean(g)	−0.011	0.001
SD	0.041	0.051

(b) 横向加速度描述性统计

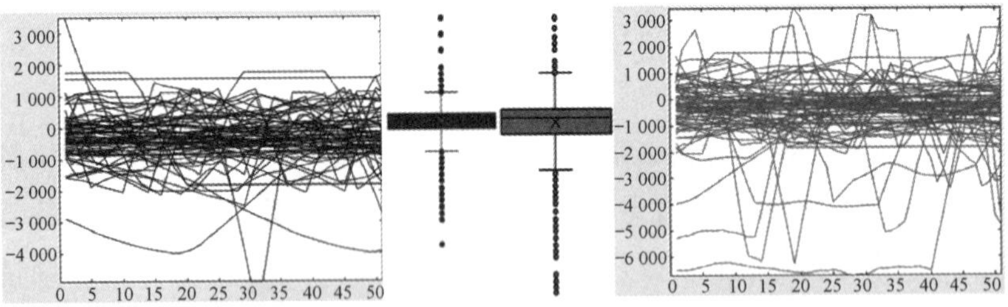

指标	正常驾驶	危险驾驶
Mean(mm)	−290	−399
SD	748	1 138

(c) 横向偏移描述性统计

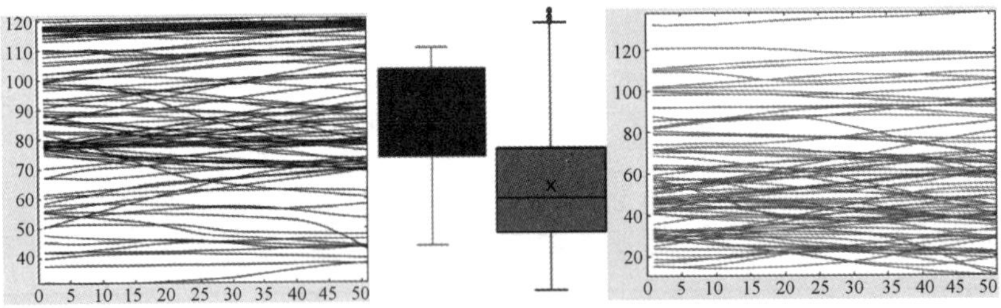

指标	正常驾驶	危险驾驶
Mean(km/h)	87	57
SD	25	28

(d) 速度描述性统计

图 4-14　连续性变量描述性统计分布

对各指标分别进行讨论。

(1) 纵向加速度和横向加速度。对于纵向加速度来说，其危险驾驶行为数据呈现出更大的均值和更大的标准差，该结论表示驾驶人在执行危险驾驶行为的过程中，时常伴随急加速、急减速，容易导致事故的发生。与纵向加速度类似，横向加速度的危险驾驶行为数据伴随着更为频繁的异常操作(即更大的标准差)，表明驾驶人在危险驾驶行为过程中常由于应急操作而猛打方向盘，该操作同样容易引发交通事故。

(2) 横向偏移往往表征驾驶人操作的稳定性，操作能力较好的驾驶人总能保持车辆在车道中心行驶。由数据分布可知，危险驾驶行为数值多分布在车道最左侧，并且伴随更大的标准差，该现象表明，危险驾驶行为容易导致更频繁的横向偏移操作，且多数危险驾驶行为操作发生在车辆左侧，这与横向加速度结论一致。

(3) 速度。危险驾驶行为的速度均值小于常规驾驶，但标准差大于常规驾驶。虽然常规驾驶的速度较大，但仍处于限速值范围内。同时，由标准差可知，危险驾驶行为在操作过程中伴随着更多的速度变化操作，往往容易引发后车追尾等事故，从图 4-14 中也可以看出，危险驾驶行为的速度均值之所以小于常规驾驶，主要是因为应急操作偏多，例如防止追尾等，导致速度有大幅度降低，从而获得了较小的均值，这同时也是引发危险的诱因之一。

2）离散变量分析

对危险驾驶行为显著性变量中的离散变量进行描述性统计。由于本书采用二分类对危险驾驶行为相关变量进行分类，故采用计数方法对不同驾驶状态的各类变量分类情况进行统计。

如图 4-15 所示，性别对于危险驾驶行为的分布具有较大的影响，危险驾驶行为中，女性驾驶人占比较高。青年驾驶人在驾驶过程中具备较强的驾驶能力，并体现出更低的危险驾驶行为比例，但这个比例与年轻、年长者的对比并不突出。在驾驶状态方面，分心驾驶和疲劳驾驶容易引发危险驾驶行为，然而通过对比发现，驾驶状态对危险驾驶行为的影响并不突出。在道路环境影响方面，天气良好环境下，危险驾驶行为操作比例有所上升，直线路段更容易发生危险驾驶行为，由此可知，驾驶人在道路环境良好的情况下，更容易出现危险驾驶行为。这可能是因为在外部环境较为恶劣的条件下，驾驶人注意力比较集中，并与前车保持了较好的安全距离，避免了危险驾驶行为的发生。

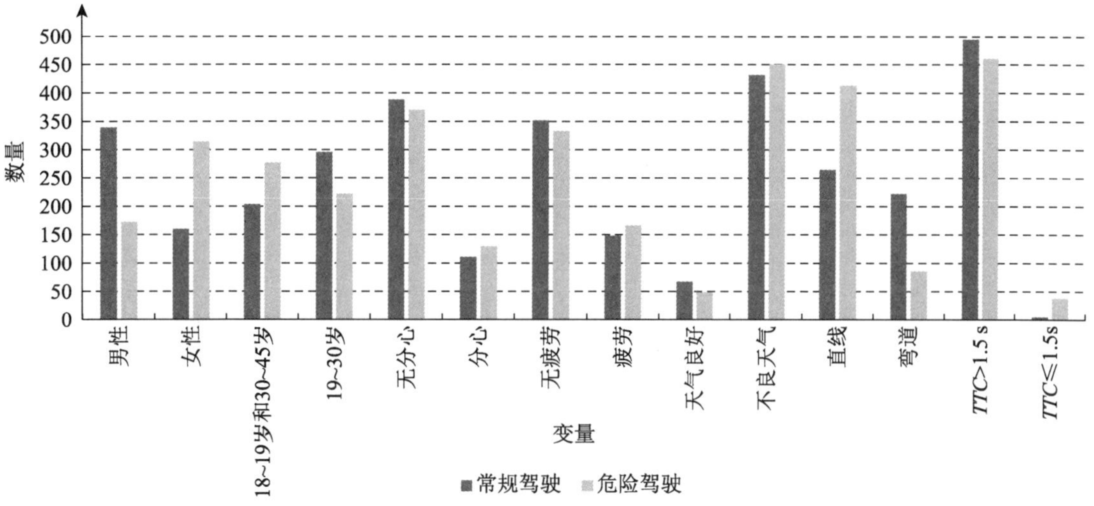

图 4-15　离散变量描述性统计分布

另外，与其他变量相比，危险驾驶行为中的 TTC 小于 1 s 的情况显著提升，除了因为在危险驾驶行为中驾驶人更容易跟驰过近之外，还可能因为本书采用 TTC 作为替代性指标。本章的重点在于验证知识图谱方法的有效性，故而对替代性指标不作过多研究，本书第 5 章将对此展开讨论并构建新的替代性指标体系。

2. 危险驾驶行为片状指标构建

基于危险驾驶行为点状指标数据库，通过数据编码和实体构建，完成危险驾驶行为片状指标构建。具体是以 X_1，…，X_n 表示与危险驾驶行为呈显著性的各类驾驶行为指标，以 T_{u} 和 T_{d} 作为边界阈值，对指标进行编码，从而构建危险驾驶行为片状指标。已有研究表明[90]，对于不同状态的驾驶行为数据，不仅要考虑到数据本身的分布变化，还需要考虑数据在不同个体之间的差异，即考虑最大值、最小值的情况。故而，共有 4 个指标用于构建 T_{u} 和 T_{d}，分别是均值、标准差、最大值 10%的绝对值（M_{10}）和最小值 10%的绝对值（M_{-10}）。

$$T_{\mathrm{u}} = Mean + \max(SD,\ M_{10}) \tag{4-35}$$

$$T_{\mathrm{d}} = Mean - \max[\mathrm{abs}(SD),\ \mathrm{abs}(M_{-10})] \tag{4-36}$$

当行为指标的数值大于 T_{u} 或小于 T_{d} 时，都会被编码为状态 2；当行为指标的数值介于 T_u 和 T_d 之间时，则被编码成状态 1。为了提升知识图谱的可视化和简洁度，只有状态 2 作为危险驾驶行为片状数据展示在知识图谱中。同时，本书所构建的知识图谱包含时间属性，在出行过程中，具备驾驶人属性和道路环境属性的危险驾驶行为指标并不随时间属性进行改变，从而在时间属性中仅对其进行编码，本书涉及危险驾驶行为的驾驶人属性和道路环境类指标，其编码如表 4-4 所示。

表 4-4　指标属性及编码

分类	指标	编码
驾驶人属性	性别	女性：2
		男性：1
	年龄	19～30 岁：2
		其他：1
	分心驾驶	分心：2
		不分心：1
	疲劳驾驶	疲劳驾驶：2
		常规驾驶：1
道路环境	天气	不良天气：2
		正常天气：1
	平曲线	弯道：2
		直线：1
	纵断面	坡道：2
		直线：1
	交通量	拥堵：2
		自有流：1

随机选取 5 s 的横向加速度为例，当数据超过最外层判断阈值[$Mean+\max(M_{10})$、$Mean-\mathrm{abs}(M_{-10})$或 $Mean\pm SD$]时，数据将被标记为状态 1，并构建为危险驾驶行为片状数据，如图 4-16 所示。图的上侧显示了该行为发生 5 s 过程中的各项属性，包括驾驶人属性以及道路环境属性。下侧显示了驾驶人的横向加速度在时间序列过程中的变化情况，即危险驾驶行为编码开始时间以及持续时间，其中编码开始时间一般定义为行为对象时间窗的起始点，在后文中将根据数据显著性给出。图中的数据片段表示该驾驶人在 10～38 s 存在异常的横向加速度，可能因紧急换道所导致。

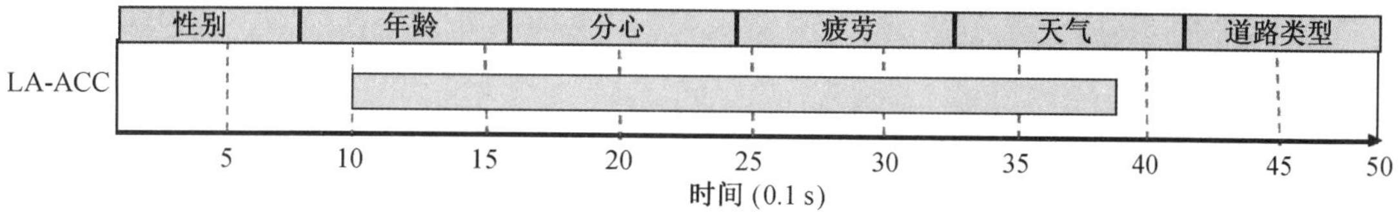

图 4-16　横向加速度片状数据结构

3. 危险驾驶行为知识图谱构建

在已有危险驾驶行为片状数据基础上，为了构建知识图谱，还需要一个完整的危险驾驶行为框架，并明确各片状数据之间的关系。本书基于危险驾驶行为构建基础的危险驾驶行为知识图谱框架，如图 4-17 所示。图的左侧是与危险驾驶行为具备显著性相关的指标中，在该时间段具备危险驾驶行为的片状指标。

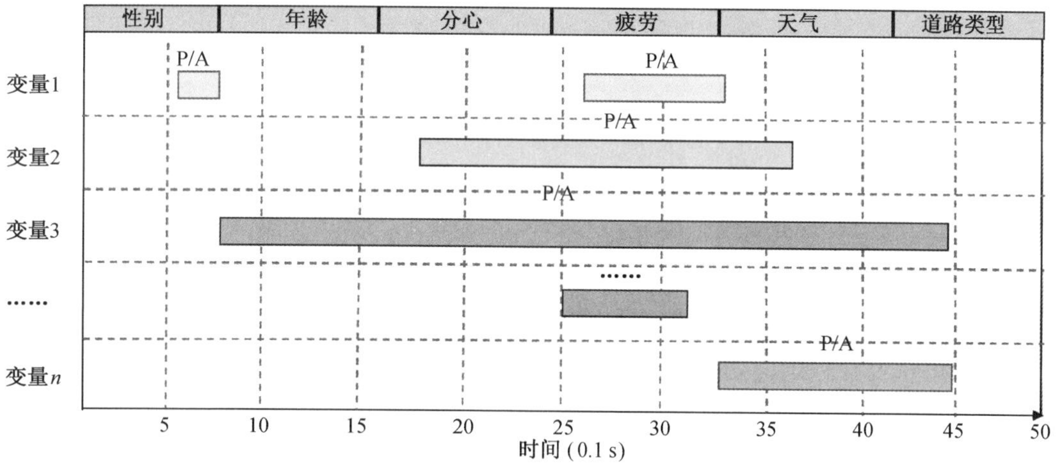

图 4-17　危险驾驶行为知识图谱框架

为了更好地描述各变量在时序维度中的关系，本书采用 P/A 来表示各片状数据之间的时间距离，P 表示当前片状数据发生时间与之前片状数据发生时间之间的最小时间间隔，A 表示当前片状数据的发生时间与后续片状数据的发生时间之间的最小时间间隔。不同指标的片状数据总是在不同或相同时间出现，有些时间距离非常小。在正常情况下，一个驾驶操作同时包含多个指标变化，尤其在危险驾驶行为发生过程中更是如此。例如，一旦驾驶人发现车头时距太小，驾驶人会持续制动一段时间，然后踩油门，从而导致车辆的纵向加速度和速度的异常变化。因此，需要对在一个操作中发生的危险驾驶行为的片状数据进行组合，并在图谱中进行表示。

本书提出了一种基于时间顺序的危险驾驶行为片状数据融合方法。对所有片段的 P 或 A 的平均值进行计算，并定义为阈值(TM)。以两两片状数据为一组，首先，遍历各组之间的距离，并提取时间最近的两个片状数据。如果数据的时间间隔小于 TM，则保留该组(双片状数据组)，并将两个片状数据中最早的发生时间标记为该组的发生时间；否则，两个片状数据将单独成组。其次，双片状数据组形成后，按照相同的规则，将接近这些组的各片状数据合并到组中，直到所有组之间的时间间隔大于 TM。最后，根据分组结果构建图谱，如图 4-18 所示。图中矩形方块代表危险驾驶行为指标，F 表示变量在当前组中出现的频率，L 表示该变量在该组的异常操作的总持续时间。时间轴表示所有片状数据出现时间的平均值。右侧矩形框中的 F/Ls 代表此行程中各指标的异常情况统计数据，该值为所有指标的 F/L 总和。同时，F/Ls 将作为图谱结构输入，通过与常规输入结构(均值和标准差)进行质量验证从而验证图谱构建的有效性。

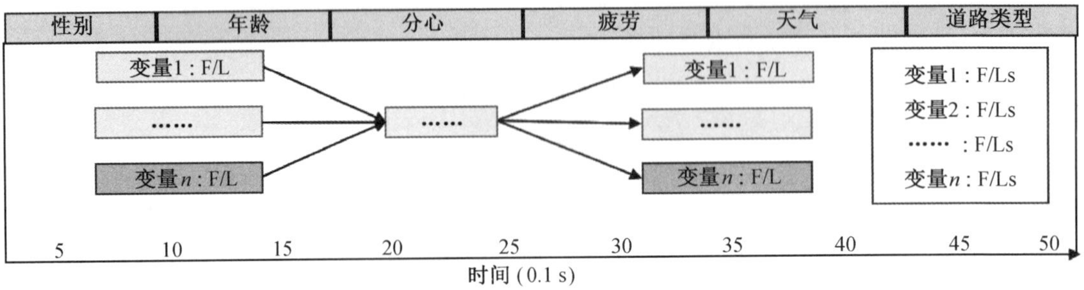

图 4-18　危险驾驶行为知识图谱

基于危险驾驶行为显著性指标库，分别从危险驾驶行为数据片段和常规驾驶片段中选取一组数据构建危险驾驶行为知识图谱。其中，从危险驾驶行为数据片段中选出的是 1 名男性驾驶人，年龄大于 30 岁，驾驶过程中没有分心和疲劳驾驶，出行片段行驶保持直线，出行过程中天气状况不佳。从常规驾驶行为数据片段中选取的驾驶人是女性驾驶人，年龄 19～30 岁，驾驶过程中没有分心和疲劳驾驶，出行片段行驶保持直线，且天气状况良好。根据知识图谱构建方法，获得驾驶行为片状数据，如图 4-19 所示。从片状数据分布来看，危险驾驶行为片段相比常规驾驶行为片段具备较多的异常操作。危险驾驶行为片段具有五个异常操作指标，其中横向加速度和横向偏移呈现较长的异常操作时间，纵向加速度则表现为更多频次的异常操作。相比之下，常规驾驶行为的异常操作在指标数、操作时长以及频次方面均明显小于危险驾驶行为，在相同的时间窗宽度下(5 s)，常规驾驶操作只有 0.5 s 左右的横向异常操作。同时，通过驾驶行为片段可知，图谱能直观表现驾驶人在一定时间内的驾驶操作，同时可以提升数据对比的清晰度。

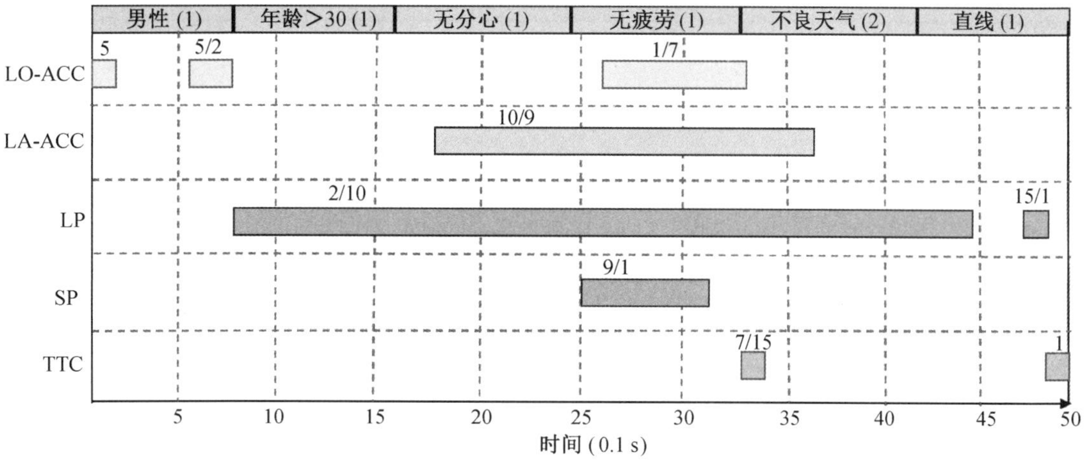

(a) 危险驾驶行为片状数据

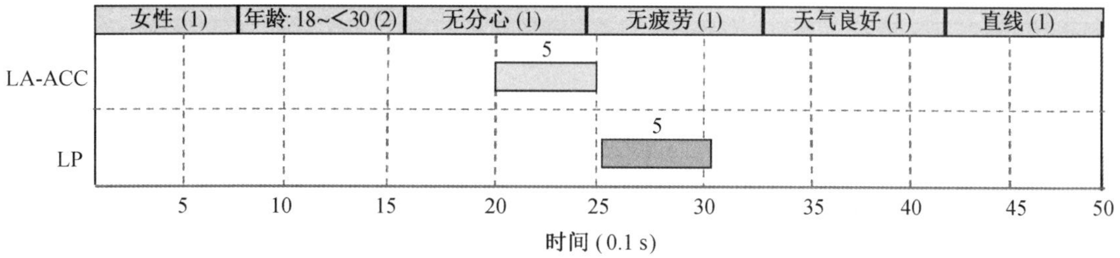

(b) 常规驾驶行为片状数据

图 4-19　驾驶行为片状数据

以危险驾驶行为片段为例，构建驾驶行为知识图谱。如上文所述，同一个驾驶操作经常伴随多个指标的变化，为了清晰描绘驾驶过程，需要对同一操作的指标进行合并。本书采用的是距离均值筛选法，计算各片状数据开始时间距离的均值。由图 4-19 可知，危险驾驶行为案例的片状数据均值约为 0.56 s，将距离小于该值的片状数据与其距离最近的片状数据进行合并，将前后距离均大于该均值或未能与其他数据合并的片状数据单独成组，获得图 4-20(a)。重新计算各组之间的距离，将各组距离小于均值的组进行合并，并重复计算，直到所有组之间的距离均大于均值，最终得到驾驶行为知识图谱。为了提升图谱的美观性和表现性，对图谱进行结构美化：将指标采用等长矩形方块进行展示，将片状数据开始时间均值置于片状数据下方，在方块内显示该片状数据持续时间和频次，采用有向箭头表示时间及行为传递方式。图的右侧是各指标在该出行过程中异常驾驶行为总的频次和持续时长，该参数将被作为新的危险驾驶行为研究指标，同时也是知识图谱质量验证的主要指标输入回归模型，用于最终验证其有效性。通过结构调整，危险驾驶行为和常规驾驶行为图谱如图 4-20(b)和图 4-20(c)所示。

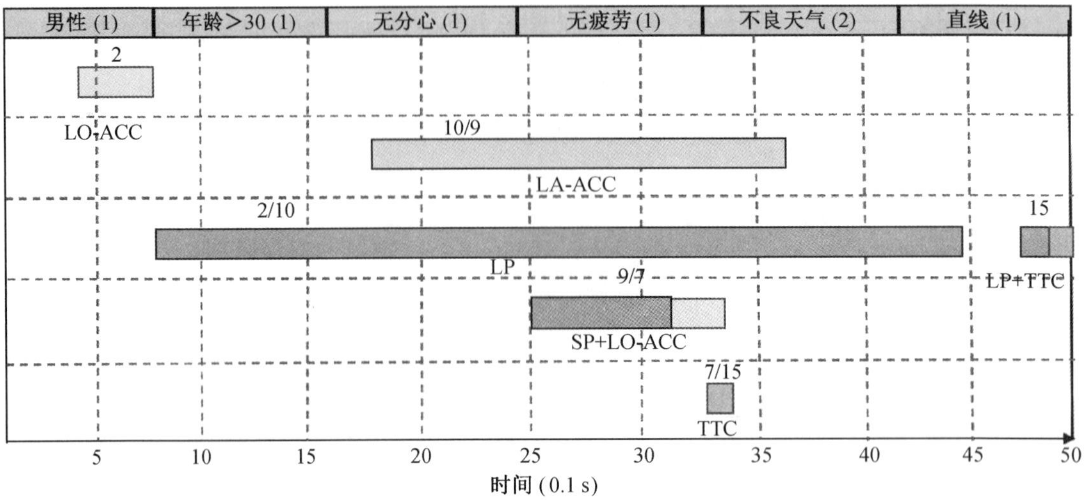

(a) 危险驾驶行为组

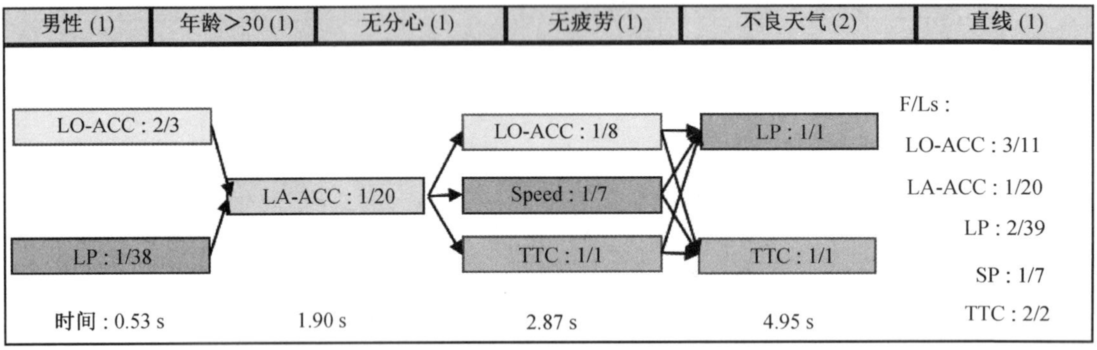

(b) 危险驾驶行为图谱

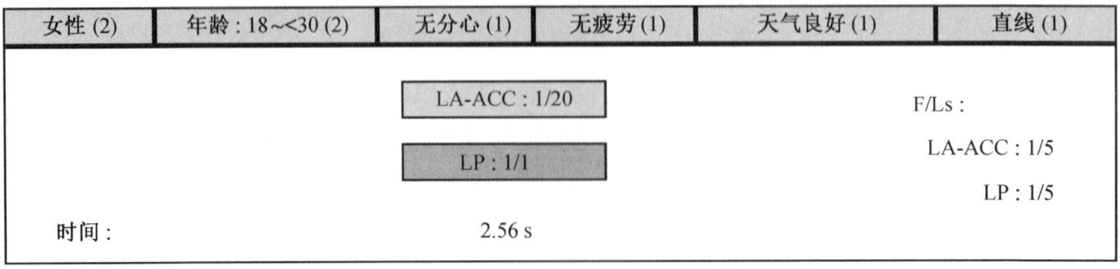

(c) 常规驾驶行为图谱(横坐标)

图 4-20 驾驶行为图谱

图 4-20 中,一个危险驾驶行为的最终发生伴随着多个异常驾驶行为操作,故而单纯用一个指标或阈值对危险驾驶行为进行表征,在数据层面上存在表征不足等问题。同时,通过知识图谱可知,危险驾驶行为案例和常规驾驶行为案例在 2.5～3.0 s 显示出更多的异常驾驶操作,可以初步认为,危险驾驶行为的诱发点多集中在 2.5～3.0 s(即发生在危险驾驶

行为前 2～2.5 s)，未来研究需要进一步分析以确定该结论的鲁棒性。在图 4-20(b)中，横向偏移的异常操作持续时间最长，且最后有异常的 TTC 产生，该危险驾驶行为可能是由驾驶人紧急换道产生的。在常规驾驶行为中也存在异常驾驶操作，该现象表明，危险驾驶行为是多个指标在时序上交互作用的结果，单个或某几个指标的短时异常操作并不会诱发危险驾驶行为，故而需要采用包含多维度和时间属性的替代性指标对危险驾驶行为进行意图表征和识别。同时，危险驾驶行为知识图谱能直观地表征危险驾驶行为发生过程，且根据不同出行过程的图谱能有效分析危险驾驶行为发展过程，为危险驾驶行为的研究提供有效的分析方法。

4.3.4 知识图谱质量验证

1. 验证方法

驾驶行为总是表现为危险驾驶和常规驾驶两类，因此，本书采用二分类回归研究中较为常用的两种方法——逻辑回归模型和随机森林模型[177, 178]对知识图谱质量进行验证。

1）逻辑回归模型

逻辑回归(Logistic Regression，LR)是解决二分类问题的机器学习方法，该模型能有效估计事件发生的可能性。然而该“可能性”与纯数学的“概率”存在差异性，逻辑回归的结果并非数学定义的概率值，不可用于概率计算，其结果可用于加权求和，而非系数相乘。

逻辑回归与线性回归都是广义线性模型，模型结构类似。不同之处在于逻辑回归建立分类假设，即因变量 y 服从伯努利分布；而线性回归因变量 y 服从高斯分布。逻辑回归以线性回归为理论基础，当逻辑回归去除 Sigmoid 映射函数时，则变为线性回归。Sigmoid 函数的作用在于引入非线性因素，以解决二分类问题。

逻辑回归的假设函数式为

$$h_\theta(x)=\frac{1}{1+\mathrm{e}^{-\theta^{\mathrm{T}}x}} \tag{4-37}$$

式中，θ 是函数求解的条件概率参数，$\theta^{\mathrm{T}}x$ 是 Sigmoid 函数，主要作用是引入非线性映射，将线性回归的无穷值域映射到阈值[0, 1]中，其中，函数值大于 0.5 的判断为阳性，反之则为阴性。

逻辑回归的本质是在分类情况下，通过分类器(即 Sigmoid 函数)求得一系列 θ 值，在测试样本输入时，系列 θ 值与测试数据相乘并加权构建回归函数

$$h_\theta(x)=\theta_0+\theta_1x_1+\cdots+\theta_nx_n \tag{4-38}$$

式中，x_1，…，x_n 是测试样本的 n 个特征值，通过 Sigmoid 函数求得 $h_\theta(x)$，并最终获得测试样本所属类别。可见逻辑回归模型的重点就在于训练模型求解系列权值以构建 Sigmoid 函数。

为了消除模型训练值与实际值之间的误差，逻辑回归模型引入代价函数 $C(\theta)$ 进行误

差表征，如果存在多个样本，则需要对多个代价函数求均值获取 $J(\theta)$（即误差）。在模型训练过程中，$J(\theta)$ 常用于作为判断模型训练是否达到最优化的度量，当 $J(\theta)$ 达到最小值时，意味着模型获得最优化参数 θ。因此，在选择代价函数时，往往需要满足两个基础条件，即该函数能评价模型准确度，且对参数 θ 可微。

在逻辑回归模型中，常用的代价函数是交叉熵，交叉熵是对误差的度量。模型拟合的目标是计算函数 $x \rightarrow y = y(x)$，交叉熵通过构建函数 $x \rightarrow a = a(x)$，并假设 a 为 y 等于 1 的概率，$1-a$ 为 y 等于 0 的概率，表征最终模型误差，即交叉熵所获取的值便是 y 的准确性偏差。交叉熵计算公式为

$$J(\theta) = -\frac{1}{m}\left[\sum_{1}^{m} y^i \log h_\theta(x^i) + (1-y^i)\log(1-h_\theta(x^i))\right] \tag{4-39}$$

式中，y 为模型训练的测试值，其他参数与式(4-3)相同。其中

$$C(\theta) = y\log h_\theta(x) + (1-y)\log[1-h_\theta(x)]$$

该等式等价于

$$C(\theta) = \begin{cases} -\log h_\theta(x), & y=1 \\ -\log h_\theta(x), & y=0 \end{cases} \tag{4-40}$$

$$h_\theta(x) = \frac{1}{1+e^{-\theta^{\mathrm{T}}x}}$$

为了获得最优化的函数，需要求得代价函数的最小值。一般采用梯度下降的方法对函数进行求解。梯度下降中的梯度指的是代价函数对各参数求偏导数，偏导数的方向决定了函数参数下降的方向，学习率 (α) 决定了函数转移的步长，梯度下降方法的目的是求解使 $J(\theta)$ 最小的参数 θ，转化公式为

$$\theta_j = \theta_j - \alpha\left(\frac{\partial}{\partial\theta_j}\right)J(\theta) = \theta_j - \alpha\left(\frac{1}{m}\right)\sum_{m}^{1} h_\theta(x^i) - y^i)x_j^i \tag{4-41}$$

式中，x_j^i 为当前输入变量，其余参数与前文一致。

通过梯度下降算法计算 θ_j，完成了逻辑回归模型的算法迭代，最终构建逻辑回归模型。

2）随机森林模型

随机森林(Random Forest, RF)是一个包含多个决策树的分类器，并且其输出的类别是由个别决策树输出的类别的众数决定的。决策树也是常用的机器学习算法，它的优势在于保持特征值在缩放和各种变换下的属性不变，该方法对于无关特征具备稳健性，但它同时也有个缺点，即准确性不高。为了解决决策树的准确性问题，随机森林应运而生，该方法可以通过创建特征的随机子集并使用这些子集构建更小的树来提升决策树的准确性并避免过度拟合。随机森林将袋装(Bagging)方法应用到树学习中，即给定训练集 $x_1, \cdots, x_n$ 和目标 $y_1, \cdots, y_n$，袋装方法重复 n 次从训练集中有放回地采样，然后在这些样本上训练

树模型。训练结束后，通过对 x_1，…，x_n 上所有的单个回归树预测值求平均得到最终预测结果，最终预测值计算公式为

$$f=\frac{1}{n}\sum_{1}^{n}f_{\mathrm{b}}(x_i) \tag{4-42}$$

式中，f 为预测值，f_{b} 为单个回归树预测结果，$1\leqslant i\leqslant n$。

袋装方法通过产生不同训练集，降低树模型之间的关联性，即可以在不增加偏置的情况下降低方差，进而提升模型准确性。样本的 n 值一般是自由量，通常取 100～1 000，该值由训练样本大小和性质决定。使用交叉验证，或透过观察袋外误差(OOB)，可以获得 n 的最优值，当一些树训练到一定程度之后，训练集和测试集的误差开始趋于平稳。袋装方法最大的优势在于可以不使用交叉验证便可以获得误差。每一个袋装树测试 2/3 的观察样本，而剩下的 1/3 就作为 OOB 观察样本，它们并不会拟合一棵给定袋装树。通过观测每一棵树的 OOB，计算第 i 个观察样本的预测值，模型中将有 $n/3$ 的预测值可以预测第 i 个观察样本。通过袋装方法的平均回归和大多数投票分类等聚集算法，模型可获得第 i 个观察样本的单一预测值。基于该方法，可计算 n 个观察样本的 OOB，因此，总体的 OOB MSE (回归问题)和分类误差率(分类问题)也将被获取。袋装算法采用单一树提升预测的准确性，却降低了模型的解释性，当袋装大量的树时，则不能使用单一树表征最终计算结果。

随机森林通过随机扰动令所有的树去相关，因此，随机森林要比袋装方法性能更好。随机森林每一个结点分割前均采用随机样本预测器，其核心思想与袋装方法一致，从而不仅保留了准确性，也提升了解释性。此外，随机森林可使用大量预测器，不仅减少了偏差，而且局部特征预测器在树型结构中充当重要的决策。在计算过程中，随机森林有两个主要参数。一是计算溢出时尝试的变量输入类型(n_{try})，另一个是每个森林要生长的树的数量(n_{tree})。每棵树都是使用来自原始数据集的不同测试样本构建的，与袋装模型类似，大约 2/3 训练样本用于生成决策树，其余 1/3 用于获取模型的 OOB 误差估计。

随机森林模型收敛由两个指标进行度量，分别是排列系数(平均降低精度)和基尼系数(平均降低基尼)。排列系数显示了删除某个变量的情况下模型的退化程度，而基尼系数显示了在删除某个变量的情况下树末端的节点准确性。预测变量 $\boldsymbol{X}_i$ 的排列系数通过随机排列删除样本计算为

$$\mathrm{IMP_a}(\boldsymbol{X}_i)=\frac{1}{n}\sum_{n}^{1}[\mathrm{mg}(\boldsymbol{X}_i,\boldsymbol{Y}_i)-\mathrm{mg}(\boldsymbol{X}_i^k,\boldsymbol{Y}_i)] \tag{4-43}$$

式中，$\mathrm{IMP_a}(\boldsymbol{X}_i)$ 表示变量 $\boldsymbol{X}_i$ 的排列系数，即重要性程度；$\mathrm{mg}(\boldsymbol{X}_i,\boldsymbol{Y}_i)$ 表示系数边际，即该变量在总体样本中所占权值；$\boldsymbol{X}_i$ 表示预测变量，$\boldsymbol{Y}_i$ 表示它的权重；$\boldsymbol{X}_i^k$ 表示从 OOB 估计个体中随机选取的变量；n 表示样本中的个体总数。

变量 $\boldsymbol{X}_i$ 的平均减少基尼系数可以通过 $\boldsymbol{X}_i$ 所有节点值减少量相加然后取平均进行计算。

$$\mathrm{IMP_g}(\boldsymbol{X}_i)=\frac{1}{n}\sum_{n}^{1}\sum_{t\in n;\ v(s_t)=X_i}p(t)\Delta k(s_t,\ t) \tag{4-44}$$

式中，$\mathrm{IMP_g}(\boldsymbol{X}_i)$ 表示变量 $\boldsymbol{X}_i$ 的基尼重要性指数；$p(t)$ 表示到达节点 t 的样本比例；$v(s_t)$ 表示用于拆分 s_t 的变量；$\Delta k(s_t,\ t)$ 表示叶子 t 的分裂 s_t 中减少的节点值；n 表示样本中的个体总数。

最终根据以上变量对随机森林收敛效果进行度量，并确定收敛域值，获得随机森林模型。

2. 基于常规数据的知识图谱效果验证

基于危险驾驶行为研究基础数据库，构建危险驾驶行为知识图谱，通过回归模型构建危险驾驶行为与各类型输入(图谱和常规输入)的相关性模型，通过模型评价指标验证常规图谱的有效性。采用回归模型对危险驾驶行为知识图谱质量进行验证。基于逻辑回归模型(LR)和随机森林(RF)对常规数据输入结构(均值、均值+标准差)和图谱输入结构进行对比。这两类回归模型均可采用 Matlab 内置算法实现。本书随机选取 70%的数据集用于训练，30%的数据集用于测试。在逻辑回归模型中使用 Sigmod 函数作为激活函数，采用梯度下降算法计算最优化参数，以 95%的显著性水平作为变量迭代的阈值，加入 0.5 的正则化，防止过拟合。对于随机森林算法，同样采用 7∶3 的数据训练比例，基于 Matlab 的 TreeBagger 函数用于进行回归拟合。关键参数 n_{try} 设置为 5，n_{tree} 设置为 200。在回归模型效果评价方面，除了准确率，还有两个主要的性能指标 McFadden pseudo-rho square (R^2，拟合度) 和 Akaike information criteria (AIC，赤池信息准则)，其中，R^2 的计算公式为

$$R^2=1-\frac{\ln L(\boldsymbol{M}_{\mathrm{Full}})}{\ln L(\boldsymbol{M}_{\mathrm{Intercept}})} \tag{4-45}$$

式中，$\boldsymbol{M}_{\mathrm{Full}}$ 表示包含预测因子的模型，$\boldsymbol{M}_{\mathrm{Intercept}}$ 表示不包含预测因子的模型，L 表示似然估计。

AIC 的计算公式为

$$AIC=2k-2\ln(L) \tag{4-46}$$

式中，k 代表回归参数的个数，L 代表似然函数的最大值。回归参数的求解通过最大似然法进行，最终得到的模型中对应的似然值最大，AIC 值最小。

以危险驾驶行为标签为因变量，以不同的数据输入结构为自变量(常规输入为均值或均值+标准差；图谱输入为各图谱最终构建的 F/Ls)构建回归模型，并根据回归模型结果验证图谱的质量。如表 4-5 所示，均值+标准差以及图谱输入结构都可以提高模型的准确性。同时，图谱输入结构(LR 准确率 0.99，RF 准确率 0.98)具备最高的准确率，该结果表明了图谱结构在构建危险驾驶行为研究中的优势。另外，由 R^2 和 AIC 两个指标可知，图谱结构以及均值+方差输入结构具有更高的 R^2 和更小的 AIC，该结果表明，以上两种结构能提升模型拟合度，并降低模型误差。同时，与准确率类似，图谱输入结构具备最高的拟合度

(R^2 中 LR 为 0.97，RF 为 0.94)和最小的误差(AIC 中 LR 为 1 002，RF 为 1 112)，综合效果最佳。该结果也再次佐证了其在构建危险驾驶行为方面的鲁棒性。同时，LR 相比于 RF 在模型构建中具备更高的准确性、拟合度和更低的误差，表明该模型在表征驾驶行为相关关系方面具备较好的性能。

表 4-5　不同输入结构模型效果

指标		均值	均值+标准差	图谱输入
准确率	LR	0.74	0.94	0.99
	RF	0.72	0.91	0.98
R^2	LR	0.72	0.91	0.97
	RF	0.67	0.87	0.94
AIC	LR	1 192	1 098	1 002
	RF	1 213	1 199	1 112

基于 LR 计算的各变量分布权重(图 4-21)可以进一步获得可视化的指标贡献度，TTC 的频率和 TTC 的持续时间是模型构建的主变量，其所占权重明显高于其他变量，本章采用 TTC 作为替代指标进行危险驾驶行为提取，该结果与数据提取方法保持一致。为了避免权重分布异常现象，第 5 章将对危险驾驶行为识别的替代性指标单独分析。除了 TTC，其他指标同样对危险驾驶行为具备高贡献度，例如，LO-ACC 的持续时间长度以及平曲线的变化显然比分心和天气两个指标具备更高的权重。通过指标属性划分，结果表明，影响危险驾驶行为的主要车辆操作指标是 LO-ACC 的持续时间，性别是驾驶人属性中的主要指标，平曲线是道路环境中的主要指标。

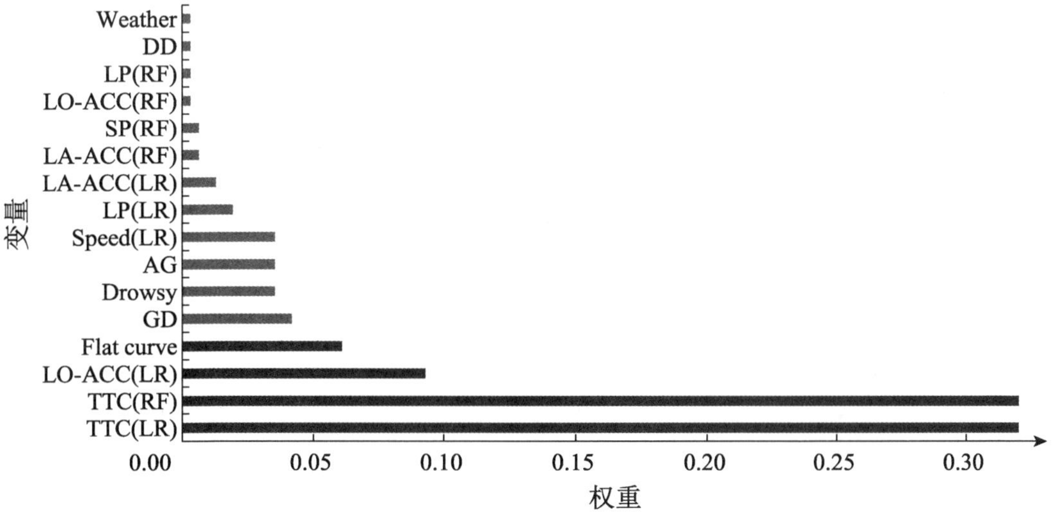

图 4-21　危险驾驶行为图谱各变量权重

3. 基于意图推理的知识图谱效果验证

进一步验证意图推理对于危险驾驶行为表征的作用。第一步，需要对图谱进行改动，原图谱采用驾驶数据分布进行片状数据构建，现直接采用意图标记进行划分，即当意图标记为1(危险驾驶行为意图)时在图谱上显示，进而获取更新后的蕴含意图的图谱数据。第二步，通过回归模型对比蕴含意图的图谱和常规图谱数据的有效性。

首先，本书采用逻辑回归模型对危险驾驶行为意图识别效果进行评价，即分别以基于驾驶行为意图的图谱和原始图谱为输入，以危险驾驶行为标签为隐变量构建逻辑回归模型，随机选取70%的数据集用于训练，30%的数据集用于测试，使用Sigmod函数作为激活函数，采用梯度下降算法计算最优化参数，以95%的显著性水平作为变量迭代的阈值，加入0.5的正则化，防止过拟合。之后，采用准确率、R^2 和 AIC 对效果进行评价，模型最终结果如表4-6所示。基于意图的知识图谱可以提升模型预测的准确率(1%)，提升范围较为有限，模型的拟合度和误差均不如原始图谱模型，在后文的研究中，将进一步测试不同输入对于预测模型结果的影响。

表4-6 知识图谱对比

指标	基于意图推理的知识图谱	常规图谱
准确率	0.95	0.94
R^2	0.89	0.91
AIC	1 128	1 098

4.3.5 研究结论

本书所用数据来自自然驾驶实验，数据指标包括驾驶人属性、道路环境、驾驶操作指标和危险驾驶行为标签。每个图谱表示一个具备各项属性的时序出行过程，图谱最终形成的指标包括出行过程中各变量的异常驾驶频率、异常驾驶的总持续时间和发生时间。最终，研究基于回归模型验证图谱的质量，即有效性。结果表明，驾驶行为知识图谱可用于危险驾驶行为建模，且具备良好的可视化，同时，基于图谱构建的危险驾驶行为研究指标结构比常规输入结构更能保留驾驶行为过程属性，并在危险驾驶行为的回归模型中获得更好的性能，主要结论如下。

(1) 基于描述性统计和显著性分析获取了与危险驾驶行为相关的11个变量(速度、横向加速度、纵向加速度、横向偏移、性别、年龄、分心驾驶、疲劳驾驶、天气、平曲线、TTC)。根据显著性结果表明，5 s的时间窗宽度最适用于危险驾驶行为建模。通过指标分析可知：驾驶人在正常驾驶中具有更好的车道保持能力，而危险驾驶行为总发生在低速行驶过程中；年龄为18～19岁和30～45岁的女性驾驶人更容易发生危险驾驶；分心驾驶和疲劳驾驶同样会增加危险驾驶行为发生的可能性；道路环境方面，良好的天气条件和路况也提高了危险驾驶的比例，该结果表明驾驶人在恶劣环境中驾驶更谨慎。

(2) 基于回归模型对比常规数据结构(均值和均值＋标准差)和图谱结构作为模型输入的有效性。结果表明,均值＋标准差以及图谱结构均可以提升模型性能,且图谱结构具备最高的准确率、拟合度和最低的误差,因此,图谱适用于构建危险驾驶行为模型,且效果良好。同时,本书基于逻辑回归模型提取了模型中各变量的权重,结果表明,影响危险驾驶行为的车辆操作主要因素是异常的纵向加速度持续时间,性别是驾驶人属性中的主要因素,平曲线是道路环境的主要因素。进一步对比基于意图推理的危险驾驶行为知识图谱和常规图谱表征发现,意图推理在危险驾驶行为表征模型中作用不大,且容易造成其他误差。

知识图谱可以表征驾驶人生理和心理特征以及驾驶操作情况。驾驶行为是时间维度的线性组合,图谱将连续的行为数据进行碎片化处理,提供了一种直观展示方式;图谱的定量表达为新的数据表征提供了参考,为驾驶行为在各个研究方向的深入分析提供了新的途径和思路。

4.4　本章小结

基于危险驾驶行为理论,采用知识图谱方法,本章对比提出了可用于危险驾驶行为研究的知识图谱构建方法,通过对连续数据的碎片化处理,获取了危险驾驶行为片状数据,以时间为纽带,以数据分布特征为阈值,进而构建了危险驾驶行为研究知识图谱,该图谱不仅提供了定性的观测图像,还提供了定量的图谱输入结构,通过比对发现,该结构能有效提升危险驾驶行为研究的模型准确性和拟合度,同时降低模型误差,适用于危险驾驶行为研究。进一步对比基于意图推理的知识图谱以及常规图谱发现,意图推理的知识图谱虽然可以有效提升模型的准确率,但提升效果并不明显,故而在后文的危险驾驶行为模型中,需要对意图推理识别效果进一步讨论。

本章所提出的知识图谱构建方法可用于多个危险驾驶行为的研究,例如分心、疲劳等危险驾驶行为挖掘与表征,道路设施影响分析及可视化优化以及其他行为数据的结构化表征和迁移等。

第5章 危险驾驶行为识别与判定

5.1 广义危险驾驶行为识别与判定

5.1.1 危险驾驶行为替代性指标提取方法

根据危险驾驶行为理论可知,危险驾驶行为可由操作类指标进行检测,以往的检测方法采用单个指标或阈值对危险驾驶行为进行识别,该方法容易导致结果的误判和错判。若采用多个变量进行识别,采用聚类模型对变量进行分类定义时,往往拟合度较低。为解决多变量导致的拟合度问题,研究人员常采用降维算法对高维数据进行处理,以获得维度较低并具有代表性的替代性指标。以往研究中有五个降维算法被广泛应用,包括因子分析(FA)、主成分分析(PCA)、线性判别分析(LDA)、局部线性嵌入(LLE)和拉普拉斯特征图(LE)[179-182]。近年来,作为新兴的降维模型,t-分布邻域嵌入算法(t-SNE)[183]和高维生物数据可视化算法(PHATE)[184]也逐渐被用于降维分析,这两类模型在处理非线性问题方面具有一定的优势。

本书的研究对象是驾驶行为操作类指标,该指标不仅具备线性特征,还具备非线性特征,同时各指标服从不同的分布,指标之间具有一定的交互效益。因子分析在处理多重共线性及相关性方面具备较强的优势,且对于不同分布的指标拟合效果较好。最重要的是,因子分析方法可以获得各指标拟合结果的系数,可清晰观测指标的权重,为聚类模型构建提供依据,因此,本书拟采用因子分析方法对指标进行拟合,并通过有效性对比验证其有效性,以下是因子分析方法的主要步骤。

1. 变量效度检验

在因子分析之前,应进行效度检验以确定该指标体系是否适用该方法,常用检验方法为Kaiser-Meyer-Olkin(KMO)检验和Bartlett球形检验[185]。KMO检验是验证抽样充分性的主要方法,该方法检验各输入变量是否存在潜在因子,并计算该因子是否可以通过因子分析进行提取,当KMO检验系数大于0.5时,表明输入变量可以由因子分析方法进行降维。Bartlett球形检验是检查校正矩阵有效性的标准,该检验结果表示变量是否可在因子分析中构建结构检测的单位矩阵。当Bartlett球形检验系数P小于0.05时,表明当前输入变量可以构建因子分析矩阵，并可用因子分析进行降维。本书采用 SPSS 软件内置函数对指标进行检验，并以 KMO 检验系数和 Bartlett 球形检验系数为阈值确定该变量集是否适用因子分析方法。

2. 归一化

变量效度检验后，对指标进行因子分析，提取公因子。危险驾驶行为包括多个变量，各变量的分类及数据分布均不同，为了从变量中提取公因子，需要对变量数据进行转换和计算。在因子分析过程中，将危险驾驶行为变量归一化，将所有变量转化为均值为零、方差为 1 的分布数据。归一化后的各变量表示为 $\boldsymbol{T}[x_1]$，…，$\boldsymbol{T}[x_n]$，并作为替代变量进一步用于因子分析，$\boldsymbol{T}[x_i]$ 的计算公式为

$$\boldsymbol{T}[x_i]=\alpha_{i1}f_1+\cdots+\alpha_{im}f_m+e_i \tag{5-1}$$

式中，f_1，f_2，…，f_m 为公共因子，$\alpha_{ik}(k=1,\cdots,m)$ 为因子负荷，$e_i(i=1,\cdots,n)$ 为特定因子（均值为零，方差为有限的未观测随机误差项）。对于因子分析，归一化后的数据期望应遵循以下约束条件：

$$\begin{cases}E(f_k)=0\\E(f_k^2)=1,\ E(f_ke_i)=0\\E(e_ie_j)=0(j=1,\cdots,n,\ i\neq j)\end{cases} \tag{5-2}$$

式中，$j=1,\cdots,n$，$i\neq j$。

3. 相关性分析

公因子提取的主要步骤是相关性分析。通过计算因子负荷，可将变量重组为公因子。可以将式(5-1)转换为

$$\begin{bmatrix}\boldsymbol{T}[x_1]\\\boldsymbol{T}[x_2]\\\vdots\\\boldsymbol{T}[x_n]\end{bmatrix}=\boldsymbol{\partial f}+\boldsymbol{e} \tag{5-3}$$

式中，$\boldsymbol{\partial}$ 是因子载荷矩阵，该矩阵计算公式为

$$\boldsymbol{\partial}=\begin{bmatrix}\alpha_{11}\cdots\alpha_{1m}\\\alpha_{21}\cdots\alpha_{2m}\\\cdots\\\cdots\\\cdots\\\alpha_{n1}\cdots\alpha_{nm}\end{bmatrix} \tag{5-4}$$

式中，$\boldsymbol{f}=[f_1\cdots f_m]^{\mathrm{T}}$ 是公因子向量，$\boldsymbol{e}=[e_1\cdots e_n]^{\mathrm{T}}$ 是系数矩阵。

在相关性分析中，本书采用主成分分析法来计算因子负荷矩阵，然后确定公因子和因

子负荷。

4. 公因子提取

通过前面几个步骤基本确定了符合相关条件的公因子和因子负荷，为了获取特征公因子，删除冗余因子，需要检查公因子的贡献度。检查贡献度的主要方法是采用特征值作为标准对公因子进行筛选，特征值是每个主成分（公因子）的因子负荷平方和，当公因子特征值大于 1 时，保留该公因子。

计算累积方差百分比（贡献检验），以检验最终留下的公因子结果在解释输入变量之间的相关性时是否合理。累积方差百分比计算公式为

$$P=\frac{1}{n}\sum_{i=1}^{m}\alpha_i \tag{5-5}$$

在因子分析中，因子按照其所解释的方差顺序排列，保留更多的因子可以获得更高的累积百分比，并采用不同数量的值作为评判标准。在本书中，由于原始变量数目较多，需要最终留下的公因子数较少，即降维要求较高，故本书采用 $P>50\%$ [186, 187]作为判别标准来判断公因子的合理性。

5.1.2 危险驾驶行为特征因子提取

1. 变量筛选及转化

基于知识图谱对操作类驾驶行为指标进行转化，构建危险驾驶行为识别变量。本书涉及的驾驶行为指标包括速度（SP）、横向加速度（LO-ACC）、纵向加速度（LA-ACC）、x 轴巡航加速度（X-RACC）、y 轴巡航加速度（Y-RACC）、z 轴巡航加速度（Z-RACC）、横向偏移（LP）、方向盘转角（SA）以及 TTC。本书仍采用第 4 章标记的危险驾驶行为出行数据记录作为研究对象，截取了该行为前 10 s 作为知识图谱数据集，并生成各自参数的图谱结构数据，即每个指标均包含发生频率及持续时间长度。最终通过计算，本书共获得 18 个危险驾驶行为图谱指标，分别为异常速度频次与持续时间（F_{SP}、L_{SP}）、异常横向加速度频次与持续时间（F_{LO}、L_{LO}）、异常纵向加速度频次与持续时间（F_{LA}、L_{LA}）、异常 x 轴巡航加速度频次与持续时间（F_{XY}、L_{XY}）、异常 y 轴巡航加速度频次与持续时间（F_{YY}、L_{YY}）、异常 z 轴巡航加速度频次与持续时间（F_{ZY}、L_{ZY}）、异常横向偏移频次与持续时间（F_{LP}、L_{LP}）、异常方向盘转角频次与持续时间（F_{SA}、L_{SA}）以及异常 TTC 频次与持续时间（F_{TT}、L_{TT}）。

2. 指标修正

在第 4 章常规驾驶知识图谱中，仅采用均值、标准差等较为保守的阈值对异常驾驶行为状态进行判别，而危险驾驶行为识别需要更精确的方法。因此，为了获取准确的危险驾驶行为致因因子，对数据分布深入分析，通过数据分布拟合发现，在不同速度区间，加速度的分布并不均衡，在高速行驶过程中加速度变化较小，如果采用相同的阈值对各速度区间内的加速度进行判别，容易造成判别误差。故本书在对异常加速度判别过程中，采用不同速度区间进行加速度分布预测，从而拟合出速度-加速度判别曲线用于本书的加速度异常指

标筛选。图 5-1 所示基于原始驾驶行为数据库中速度与加速度数据，并根据数据分布范围设计各速度区间的分布阈值。（对于纵向驾驶行为，危险多发生于减速时刻，故而只对下侧异常操作进行判别）。

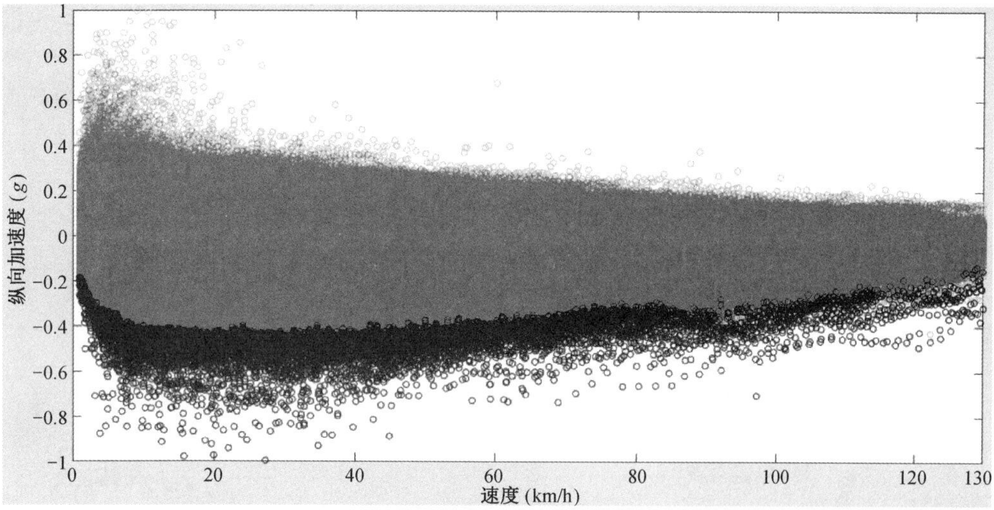

(a) 纵向加速度分布

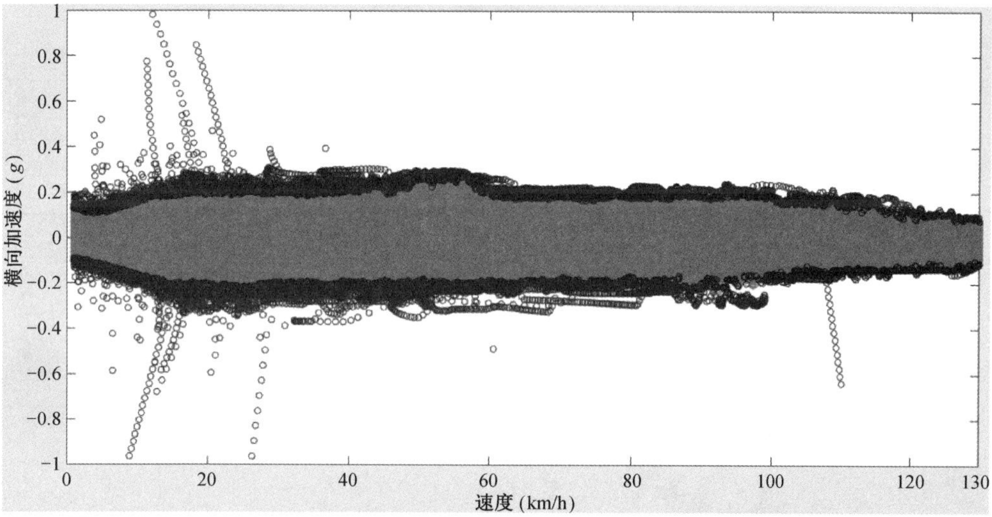

(b) 横向加速度分布

注：深色标记为筛选所得的异常驾驶行为数据，浅色为正常驾驶行为数据

图 5-1　加速度分布

为了对异常驾驶行为进行筛选，需要根据异常加速度边界进行拟合，并将该拟合曲线作为异常加速度判别阈值。图 5-2 对纵向加速度及横向加速度异常数据边界进行拟合，三条拟合曲线均具备较高的拟合度（R^2 分别为 0.81、0.82、0.86），当横向及纵向加速度数据超过该曲线时，将被标记为异常驾驶行为操作。其他非加速度类指标则仍旧采用数据分布准则进行判断，并最终构建面向危险驾驶行为识别的模型。

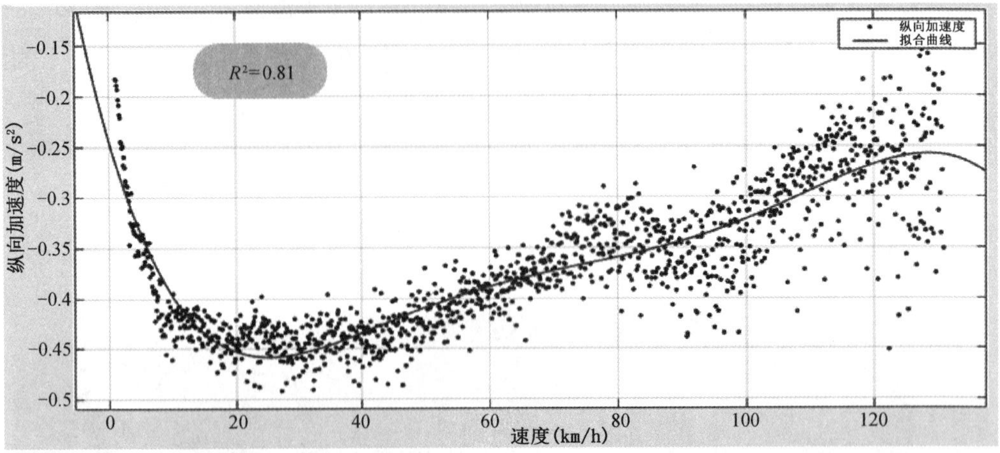

(a) 纵向加速度拟合曲线

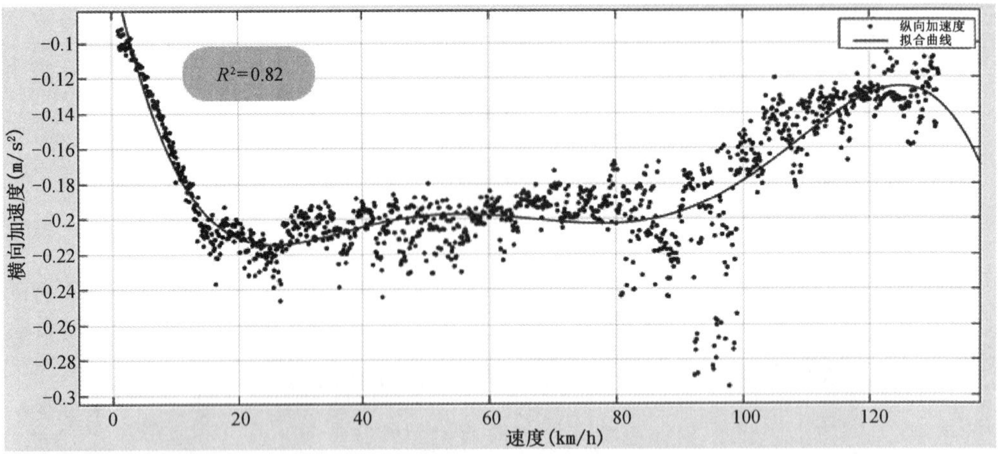

(b) 横向加速度拟合曲线(左侧)

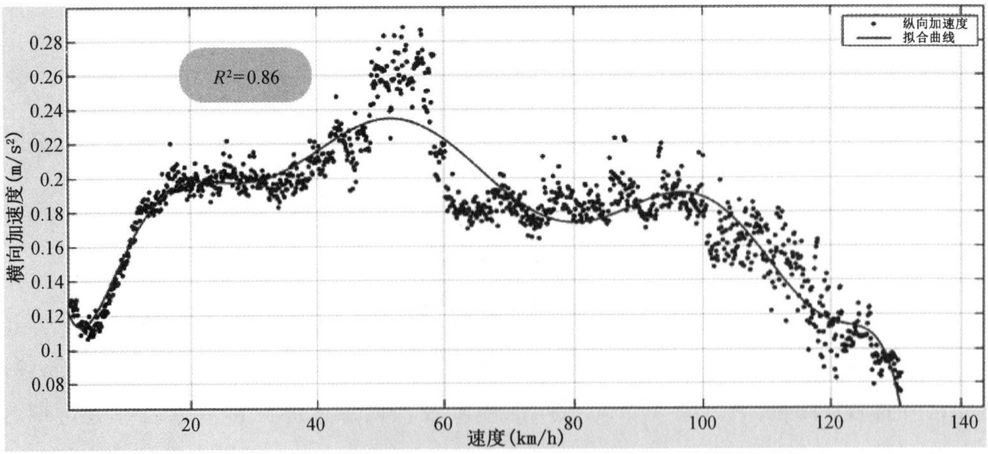

(c) 横向加速度拟合曲线(右侧)

图 5-2 异常加速度拟合曲线

表 5-1　危险驾驶行为识别指标相关性

	F_{SP}	F_{LO}	F_{LA}	F_{XY}	F_{YY}	F_{ZY}	F_{LP}	F_{SA}	F_{TT}	L_{SP}	L_{LO}	L_{LA}	L_{XY}	L_{YY}	L_{ZY}	L_{LP}	L_{SA}	L_{TT}
F_{SP}	1.00	−0.36	0.48	−0.44	0.39	0.31	0.52	0.51	0.72	0.85	−0.41	0.52	−0.39	0.42	0.37	0.59	0.51	0.78
F_{LO}	−0.36	1.00	−0.36	0.52	−0.39	−0.51	−0.36	−0.59	−0.77	−0.64	0.84	−0.39	0.57	−0.42	−0.52	−0.33	−0.47	−0.65
F_{LA}	0.48	−0.36	1.00	−0.62	0.74	0.35	0.69	0.74	0.45	−0.43	−0.36	0.79	−0.69	0.77	0.31	0.77	0.79	0.52
F_{XY}	−0.44	0.52	−0.62	1.00	−0.38	0.32	0.66	0.78	0.61	−0.36	0.41	0.77	0.84	−0.32	0.36	0.69	0.71	0.62
F_{YY}	0.39	−0.39	0.74	−0.38	1.00	0.36	0.69	0.71	0.51	−0.36	−0.43	0.71	−0.44	0.82	0.35	0.77	0.81	0.63
F_{ZY}	0.31	−0.51	0.35	0.32	0.36	1.00	0.36	0.41	0.39	0.39	−0.55	0.52	0.66	0.33	0.78	0.36	0.41	0.39
F_{LP}	0.52	−0.36	0.69	0.66	0.69	0.36	1.00	0.88	0.45	0.51	−0.66	0.75	−0.34	0.63	0.35	0.91	0.82	0.43
F_{SA}	0.51	−0.59	0.74	0.78	0.71	0.41	0.88	1.00	0.36	0.53	−0.42	−0.35	−0.36	0.62	0.37	0.67	0.88	0.55
F_{TT}	0.72	−0.77	0.45	0.61	0.51	0.39	0.45	0.36	1.00	0.79	−0.63	0.72	0.63	0.54	0.62	0.51	0.77	0.79
L_{SP}	0.85	−0.64	−0.43	−0.36	−0.36	0.39	0.51	0.63	0.79	1.00	−0.35	0.49	−0.42	0.42	0.33	0.51	0.55	0.77
L_{LO}	−0.41	0.84	−0.36	0.41	−0.43	−0.55	−0.66	−0.42	−0.63	−0.35	1.00	−0.33	0.51	0.33	−0.62	−0.31	−0.33	−0.69
L_{LA}	0.52	−0.39	0.79	0.77	0.71	0.52	0.75	−0.35	0.72	0.49	−0.33	1.00	−0.66	0.81	0.33	0.72	0.77	0.32
L_{XY}	−0.39	0.57	−0.69	0.84	−0.44	0.66	−0.34	−0.36	0.63	−0.42	0.51	−0.66	1.00	−0.33	0.33	0.69	0.79	0.67
L_{YY}	0.42	−0.42	0.77	−0.32	0.82	0.33	0.63	0.62	0.54	0.42	0.33	0.81	−0.33	1.00	0.39	0.64	0.62	0.55
L_{ZY}	0.37	−0.52	0.31	0.36	0.35	0.78	0.35	0.37	0.62	0.33	−0.62	0.33	0.33	0.39	1.00	0.31	0.41	0.39
L_{LP}	0.59	−0.33	0.77	0.69	0.77	0.36	0.91	0.67	0.51	0.51	−0.31	0.72	0.69	0.64	0.31	1.00	0.87	0.48
L_{SA}	0.51	−0.47	0.79	0.71	0.81	0.41	0.82	0.88	0.77	0.55	−0.33	0.77	0.79	0.62	0.41	0.87	1.00	0.36
L_{TT}	0.78	−0.65	0.52	0.62	0.63	0.39	0.43	0.55	0.79	0.77	−0.69	0.32	0.67	0.55	0.39	0.48	0.36	1.00

3. 危险驾驶行为公因子拟合

验证各指标是否符合使用因子分析方法的要求，对其进行 KMO 检验和 Bartlett 球形检验，检验结果表明 KMO=0.56，$P=0.00$，另外对各指标进行相关性分析(表 5-1)，各指标相关性均大于 0.3。综上，本书指标适用因子分析方法。

本书采用贡献度确定公因子数，根据特征值准则对贡献度进行计算，结果表明公因子 1(Q_1) 和公因子 2(Q_2) 的总贡献为 72.73%(>50%)。其中，公因子 1 贡献度为 37.21%，公因子 2 贡献度为 35.42%。因此，本书采用双因子对危险驾驶行为指标进行降维。各指标对于各公因子的权重系数如表 5-2 所示。根据系数结果获得公因子计算公式，为了降低模型计算的冗余度，本书仅保留了系数绝对值大于 0.1 的指标进行公因子计算。各公因子的计算公式为

$$Q_1 = -0.545F_{SP} + 0.322F_{LO} + 0.412F_{LP} + 0.697F_{TT} - 0.645L_{SP} + 0.412L_{LO} + 0.512L_{LP} + 0.779L_{TT} \tag{5-6}$$

$$Q_2 = 0.134F_{LO} + 0.222F_{LA} - 0.654F_{LP} + 0.443F_{SA} + 0.483L_{TT} + 0.248L_{LA} \tag{5-7}$$

表 5-2　公因子指标权重

指标	公因子 1(Q_1)	公因子 2(Q_2)
F_{SP}	−0.545	0.095
F_{LO}	0.322	0.134
F_{LA}	0.055	0.222
F_{XY}	0.049	0.003
F_{YY}	0.067	0.002
F_{ZY}	0.089	0.003
F_{LP}	0.412	−0.654
F_{SA}	0.035	0.443
F_{TT}	0.697	0.483
L_{SP}	−0.645	0.036
L_{LO}	0.412	0.012
L_{LA}	0.025	0.248
L_{XY}	0.011	0.015
L_{YY}	0.036	0.066
L_{ZY}	0.028	0.005
L_{LP}	0.512	0.025
L_{SA}	0.069	0.069
L_{TT}	0.779	0.004

为了验证因子分析模型的有效性，本书采用上文标记的危险驾驶行为标签，基于逻辑回归模型，以不同降维模型（FA、PCA、LDA、LLE、LE、t-SNE 和 PHATE）的输出构建危险驾驶行为（各模型调用算法来源及链接见表 5-3），采用 AIC 对模型效果进行了对比，结果如图 5-3 所示。图 5-3 表明降维可以有效提升模型精度，同时，因子分析方法在危险驾驶行为指标降维中表现最好，故本书选取该模型对指标进行降维。

表 5-3　模型来源及算法

模型	引用	编程语言
FA	Chatfield 等[180]	R
PCA	Chatfield 等[180]	Python
LDA	Anowar 等[179]	Python
LLE	Roweis 等[182]	MATLAB
LE	Anowar 等[179]	Python
t-SNE	Van der Maaten 等[183]	Python
PHATE	Moon 等[184]	Python

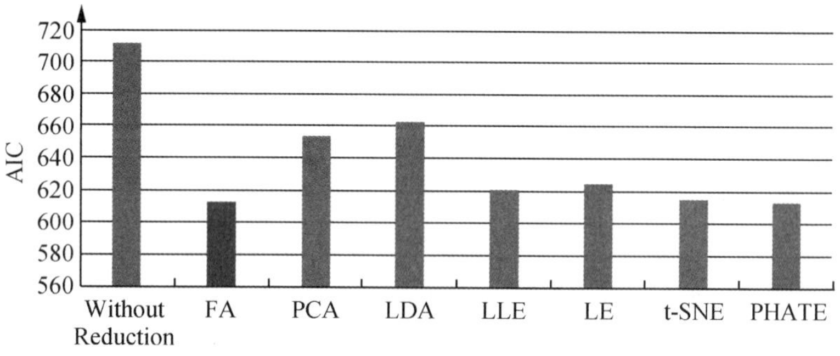

图 5-3　各降维模型效果对比

5.1.3　基于聚类的危险驾驶行为识别模型

本节结合层次聚类算法及高斯混合聚类模型（GMM，Gaussion Mixture Clustering Model）对替代性指标进行聚类，通过类别定义构建危险驾驶行为识别模型。该模型不仅解决了多指标导致的模型拟合效果不佳问题，还解决了原始聚类的先决模型需要提前定义层数的缺点，识别方法为后文的危险驾驶行为预测提供了指标依据。

1. 层次聚类算法

层次聚类算法是构建树状聚类结构的数据挖掘方法，该方法通过构建聚类的层次结构

(聚类树)对数据进行分类，并进行可视化展示。在层次聚类结构中，随着数据不断迭代聚合，较低级别的集群会合并到较高级别的集群中。层次聚类有两种算法：凝聚法和分裂法。完成公因子的提取后，两个公因子均由类似的驾驶行为指标进行表征，故二者之间本身具备相关性，因此本书采用凝聚法进行层次聚类。凝聚法是最常见的层次聚类算法，其根据对象的相似性对对象进行分组，将每个观察值设置为一个集群，在每一层中，将相似度高的簇合并为一层簇(标定为上层簇)，通过不断迭代形成稳定的簇层次结构，该方法包括三个步骤：双要素距离测算、结构要素距离测算和层次结构构建。

1）双要素距离测算

双要素距离测算过程中常采用欧几里得距离对不同点之间的距离进行测算，欧几里得距离用于表示数据观测值之间的相似性。例如，对于两个数据观测值 $X(x_1, x_2)$ 和 $Y(y_1, y_2)$ 的欧几里得距离可以计算为

$$D=\sqrt{(x_1-y_1)^2+(x_2-y_2)^2} \tag{5-8}$$

本书采用式(5-8)计算层次聚类模型两个要素之间距离，对 5.1.2 小节所提取的危险驾驶行为公因子之间的距离进行测算。

2）结构要素距离测算

在此步骤中，根据双要素组群之间的距离对组进行链接，从而链接非常接近的对象组(使用欧几里得距离公式)。此步骤通常使用三种算法：单联动、完全联动和平均联动。本书使用平均联动算法计算双要素组之间的距离。将双要素组设定为最底层(原始观测点)，通过各要素组与其他观测点之间的欧几里得距离确定接近度，并合并最近的要素组成为上层簇。对于上层簇，平均联动算法将一个簇群中的每个点到另一个簇群中的每个点的平均距离作为衡量簇群之间的接近度。根据簇之间的接近程度，识别对象在向上移动到层次结构时，被配对成二元簇，即在其升至层次结构的最低级别时合并。这个过程一直持续到获得一个唯一的簇，由此形成层次树。

3）层次结构构建

层次聚类法最后一步为确定识别对象簇群的数量(即层次结构构建)，常使用的方法是通过已选定的精度(树的高度)切割层次树来确定簇的数量。同一切割下的对象被视为一个集群，如图 5-4 所示。切割位置取决于聚类问题的需要及聚类数量的合理性。尽管在确定切割时相对主观，但层次聚类仍提供了面向聚类树和切割选择的指导方法，以获取清晰的层次关系。本书为了使确定聚类数量的过程更加客观，采用每个聚类组中数据的概率分布作为聚类数的参考依据，当每个聚类中数据的分布概率都在 0.8 以上时，可以认为具有给定数量聚类的模型可以实现良好的拟合[图 5-4(b)]，可以观察到所有数据都呈现高度集中分布。故本书采用 0.8 的概率分布作为验证和确定使用层次聚类数的阈值。

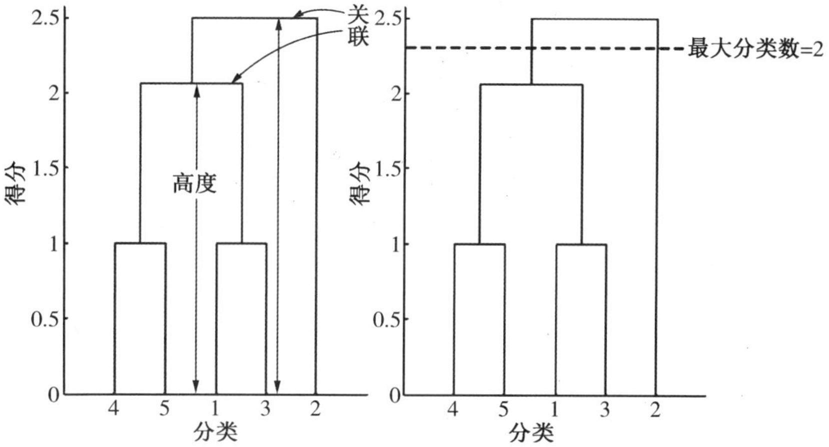

(a) 层次聚类簇结构分布

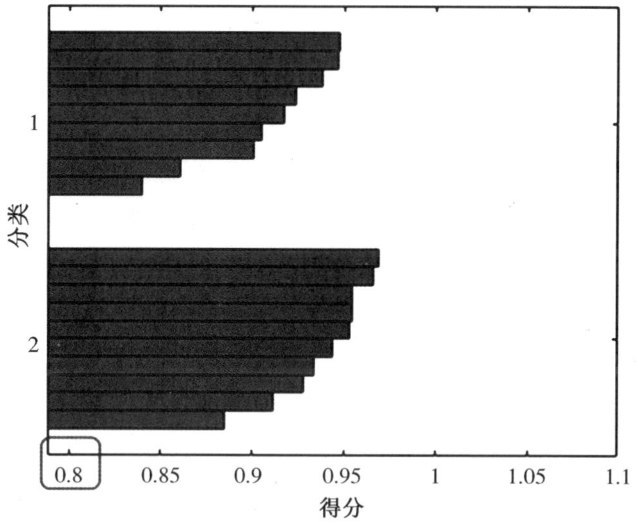

(b) 聚类数据分布概率

图 5-4　层次聚类结果

2. 高斯混合聚类模型

确定簇的数量后，本书采用高斯混合聚类模型对危险驾驶行为公因子进行聚类，并根据结果解析危险驾驶行为分类特征。采用对角协方差矩阵和高斯分量之间的独立参数构建高斯混合模型结构，以层次分析算法结果估计混合分量的数量 k 与聚类的数量。在算法中，具有 k 个分量的高斯混合聚类模型可以表示为

$$p(\boldsymbol{x} \mid \boldsymbol{\beta}) = \sum_{i=1}^{k} w_i g(\boldsymbol{x} \mid \boldsymbol{\mu}_i, \boldsymbol{\Sigma} i) \tag{5-9}$$

$$\boldsymbol{\beta} = (\boldsymbol{w}_i, \boldsymbol{\mu}_i, \boldsymbol{\Sigma} i) \tag{5-10}$$

$$g(\boldsymbol{x} \mid \boldsymbol{\mu}_i, \boldsymbol{\Sigma} i)=\frac{1}{\sqrt{2\pi^{M} \mid \boldsymbol{\Sigma} i \mid}} \mathrm{e}^{-\frac{1}{2}(\boldsymbol{x}-\boldsymbol{\mu}_i)/\sum_i^{-1} \boldsymbol{x}-\boldsymbol{\mu}_i} \tag{5-11}$$

式中，$\boldsymbol{x}$ 是 m 维向量的集合；$\boldsymbol{\beta}$ 是高斯混合模型参数；k 是高斯混合模型中的分类数；$\boldsymbol{w}_i(i=1, \cdots, k)$ 是满足约束条件 $\sum_{i=1}^{k} \boldsymbol{w}_i=1$ 的协方差矩阵；$\boldsymbol{\mu}_i$ 是均值向量；$\boldsymbol{\Sigma} i$ 是高斯混合模型的协方差矩阵；$g(\boldsymbol{x} \mid \boldsymbol{\mu}_i, \boldsymbol{\Sigma} i)$ 是分量的高斯密度，每个分量的密度是符合均值向量 $\boldsymbol{\mu}_i$ 和协方差矩阵 $\boldsymbol{\Sigma} i$ 的 m 维高斯密度函数，它描述了属于一个簇的向量的概率密度。

高斯混合聚类模型的参数 $\boldsymbol{\beta}$ 是使用期望最大化(EM)算法获得的。该算法从初始模型开始，通过不断迭代，以最大期望为目标创建新模型。重复该过程，直到期望改进不再显著则停止训练。本书使用 1×10^{-6} 作为目标函数值的终止容差(ε)，当误差小于该值时，停止模型训练。一般情况下，高斯混合聚类模型将会同时测试几个不同的聚类值，并根据 AIC 选择最佳分类值，进而确认分类中心及间距。本书同样根据该准则最终确认聚类数，并据此确定聚类中心和聚类范围，根据聚类结果对危险驾驶行为进行识别及定义。

3. 危险驾驶行为聚类

基于带标签的危险驾驶行为识别数据库，根据层次聚类算法，构建危险驾驶行为聚类树，如图 5-5(a)所示。以高度 20 为阈值，获得危险驾驶行为的层次聚类树，并从树状结构中产生 4 个聚类样本。对 4 个聚类样本的分布概率进行检测，如图 5-5(b)所示。四个聚类组群中，组 1 和组 2 中数据的最大概率均小于 0.9。为了提升组群的分布概率，本书以聚类数=3 作为聚类数进行测试[图 5-5(c)]，样本显示出更合理的分布概率，且 3 个组的分布概率均在 0.8 以上。因此，本书基于层次聚类算法将输入聚类数定为 3，并输入高斯混合聚类模型中。

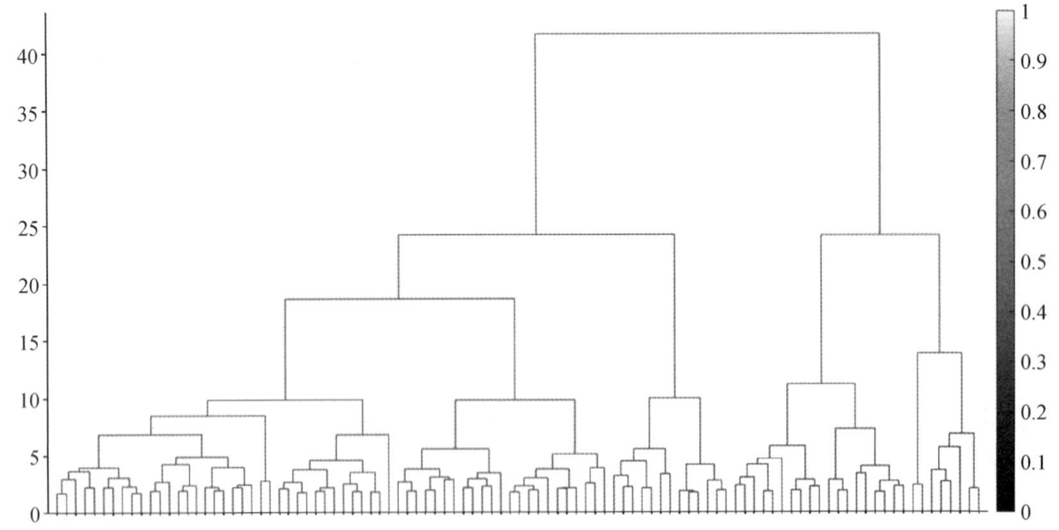

(a) 层次聚类树示意

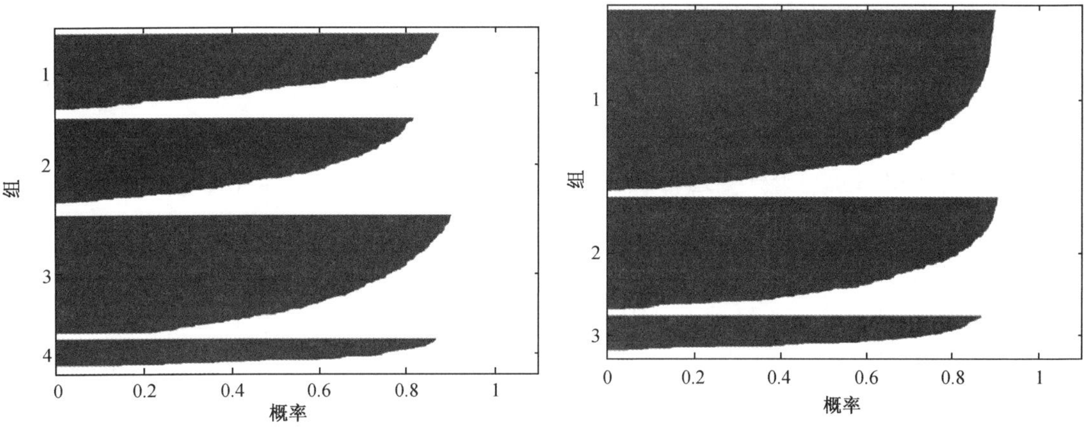

(b) 4 组聚类分布概率　　　　(c) 3 组聚类分布概率

图 5-5　层次聚类结果

本书以聚类数等于 3 和 4，进一步验证不同聚类数的模型效果。根据 AIC 测试，结果显示使用 4 个集群和 3 个集群的类似拟合度分别为 613.04 和 613.03，二者并没有本质区别，故而以 3 作为本书的聚类数对模型进行构建，即基于高斯混合聚类模型获得三类驾驶行为类别(图 5-6)。第一类是谨慎驾驶行为，以(3.88，7.32)为中心，具有更加谨慎和安全的驾驶习惯；第二类是以(6.18，26.16)为中心的常规驾驶行为，该类型具备较多的数据点；第三类是以(9.38，56.48)为中心的危险驾驶行为，具有较高的风险概率，该类型即本书所识别的危险驾驶行为，在日常防控中需要对其严格控制。根据聚类算法所得的聚类中心和范围，对原始数据的 8 000 条出行记录进行计算，结果表明，在所有的行程中，3 178 条是谨慎驾驶(第一类)，4 299 条是正常驾驶(第二类)，所有行程中有 523 条是危险驾驶(第三类)。因此，8 000 条疑似危险驾驶行为中，6.54%的行程片段被识别为危险驾驶行为。

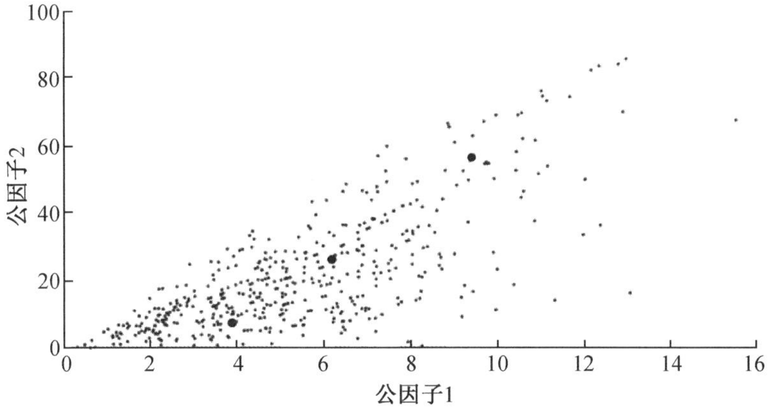

图 5-6　危险驾驶行为识别聚类结果

5.1.4 危险驾驶行为识别有效性验证

为了验证聚类结果，本书从标记的危险驾驶行为数据库中选取 500 条危险驾驶行为的 10 s记录，同时从原始数据集中(谨慎和常规)各随机选择 500 个样本，对共 1 500 个样本进行验证。研究对该 1 500 个样本进行视频标记，针对跟驰过近(R_{LGA})、紧急换道(R_{LTA})、超速($R_{speeding}$)和 TTC<1 s(R_{TTC}) 几个指标的发生次数进行对比，并采用描述性统计及显著性分析对各样本中的指标进行检验。其中，对显著性检验采用 Z 检验以检查不同聚类中观测值之间的均值差异。表 5-4 显示了不同行为变量聚类的不同组之间的比较结果，表 5-5 展示了显著性分析的结果。从结果来看，危险驾驶行为组各指标均值均大于其他两组，且具有显著性差异，表明本书提出的模型可成功识别出危险驾驶行为。

表 5-4 危险驾驶行为次数均值及标准差对比

危险驾驶行为	危险驾驶行为组		常规驾驶行为组		谨慎驾驶行为组	
	Mean	SD	Mean	SD	Mean	SD
R_{LGA}	3.49	3.82	2.78	1.82	0.54	1.89
R_{LTA}	4.27	3.49	3.31	1.05	0.01	0.08
$R_{speeding}$	1.36	1.08	0.45	0.75	0.00	0.42
R_{TTC}	94.85	3.71	40.42	0.36	13.65	0.00

表 5-5 各指标显著性对比

危险驾驶行为		危险驾驶	常规驾驶	谨慎驾驶
R_{LGA}	危险驾驶	—	**	**
	常规驾驶	**	—	ns
	谨慎驾驶	**	ns	—
R_{LTA}	危险驾驶	—	*	*
	常规驾驶	*	—	*
	谨慎驾驶	*	*	—
$R_{speeding}$	危险驾驶	—	*	*
	常规驾驶	*	—	—
	谨慎驾驶	*	ns	—
R_{TTC}	危险驾驶	—	**	**
	常规驾驶	**	—	**
	谨慎驾驶	—	**	**

注：ns 表示不呈显著性；* 表示在 0.05 水平下呈显著性；** 表示在 0.01 水平下呈显著性。

为了验证本书提出的模型各部分的有效性，进一步评估层次聚类模型及高斯混合聚类模型的性能，本书将“HC(层次聚类)＋GMM(高斯混合模型)”与 GMM、HC、K-Means(K

均值聚类)、DBSCAN(基于密度的聚类)和 Mean-shift(均值漂移)聚类算法进行了比较。图 5-7 为不同算法之间的比较结果。结果表明,降维可以提高模型性能(降低 AIC)。与其他方法相比,HC+GMM 和 GMM 在危险驾驶行为聚类方面表现更好。虽然 HC+GMM 和 GMM 的 AIC 相同,但在计算中,GMM 需要重复输入 5 次验证(输入簇数从 2 到 6)才能找到最佳簇数,而 HC+HMM 只需要 1 次。同时,HC+HMM 模型计算时间为 0.23 s,而 GMM 模型计算需要 2.45 s,表明 HC 可以通过防止重复输入来提高计算效率。综上,本书提出的基于因子分析法、层次聚类算法及高斯混合聚类模型的危险驾驶行为识别算法能有效完成危险驾驶行为的识别。

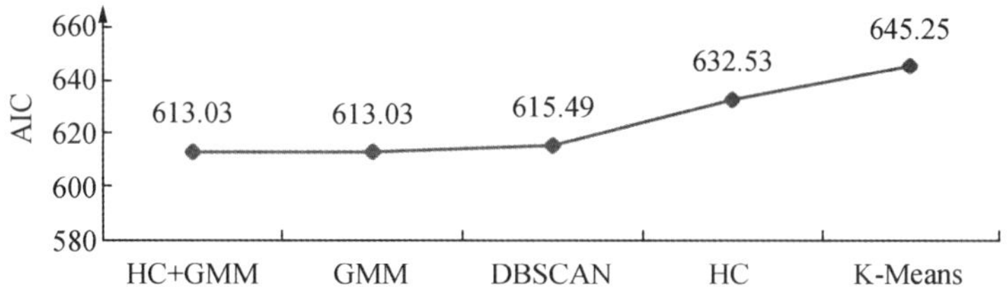

图 5-7　各聚类模型效果对比

进一步对比本书所提出的危险驾驶行为识别模型计算的聚类结果在预测危险驾驶行为方面与常用指标(TTC 和加速度的组合)的预测效果。本书采用逻辑回归模型验证模型准确率,图 5-8 表明基于本书所提出的聚类结果的模型准确率(87%)高于现有用于识别危险驾驶行为的指标,该结果表明本书提出的危险驾驶行为识别模型能成功识别出更多的危险驾驶行为。

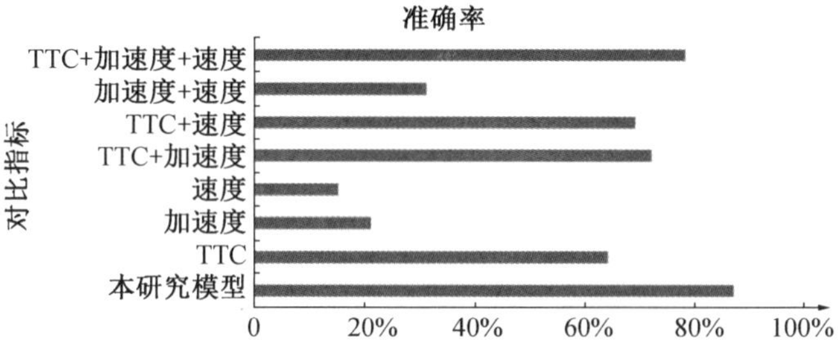

图 5-8　基于不同指标的输入模型效果对比

5.2　危险跟驰行为识别与判定

5.2.1　基于上海自然驾驶实验数据库的高快速路跟驰事件提取

本书从上海自然驾驶实验数据中提取高快速路驾驶人跟驰事件,作为危险跟驰行为研究的基础数据。车辆的每次点火到熄火为 1 条记录,该自然驾驶实验数据库中共有驾驶人日常出行 18 242 条记录，其中包括加油、洗车、维修等多种与本书无关的短距离出行片段。同时，记录的出行片段所涉及的道路类型也多种多样，包括高速公路、城市快速路及城市地面道路等。为获取高快速路上驾驶人跟驰事件相关数据，本书采取了以下处理步骤。

(1) 删除无效或短时出行记录。考虑到高快速路出入口匝道的间距及车辆运行速度，首先将出行时长小于 6 min 的记录删除，累计删除出行记录 10 073 条，剩余出行记录 8 169 条，筛分率 44.78%。

(2) 数据清洗。针对不同类型的数据采用不同的数据清理方法进行缺失值及异常值处理，见表 5-6。异常值处理方法采用 3σ 原则，缺失值处理采用 5 点移动平均算法对剔除的异常值进行插补平滑。

表 5-6　上海自然驾驶数据库中各类型数据处理方法

数据类型	数据字段	处理方法
时间数据	年、月、日、时间	年月日按临近插补，时间线性插补
车辆运行数据	车速、三轴加速度、车道偏移	线性插值、剔除异常、平滑处理
	经纬度信息	线性插值
周围车辆数据	相对速度、相对位置	线性插值、剔除异常、平滑处理

(3) 剔除非高快速路数据。基于上海市 ArcGIS 城市路网数据，提取高速公路及城市快速路道路节点坐标，基于自然驾驶车辆实时位置信息，采用点到点的地图匹配算法，剔除非高快速路出行记录，累计删除出行记录 6 814 条，剩余出行记录 1 353 条，筛分率 7.4%。图 5-9 所示为某次出行的地图匹配效果，图中异常点由地下道路卫星定位信号漂移所致。

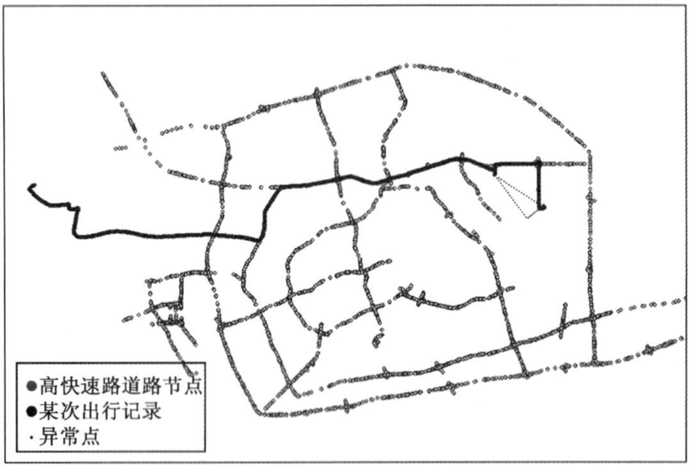

图 5-9　某次出行记录地图匹配示意

(4) 人工视频核验。考虑到存在城市道路中地面道路和城市快速路上下叠置现象，仅采用定位数据很难对其进行区分，故本书采取人工核查方法对 1 353 条出行记录进行视频核验，标定城市快速路出行时间区段。此外，核验过程中提取驾驶人信息(性别、驾驶人编号)及交通环境(天气、光照条件)等相关信息,经人工核验剔除非城市快速路出行记录 156 条,剩余出行记录 1 197 条,筛分率 6.6%。图 5-10 所示为人工视频校核过程中提取的部分驾驶人图像信息。

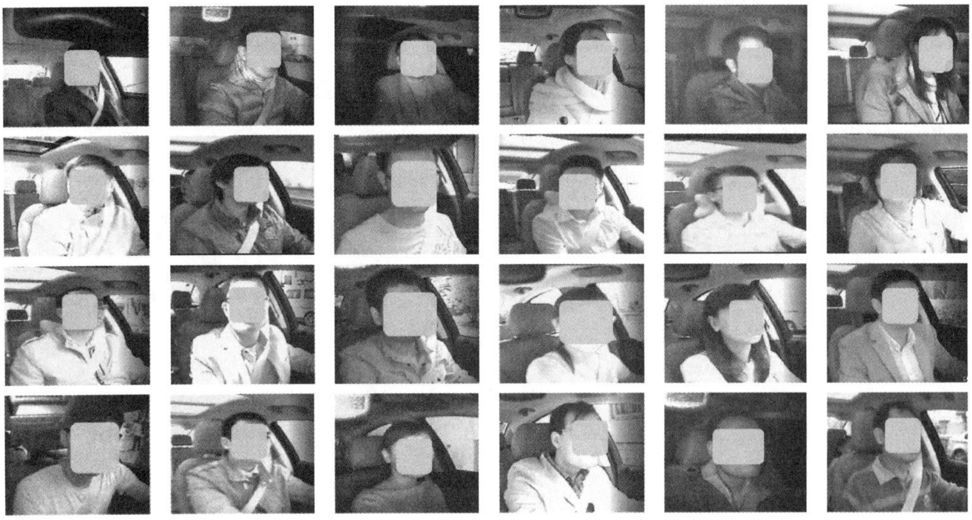

图 5-10　人工视频校核过程中提取的部分驾驶人图像信息

(5) 基于以往研究[188]中的跟驰行为判别标准提取驾驶人跟驰事件,判别标准如下所述。

① 雷达目标前车编号保持不变:确保自然驾驶车辆跟随同一前车;

② 自然驾驶车辆与前车纵向间距为 7～120 m:剔除严重拥堵及无跟驰状态的自由流交通场景;

③ 自然驾驶车辆与前车横向间距小于 2 m:保证自然驾驶车辆与其跟驰的前车在一条车道上;

④ 跟驰片段时长大于 15 s:保证自然驾驶车辆处于较为稳定的跟驰行车状态。

此外,为避免提取的跟驰片段中混入部分换道片段,本书对以换道行为结束跟驰状态的片段进一步处理,即剔除自跟驰车辆横向位移开始发生连续变化时刻至其车道编号发生变化时刻的跟驰数据。

经过上述五个数据处理及提取步骤,本书共提取了 16 905 个高快速路驾驶人跟驰事件,总计时长达 135 h,涉及交通出行 1 197 条记录。图 5-11 所示为提取的高快速路驾驶人跟驰事件持续时长频数分布直方图。

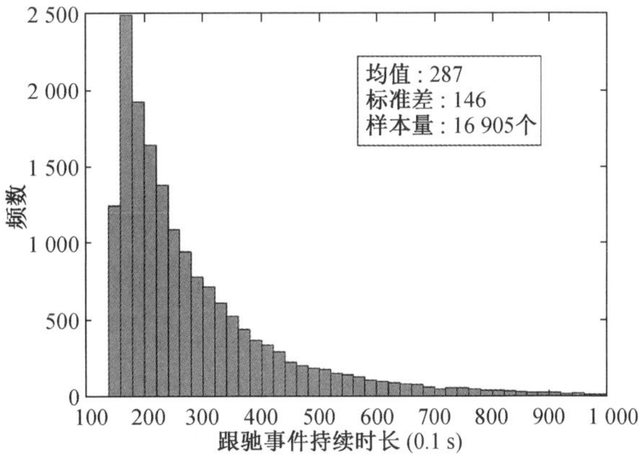

图 5-11　高快速路驾驶人跟驰事件持续时长频数分布直方图

5.2.2 基于蒙特卡洛仿真算法的跟驰行为安全风险量化指标

1. 追尾碰撞机理解析

跟驰行车过程中,驾驶人会根据前车运动状态的动态变化及时调整自身车速,从而保证与前车的安全间隔。车速调整及安全间隔保持的过程受驾驶人的反应特性及加减速操作特性等因素影响。然而,以往多数研究中提出的追尾碰撞风险量化指标,如 TTC 等,通常采用恒定速度假设,且未考虑时间维度层面的车辆交互特性,存在一定局限。本书提出的追尾碰撞过程假定跟驰车辆对前车存在减速扰动情况,后车经过一段反应时间后,采取相应的刹车规避操作,随后,通过可能出现的碰撞概率及碰撞严重程度来量化追尾碰撞后果。追尾碰撞机理如图 5-12 所示。

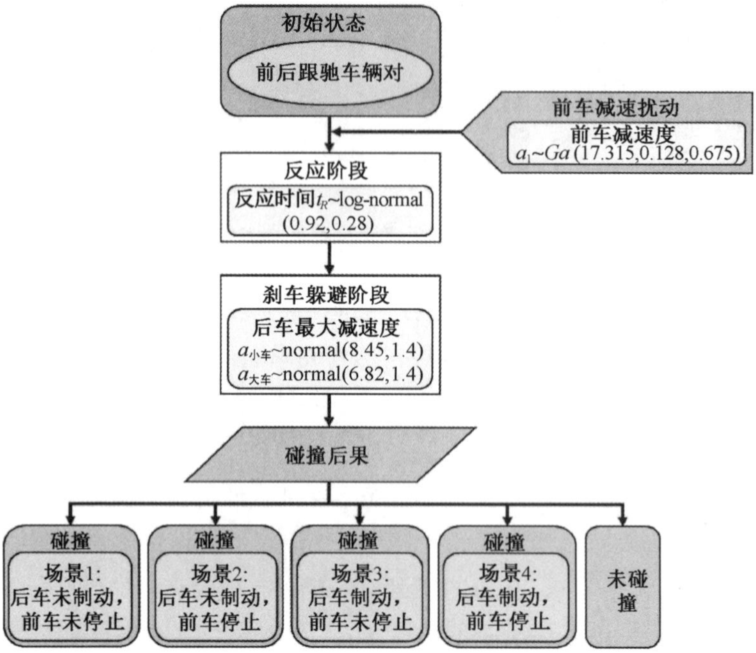

图 5-12 追尾碰撞机理示意

根据以往研究成果,前车的减速扰动服从形状参数为 17.315 m/s^2 和 0.128 m/s^2、偏移值为 0.657 m/s^2 的伽马分布,其均值和 95 分位值分别为 1.5 m/s^2 和 2.5 m/s^2[189]。驾驶人反应时间服从均值为 0.92 s、标准差为 0.28 s 的对数正态分布[190]。根据后车类型的差异,最大减速度服从不同的正态分布。其中,小车最大减速度服从均值为 8.45 m/s^2、方差为 1.4 m/s^2 的正态分布[191];大车最大减速度服从均值为 6.82 m/s^2、方差为 1.4 m/s^2 的正态分布[192]。产生的后果分为碰撞和未碰撞。

2. 跟驰行为风险量化指标

追尾碰撞风险由追尾事故发生的可能性及事故的后果两个方面综合确定。本书从追尾碰撞机理出发，综合追尾事故发生概率及严重程度进行跟驰行为风险量化。根据追尾碰撞过程中前后车的速度及位置变化，将可能发生的追尾碰撞场景分为四种[193]，如图 5-13 所示。

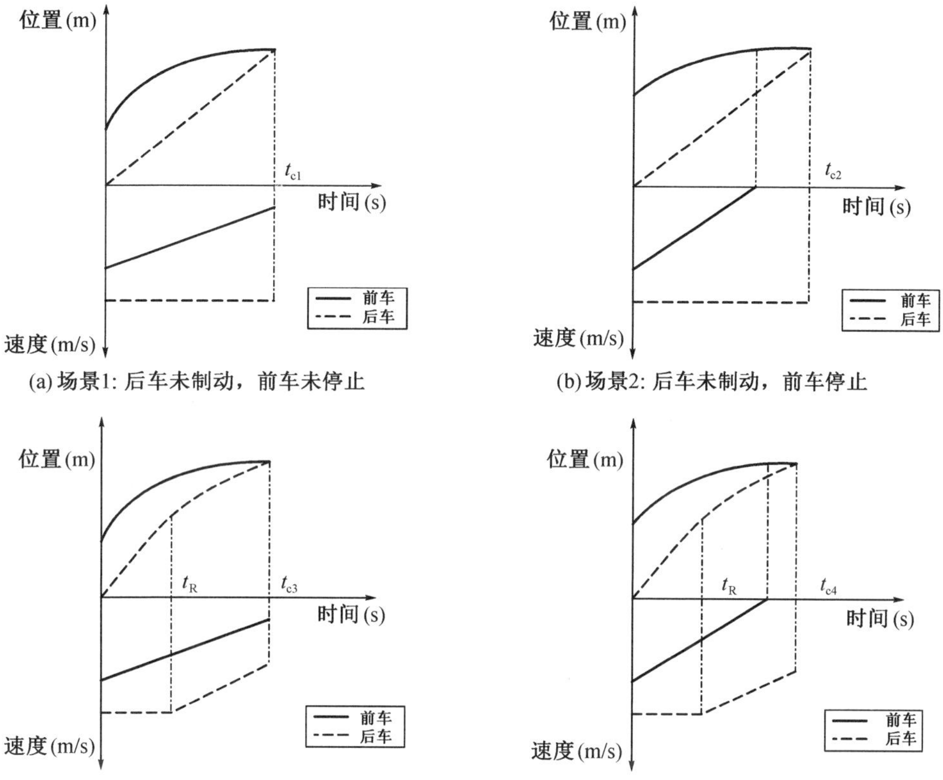

(a) 场景1: 后车未制动，前车未停止　(b) 场景2: 后车未制动，前车停止

(c) 场景3: 后车制动，前车未停止　(d) 场景4: 后车制动，前车停止

图 5-13　四种追尾碰撞场景描述

注：t_R—驾驶人反应时间；t_{c1}～t_{c4}—碰撞时间。

为了简化追尾碰撞过程，本书提出了两个假设条件：①后车刹车过程中采用恒定的减速度；②后车仅采用刹车操作而未采用转向等其他避撞操作。因此，整个过程中前车的刹车距离可以表示为

$$s_1 = v_1 t_c - \frac{1}{2} a_1 t_c^2 \tag{5-12}$$

式中，s_1 为前车的刹车距离(m)；v_1 为前车开始制动前的车速(m/s)；t_c 是碰撞时间(s)；a_1 是前车的制动减速度(m/s^2)。

当 $t_c \geqslant v_1/a_1$ 时，前车完全停止，此时前车的刹车距离为

$$s_1 = \frac{v_1^2}{2a_1} \tag{5-13}$$

整个冲突过程中，后车在反应时间 t_R 内保持恒定速度 v_f，随后其采取恒定的减速度 a_f 进行减速。当 $0 \leqslant t_c \leqslant t_R$ 时，后车的刹车距离 s_f 可以表示为

$$s_f = v_f t_c \tag{5-14}$$

当 $t_R \leqslant t_c \leqslant t_R + v_f/a_f$ 时，后车的刹车距离 s_f 可以表示为

$$s_f = v_f t_R + v_f(t_c - t_R) - \frac{1}{2}a_f(t_c - t_R)^2 \tag{5-15}$$

故，如果在后车完全停止之前，前后车距离为 0，说明追尾事故发生，即

$$s_l + l = s_f \tag{5-16}$$

式中，l 为前后车之间最初的纵向间距。

随后，假定车辆之间发生弹性碰撞，根据动量公式计算前后车发生碰撞后的车速，即

$$m_l v_{pre\_l} + m_f v_{pre\_f} = (m_l + m_f) v_c \tag{5-17}$$

式中，m_l 和 m_f 为前后车的质量；v_{pre_l} 和 v_{pre_f} 为碰撞发生时前后车的车速；v_c 为碰撞发生后两车的车速。

通过能量守恒计算两车发生碰撞后的能量损失

$$\Delta E = \frac{1}{2}m_l v_{pre\_l}^2 + \frac{1}{2}m_f v_{pre\_f}^2 - \frac{1}{2}(m_l + m_f)v_c^2 \tag{5-18}$$

进一步计算可得

$$\Delta E = \frac{m_l m_f}{2(m_l + m_f)}(v_{pre\_l} - v_{pre\_f})^2 \tag{5-19}$$

可以看出，碰撞过程的能量损失与碰撞前前后两车车速差的平方成正比。因此，本书采用前后车速差的平方(Square of the absolute speed difference，SASD)作为量化追尾碰撞风险严重程度的指标。后续按图 5-13 中的场景，分别对其碰撞的发生时间和碰撞严重程度进行计算。

(1) 场景 1

后车未制动，前车未停止，即 $0 \leqslant t_{c1} \leqslant t_R$ 且 $0 \leqslant t_{c1} \leqslant v_l/a_l$，当事故发生时需满足

$$v_l t_{c1} - \frac{1}{2}a_l t_{c1}^2 + l = v_f t_{c1} \tag{5-20}$$

此时

$$t_{c1} = \frac{(v_l - v_f) \pm \sqrt{(v_f - v_l)^2 + 2a_l l}}{a_l} \tag{5-21}$$

$$SASD_1 = ((v_l - a_l t_{c1}) - v_f)^2 \tag{5-22}$$

式中，t_{c1} 为场景 1 发生碰撞的时间，$SASD_1$ 为场景 1 发生碰撞的严重程度。

（2）场景 2

后车未制动，前车停止，即 $v_1/a_1 \leqslant t_{c2} \leqslant t_R$，当事故发生时需满足

$$\frac{v_1^2}{2a_1}+l=v_f t_{c2} \tag{5-23}$$

此时

$$t_{c2}=\frac{\dfrac{v_1^2}{2a_1}+l}{v_f} \tag{5-24}$$

$$SASD_2=v_f^2 \tag{5-25}$$

式中，t_{c2} 为场景 2 发生碰撞的时间，$SASD_2$ 为场景 2 发生碰撞的严重程度。

（3）场景 3

后车制动，前车未停止，即 $0 \leqslant t_{c3} \leqslant v_1/a_1$，且 $t_R \leqslant t_{c3} \leqslant t_R+v_f/a_f$，当事故发生时需满足

$$v_1 t_{c3}-\frac{1}{2}a_1 t_{c3}^2+l=v_f t_R+v_f(t_{c3}-t_R)-\frac{1}{2}a_f(t_{c3}-t_R)^2 \tag{5-26}$$

如果 $a_1 \neq a_f$，则

$$t_{c3}=\frac{(v_1-a_f t_R-v_f)\pm\sqrt{(a_f t_R+v_f-v_1)^2+2(a_1-a_f)\left(\dfrac{1}{2}a_f t_R^2+l\right)}}{a_1-a_f} \tag{5-27}$$

如果 $a_1=a_f$，则

$$t_{c3}=\frac{\dfrac{1}{2}a_f t_R^2+l}{a_f t_R+v_f-v_1} \tag{5-28}$$

$$SASD_3=((v_1-a_1 t_{c3})-(v_f-(t_{c3}-t_R)a_f))^2 \tag{5-29}$$

式中，t_{c3} 为场景 3 发生碰撞的时间，$SASD_3$ 为场景 3 发生碰撞的严重程度。

（4）场景 4

后车制动，前车停止，即 $t_{c4} \geqslant v_1/a_1$ 且 $t_R \leqslant t_{c4} \leqslant t_R+v_f/a_f$，当事故发生时需满足

$$\frac{v_1^2}{2a_1}+l=v_f t_R+v_f(t_{c4}-t_R)-\frac{1}{2}a_f(t_{c4}-t_R)^2 \tag{5-30}$$

此时

$$t_{c4}=\frac{(v_f+a_f t_R)\pm\sqrt{(v_f+a_f t_R)^2-2a_f\left(\frac{v_1^2}{2a_1}+l+\frac{1}{2}a_f t_R^2\right)}}{a_f} \tag{5-31}$$

$$SASD_4=(v_f-(t_{c4}-t_R)a_f)^2 \tag{5-32}$$

式中，t_{c4} 为场景 4 发生碰撞的时间，$SASD_4$ 为场景 4 发生碰撞的严重程度。

本书基于碰撞过程中各参数的分布特征，采用蒙特卡洛仿真算法随机挑选前车扰动减速度、后车驾驶人反应时间及后车制动减速度。根据瞬时时刻跟驰前后车辆的速度和位置关系，根据对四种碰撞场景的解析，对仿真中发生碰撞情况下的碰撞时间 t_c 和严重程度 $SASD$ 进行求解。每个瞬时时刻(时间步长 0.1 s)的蒙特卡洛仿真次数均为 10 000 次。随后，综合碰撞发生的概率及严重程度，提出跟驰行为安全风险量化指标(Rear-end crash risk index，RCRI)。

$$RCRI_i=\frac{\sum_{j=1}^{N}crash_{ij}SASD_{ij}}{N} \tag{5-33}$$

式中，$RCRI_i$ 为跟驰场景中某一瞬时时刻的追尾碰撞风险；N 为蒙特卡洛仿真次数，为 10 000次；若第 j 次仿真 t_c 有解(即发生追尾碰撞)，则 $crash_{ij}$ 为 1，否则 $crash_{ij}$ 为 0；$SASD_{ij}$ 为每次发生追尾碰撞的严重程度，为保证无量纲化，$SASD_{ij}$ 在代入式(5-33)计算之前需要进行归一化处理。

5.2.3 危险跟驰行为判定

在众多聚类算法中，模糊 C 均值(Fuzzy C-means，FCM)聚类算法被广泛应用于驾驶行为风险状态分级研究中[194, 195]。本书基于提出的驾驶人跟驰及换道行为安全风险量化指标，采用 FCM 聚类算法来划分行为风险等级，进而将风险等级最高的跟驰和换道行为判定为危险驾驶行为，为后续开展典型危险驾驶行为致因分析、识别模型构建及风险演化研究奠定基础。

FCM 聚类算法采用模糊理论的思想，相比传统的 K 均值(K-Means)聚类算法，其灵活性更优。多数情况下，样本数据集很难直接被分成不同的类别，采用 FCM 聚类算法可以获得每个样本从属不同类别的隶属度函数，进而确定更适合的类别从属。该算法的目标函数及具体计算流程可参考 Oh 等[195]的研究。

该算法的使用需要确定最佳聚类数，随后以目标函数最优为目标迭代，获得各个样本的类别从属关系。本书采用表征组内差异与组间差异和组内差异之和的比值 Λ (Wilk's lambda)及肘部原则[196]来确定最佳聚类数。

$$\Lambda=\frac{|W|}{|T|}=\frac{|W|}{|B+W|} \tag{5-34}$$

式中，W 代表聚类组别组内差异，B 为聚类组别组间差异，T 为组间差异与组内差异之和。

基于量化获得的跟驰行为风险数据，绘制 FCM 聚类算法中 Λ 值随聚类数的变化曲线，如图 5-14 所示。从图中可以发现，当聚类数大于 4 时，Λ 值不再明显发生变化，根据肘部原则可以确定跟驰行为风险等级划分最佳聚类数为 4。因此，确定跟驰行为风险等级及其占比如表 5-7 所示。

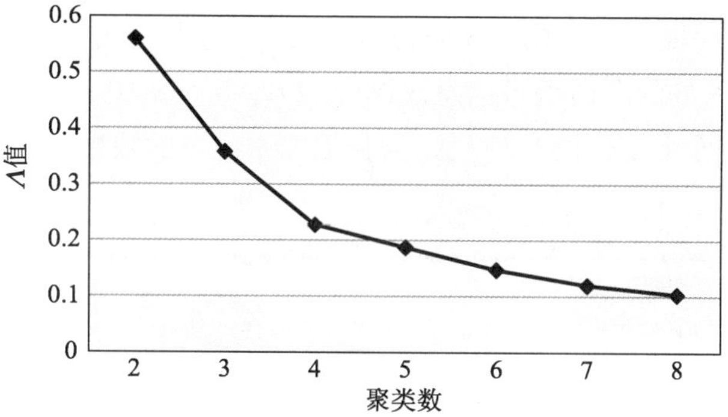

图 5-14　Λ 值随危险跟驰行为聚类数变化曲线

表 5-7　跟驰行为风险等级划分

类别	划分标准	样本占比
一级	$RCRI \leqslant 0.0034$	72.69%
二级	$0.0034 < RCRI \leqslant 0.0114$	22.06%
三级	$0.0114 < RCRI \leqslant 0.036$	4.85%
四级	$RCRI > 0.036$	0.40%

以往研究[197]采用 3σ 原则来进行驾驶行为异常状态的判定，即将 99.7%的行为特征参数以外的离群点判定为异常行为或危险状态。考虑到驾驶人跟驰行为操作相对简单，其危险驾驶行为在驾驶人跟车过程中占比相对较少，结合 3σ 原则和本书的聚类结果，确定将跟驰行为风险等级中的四级定义为危险跟驰行为，并用于后续相关研究。

5.3　危险换道行为识别与判定

5.3.1　基于 highD 车辆轨迹数据库的高快速路换道事件提取

由于上海自然驾驶实验数据缺乏左、右、后侧车辆运行数据，故较难获取换道车辆及其换道过程中与周围车辆的完整交互过程。若将自然驾驶车辆作为换道车辆目标车道的后车，同样难以观测到换道车辆换道准备阶段及换道起始阶段的车辆运动特性，故本书采用

highD 车辆轨迹数据库作为高快速路危险换道行为研究的基础数据库。

考虑到驾驶人向左侧车道换道和向右侧车道换道行为之间的差异性[95, 98, 198]，本书将分别提取驾驶人向左换道和向右换道两种换道行为对应的车辆轨迹数据进行研究。

图 5-15 展示了驾驶人向左换道及向右换道两类场景。其中，Sub 代表换道车辆，Pre 和 Fol 代表换道车辆当前车道的前车和后车，Pre_1 和 Fol_1 代表向左换道场景下换道车辆目标车道前车和后车，Pre_2 和 Fol_2 代表向右换道场景下换道车辆目标车道前车和后车。highD 车辆轨迹数据库提供了标线的纵向位置 y_{LM}、车辆左上角的实时纵向位置 y_{t}、车辆的宽度 ω_{v} 以及车辆所处的车道编号信息。图中的 t_{LC} 为车头中心线越过车道边线的时刻，即车辆所处车道编号发生变化的时刻。Δt 为数据库中记录的数据时间间隔，为 1/25 s。

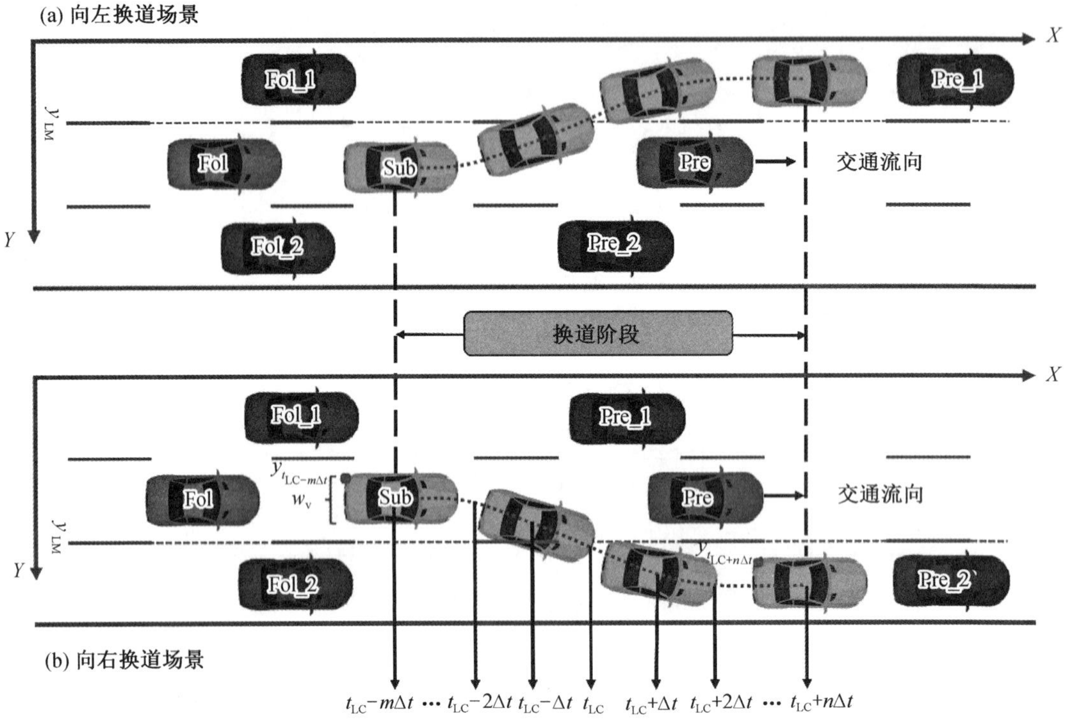

图 5-15 驾驶人向左及向右换道场景示意

根据车辆的纵向（Y 方向）位置及所处车道编号，采用以下步骤进行驾驶人换道事件提取。

（1）提出车辆换道时刻 t_{LC} 并确定换道类型。先由提取车辆所处车道编号发生变化时刻确定 t_{LC}，再根据车道编号增大或减小来判断车辆左右换道类型。

（2）根据检测到的换道车辆的纵向位置，采用向前、向后搜索的方法对驾驶人换道过程进行提取。采用 Δt 时间步长，对于任何早于 t_{LC} 的车辆，以驾驶人向右换道中的 $t_{\mathrm{LC}}-\Delta t$ 时刻为例，如果式(5-35)成立，则 $t_{\mathrm{LC}}-\Delta t$ 时刻处于驾驶人换道阶段。向前搜索 $t_{\mathrm{LC}}-\Delta t$ 至 $t_{\mathrm{LC}}-(m+1)\Delta t$ 时刻，一旦不满足式(5-36)，则停止搜索，此时确定换道开始时刻即为 $t_{\mathrm{LC}}-m\Delta t$。

$$(y_{t_{LC-2\Delta t}} - y_{t_{LC-\Delta t}})(y_{t_{LC-\Delta t}} - y_{t_{LC}}) > 0 \tag{5-35}$$

$$(y_{t_{LC-(m+1)\Delta t}} - y_{t_{LC-m\Delta t}})(y_{t_{LC-m\Delta t}} - y_{t_{LC-(m-1)\Delta t}}) > 0 \tag{5-36}$$

式中，$y_{t_{LC-(m+1)\Delta t}}$、$y_{t_{LC-m\Delta t}}$、$y_{t_{LC-(m-1)\Delta t}}$、$y_{t_{LC-2\Delta t}}$、$y_{t_{LC-\Delta t}}$ 和 $y_{t_{LC}}$ 分别为换道车辆在 $t_{LC}-(m+1)\Delta t$、$t_{LC}-m\Delta t$、$t_{LC}-(m-1)\Delta t$、$t_{LC}-2\Delta t$、$t_{LC}-\Delta t$ 和 t_{LC} 时刻的纵向位置。

同样，对于 $t_{LC}+\Delta t$ 时刻的车辆，需要满足式(5-37)。向后搜索 $t_{LC+\Delta t}$ 至 $t_{LC}+(n+1)\Delta t$ 时刻，一旦不满足式(5-38)，则停止搜索，此时确定换道结束时刻即为 $t_{LC}+n\Delta t$。

$$(y_{t_{LC+2\Delta t}} - y_{t_{LC+\Delta t}})(y_{t_{LC+\Delta t}} - y_{t_{LC}}) > 0 \tag{5-37}$$

$$(y_{t_{LC+(n+1)\Delta t}} - y_{t_{LC+n\Delta t}})(y_{t_{LC+n\Delta t}} - y_{t_{LC+(n-1)\Delta t}}) > 0 \tag{5-38}$$

式中，$y_{t_{LC}}$、$y_{t_{LC+\Delta t}}$、$y_{t_{LC+2\Delta t}}$、$y_{t_{LC+(n-1)\Delta t}}$、$y_{t_{LC+n\Delta t}}$ 和 $y_{t_{LC+(n+1)\Delta t}}$ 分别为换道车辆在 t_{LC}、$t_{LC}+\Delta t$、$t_{LC}+2\Delta t$、$t_{LC}+(n-1)\Delta t$、$t_{LC}+n\Delta t$ 和 $t_{LC}+(n+1)\Delta t$ 时刻的纵向位置。

(3) 剔除未完成的换道事件。由于可能出现驾驶人车头中心线过车道边线但放弃换道的情况，所以需要添加更多的限制条件来剔除此类未完成的换道事件。以驾驶人向右换道为例，换道开始和结束时刻换道车辆的纵向位置应满足式(5-39)和式(5-40)的要求。

$$y_{t_{LC-m\Delta t}} + \omega_v < y_{LM} \tag{5-39}$$

$$y_{t_{LC+n\Delta t}} > y_{LM} \tag{5-40}$$

(4) 匹配提取换道车辆及周围车辆轨迹数据。根据数据库中记录的车辆编号及相对位置关系，剔除换道车辆当前车道及左右车道前后车数量小于 4 的换道事件，匹配换道车辆周围车辆的位置、速度及加速度信息，对于缺失车辆，其速度及加速度信息按换道车辆相关信息进行填补，位置信息设置为距离换道车辆无穷远处。

经过上述四个步骤，本书共提取了 4 083 个高快速路换道事件，其中向左换道事件 2 013 个，向右换道事件 2 070 个，累计时长达 6.43 h。图 5-16 所示为提取的高快速路换道事件时长频数分布直方图。

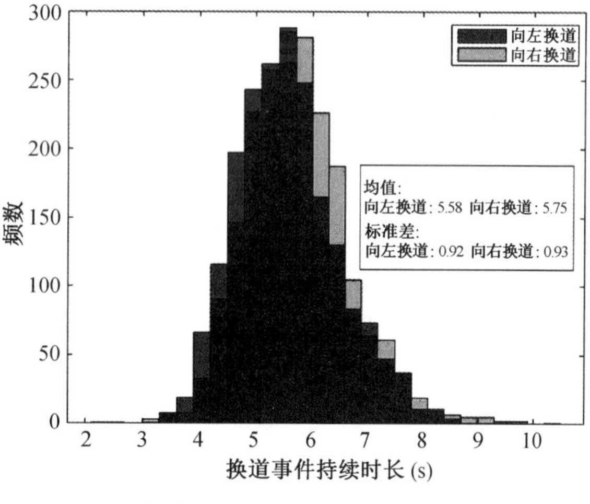

图 5-16　高快速路换道事件时长频数分布直方图

5.3.2　基于故障树算法的换道行为安全风险量化指标

驾驶人换道行为是从当前车道变换到目标车道的完整过程，该过程中任一时刻的安全风险均直接影响驾驶人换道的安全性。采用换道过程中某一时刻的行车风险来表征换道行为风险存在局限,需提出综合整个换道过程的风险指标来对换道行为风险进行量化。故障树算法(Fault Tree Analysis,FAT)是使用演绎推理和布尔逻辑来进行系统失效概率计算的常用方法,主要应用于安全工程领域及系统可靠度计算[199]。近年来,部分交通领域研究者也将其应用于换道行为安全风险量化指标(Lane-changing Risk Index, LCRI)研究[200, 201]。

本书将换道车辆与换道车辆当前车道及目标车道前后车看作一个系统,如果在换道过程中,换道车辆与其交互的任意一辆车发生碰撞,则认为系统失效。图 5-17 所示为驾驶人安全换道失败的故障树结构。

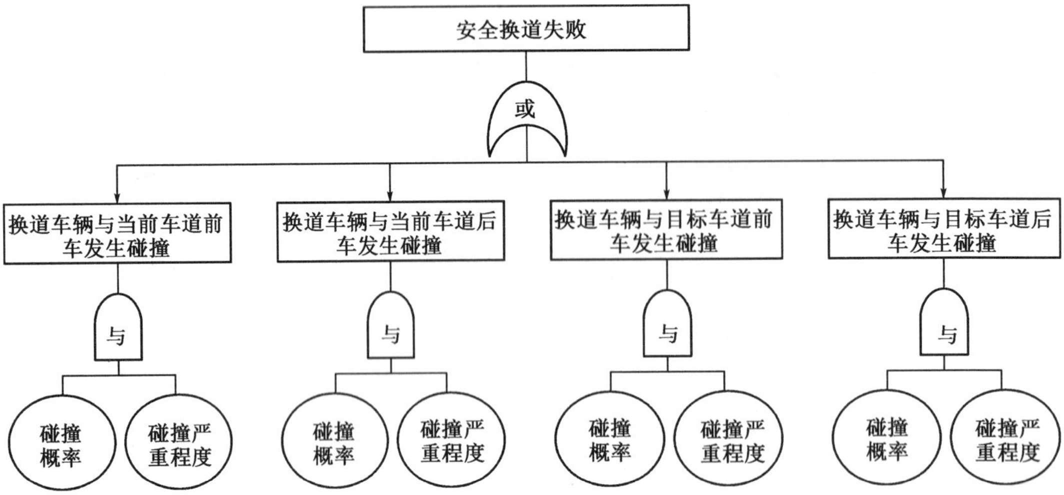

图 5-17　驾驶人安全换道失败故障树结构

本书中危险换道行为研究采用的数据为高快速路车辆轨迹数据,车辆运行速度相对较高,其换道过程中车辆中心线与车道边线的夹角相对较小,车辆之间的碰撞主要因纵向间距不足导致,碰撞类型多为追尾碰撞[121]。因此,以追尾碰撞指标为基础,本书综合考虑换道过程中换道车辆与当前车道及目标车道前后车的追尾碰撞风险,继而构建换道行为安全风险量化指标。故换道行为安全风险量化指标计算公式为

$$LCRI = 1 - \prod_{i=1}^{4}(1 - RCRI_i) \tag{5-41}$$

式中,$RCRI_i$ 代表换道车辆与周围某一辆车(换道车辆当前车道及目标车道的前后车)交互过程中的最大追尾碰撞风险。

5.3.3 危险换道行为判定

基于 5.3.1 小节提取的 4 083 个高快速路换道事件,采用 FCM 聚类算法绘制 Λ 值随聚类数的变化曲线,如图 5-18 所示。可以发现,当聚类数大于 3 时,Λ 值变化曲线的斜率明显减小,因此确定危险换道行为的最佳聚类数为 3,即可以得到三级风险等级的换道行为划分

阈值，其对应的划分标准和各风险等级样本量占比如表 5-8 所示。

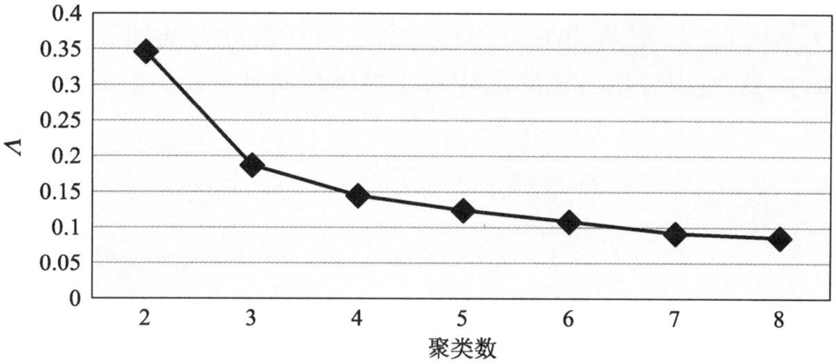

图 5-18　Λ 值随危险换道行为聚类数变化曲线

表 5-8　换道行为风险等级划分

等级	划分标准	样本占比
一级	$LCRI \leqslant 0.053$	90.52%
二级	$0.053 < LCRI \leqslant 0.289$	8.60%
三级	$LCRI > 0.289$	0.88%

根据划分结果来看，一级风险等级换道事件占比最高，为 90.52%。考虑到三级风险等级换道事件仅有 36 个，二级风险等级换道事件为 351 个，故本书将二级风险等级和三级风险等级换道事件合并为驾驶人危险换道行为数据库。

5.4　本章小结

本书基于因子分析方法对多维危险驾驶行为数据进行降维，提取了用于识别危险驾驶行为的两个公因子，构建了危险驾驶行为识别模型。结合层次聚类算法及高斯混合聚类模型实现危险驾驶行为的有效聚类，并根据聚类结果对危险驾驶行为数据进行定义与分析，最终获得了三类驾驶行为类别，分别定义为谨慎驾驶、常规驾驶及危险驾驶。通过数据分布及有效性验证，本书提出的危险驾驶行为识别算法能有效提升识别准确率，并降低识别误差，同时提高识别算法运行速度，为更准确、快速、简洁地识别危险驾驶行为提供了有效方法支撑。

本书首先基于上海自然驾驶实验数据库，提取了 16 905 个高快速路驾驶人跟驰事件；基于 highD 车辆轨迹数据库，提取了 4 083 个高快速路换道事件。其次，考虑车辆追尾碰撞机理，综合可能发生碰撞的概率及严重程度，构建了基于蒙特卡洛仿真算法的跟驰行为安全风险量化指标和基于故障树算法构建的换道行为安全风险量化指标，实现高快速路跟驰及换道行为安全风险量化。最后,采用模糊 C 均值聚类算法对跟驰及换道行为安全风险进行等级划分,判定典型危险驾驶行为。

本章形成了驾驶人广义危险驾驶行为和典型危险驾驶行为基础数据库,为后续开展危险驾驶行为实时预测、致因分析及风险演化研究提供数据基础。

第6章 危险驾驶行为预测

6.1 广义危险驾驶行为实时预测

6.1.1 广义危险驾驶行为预测模型结构

常规的危险驾驶行为预测方法一般通过输入行为发生前某一时刻的特征对行为发生时刻进行预测，研究人员在输入时并未考虑对数据进行结构化处理，导致模型预测的时序特征不明显，无法保留多维时间信息，最终，常规预测模型精度不高。本书基于第4章构建的危险驾驶行为知识图谱研究数据库及原始的自然驾驶实验研究基础数据库，对危险驾驶行为预测模型结构进行解构。以预测模型常规输入结构(RS，Regular Structure)为基准，构建了三种不同的预测模型输入结构：图谱输入结构(GS，Graph Structure)、分层输入结构(TS，Tiered Structure)和面板输入结构(PS，Panel Structure)。另外，本书基于长短时记忆模型(long short-term memory，LSTM)在预测中的优势，将其作为底层模型，对三种输入结构的有效性进行对比，以选取最合适的预测模型输入结构。

1. 图谱输入结构

预测模型常规输入结构以行为发生时刻前某一时刻的行为数据作为模型输入对象，对行为发生时刻的行为进行训练及预测，如图6-1所示。设自然驾驶实验数据的时间序列$X=[x_1, x_2, \cdots, x_i]$，$X \in$[驾驶行为数据、周边车辆数据等]，常规输入结构以当前时刻前第n秒数据作为预测输入，以当前时刻的驾驶行为状态(危险驾驶或常规驾驶)作为预测值输出(G_t)。常规输入结构虽然可以达到危险驾驶行为的预测，且能在时间窗宽度合理、数据训练量足够的情况下达到较好的效果，但该结构未完整考虑数据在时序过程中的变化，往往导致模型预测精

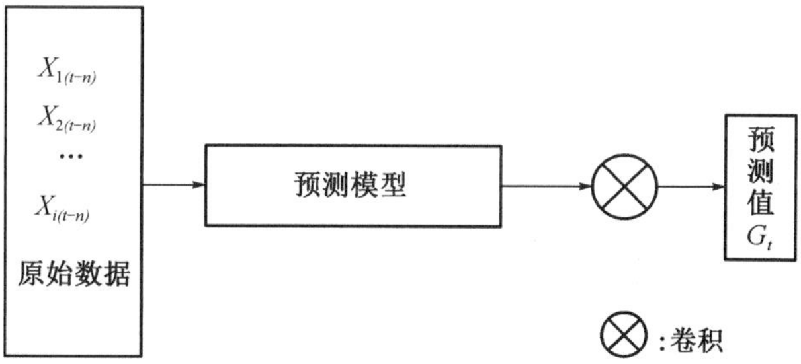

图6-1 常规输入结构示意

度不够、拟合度低。

为了描述危险驾驶行为时序特征，本书根据危险驾驶行为知识图谱表征方法，构建图谱输入结构（图 6-2）。

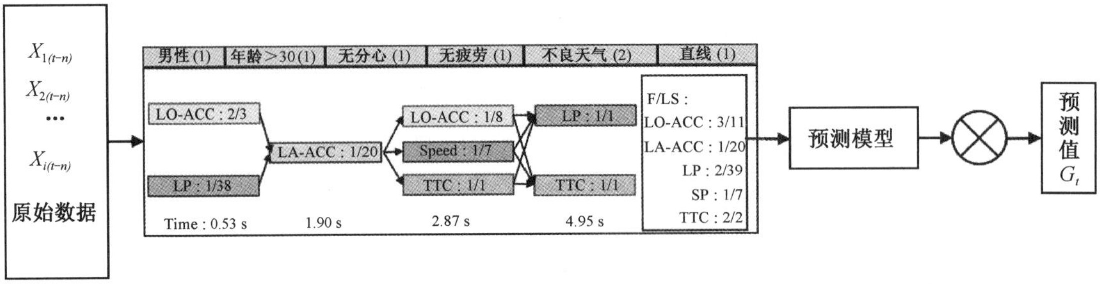

图 6-2　图谱输入结构示意

2. 分层输入结构

常规输入结构仅采用单一的模型，以多个指标为输入从而拟合出预测结果。本书在此基础上提出了分层输入结构，并通过时序模型预测得到预测结果，如图 6-3 所示。分层输入结构先根据操作类指标动力学特性，采用神经网络算法进行时序预测，其中，原始数据为各指标 $t-n$ 时刻的数据（第一层），中间输出为 t 时刻的预测值；然后，将第一层的预测值作为预测模型的输入，并对其进行拟合（第二层），最终输出预测结果。

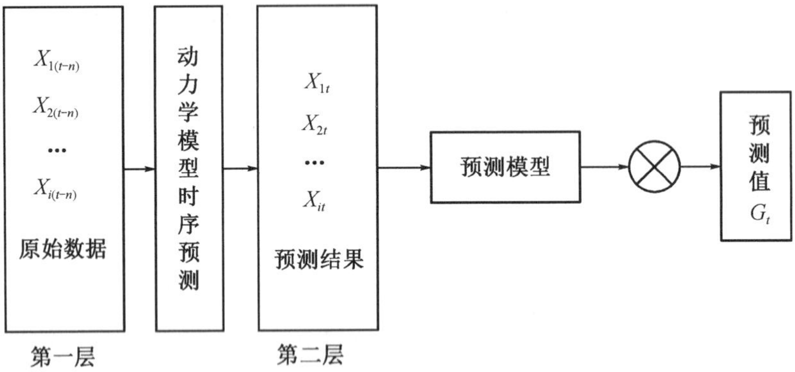

图 6-3　分层输入结构（双层）示意

以往的研究表明[202]，在动力学特征研究方面，前向反馈神经网络（Feedforward Neural Network，FNN）及径向基（Radial Basis Runction，RBF）神经网络具备较好的预测效果。因此，对二者进行对比，选择准确率高的神经网络算法。

1）前馈神经网络

前馈神经网络，简称前馈网络，其可以看作一个函数，通过简单非线性函数的多次复合，实现输入空间到输出空间的复杂映射[203]。该网络把神经元按接收信息的先后分为不同的组，每一组可以看作一个神经层。每一层中的神经元接收前一层神经元的输出，并输出到下一层神经元。整个网络中的信息是朝着同一个方向传播的,即从输入到输出的方向,没有反向的信息传播(与误差反向传播不同)。前馈神经网络包括全连接前馈神经网络和卷积神经网络。本书采用卷积神经网络作为第一层算法,并采用 TensorFlow 搭建简单的神经网络框架,设置 8 个卷积层,模型默认参数定义为损失函数,测试模型结果与实际的距离,并以梯度下降方法标定最小化损失函数。

2）径向基神经网络

径向基神经网络是一种三层神经网络[204],其包括输入层、隐层、输出层。从输入层空间到隐层空间的变换是非线性的,而从隐层空间到输出层空间的变换是线性的。RBF 神经网络的基本思想是：用 RBF 作为隐单元的“基”构成隐含层空间,将输入矢量直接映射到隐层空间以替代权连接。当“基”确定后,该映射关系也可确认。隐层空间到输出层空间的映射为线性,即网络的输出是隐单元输出的线性加权和,即网络可调参数。隐层把向量从低维度映射到高维度,从而将线性不可分转化为可分。最终实现网络由输入到输出的映射非线性,网络输出可调参数线性,同时网络权重就可由线性方程组给出,从而加快学习速度,并避免局部极小问题。

求解的参数有 3 个：基函数的中心、方差以及隐层到输出层的权值,常用的求解算法如下。

(1) 自组织选取中心学习方法。

① 无监督学习过程,求解隐层基函数的中心与方差；

② 有监督学习过程,求解隐层到输出层的权值。

选取 h 个中心做 K-Means 聚类,对于高斯核函数的径向基,方差求解公式为

$$\sigma_i = \frac{c_{\max}}{\sqrt{2h}},\ i = 1,\ 2,\ \cdots,\ n \tag{6-1}$$

式中,$c_{\max}$ 为各中心的最远距离。

隐层至输出层之间的神经元的连接权值可以用最小二乘法计算得到,即对损失函数求解关于 w 的偏导数,使其等于 0。

(2) 直接计算法。隐层神经元的中心是随机在输入样本中选取的,且中心固定。一旦中心固定,隐层神经元输出就已知,神经网络的连接权值可通过求解线性方程组确定。

(3) 有监督学习算法。通过训练样本集来获得满足监督要求的网络中心和权重参数,与一般神经网络的学习原理一样,同样采用梯度下降法以获得最优化模型。

3. 面板输入结构

目前,大部分危险驾驶行为预测研究均采用横截面数据,该类数据无法描述事故发生前的行为特征,而面板数据保存了时间和横截面两个维度。对面板数据(也称纵向数据)的研究一直是近年来经济学研究的热门话题,因为面板数据不仅包含个体之间的异质性,而且有横截面维度缺失的动态变化效应[205],其是跨时间的不同横截面的观察数据。它由随着时间的推移连续收集的多时间属性的观察值组成,与线性回归模型相比,面板数据构建的相关模型提供了更可靠的参数估计。面板数据包括在一定时间窗宽度下收集的驾驶人

属性、驾驶行为、道路环境变量。与传统横截面数据模型和时间序列数据模型相比，面板输入结构能够在提供更高自由度的同时，减少指标之间的共线性，进而提高系数估计精确度，同时能够顾及时间序列数据中的一些前后演变效应[206]。其不仅能控制稳定的数据指标值（不随时间改变的指标值），而且具有随时间变化的指标值。

首先，令 $\boldsymbol{d}_t^i$ 表示相关变量 i 在时间 t 的驾驶数据。相关变量 i 从时间 $t-n$ 到 t 的驾驶行为面板数据可以表示为 $\boldsymbol{X}_t^i=[\boldsymbol{d}_{t-n}^i,\ \boldsymbol{d}_{t-n+1}^i,\ \cdots,\ \boldsymbol{d}_t^i]^{\mathrm{T}}$。之后，将其他与危险驾驶行为相关的变量进行组合，形成一个多维时序危险驾驶行为矩阵

$$\boldsymbol{X}=\begin{bmatrix}\boldsymbol{X}_{t-n}^1\\ \boldsymbol{X}_{t-n+1}^2\\ \cdots\\ \cdots\\ \cdots\\ \boldsymbol{X}_t^m\end{bmatrix}=\begin{bmatrix}\boldsymbol{d}_{t-n}^1\boldsymbol{d}_{t-n+1}^1\cdots\boldsymbol{d}_t^1\\ \boldsymbol{d}_{t-n}^2\boldsymbol{d}_{t-n+1}^2\cdots\boldsymbol{d}_t^2\\ \cdots\\ \cdots\\ \cdots\\ \boldsymbol{d}_{t-n}^m\boldsymbol{d}_{t-n+1}^m\cdots\boldsymbol{d}_t^m\end{bmatrix} \tag{6-2}$$

式中，$\boldsymbol{X}_t^i=[\boldsymbol{d}_t^1,\ \boldsymbol{d}_t^2,\ \cdots,\ \boldsymbol{d}_t^m]$ 表示预测区间在时间 t 的驾驶行为；n 表示变量的时间窗宽度。根据危险驾驶行为知识图谱可知，驾驶行为的大部分异常操作发生于危险驾驶行为前 2～3 s，故本书以 0.5 s 为时间间隔，选取 1.0、1.5、2.0、2.5、3.0 s 作为时间窗宽度，并通过对比，最终确定适合的时间窗。以特定时间窗宽度(T-cut)为例，对于 N 个驾驶行为数据输入片段及若干指标的危险驾驶行为数据，可以构建如图 6-4 所示的危险驾驶行为面板输入结构，其中横向为驾驶行为指标纬度，纵向为时间维度。

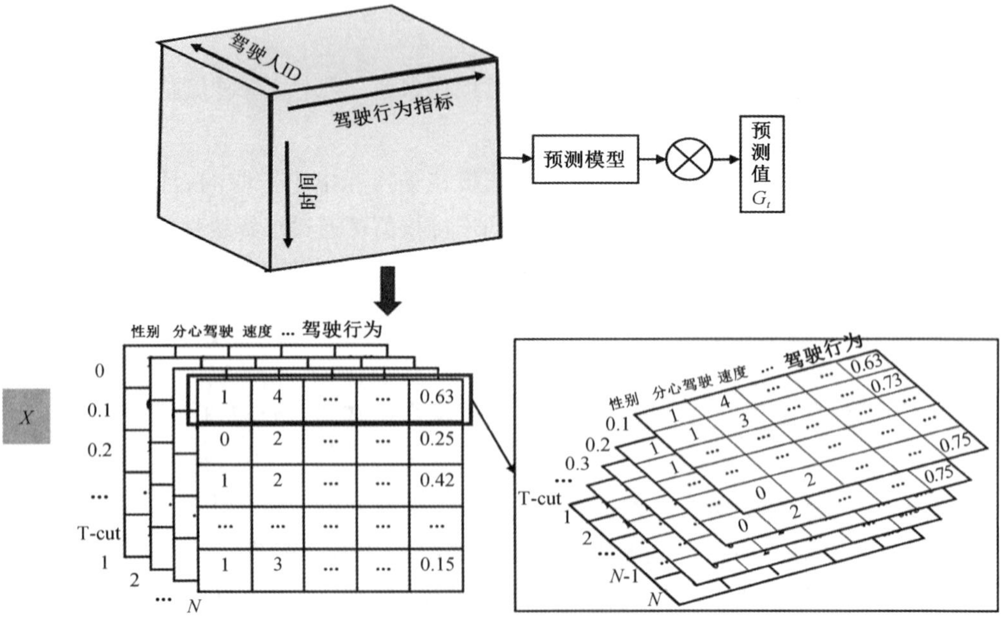

图 6-4　面板输入结构

4. 三种模型输入结构预测效果对比

为了验证各预测模型输入结构的有效性，本书采用长短时记忆模型作为预测模型。根据预测模型的准确性验证输入结构的有效性，采用 7∶3 的训练比进行模型测试。模型采用成本最小化函数（Adam）进行优化，将 ReLU 作为激活函数，为了防止过拟合，设定 0.5 为模型退出阈值。验证参数选取准确率，并采用平均绝对误差（MAE，Mean Absolute Error）验证模型的误差。平均绝对误差公式为

$$E=\frac{1}{n}\sum_{t=1}^{n}\left|G_p-G_t\right| \tag{6-3}$$

式中，$\sum$ 为累加符号；G_p 表示模型预测结果中的危险驾驶行为状态；G_t 表示实际状态。

由于分层输入结构可采用两种神经网络算法，故采用预测准确率先对该结构效果进行验证，并根据验证结果选取更优的算法构建第一层模型，如表 6-1 所示。结果表明前馈神经网络更适用于对操作类指标的预测，尤其在时间窗宽度为 2.0 s 的时候，预测准确率最高，达到 0.78 左右。因此，采用前馈神经网络作为分层输入结构第一层的预测算法。

表 6-1 不同时间窗下第一层模型预测结果

时间窗宽度(s)	预测准确率	
	前馈神经网络	径向基神经网络
1.0	0.76	0.73
1.5	0.76	0.74
2.0	0.78	0.74
2.5	0.76	0.74
3.0	0.76	0.74

进一步对比四种模型输入结构的预测准确率及误差，结果如表 6-2 所示。

表 6-2 不同时间窗下各模型预测结果

结果类型	时间窗宽度(s)	NS	GS	TS	PS
预测准确率	1.0	0.64	0.77	0.76	0.79
	1.5	0.71	0.77	0.76	0.79
	2.0	0.73	0.80	0.78	0.80
	2.5	0.71	0.77	0.76	0.78
	3.0	0.71	0.77	0.76	0.77

（续表）

结果类型	时间窗宽度(s)	NS	GS	TS	PS
预测误差	1.0	0.31	0.19	0.29	0.22
	1.5	0.32	0.20	0.21	0.22
	2.0	0.25	0.18	0.23	0.16
	2.5	0.26	0.19	0.27	0.17
	3.0	0.22	0.19	0.22	0.19

通过对比可知，通过调整输入可以提升危险驾驶行为的预测效果，且可以有效降低模型误差。无论是在常规结构输入还是在调整后的三种模型输入结构中，在时间窗为2.0 s时模型的准确率均较高，且提升效果最为明显，原因可能是2.0 s的时间刚好是驾驶人从做出反应到行为发生之间的时间差。因此，初步推荐在危险驾驶行为研究中可以使用2.0 s作为预测时间窗宽度。

图谱及面板输入结构能获取更高的危险驾驶行为预测准确率，且面板输入结构的预测准确率最高(2.0 s时间窗宽度时，准确率最高)。由此可以发现，保留驾驶行为的时序特征能显著提升危险驾驶行为的预测准确率。从预测误差中也可以看出，模型输入结构调整能有效降低模型误差，在2.0 s的时候模型误差降低效果也较为显著，图谱输入结构能最大程度降低模型误差，有效提升了模型拟合度。综上，以模型准确率为主要考虑因素，本书采用面板输入结构作为危险驾驶行为预测模型输入结构。

6.1.2 基于驾驶意图与多维时序特征的广义异常驾驶行为预测

模型预测的时间窗宽度及神经网络算法内部结构的剖析一直是预测模型的研究重点。本书基于面板输入结构，通过长短时记忆模型及注意力机制算法构建内部相关性概率可观测的危险驾驶行为预测模型，通过比对不同时间窗宽度下的模型精度，提取最优的模型输入时间窗宽度。同时，为了验证驾驶行为意图对危险驾驶行为预测的影响，本书通过隐马尔可夫模型对驾驶行为意图进行提取，并作为新的模型输入以对比原始模型，通过对比模型精度给出模型结构化建议；采用注意力机制算法分析危险驾驶行为预测指标相关性，观测不同指标在驾驶行为预测过程中的贡献程度，结合危险驾驶行为致因模型，从驾驶行为管控层面提出专业化指导。

1. 长短时记忆模型

长短时记忆(LSTM)模型用于提取危险驾驶行为时序特征，并通过模型训练最终对驾驶状态进行预测。LSTM神经元结构包含1个存储单元和3个门(输入门、输出门和遗忘门)。模型内部状态主要受遗忘门和输入门的综合影响，遗忘门确定当前单元中需要保存的信息，输入门确定需要保留多少外部输入的信息，最后通过输出门将前二者综合信息进行混合并输出到下一个状态。图 6-5 所示为 LSTM 模型神经元的结构。

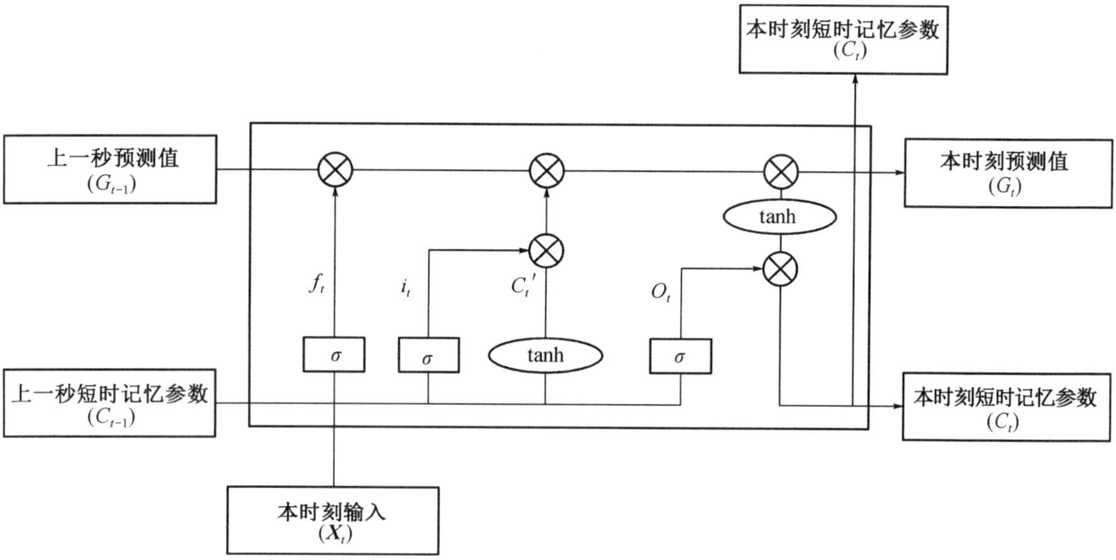

图 6-5　LSTM 神经元结构

遗忘门状态

$$f_t = \sigma(W_f * [\boldsymbol{G}_{t-1}, \boldsymbol{X}_t] + b_f) \tag{6-4}$$

输入门状态

$$i_t = \sigma(W_c * [\boldsymbol{G}_{t-1}, \boldsymbol{X}_t] + b_c) \tag{6-5}$$

单元状态

$$C_t' = \sigma(W_i * [\boldsymbol{G}_{t-1}, \boldsymbol{X}_t] + b_i) \tag{6-6}$$

$$C_t = f_t * C_{t-1} + i_t * C_t' \tag{6-7}$$

输出门状态

$$O_t = \sigma(W_o * [\boldsymbol{G}_{t-1}, \boldsymbol{X}_t] + b_o) \tag{6-8}$$

$$\boldsymbol{G}_t = O_t * \tanh(C_t) \tag{6-9}$$

式中，$\boldsymbol{X}_t$ 为当前时刻的输入；f_t、i_t、O_t 分别为当前状态下遗忘门、输入门及输出门状态；σ 为激活参数；W_f、W_c、W_i、W_o 是权重参数；b_f、b_c、b_i、b_o 是偏置参数；C_t 和 C_t' 是单元的状态；* 表示矩阵元素的乘积。三个门都以 ReLU 函数作为激活函数，对单元状态进行归一化。

2. 注意力机制

注意力机制(Attention Mechanism)算法通过探索数据内部联系可以自动对系统参数

进行优化,并改善模型的准确率[207]。常规的驾驶行为预测模型未考虑变量之间的权重比例,然而不同指标对危险驾驶行为状态发生的贡献率显然是不同的,因此,基于 LSTM,加入注意力机制算法层,可自动对驾驶行为指标权重进行调整,从而提升模型的准确率与解释度。本书首先采用显著性分析,筛选出与危险驾驶行为具备显著性的指标,然后通过注意力机制算法在模型计算过程中对显著性指标进行自动排序。通过二者的共同作用,最终提升预测模型的精度。基于注意力机制的 LSTM 结构如图 6-6 所示。

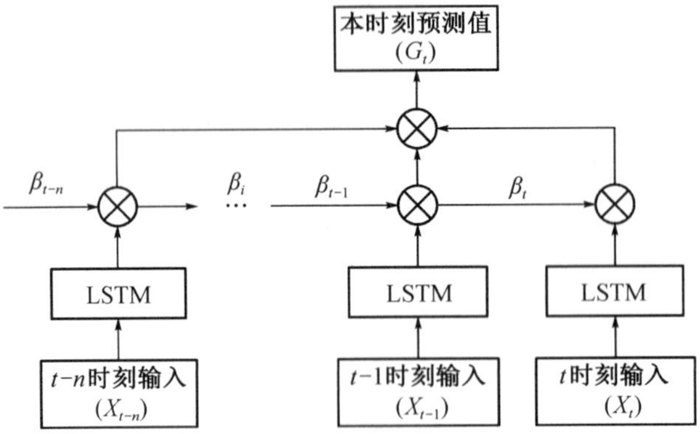

图 6-6 基于注意力机制的 LSTM 结构

LSTM 模型在每个时间步长的输出的权重总和为

$$\boldsymbol{G}_t = \sum_{i=1}^{n} \boldsymbol{\beta}_k \boldsymbol{X}_{t-k+1} \tag{6-10}$$

式中,$\sum$ 为累加符号;n 为指标的个数;β_k 为 k 时刻的注意力参数,其计算公式为

$$\boldsymbol{\beta}_k = \frac{\exp(s_k)}{\sum_{i=1}^{n}(s_k)} \tag{6-11}$$

式中,s_k 为不同指标对该参数的贡献值。s_k 的计算公式为

$$s_k = v_k \tanh(W_h \boldsymbol{X}_k + W_l \boldsymbol{G}_k) \tag{6-12}$$

式中,v_k、W_h、W_l 为模型自学习参量。

3. 基于驾驶行为意图的时序模型框架

通过危险驾驶行为识别模型和视频核验,采用 Matlab 软件根据该模型对数据进行筛选,最终从 8 000 条出行数据中采集到危险驾驶行为发生点 500 个,包括该点及该点之前 3.0 s内的所有数据,同时选取 1 000 例安全驾驶行为数据(随机从安全数据中采集,谨慎与常规驾驶均定为安全驾驶)用于模型的训练及验证。为了提升数据机构的合理性,本书参考《公路交通安全设施设计规范》(JTG D81—2017)、《中华人民共和国道路交通安全法》等对各指标分类进行调整,并根据实际需求进行优化。表 6-3 是本章研究指标及其描述。

表 6-3　指标描述

类别	变量	模型输入标签
驾驶人属性	性别	男性：1；女性：0
	年龄	19～30 岁：1；其他：0（通过显著性分析，只有该分类呈现显著性）
	驾驶分心	发短信：4；打电话：3；与副驾驶聊天：2；没有分心：1
	疲劳驾驶	打瞌睡：4；打哈欠：3；正常：2；兴奋：1
道路环境	天气	不良天气（下雨、下雪、能见度低）：1；其他：0
	平曲线	连续弯道：4；大型弯：3；小型弯：2；直线：1
	纵断面	长大下坡：4；大坡：3；小坡：2；无坡度：1
	交通流	交通停滞：4；拥堵：3；慢行：2；自由流：1
车辆驾驶数据	速度	连续性变量（km/h）
	加速度	连续性变量（g）
	横向加速度	连续性变量（g）
	纵向加速度	连续性变量（g）
	横向位移	连续性变量（m）
	车辆转向角	连续性变量（°）

为了提升模型预测准确率，降低误差，对现有指标与危险驾驶行为状态之间的显著性进行验证。通过显著性分析，将显著性指标作为模型最终的输入。各指标显著性及描述性统计如表 6-4 所示。最终有 8 个指标变量被运用到危险驾驶行为模型构建中，分别是性别、疲劳驾驶、天气、平曲线、纵断面、速度、横向加速度以及 TTC。

表 6-4　指标显著性及描述性统计数值

变量	均值	方差	显著性	变量	均值	方差	显著性
性别	0.26	0.44	$P<0.01$	交通流	1.87	0.53	$P>0.05$
年龄	0.75	0.21	$P>0.05$	速度	55.39	32.76	$P<0.01$
驾驶分心	2.00	1.12	$P>0.05$	加速度	−0.01	0.09	$P>0.05$
疲劳驾驶	2.02	0.24	$P<0.01$	纵向加速度	0.21	0.19	$P>0.05$
天气	0.18	0.49	$P<0.01$	横向加速度	0.15	0.08	$P<0.01$
平曲线	1.40	0.83	$P<0.05$	转向角	174.82	85.51	$P>0.05$
纵断面	1.13	0.38	$P<0.01$	TTC	0.64	0.49	$P<0.01$
横向偏移	1.25	0.36	$P>0.05$				

为了分析驾驶意图对危险驾驶行为预测结果的影响，本书采用隐马尔可夫模型对速度、纵向加速度及 TTC 指标进行意图挖掘。如第 4 章所述，驾驶意图是隐藏状态，包括危险驾驶和安全驾驶，因此隐藏状态的编号为：1＝危险驾驶状态；2＝安全驾驶。在隐马尔可

夫模型中不考虑驾驶人属性和道路环境数据，因为这些变量不会随着驾驶意图的改变而改变。每个变量的状态转移概率矩阵估计如图 6-7 所示。结果表明，危险驾驶行为（状态 1）具有很高的保持原趋势，尤其是在横向加速度指标中，其保持的概率最大。

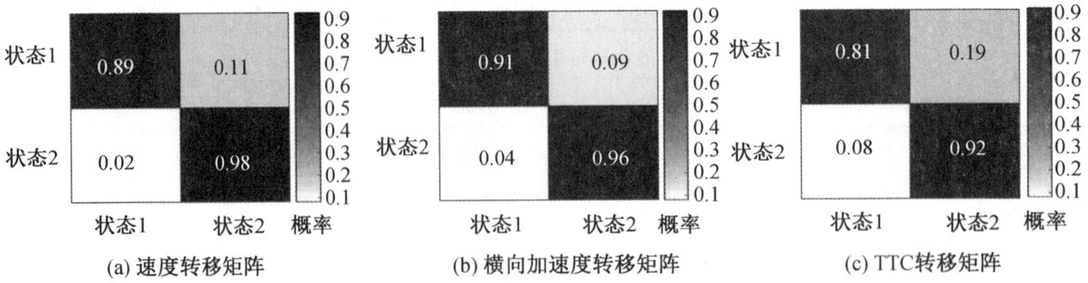

图 6-7　驾驶行为状态转移概率矩阵

提取驾驶行为变量（车速、横向加速度、TTC）的隐藏状态，并结合其他驾驶相关变量（驾驶人属性、道路环境等），形成多维时序驾驶行为矩阵 $\boldsymbol{X}'$，为了验证驾驶行为意图提取有效性，矩阵 $\boldsymbol{X}$（原始面板数据输入）和 $\boldsymbol{X}'$ 都被设置为预测模型输入，如图 6-8 所示。

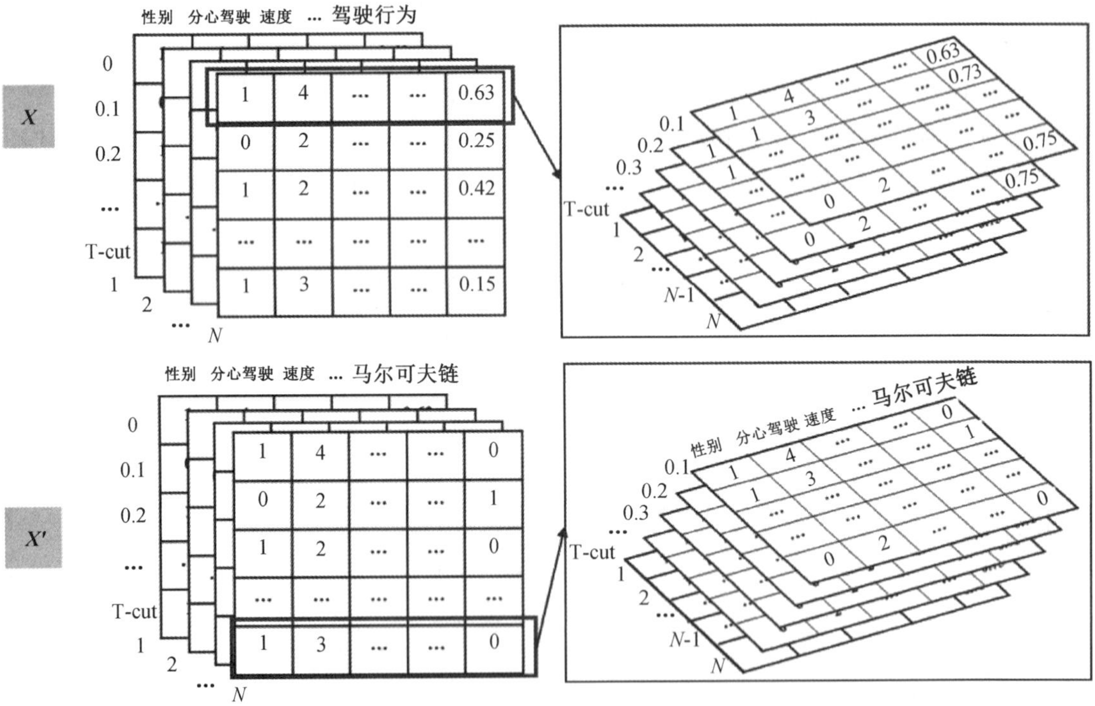

图 6-8　面板输入结构

本书以 LSTM 为框架，基于隐马尔可夫模型进行驾驶意图挖掘，采用注意力机制算法，最终构建了基于驾驶行为意图的时序模型框架，如图 6-9 所示。

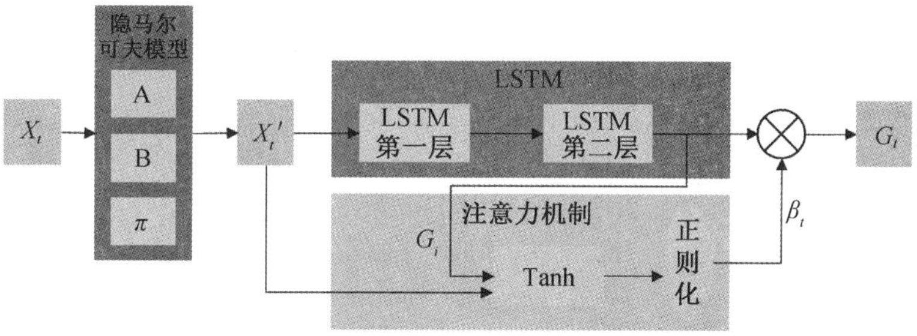

图 6-9　基于驾驶行为意图的时序模型框架

4. 构建模型及效果验证

采用 TensorFlow 框架[208]构建基于注意力机制的时序模型。为了确定合适的时间窗，共选用了五种时长(1.0、1.5、2.0、2.5、3.0 s)作为时间窗宽度。基于驾驶行为意图的时序模型框架提供了 8 个不同的输入变量，包括驾驶人属性、道路环境、驾驶行为或驾驶行为马尔可夫链。模型输出具备 2 个指标：1 表示危险驾驶，2 表示安全驾驶。

共构建四种不同的模型，分别是常规的长短时记忆模型(LSTM)、基于注意力机制的长短时记忆模型(LSTM with Attention)、基于驾驶行为意图的长短时记忆模型(HMM-LSTM)以及基于驾驶行为意图和注意力机制的长短时记忆模型(HMM-LSTM with Attention)。为了进一步验证长短时记忆模型有效性，本书采用卷积神经网络(CNN)构建了基于驾驶行为意图的卷积神经网络(HMM-CNN)。并对 CNN 和 HMM-CNN 也进行验证。

验证不同时间窗宽度下六种模型的有效性，1 500 组数据(包括 $\boldsymbol{X}$ 和 $\boldsymbol{X}'$)用于建模，其中 70%的数据集用于训练，30%用于测试。在每个 LSTM 神经元中使用用于成本最小化的 Adam 优化器和 ReLU 作为激活函数，并在输出层使用线性激活函数，为了防止过度拟合，添加了值为 0.5 的退出正则化阈值。作为测试试验的结果，学习率根据提供损失函数进行调整。最终，本书构建了一个基于驾驶行为意图的时序模型框架，该模型共有 2 层、27 个神经元和 500 个 epoch 架构预测网络，并采用 5 层交叉验证进行数据训练。表 6-5 显示了模型的训练准确率、验证准确率、R^2_{MF} 和 AIC，综合表示了模型结果的准确率及拟合度。

表 6-5　不同时间窗宽度下的模型验证结果

指标	时间窗宽度(s)	LSTM with Attention	HMM-LSTM with Attention	LSTM	HMM-LSTM	CNN	HMM-CNN
训练准确率	1	0.75	0.76	0.73	0.78	0.67	0.71
	1.5	0.75	0.77	0.74	0.75	0.69	0.71
	2	0.81	0.82	0.78	0.8	0.71	0.73
	2.5	0.81	0.81	0.77	0.79	0.71	0.72
	3	0.81	0.81	0.75	0.8	0.71	0.73

（续表）

指标	时间窗宽度(s)	LSTM with Attention	HMM-LSTM with Attention	LSTM	HMM-LSTM	CNN	HMM-CNN
验证准确率	1	0.75	0.74	0.73	0.78	0.69	0.71
	1.5	0.75	0.77	0.71	0.77	0.69	0.71
	2	0.81	0.84	0.76	0.78	0.71	0.75
	2.5	0.81	0.82	0.76	0.76	0.71	0.72
	3	0.81	0.82	0.75	0.78	0.71	0.73
R_{MF}^2	1	0.21	0.25	0.22	0.23	0.24	0.23
	1.5	0.25	0.28	0.22	0.23	0.26	0.22
	2	0.27	0.32	0.26	0.23	0.26	0.25
	2.5	0.27	0.30	0.25	0.22	0.26	0.22
	3	0.25	0.31	0.25	0.22	0.25	0.22
AIC	1	1 213	1 197	1 252	1 212	1 199	1 258
	1.5	1 192	1 187	1 277	1 212	1 197	1 258
	2	1 100	1 100	1 148	1 197	1 197	1 200
	2.5	1 185	1 125	1 158	1 199	1 198	1 220
	3	1 188	1 200	1 159	1 199	1 198	1 220

由表 6-5 可知，2 s 的时间窗宽度最适用于构建驾驶行为预测模型，在该时间窗宽度下预测模型可以达到最高的预测准确率（训练准确率 0.82、验证准确率 0.84），该结果表明 2 s 的面板结构输入的危险驾驶行为比其他时刻更接近真实情况。表 6-5 还显示了 R_{MF}^2 和 AIC 方面的预测性能，2 s 时间窗宽度可以实现比其他状况下更好的模型预测性能（更高的 R_{MF}^2 和较低的 AIC）。由此可以推测，从驾驶人开始反应到危险驾驶行为状态出现的时间约为 2 s，该结论与本书构建的危险驾驶行为知识图谱研究结论一致。

此外，本书验证了驾驶行为意图和注意力机制的有效性，同时将所提出模型的预测性能与同样广泛用于时间预测的 CNN 进行了比较。本书以 2 s 时间窗宽度面板结构输入为例，验证不同模型的性能，如图 6-10 所示。结果表明，在模型中加入注意力机制可以提高预测精度，并降低误差。同时，HMM-LSTM with Attention 在上述模型中取得了最好的性能。这意味着隐马尔可夫模型可以通过探索驾驶人的意图来提高模型在预测危险驾驶行为中的准确率。此外，LSTM 的性能优于 CNN，并且预测结果更接近于事实。

本书基于注意力机制进一步挖掘 2 s 时间窗宽度下预测模型指标的相关性，并计算基于时间及变量的注意力权重分布，如图 6-11 所示。通过每个预测时间点（距离行为发生的时间距离）的平均注意力权重计算可知，离行为发生越近，与预测结果的相关性越高。然而，第 1.60 s 的注意力在预测时间轴中权重最高，并且从该时间点开始，越接近行为的发

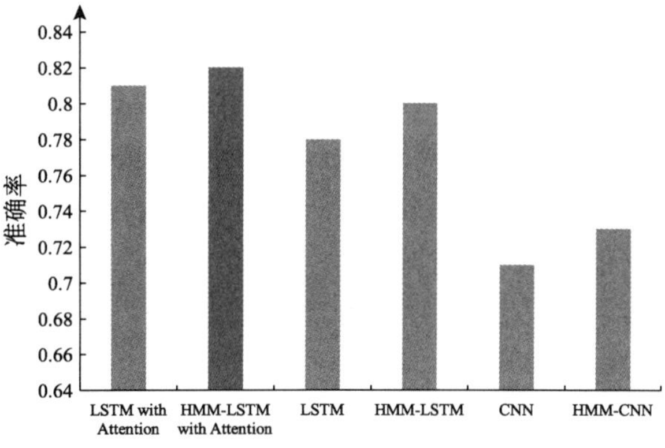

(a) 模型训练准确率对比

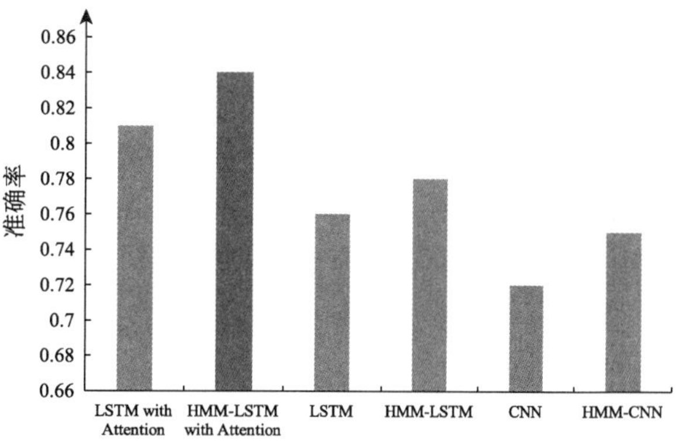

(b) 模型验证准确率对比

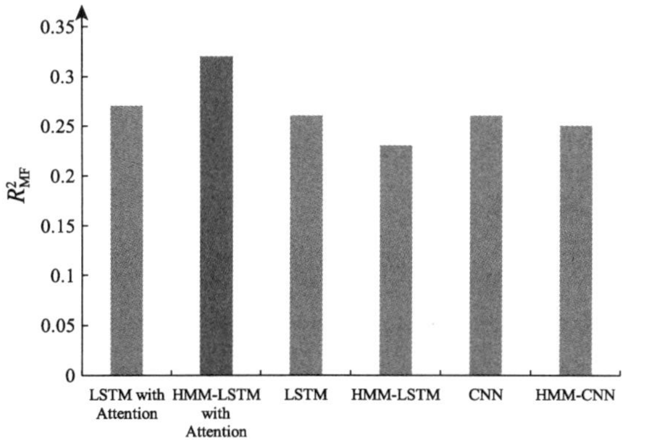

(c) 模型 R^2_{MF} 对比

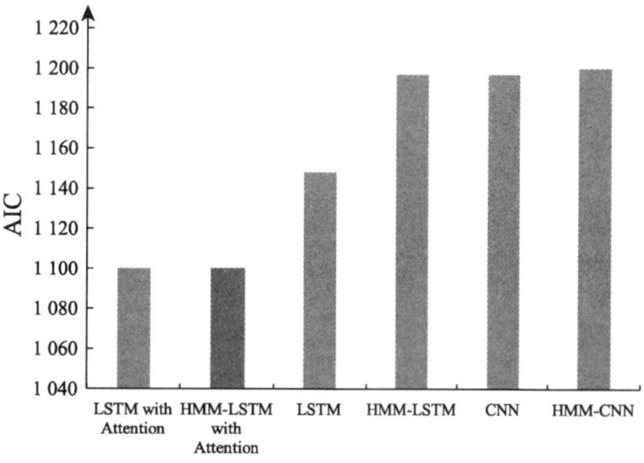

(d) 模型 AIC 对比

图 6-10　基于 2 s 时间窗宽度的模型性能对比

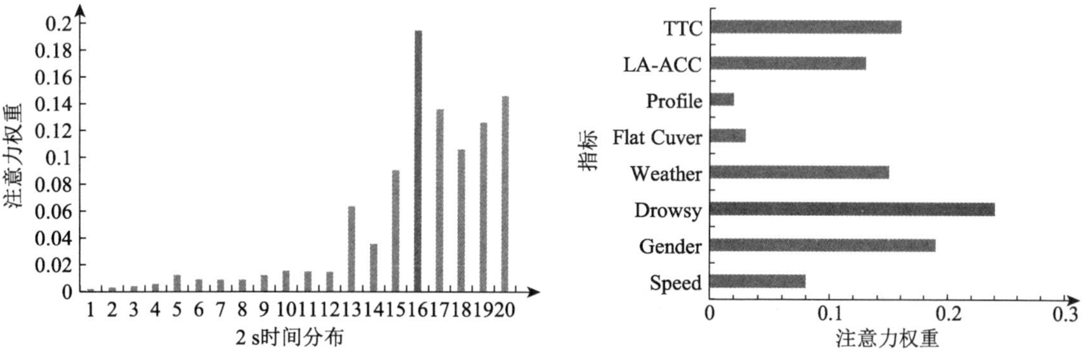

图 6-11　时间以及指标权重分布

生，其时间的权重越有所下降。值得注意的是，下降不是线性的，并且在一些连续的时间范围(0.50～1.20 s 和 1.70～2.0 s)内，注意力权重几乎相同。然而，有一些指标比另一些指标权重高，例如，性别和疲劳驾驶比平曲线和纵断面指标权重高，在预测中的重要性更强。

该结果表明，影响危险驾驶的主要因素是性别和疲劳驾驶。此外，与其他变量相比，道路环境的权重较小，这表明危险驾驶行为与驾驶人特征的相关性高于道路环境，即在预测危险驾驶行为时需要更关注驾驶人属性变量。

数据集由 1 500 条出行记录组成，其中 500 条为危险驾驶行为面板结构输入数据。然而，实际应用于外部数据集（通常危险驾驶和安全驾驶记录的比例与训练数据集的比例不相似）时，预测性能可能会显著下降。为了验证数据比例对预测性能的影响，本书选取了危险驾驶与安全驾驶的不同数据比例（1∶2、1∶10、1∶50 和 1∶100）构建 2 s 的面板。然后根据模型的准确率和召回率来验证每个比例的模型性能，如图 6-12 所示。结果表明，模型准确率和召回率随着比例的增大而降低。1∶2 比例的准确率（84%）和召回率（79%）最高，1∶100 最低（准确率 73%，召回率 59%）。此外，模型性能在中段变化很大，尤其是从 1∶10 到 1∶50，从 1∶50 到 1∶100 的变化开始逐渐减小。在未来的研究中，需要进一步研究比例变化对模型性能的影响，以保证预测准确率。

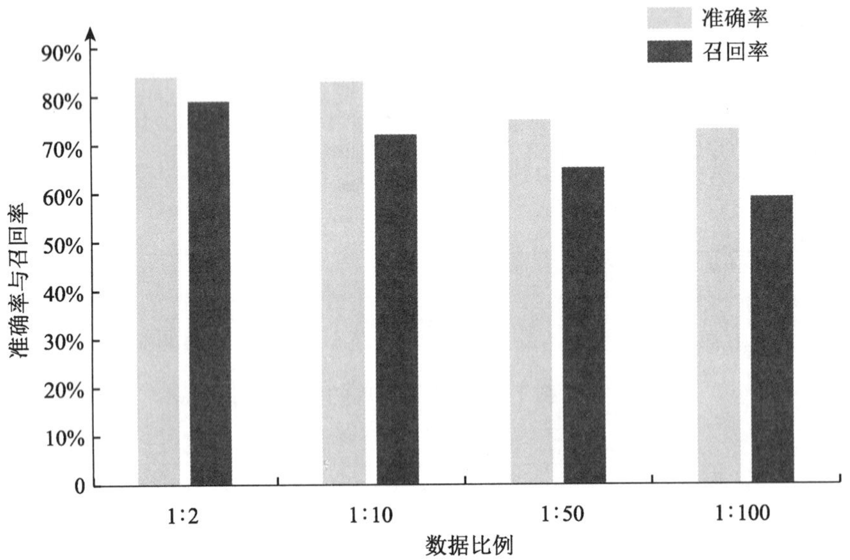

图 6-12　模型准确率与召回率

6.2　高快速路危险跟驰行为实时预测模型

为实现高快速路驾驶人危险跟驰行为实时预测，在数据准备和危险跟驰行为识别的基础上，本书提出了危险跟驰行为实时预测模型框架，如图 6-13 所示。参考危险跟驰致因分析结果，基于该框架确定最佳观测变量输入时窗，预测输出时窗及最优预测模型，实现危险跟驰行为的实时预测。

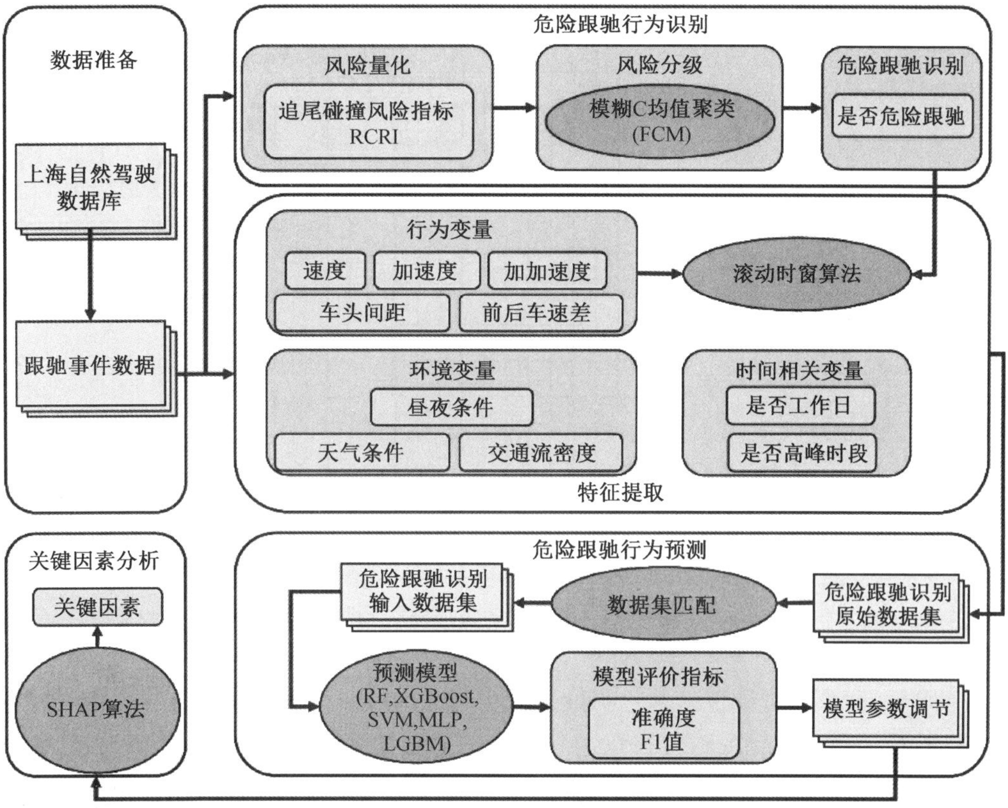

图 6-13　危险跟驰行为实时预测模型框架

6.2.1　构建基于滚动时窗算法的特征变量

为确定预测模型最佳输入输出变量时间窗宽度，本书采用滚动时窗算法构建危险跟驰行为预测特征变量，如图 6-14 所示。图中，t_1 和 t_m 代表该预测片段的起止时刻；x_1，…，x_n 代表提取的多维度特征变量；ω 为特征变量的观测样本时长(观测时窗)；φ 为预测标签时长(预测时窗)；滚动时窗步长 δ 与数据的采集频率相同，为 0.1 s，灰色方框表示预测时窗内的危险跟驰状态。滚动时窗特征提取可实现提前一个预测时窗的风险预警，并且该预警将持续至危险跟驰行为发生。本书采用网格搜索方法，通过模型预测性能对比确定最优观测和预测时窗。

由于危险跟驰行为在跟驰事件中的占比较小，为避免样本数据集的严重不均衡问题影响模型预测精度，本书将无危险跟驰的跟驰片段剔除，最终获得了 725 条出行中累计 2 024 个危险跟驰事件，并以此为基础进行驾驶人危险跟驰行为预测。此外，对无危险跟驰的对照组进行随机欠抽样处理，与危险跟驰样本数量按 1∶1 配比，构成危险跟驰行为预测数据集。

本书中，若预测时窗内出现危险跟驰行为，则被标记为危险跟驰样本。结合危险跟驰行为致因分析结果，在危险跟驰行为预测中提取了观测时窗内的时间特征、道路环境特征、

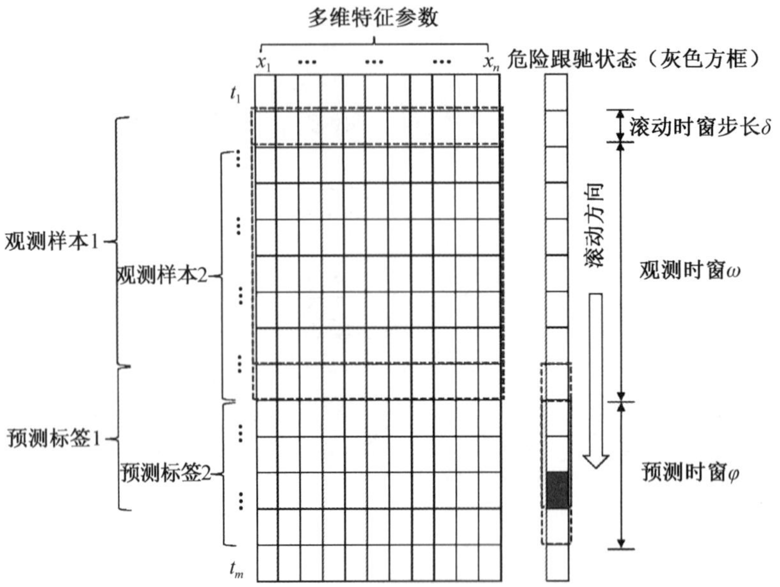

图 6-14　滚动时窗特征提取示意

跟驰行为特征、跟驰稳定性特征及风险特征等相关变量，如表 6-6 所示。其中，时间特征和道路环境特征选择了危险跟驰行为致因分析中的显著性变量，包括是否高峰时段、天气及交通流密度等；跟驰行为特征中选择了前后车速度及加速度等变量；跟驰稳定性特征选择了车头间距及前后车速差等变量。此外，考虑到观测时段内行车风险值的高低及变化情况对预测时窗内风险状态的直接影响[209]，本书将观测时窗内的追尾风险值也作为输入变量进行危险跟驰行为实时预测。参考以往研究[210]，对于观测时窗内的跟驰行为特征、稳定性特征及风险特征，本书提取了特征变量的均值、标准差、中位值、最大值、最小值、极差、回归斜率、峰度、偏度等特征参数作为输入变量。

表 6-6　危险跟驰行为预测特征指标描述

分类	特征指标	描述	指标数
时间特征	是否工作日	离散变量（工作日—0；节假日—1）	1
	是否高峰时段	离散变量（非高峰时段—0；高峰时段—1）	1
道路环境特征	昼夜	离散变量（白天—0；夜晚—1）	1
	天气	离散变量（晴天—0；雨天—1）	1
	交通流密度	离散变量（低密度—0；中密度—1；高密度—2）	1
跟驰行为特征	前车速度*	连续变量（m/s）	9
	前车加速度*	连续变量（m/s^2）	9
	后车速度*	连续变量（m/s）	9
	后车加速度*	连续变量（m/s^2）	9

（续表）

分类	特征指标	描述	指标数
跟驰稳定性特征	车头间距*	连续变量(m)	9
	前后车速差*	连续变量(m/s)	9
风险特征	风险值(RCRI)*	连续变量	9

注：*表示特征变量的统计值，包括均值、标准差、中位值、最大值、最小值、极差、回归斜率、峰度、偏度等指标。

6.2.2 危险跟驰行为实时预测算法

为获得最佳输入输出时窗及预测模型，本书采用五种主流机器学习算法进行危险跟驰行为实时预测，包括极端梯度提升模型(Extreme Gradient Boosting，XGBoost)、支持向量机(Support Vector Machine，SVM)、随机森林(Random Forest，RF)、多层感知机(Multi-Layer Perceptron，MLP)及轻量梯度提升机(Light Gradient Boosting Machine，LGBM)。

1）极端梯度提升模型

XGBoost作为一种并行树提升算法[211]，主要被用来处理二分类和多分类问题。算法的总体思路是不断进行特征分裂并长出新树，随后通过学习去拟合预测的残差，直到训练完成，最终得到k棵树。该算法的预测过程即根据样本的特征，将训练模型的每棵树对应的叶子节点得分相加，进而得到样本的最优预测结果。

2）支持向量机

标准支持向量机是一个二分类模型。该算法的基本概念是构造一个分离超平面来解决二分类问题[212]。此外，通过有序地构建多个决策边界，可以实现样本的多分类。本书选择了高斯核函数作为该模型的决策函数，进而实现驾驶人危险跟驰行为的预测。基于径向基函数的分类决策函数可以表示为

$$f(x)=\mathrm{sgn}\left(\sum_{i=1}^{N}a_i^*y_i\mathrm{e}^{-\gamma\|x_i-x\|^2}+b^*\right) \tag{6-13}$$

式中，a_i^*、y_i、γ、x_i、b^*均为通过模型优化迭代获得的分离超平面参数。

3）随机森林

随机森林是采用多个决策树进行训练、分类和预测的机器学习模型，克服了决策树过拟合的问题，被广泛应用于回归和分类等监督学习场景[213]。作为一种集成学习方法，由于该模型中弱学习器之间不存在相互依赖关系，故其具有并行运算的优点。该算法主要通过随机选择样本和特征来降低各决策树之间的相关性，通过这两种随机选择，算法内部各决策树相似度变小，进而提高了模型的准确性。

4）多层感知机

多层感知机也称为人工神经网络(Artifical Neural Network，ANN)[214]，主要包括输入层、多个隐藏层、输出层和各层的权重。MLP的各层是全连接的，即上层的任何神经元都与

下一层的所有神经元相连。该模型主要采用梯度下降法优化损失函数，训练过程为随机初始化所有参数，然后迭代训练，不断计算梯度并更新参数，当损失函数达到一定阈值时停止训练。此外，MLP 算法中的隐层状态设置为 3 层，每层神经元个数分别为 100、60、30，最大迭代次数设置为 500。

5）轻量梯度提升机

轻量梯度提升机是 Microsoft 于 2017 年提出的一种梯度提升算法[215]。该算法在预测效率、预测准确率及可解释性方面具有优势。该算法利用直方图算法的基本概念，将连续的浮点特征值离散化为 k 个整数，同时构造宽度为 k 的直方图，然后以离散化后的值作为指标，在直方图中积累统计量，最终找到最优的分割点。此外，LGBM 算法采用深度限制的逐叶增长策略代替逐层增长策略，提高了算法的准确性，避免了过拟合的问题，近年来被广泛应用于监督学习中。

危险驾驶行为预测模型评价指标采用准确率（Accuracy）、精准率（Precision）和召回率（Recall）的 F1 值（F1 Score）。相关机器学习算法采用 Python 的 Sklearn 平台实现。为提高训练学习效率，本书采用网格搜索（GridSearch）分别对 XGBoost 算法中的估计器数量（10，50，100）、最大树深（6，8，10）和学习效率（0.01，0.1），SVM 算法中的 gamma 值（0.01，0.1）和惩罚系数 C（0.8，1），RF 算法中的估计器数量（10，50，100），LGBM 算法中的估计器数量（10，50，100）、最大树深（6，8，10）和学习效率（0.01，0.1）等主要超参数进行调节寻优。

6.2.3 危险跟驰行为实时预测结果分析

最优的观测变量输入及预测输出时窗对危险驾驶行为预测至关重要。如果滚动时窗步长不恰当，观测时窗内输入变量的有效信息将不能被完整考虑，预测模型的效率也会受到影响。以往研究结果显示[216]，如果提前 0.5～1 s 对驾驶人可能发生的碰撞场景进行预警，可以避免 60%～90%的追尾事故。因此，考虑到危险跟驰行为实时预测模型的时效性和预测效果，本书采用网格搜索方法，对观测时窗 $\omega \in [0.1\ \mathrm{s},\ 5\ \mathrm{s}]$ 和预测时窗 $\varphi \in [0.5\ \mathrm{s},\ 3\ \mathrm{s}]$ 组合情况下的各模型预测效果进行对比，获得最佳观测时窗、预测时窗及预测模型，实现危险跟驰行为的实时预测。为评估模型预测效果，本书将数据集按 60%、20%、20%的比例划分为训练集、验证集和测试集。其中训练集用来训练机器学习模型，验证集用来筛选获得最佳超参数组合，测试集用来测试模型。为消除数据量纲对模型效果的影响，输入特征均按极值原则进行了归一化处理。

给定观测时窗、预测时窗下各模型的最佳预测准确率及 F1 值，如图 6-15、图 6-16 所示，可以发现，随着观测时窗的增加，最优预测准确率及 F1 值变化情况不明显，虽然预测效果出现波动但总体变化不大；反之，随着预测时窗的增加，最优预测准确率及 F1 值呈明显下降趋势。这说明随着预测时窗的增加，模型需要对未来更长一段时间内的驾驶人危险跟驰行为进行预测，无疑增加了模型预测的难度。因此，在选择最优时窗进行危险驾驶行为预警时，需要在考虑时效性的基础上保证可接受的预测准确程度。同时，也可以看出，RF

算法和 SVM 算法的预测准确率和 F1 值低于其他三个机器学习算法模型。

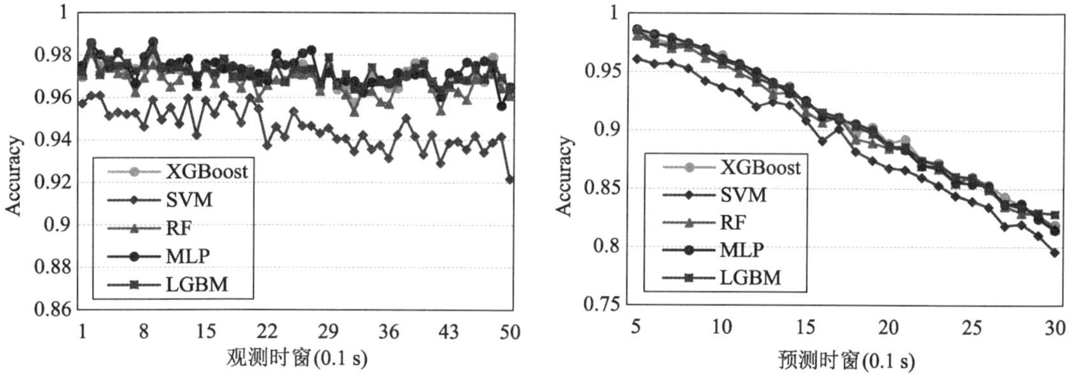

图 6-15　不同观测、预测时窗组合下各模型预测准确率变化情况

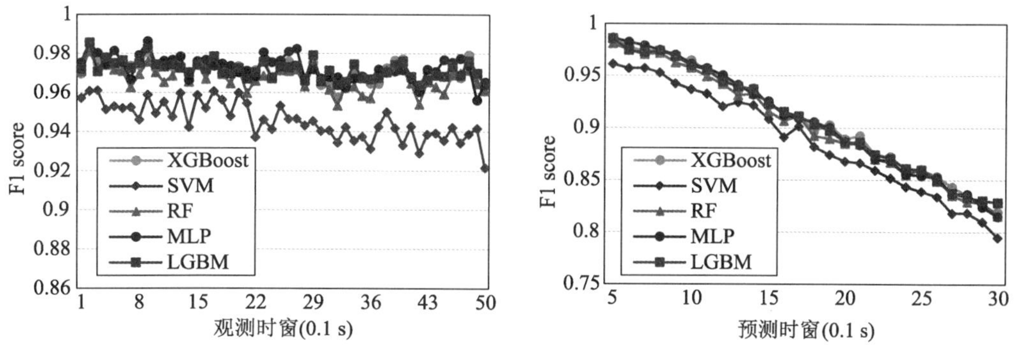

图 6-16　不同观测、预测时窗组合下各模型预测 F1 值变化情况

为确定最优观测时窗、预测时窗及预测模型，本书对获得的预测准确率及 F1 值求和排序，表 6-7 所示即为不同预测时窗对应的最佳观测变量时窗、预测模型及其预测性能评估指标。

表 6-7　不同预测时窗下最优观测时窗、预测模型及其预测性能

φ (0.1s)	5	6	7	8	9	10	11	12	13	14	15	16	17
ω (0.1s)	9	27	8	5	4	4	3	3	10	13	2	3	1
模型	M	M	M	X	M	X	M	M	M	X	M	L	L
准确率(%)	98.6	98.2	97.9	97.5	97.0	96.4	95.7	95.0	94.1	93.8	92.6	91.5	91.1
F1 值(%)	98.6	98.1	97.9	97.4	97.0	96.4	95.7	95.0	94.0	93.7	92.5	91.5	91.1
φ (0.1s)	18	19	20	21	22	23	24	25	26	27	28	29	30
ω (0.1s)	3	4	4	5	2	3	2	4	3	9	1	7	14
模型	M	X	X	X	L	X	L	R	X	X	M	L	L
准确率(%)	90.6	90.3	88.9	89.2	87.4	87.2	86.1	86.1	85.3	84.3	83.8	83.0	82.9
F1 值(%)	90.6	90.2	88.9	89.2	97.4	87.2	86.1	86.0	85.3	84.3	83.7	83.0	82.8

注：M 为 MLP 算法；X 为 XGBoost 算法；L 为 LGBM 算法；R 为 RF 算法。

从表中可以看出，当预测时窗小于等于 3 s 时，最优时窗及预测模型组合情况下的危险跟驰行为预测准确率维持在 82.9%以上，F1 值也在 82.8%以上。这说明本书提取的特征参数及选用的机器学习算法能较为准确地识别驾驶人跟车过程中的危险行为。在所有观测及预测时窗组合中，当观测时窗为 0.9 s、预测时窗为 0.5 s，且采用多层感知机（MLP）算法时，危险跟驰行为的预测性能最佳，其准确率高达 98.6%。当预测时窗为 1 s、采用 0.4 s 观测时窗及 XGBoost 算法时，危险跟驰行为预测准确率为 96.4%。若预测时窗小于 1.2 s，最优模型预测准确率能达到 95%以上；若预测时窗小于 1.9 s，最优模型预测准确率能达到 90%以上。

6.2.4 危险跟驰行为实时预测关键特征分析

本书采用 SHAP（Shapley Additive Explanations）算法来分析各变量特征对危险跟驰行为实时预测结果的影响。SHAP 是近年来广泛应用于解释机器学习模型输出的主流算法[217-219]。其采用合作博弈论的思想，将各特征参数视为模型输出的贡献者，通过计算每个特征参数的边际效应累加值来解释每个特征对模型预测结果的影响。传统的机器学习树模型的特征重要度参数只能确定哪些特征在模型预测中的重要度高，但无法知晓该参数如何影响模型的输出。SHAP 可以计算各样本中每个特征对模型输出结果的贡献，更便于解释特征变化情况对模型输出的影响。

给定一个训练好的机器学习树模型及数据样本（每个样本包含 n 个特征 x_1，x_2，…，x_n），某个特征 x_i 对模型输出的贡献度 φ_i 可以通过其边际效应累加来确定。

$$\varphi_i=\sum_{\boldsymbol{S}\in\{x_1,x_2,\cdots,x_n\}\setminus\{x_i\}}\frac{|\boldsymbol{S}|!\,(n-|\boldsymbol{S}|-1)!}{n!}(\mathrm{val}(\boldsymbol{S}\cup\{x_i\})-\mathrm{val}(\boldsymbol{S}))\tag{6-14}$$

式中，$\boldsymbol{S}$ 为样本特征除 x_i 外的子集；$n!$ 为 n 个特征的组合数；$|\boldsymbol{S}|!\,(n-|\boldsymbol{S}|-1)!$ 为固定某个特征 x_i 后的剩余组合数；$\mathrm{val}(\boldsymbol{S})$ 为特征子集 $\boldsymbol{S}$ 对应的模型输出。

6.3 高快速路危险换道行为实时预测模型

现有的危险换道行为预测模型中较少考虑换道意图识别，且通常选择换道过程中的车辆运行特征作为模型输入，导致算法实用性有待商榷。本书提出综合换道行为意图识别和危险换道行为预测的算法，同时考虑驾驶人向左换道、向右换道的行为特征及发生危险驾驶行为概率的差异性，最终实现驾驶人危险换道行为的实时预测，其框架如图 6-17 所示。

6.3.1 基于长短时记忆模型的换道行为意图识别模型

为提高模型的实用性，在进行危险换道行为实时预测之前，需要对驾驶人的换道意图进行识别。本书采用时序数据输入，基于长短时记忆神经网络模型实现了驾驶人向左换道

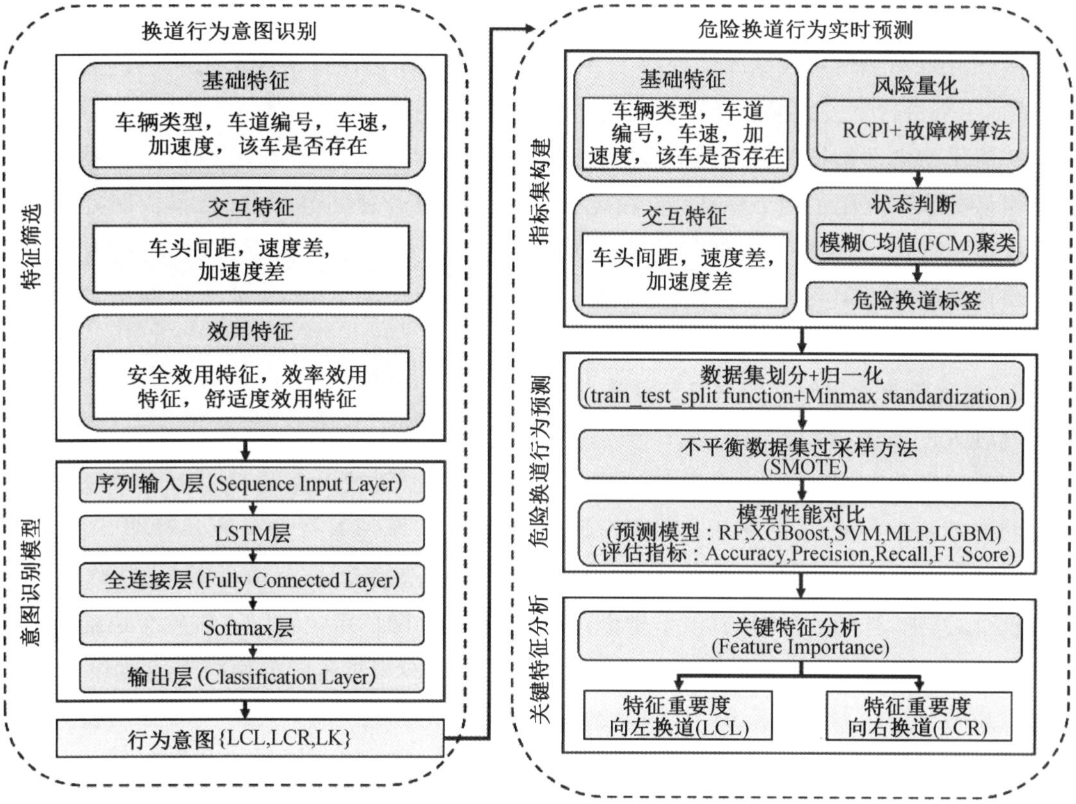

图 6-17　危险换道行为实时预测框架

(Lane-changing to left lane, LCL)、向右换道(Lane-changing to right lane, LCR)以及车道保持(Lane keeping, LK)三种换道行为的意图识别。

1. 换道行为意图识别数据集及特征指标筛选

1) 换道行为意图识别数据集

在以往研究中，驾驶人换道行为意图识别输入变量时间窗宽度取值通常为 2～5 s[220-222]。因此，本书以 highD 车辆轨迹数据库提取的 4 083 条高快速路驾驶人换道事件为基础，筛选出换道阶段及其换道意图阶段(图 6-18)大于 5 s 的换道事件。

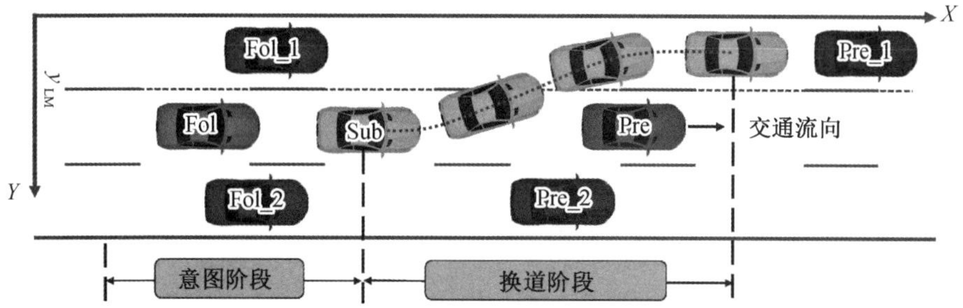

图 6-18　驾驶人换道意图时窗示意(以向左换道为例)

最终，本书筛选出换道事件 2 173 条，其中向左换道 1 203 条，向右换道 970 条。此外，本书从 highD 车辆轨迹数据库中提取了 2 214 条驾驶人车道保持事件对应的轨迹数据作为对照组，用来进行驾驶人换道及车道保持行为意图识别。

车道保持事件是指驾驶人无明显换道意图的行驶片段，如跟车行驶或自由行驶。车道保持事件提取中采用了两个标准：①在无人机拍摄的整个观测范围内，该车辆所处车道的编号保持不变；②为保证有足够长的轨迹数据用于驾驶人换道行为意图识别，提取的车道保持事件持续时长须大于 5 s。同样，根据车辆间的相对位置关系，匹配车道保持车辆周围车辆的轨迹数据。

2）换道行为意图识别特征指标筛选

驾驶人的换道行为意图受主车与周围车辆的相对位置关系、车速差异性、加速度差异性等多种运动状态相关因素影响[223]。因此，本书提取了驾驶人意图时间窗内车辆类型及运动状态等基础特征，换道车辆与周围车辆的车头间距、车速差及加速度差等交互特征，以及表征安全、效率及舒适度的效用特征来实现驾驶人换道及车道保持行为意图识别（表 6-8）。其中，基础特征中的“该车是否存在”为主车周围特定位置（如“左侧车道前车”）是否存在，若不存在则用 0 表示，其相对距离设置为无穷大，相对速度及相对加速度设置为 0。安全效用特征采用 RCRI 来表征换道车辆与周围车辆的纵向碰撞风险。为考虑驾驶人保持车道或变换车道可能获得的行车效率收益，本书采用本车与左侧车道、当前车道及右侧车道前车的车头时距作为行为意图识别的效率效用特征。考虑到日常行车过程中驾驶人倾向于保持预期车速行驶，在行车过程中频繁加减速会影响行车舒适度，因此，本书采用驾驶人纵、横向加速度平方和作为行为意图识别的舒适度效用特征。

表 6-8　驾驶人行为意图识别特征指标描述

分类	特征指标	描述	指标数量
基础特征	车辆类型	小车：0；大车：1	7
	车辆横向车速	连续变量（m/s）	7
	车辆纵向车速	连续变量（m/s）	7
	车辆横向加速度	连续变量（m/s^2）	7
	车辆纵向加速度	连续变量（m/s^2）	7
	该车是否存在	不存在：0；存在：1	6
	车道数	4 车道：0；6 车道：1	1
	主车所处车道编号	车道编号（1～6）	1
交互特征	主车与周围车辆横向距离	连续变量（m）	6
	主车与周围车辆纵向距离	连续变量（m）	6
	主车与周围车辆横向速度差	连续变量（m/s）	6
	主车与周围车辆纵向速度差	连续变量（m/s）	6

（续表）

分类	特征指标	描述	指标数量
交互特征	主车与周围车辆横向加速度差	连续变量(m/s^2)	6
	主车与周围车辆纵向加速度差	连续变量(m/s^2)	6
安全效用特征	主车与周围车辆的碰撞风险	连续变量	6
效率效用特征	主车与左侧车道前车车头时距	连续变量(s)	1
	主车与当前车道前车车头时距	连续变量(s)	1
	主车与右侧车道前车车头时距	连续变量(s)	1
舒适度效用特征	本车纵、横向加速度平方和	连续变量(m^2/s^4)	1

2. 基于长短时记忆模型的驾驶行为意图识别模型

由于深度学习算法在处理时序数据上存在明显优势，近年来越来越多研究者采用如循环神经网络等模型识别驾驶人行为意图[222-224]。本书采用了能解决循环神经网络模型训练过程中梯度消散问题的长短时记忆模型来进行驾驶人行为意图识别。

基于长短时记忆的驾驶行为意图识别模型包含五层，分别为序列输入层、LSTM 层、全连接层、Softmax 层及输出层。序列输入层用来输入驾驶人意图时间窗内的时间序列特征参数；LSTM 层通过控制门来选择有效信息以更新模型神经元；全连接层主要用于特征指标维度变换，将输出结果转换为需要被识别的驾驶行为意图（向左换道、向右换道和车道保持）；Softmax 层用于计算所有可能出现的驾驶行为意图概率；输出层用于输出驾驶行为意图识别结果。该模型的构建分为以下几个步骤。

(1) 输入提取的时间序列特征参数

$$\boldsymbol{x}_t = \begin{bmatrix} x_{1,t} \\ x_{2,t} \\ \cdots \\ x_{n,t} \end{bmatrix} \tag{6-15}$$

式中，$x_{n,t}$ 代表输入特征 x_n 在时刻 t 的取值。

(2) 通过 LSTM 层训练并获得模型参数

① 根据输入变量 x_t、隐藏状态 H_{t-1}，计算输入门状态 i_t、遗忘门状态 f_t 和输出门状态 o_t。

$$\boldsymbol{i}_t = \sigma(W_{xi}\boldsymbol{x}_t + W_{hi}H_{t-1} + b_i) \tag{6-16}$$

$$\boldsymbol{f}_t = \sigma(W_{xf}\boldsymbol{x}_t + W_{hf}H_{t-1} + b_f) \tag{6-17}$$

$$\boldsymbol{o}_t = \sigma(W_{xo}\boldsymbol{x}_t + W_{ho}H_{t-1} + b_o) \tag{6-18}$$

式中，W_{xi}、W_{hi}、W_{xf}、W_{hf}、W_{xo}、W_{ho} 均为模型权重参数；b_i、b_f、b_o 为偏置参数。模型中

三个门均采用 Sigmoid 函数 $\sigma(\cdot)$ 来控制隐藏状态中的信息传递。

② 计算当前时刻的候选记忆细胞 $\widetilde{C}_t$、记忆细胞 C_t 及隐藏状态 H_t。

$$\widetilde{\boldsymbol{C}}_t = \tanh(\boldsymbol{x}_t W_{xc} + H_{t-1} W_{hc} + b_c) \tag{6-19}$$

$$\boldsymbol{C}_t = f_t \odot \boldsymbol{C}_{t-1} + i_t \odot \widetilde{\boldsymbol{C}}_t \tag{6-20}$$

$$\boldsymbol{H}_t = o_t \odot \tanh(\boldsymbol{C}_t) \tag{6-21}$$

式中，W_{xc} 和 W_{hc} 为模型权重参数；b_c 为模型偏置参数；$\odot$ 代表 Hadamard 运算。

(3) 采用全连接层计算输出需要被识别的各类驾驶行为意图得分

$$D_j = W_j x_t + b_j \tag{6-22}$$

式中，W_j 和 b_j 分别代表驾驶行为意图 j 的权重参数和偏置参数。

(4) 通过 Softmax 层计算各类驾驶行为意图的概率 $\widehat{D_j}$ 并确定识别的驾驶行为意图类别。

$$\widehat{\boldsymbol{D}}_j = \mathrm{softmax}(\boldsymbol{D}_j) = \frac{\mathrm{e}^{\boldsymbol{D}_j}}{\sum_{j=1}^{3} \mathrm{e}^{\boldsymbol{D}_j}} \tag{6-23}$$

本书随机选择 60%的数据集作为模型训练集，20%的数据集作为验证集来选择模型的超参数。剩余的 20%数据集用作测试集，以验证驾驶行为意图识别模型的性能。所有特征参数在输入 LSTM 模型前全部进行归一化处理。设置初始学习率为 0.01，采用自适应矩估计(Adaptive moment estimation，ADAM)方法迭代更新 LSTM 模型中各神经元的权重。为了避免训练模型的梯度爆炸问题，将梯度阈值设置为 1。最终模型中的其他超参数设置情况为：numHiddenUnits 为 128，maxEpochs 为 80，miniBatchSize 为 64，epsilon 为 10e－8。该部分模型评价指标采用准确率、精准率、召回率及 F1 值。该深度学习算法采用 Matlab 2019R 深度学习工具箱实现。

3. 换道行为意图识别结果

为了获得最佳的换道行为意图识别时间窗，本书以 0.5 s 为步长，对比分析了 0.5～5 s 时间窗宽度对换道行为意图识别的影响。此外，为了探索添加的车辆交互特征对提升模型识别精度的作用，本书也对比了不同类别特征指标输入情况下的驾驶行为意图识别结果。图 6-19 所示为模型在训练验证阶段的训练过程，可以发现，当训练周期达到 30 次、迭代次数达到 1 500 次以上时，损失函数趋于收敛。

对比不同意图时窗下的识别效果，确定最优意图识别时窗，为后续进行危险换道行为实时预测奠定基础。图 6-20 所示为不同意图时窗及不同输入特征组合情况下驾驶人换道意图识别准确率及 F1 值对比情况。

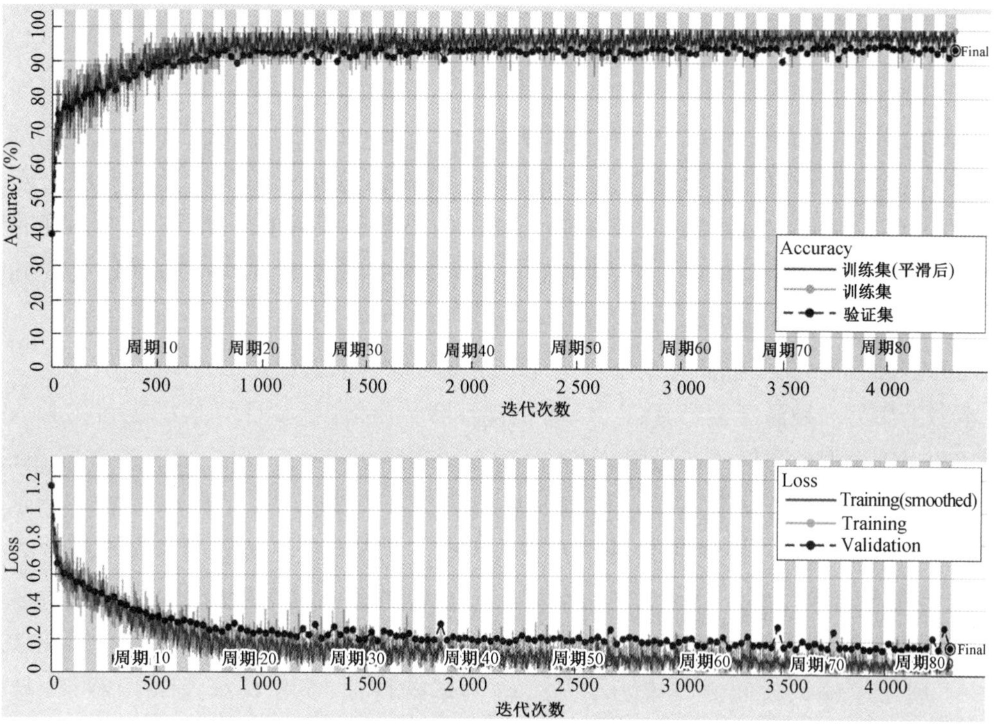

图 6-19　模型训练迭代过程准确率及误差变化

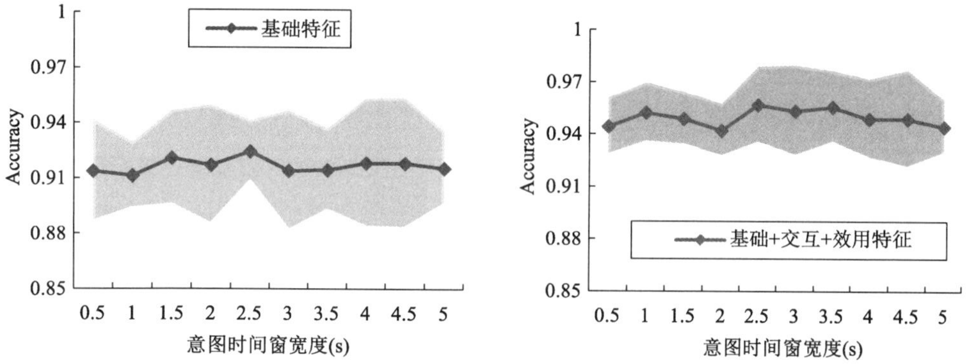

（a）意图识别效果准确率对比

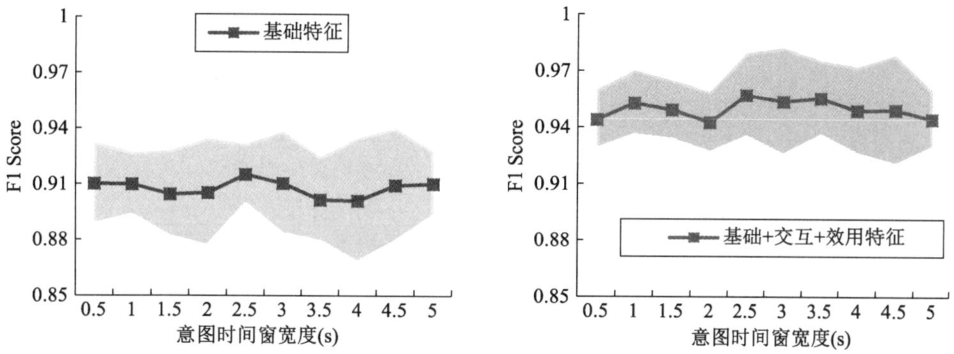

（b）意图识别效果 F1 值对比

图 6-20　不同时窗及不同输入特征情况下换道行为意图识别准确率及 F1 值对比

从图 6-20 中可以看出，不同时窗及输入参数对应的意图识别准确率均在 90%以上，说明本书提出的 LSTM 模型可以有效地学习驾驶人行为意图时间窗内输入变量的时序变化特征。对比不同特征输入情况下的预测准确率及 F1 值，可以发现，在输入变量中添加车辆交互特征及效用特征可以显著提高预测准确率。这一发现也说明了车辆之间的交互关系及行驶安全性、高效性及舒适性对于驾驶人行为的决策至关重要。此外，对比不同时窗下驾驶人换道意图识别结果可以看出，当意图阶段输入变量时窗为 2.5 s时，无论是准确率还是 F1 值均为最高，这一发现也与以往研究一致[221, 222, 225]。因此，换道发生前 0～2.5 s 意图时窗内的基础特征、交互特征及效用特征连续指标可以有效表征换道意图。

本书采用另一种深度学习算法——卷积神经网络模型，与 LSTM 模型进行驾驶人换道行为意图识别模型效果对比。采用的 CNN 模型网络结构包括序列输入层、卷积层、Relu 激活函数层、池化层、全连接层、Softmax 层及输出层。两个模型对比结果如表 6-9 所示。从对比结果中可以看出，LSTM 模型优于 CNN 模型。当输入时间窗宽度为 2.5 s，输入基础特征、交互特征及效用特征，采用 LSTM 模型时，模型预测准确率最高可以达到 0.96，其中驾驶人向左换道、向右换道及车道保持行为的意图识别准确率分别为 0.97、0.96 和 0.97。图 6-21 展示了输入时间窗宽度为 2.5 s，输入基础特征、交互特征及效用特征，且采用 LSTM 模型时，驾驶人换道行为的意图识别混淆矩阵，可以看出该算法在驾驶人换道行为意图识别方面的性能优越。

表 6-9　换道行为意图识别效果对比(输入时间窗宽度为 2.5 s)

模型	输入参数	行为意图	准确率	精准率	召回率	F1 值
CNN	基础特征	LCL	0.94	0.89	0.89	0.89
		LCR	0.93	0.82	0.88	0.85
		LK	0.95	0.96	0.92	0.94
		整体准确率：0.91，整体 F1 值：0.89				
	基础＋交互＋效用特征	LCL	0.95	0.90	0.90	0.90
		LCR	0.95	0.87	0.88	0.88
		LK	0.97	0.97	0.97	0.97
		整体准确率：0.93，整体 F1 值：0.92				
LSTM	基础特征	LCL	0.96	0.93	0.91	0.92
		LCR	0.95	0.82	0.91	0.86
		LK	0.95	0.97	0.94	0.95
		整体准确率：0.92，整体 F1 值：0.91				
	基础＋交互＋效用特征	LCL	0.97	0.95	0.94	0.94
		LCR	0.96	0.92	0.92	0.92
		LK	0.97	0.97	0.98	0.97
		整体准确率：0.96，整体 F1 值：0.95				

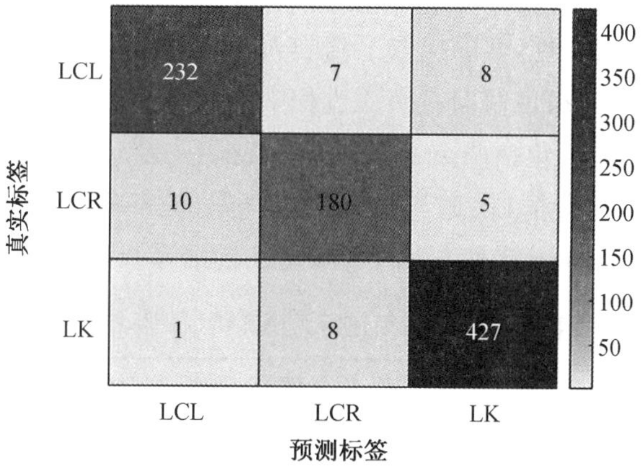

图 6-21　驾驶人行为意图识别混淆矩阵

采用驾驶人行为意图识别算法，使得根据当前主车及周围车辆的运动特征识别驾驶人车道保持及换道的行为意图成为可能，也进一步保障了危险跟驰及危险换道两类典型危险驾驶行为实时预测模型的实用性。

6.3.2　危险换道行为实时预测特征变量构建

考虑危险换道行为致因分析中驾驶人换道类型（向左和向右换道）对危险换道行为影响的差异性，为保证模型的实用性及准确程度，本书分别构建了驾驶人向左换道和向右换道的危险驾驶行为实时预测模型。

图 6-22 所示为不同换道类型下风险值分布及危险事件占比，可以发现，向左换道与向右换道事件风险值存在显著性差异。此外，驾驶人向左换道中的危险事件占比（17%）明显高于向右换道（4.7%）。该发现也进一步说明向左换道和向右换道行车风险的差异性，证明有必要对向左换道和向右换道的危险换道行为进行单独预测。

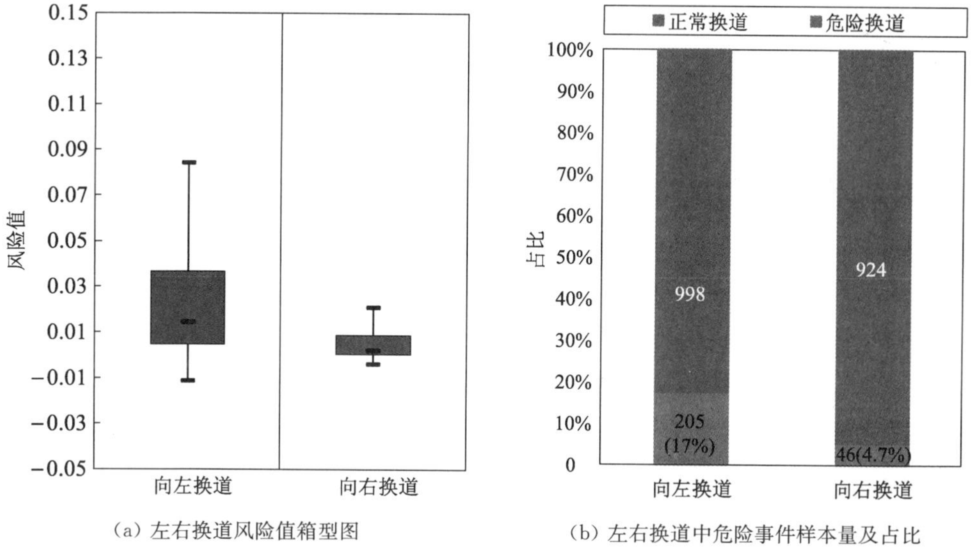

图 6-22　不同换道类型下风险值分布及危险事件比例

为保证预测模型的及时性，本书提取了驾驶人行为意图阶段的轨迹数据及周围车辆轨迹信息，分别对驾驶人向左换道及向右换道过程中的危险行为进行实时预测。相关特征指标描述如表 6-10 所示，主要包括两类：一为基础特征（主要包括换道车辆及周围车辆的类型及运动特征），二为交互特征（换道车辆与周围车辆的相对位置及相对运动状态特征）。表中的周围车辆指换道车辆当前车道及目标车道的前后车。

表 6-10　危险换道行为预测特征指标描述

分类	特征指标	描述	指标数量
基础特征	车辆类型	小车：0；大车：1	5
	车辆横向车速*	连续变量(m/s)	45
	车辆纵向车速*	连续变量(m/s)	45
	车辆横向加速度*	连续变量(m/s^2)	45
	车辆纵向加速度*	连续变量(m/s^2)	45
	该车是否存在	不存在：0；存在：1	4
交互特征	换道车辆与周围车辆横向距离*	连续变量(m)	36
	换道车辆与周围车辆纵向距离*	连续变量(m)	36
	换道车辆与周围车辆横向速度差*	连续变量(m/s)	36
	换道车辆与周围车辆纵向速度差*	连续变量(m/s)	36
	换道车辆与周围车辆横向加速度差*	连续变量(m/s^2)	36
	换道车辆与周围车辆纵向加速度差*	连续变量(m/s^2)	36

注：* 表示特征变量的统计值，包括均值、标准差、中位值、最大值、最小值、极差、回归斜率、峰度、偏度等指标。

为确定输入特征的最佳观测时窗，本书以 0.5 s 为步长，在 0.5～5 s 的观测时窗内寻优。对每一个观测时窗，提取该时窗内变量的均值、标准差、中位值、最大值、最小值、极差、回归斜率、峰度、偏度等指标作为模型输入特征，以此来确定最优观测时窗及最佳预测模型。

6.3.3　危险换道行为实时预测样本处理及模型

按样本的 60%、20%、20%比例划分训练集、验证集和测试集，与危险跟驰行为预测模型构建不同的是，危险换道样本量相对较少，为避免样本数据集不均衡问题导致的模型预测精度下降问题，本书采用了人工少数类过采样法（Synthetic Minority Over-sampling Technique，SMOTE）[226]对训练集中的危险换道样本进行过采样。SMOTE 的核心思想是利用少数群体的现有样本，采用最邻近算法人工生成新的样本，以达到各群体样本量平衡。以往关于事故风险及驾驶行为风险预测的相关研究常采用该算法解决样本数据集不均衡问题[227-230]。

模型算法方面，同危险跟驰行为实时预测一致，采用 6.2.2 小节提出的 5 种机器学习算法，通过模型预测性能结果对比选择最优输入变量时窗及最佳预测模型，进而实现危险换道行为的实时预测。

6.3.4　危险换道行为实时预测结果分析

由于驾驶人左右换道中危险驾驶行为的差异性，本书分别构建了驾驶人向左和向右换道的危险驾驶行为实时预测模型。图 6-23 和图 6-24 分别为不同观测时窗下向左换道和向右换道的危险换道行为预测准确率及 F1 值变化情况。

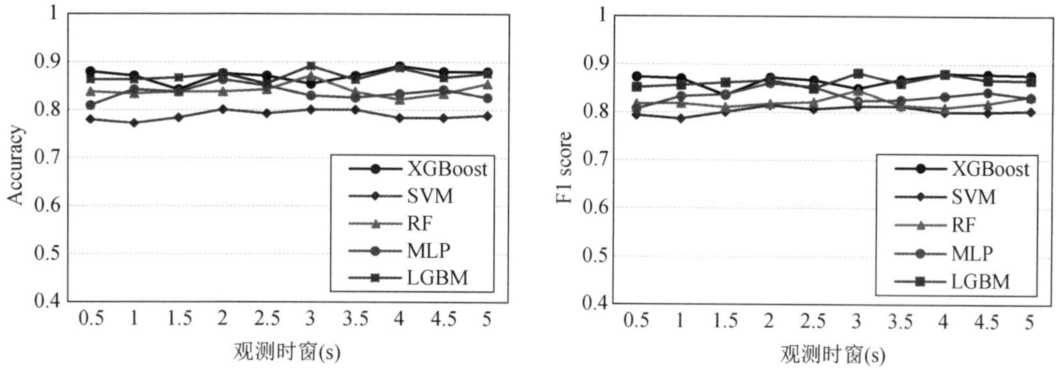

图 6-23　不同观测时窗下危险换道行为(左换道)预测准确率及 F1 值变化情况

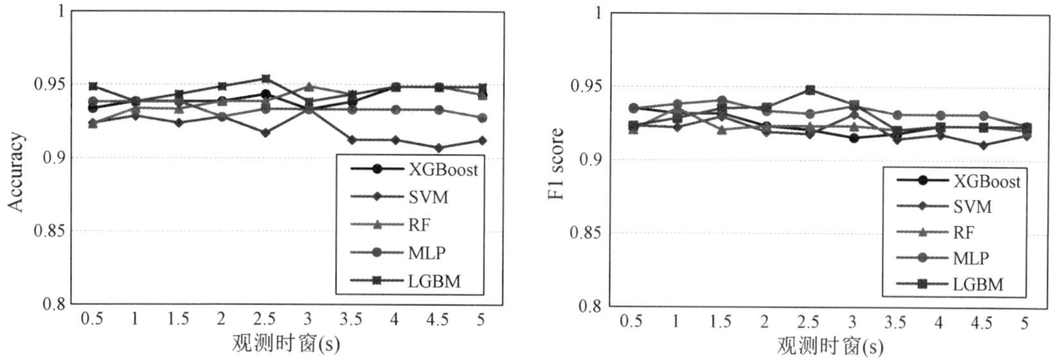

图 6-24　不同观测时窗下危险换道行为(右换道)预测准确率及 F1 值变化情况

可以发现，驾驶人向左换道的危险驾驶识别精度低于向右换道，原因可能是左侧车道车速相对较高，换道场景更为复杂，导致其换道风险影响因素的不确定性程度升高，因此预测难度增大。同时可以发现，SVM 算法的预测准确率相对较低，LGBM 算法的预测准确率相对较高。此外，从不同观测时窗下模型预测准确率变化情况来看，危险换道行为的预测效果对观测时窗并不敏感。对比不同输入变量观测时窗及预测模型准确率可以得出，向左换道危险驾驶行为预测中，当输入变量时窗为 3 s 且采用 LGBM 算法时，预测准确率最高，为 0.89。向右换道危险驾驶行为预测中，当输入变量时窗为 2.5 s 且采用 LGBM 算法时，预测准确率最高，为 0.95。

表 6-11 展示了最优观测时窗及最佳预测模型组合下的各类预测效果评估指标。准确识别危险换道行为能有效避免交通事故的发生，从表 6-11 中可以看出，左右换道中危险驾驶样本的预测准确率分别为 0.73 和 0.78。然而，相比危险跟驰预测模型，两种换道类型下危险换道样本的预测精准率及 F1 值偏低，仅有 0.64 和 0.50。出现这一情况的原因可能是危险换道样本量相对较低，尽管模型训练中采取 SMOTE 进行样本处理，但模型预测效果依然受样本量不均衡问题的影响，导致预测效果中误报率较高。

表 6-11　危险换道行为实时预测结果

换道类型		准确率	精准率	召回率	F1 值
向左换道	正常换道	0.92	0.95	0.90	0.93
	危险换道	0.73	0.64	0.73	0.68
	整体精准率：0.89　整体 F1 值：0.89				
向右换道	正常换道	0.96	0.98	0.96	0.97
	危险换道	0.78	0.50	0.78	0.61
	整体精准率：0.95　整体 F1 值：0.95				

6.3.5　危险换道行为实时预测关键特征分析

由于危险换道行为实时预测模型中的输入变量数量较多，且危险换道样本量较少，采用 SHAP 方法很难通过单一变量解释危险换道关键特征，故本书采用 LGBM 分类器的特征重要度计算方法对每个指标的重要度进行计算。该重要度指标包括两种，一种是计算该特征在模型中被分割的次数，另一种是计算使用该特征进行分割的总增益。本书选择第二种作为重要度表征指标。同时，使用 Sklearn 平台中 LGBM 分类器的特征重要度函数对各变量的总增益进行计算，其类型选择为“gain”。计算获得的危险换道行为实时预测模型输入特征重要度参数图 6-25 所示。其中，Sub 代表换道车辆；Pre、Fol、Pre1 和 Fol1 分别代表换道车辆当前车道及目标车道前车和后车；Sub_pre 代表换道车辆与当前车道前车的交互特征；Vehicle type 代表车辆类型（小车或大车）；Velocity、Acceleration、Gap distance 分别代表速度、加速度和间距；x 和 y 分别代表纵向和横向。

从图 6-25 中可以看出，无论是向左换道还是向右换道，换道车辆与当前车道前车的交互特征重要度都为最高。这一发现也证明驾驶人换道过程中，显著影响换道行为安全风险的关键因素即为换道车辆与当前车道前车的交互[210]。向左换道中，换道车辆与当前车道前车纵向相对速度和纵向相对距离重要度最大。向右换道中，换道车辆与当前车道前车的纵向相对速度及纵向相对加速度重要度最大。这一发现也说明换道过程中根据本车道前车的运动状态控制好本车车速及车距的重要性。

对于向左换道而言，除了换道车辆与当前车道前车的交互特征外，其余交互特征的重要度排序为：Sub_fol1＞Sub_fol＞Sub_pre1。然而，对于向右换道而言，其交互特征的重要度排序为：Sub_fol>Sub_pre1>Sub_fol1。这一结果也说明了左换道中驾驶人除了需要关注当前车道前车的运动状态外，还需要重点关注目标车道后车的运动状态。不同于向左换道，向右换道过程中驾驶人除了需要关注当前车道前车外，还应避免因换道过程可能存在的减速操作而造成与当前车道后车碰撞风险的升高。

车辆类型重要度方面，两种换道类型中换道车辆类型重要度均为最高，其次为目标车道后车的车辆类型。这解释了换道过程中的安全风险主要取决于换道车辆的操作和目标车道后车的反应。以往研究也指出，存在大车参与的换道事件安全风险显著高于小车参与的换道[231, 232]。

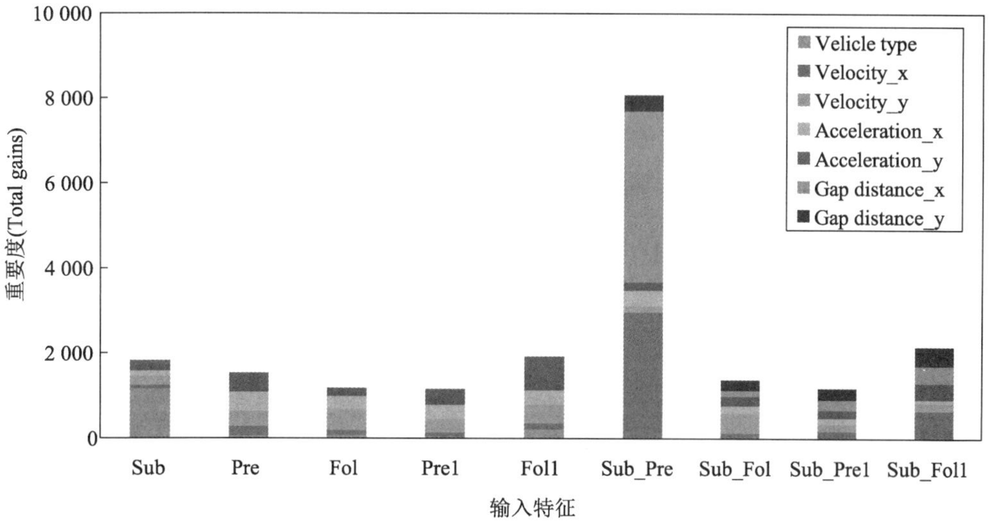

(a) 向左换道

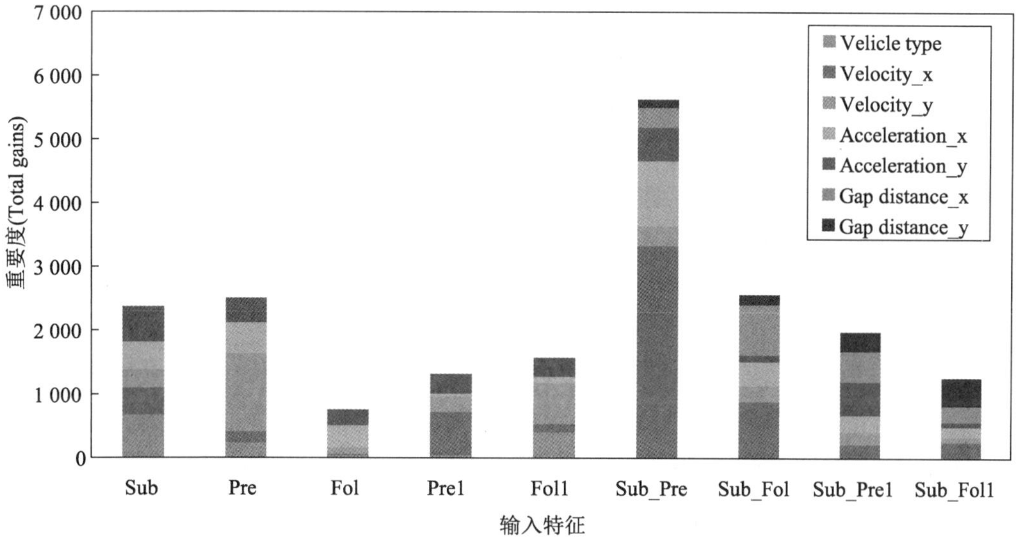

(b) 向右换道

图 6-25 危险换道行为预测输入特征重要度参数

6.4 本章小结

本章使用不同数据结构构建了分层输入结构、图谱输入结构及面板输入结构，通过模型有效性对比发现，图谱输入结构及面板输入结构能有效提升模型预测准确率，面板输入结构在保持准确率的同时可以有效降低模型预测误差，且能有效地保存时间序列和多维特征，进而有效提高预测准确率及降低模型误差。此外，基于 2 s 时间窗宽度可以实现比其他时间窗宽度下更高的准确率和更小的预测误差。

本书基于隐马尔可夫模型挖掘驾驶意图，构建了包括速度、横向加速度和 TTC 在内的驾驶行为变量的马尔可夫链，提取各变量的状态转移概率矩阵。结果表明，危险驾驶行为(状态=1)有较大的概率保持同一状态，尤其是在横向加速度马尔可夫链中，其概率最大。同时，在比较预测模型的性能时，结果表明隐马尔科夫模型可以探索驾驶意图，从而提高模型的性能。

本书为长短时记忆模型设计了一种注意力机制，在不同时间自适应地将不同程度的注意力分配给驾驶行为序列。通过模型对比发现，本书采用的长短时记忆模型性能优于卷积神经网络算法，预测结果更接近基本事实。同时，该模型结果再一次验证了 2 s 时间窗宽度作为预测宽度的有效性，该预测时间窗宽度能实现危险驾驶行为预测的良好性能。将基于注意力的模型与其他模型的性能进行比较时，结果表明，注意力机制能有效提升危险驾驶行为预测模型准确率。并且，所提出的注意力机制可以自动区分每个维度指标及时间步长对最终预测性能的重要性，结果表明，随着步长远离行为发生的时间点，步长的重要性通常会降低，然而该降低并不是线性的，1.60 s 的步长时间点权重最大。此外，危险驾驶行为与驾驶人属性的相关性高于道路环境。

危险跟驰行为实时预测模型方面，本章采用了滚动时窗方法构建输入及输出特征变量。同时，采用五种主流的机器学习算法对危险跟驰行为进行实时预测，对比不同观测及预测时窗下采用不同算法的预测性能。此外，采用 SHAP 算法对危险跟驰行为预测中的关键特征及其交互下的贡献度分布进行分析。结果显示，选择合适的观测及预测时窗对危险跟驰行为实时预测至关重要，预测时窗小于 1 s 时，基于最优观测时窗及最佳预测模型可以使危险跟驰行为的预测准确率达到 96%以上。同时，SHAP 算法显示，观测时窗内的风险值、前车最小加速度、前后车速差、后车加速度及车头间距对危险跟驰行为预测的贡献度最大。

危险换道行为实时预测模型方面，本章首先提取了包含车辆运动状态、车辆间交互特征及安全、效率、舒适度效用特征的驾驶行为意图识别输入变量，采用时间序列输入方法，构建了长短时记忆神经网络模型来识别驾驶人的车道保持、向左换道及向右换道驾驶行为意图。结果显示，LSTM 神经网络模型比传统卷积神经网络模型预测精度更高。当输入变量的时间窗宽度为 2.5 s 时，驾驶人向左换道、向右换道及车道保持行为意图识别准确率分别为 97%、96%和 97%。在换道意图识别的基础上，本书考虑不同换道模式（向左换道和向右换道）之间的安全风险差异，采用五种主流的机器学习算法，对比各观测时窗下的预测性能，实现危险换道行为的实时预测。此外，计算输入变量的重要度参数，分析危险换道行为实时预测关键特征。模型结果显示，最佳输入时窗下 LGBM 算法的预测准确率最高，向左及向右换道中危险换道行为预测准确率分别为 89%和 95%。特征重要度分析结果显示，驾驶人换道过程中除了需关注目标车道上的车辆运行状态外，更应该关注当前车道前车运行状态的动态变化。此外，对于向右换道而言，驾驶人还应避免换道过程中的减速操作导致的与当前车道后车的碰撞风险。

本书提出的危险驾驶行为实时预测模型能够实现在驾驶人发生危险驾驶行为前的主动预测，研究成果可为驾驶辅助决策及预警提供理论依据和算法支撑。

第 7 章

危险驾驶行为致因分析

7.1 基于结构方程模型的广义危险驾驶行为致因分析

可视化的结论与分析是检验研究有效性的标准。在危险驾驶行为识别过程中，很多研究在获取识别结果、构建识别模型之后便结束了相关研究，未对替代性指标之间的交互特性进行讨论，从而忽略了驾驶行为指标之间的相关属性。本章基于第 4 章的危险驾驶行为知识图谱研究数据库、5.1 节的危险驾驶行为识别标签及上海自然驾驶实验数据库，采用结构方程模型(Structural Equation Modeling, SEM)，通过挖掘各指标与危险驾驶行为之间的关联性，构建危险驾驶行为致因分析模型，基于模型结果，分析与危险驾驶行为相关的关键因子，为后文的危险驾驶行为预测提供参考。

7.1.1 结构方程模型

为了提升危险驾驶行为识别结果的可视化及表现性，本书采用结构方程模型对危险驾驶行为识别结果进一步挖掘，并根据模型结果进行分析。结构方程模型包含三个部分：第一部分是内生变量测量模型(Y 作为危险驾驶行为关联模型)，第二部分是外生变量测量模型(X 作为危险驾驶行为系数模型)，第三部分是结构模型。模型各部分机构的计算方程如式(7-1)和式(7-2)所示，方程参数的描述如表 7-1 所示。

结构模型：

$$\boldsymbol{\eta} = \boldsymbol{B\eta} + \boldsymbol{\Gamma}\xi + \zeta \tag{7-1}$$

测量模型：

$$\begin{aligned} \boldsymbol{X} &= \boldsymbol{\Lambda x}\xi + \boldsymbol{\delta} \\ \boldsymbol{Y} &= \boldsymbol{\Lambda y} + \boldsymbol{\varepsilon} \end{aligned} \tag{7-2}$$

表 7-1　模型参数描述

测量模型	$\boldsymbol{X}$	观察到的外生变量的列向量($q \times 1$)
	$\boldsymbol{Y}$	观察到的内生变量的列向量($p \times 1$)
	ξ	观察到的外生变量的列向量($n \times 1$)
	$\boldsymbol{\eta}$	观察到的内生变量的列向量($m \times 1$)
	$\boldsymbol{\delta}$	观测变量 x 的测量误差项的列向量($q \times 1$)
	$\boldsymbol{\varepsilon}$	观测变量 y 的测量误差项的列向量($p \times 1$)
	$\boldsymbol{\Lambda x}$	基于观察到的指示变量的外生潜变量的结构系数矩阵($q \times n$)
	$\boldsymbol{\Lambda y}$	基于观察到的指示变量的内生潜变量的结构系数矩阵($p \times m$)
结构模型	$\boldsymbol{\Gamma}$	内生潜变量之间直接影响的矩阵($m \times n$)
	$\boldsymbol{B}$	误差项的列向量($m \times 1$)
	ξ	外生潜变量的向量
	$\boldsymbol{\eta}$	内生潜变量向量
	ζ	与内生变量相关的估计误差

结构方程模型的元素主要由测量模型、结构模型和协方差矩阵进行计算。本书基于软件 AMOS 20 构建并校正结构方程模型。AMOS 20 是基于 SPSS 框架、可高效处理数据文件的相关性框架模型的计算软件，该软件有便捷的、用于创建结构方程模型的图形界面。本书基于结构方程模型构建不同的原始变量与两个危险驾驶行为公因子之间的关系。公因子 1 可以定义为场景类公因子(包含 TTC 以及超速指标)，简称 RSC(Road Scene Complexity)；公因子 2 定义为操作类危险驾驶行为公因子(包含紧急变道、跟驰过近)，简称为 VMA(Vehicle Maneuvering Aggressive)。在构建危险驾驶行为结构方程模型时，驾驶人属性、道路环境、驾驶行为变量以及危险驾驶行为公因子变量是初始模型中的潜变量，根据上文的变量划分，本书共有五个潜变量，且各个变量均具有不同的显性变量对其进行表征，最终根据协方差矩阵计算各变量之间的相关性，通过结构方程模型进行可视化表达。

有五种方法可用于估计 AMOS 20 中的参数：最大似然法(ML，Maximum Likelihood)、广义最小二乘法(GLS，Genevalized Least Squares Metbod)、未加权最小二乘法(ULS，Unweighted Least Squares)、无标度最小二乘法(SFLS，Scale-Free Least Squares)和无渐近分布(ADF，Augmented Dickey-Fuller)方法。一般来说，ML 方法是最稳定的，故而本书基于该方法对参数进行估计。在 ML 方法中，参数θ可以通过最小化样本协方差矩阵 $\boldsymbol{S}$ 与以未知参数 $\sum(\theta)$ 表示的总体协方差矩阵之间的，差异来计算。ML 函数计算公式为

$$FML(\theta)=\log\left|\sum\theta\right|+\mathrm{tr}\left[\frac{\boldsymbol{S}}{\sum\theta}\right]-\log|\boldsymbol{S}|-(p+q) \tag{7-3}$$

式中，以最小化 $\boldsymbol{S}$ 与 $\sum \theta$ 的平方偏差的加权和来估计 θ 值。

结构方程模型的输出包括模型中变量之间的估计矩阵。参数拟合本质上是计算预测数据与包含实际数据关系矩阵的相似程度。为了验证模型拟合有效性，可以通过不同的方法进行评估。传统的评估方法从零假设开始，以更简约的模型为目标进行拟合（即那些具有较少自由参数的模型），其他诸如 AIC 等则关注拟合值偏离饱和模型的程度（再现测量值的程度），并考虑自由参数的数量。另外，一些常用的拟合度量方法包括卡方检验（Chi-square）、拟合优度指数（GFI）、调整后的 GFI（AGFI）、比较拟合指数（CFI）、归一化拟合指数（NFI）和近似均方根误差（RMSEA）等均可以用于检验模型拟合度。在本书中，定义当模型结果 GFI、AGFI、CFI 和 NFI 的值大于 0.9，且 RMSEA 的值小于 0.05 时，符合拟合优度[179]。

为了达到拟合优度，可以通过调参方法修改模型以提高拟合度，从而得到变量之间的最优估计。许多参数修正方法可以提供根据相关性变化的修正指导。修正指数报告通过释放固定参数导致的 χ^2 变化给予模型参数修正意见。具体做法是将当前设置为零的模型添加路径，并根据参数变化进行更改。本书根据 χ^2 的变化对模型进行修正以取得需要的拟合优度，同时，此类结构模型的修改必须根据实际情况进行调整，在合理的范围内综合考虑得到最优。

7.1.2 广义危险驾驶行为致因分析模型结果与讨论

初步定义危险驾驶行为致因分析模型，即结构方程模型框架，设定五个潜变量，分别是驾驶人属性、道路环境、驾驶行为、危险场景以及危险操作。其中危险场景及危险操作为因变量 Y，其余变量则设为自变量 X，该模型假设各变量之间相互作用，且彼此独立。驾驶人属性包括性别、年龄、分心以及疲劳指标；道路环境包括平曲线、纵断面、交通流以及天气指标；根据第 5 章危险驾驶行为识别研究，将与两个公因子相关性大于 0.3 的指标作为驾驶行为指标，包括速度、横向加速度（LO-ACC）、纵向加速度（LA-ACC）、横向偏移和方向盘转角；危险场景包括超速及 TTC 过小；危险操作包括跟驰过近及紧急变道。

本书基于相关矩阵检验了潜在变量之间的多重共线性。结果表明，各变量的相关系数均小于 0.5，即各变量之间没有显著的相关性，因此在结构方程模型中并没有考虑潜在变量之间的多重共线性影响。本书变量包括离散（分类）变量和连续变量，故而研究采用 ML 方法计算模型参数，并根据 χ^2 变化对模型进行调整与检验，使模型最终达到拟合优度，最后得到危险驾驶行为致因分析的结构方程模型，如图 7-1 所示。图中，从潜变量到观测变量的箭头表示回归路径，箭头上的数字代表因子负载。双向箭头表示变量之间相互作用。在本书中，结构方程模型由 5 个潜变量和 17 个观测变量组成。

根据结构方程模型结果，本书比较了各变量对潜变量的影响。在 X 的测量模型中，年龄是对驾驶人属性影响最大的变量（因子负载＝0.99）。天气是影响道路环境最显著的正向变量（因子负载＝0.99），平曲线是最显著的负向变量（因子负载＝－0.65）。速度是最显

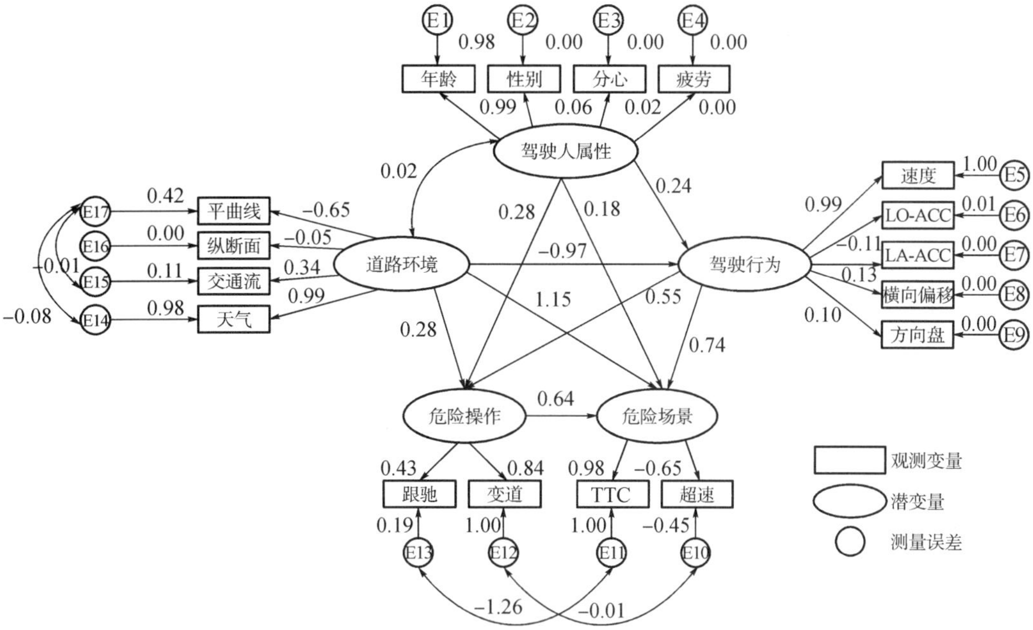

图 7-1　危险驾驶行为致因分析结构方程模型

著影响车辆驾驶行为的变量(因子负载＝0.99)。在 Y 的测量模型中,危险驾驶操作主要与变道相关,TTC 则是危险场景的主要影响要素。在结构方程模型中,影响危险场景和危险操作的主要因素是车辆驾驶行为,而影响驾驶行为的主要因素是道路环境。因此,要提高行车安全,必须充分考虑车辆的驾驶行为和道路环境。

卡方检验被广泛应用于结构方程模型的拟合优度指数检验,如果模型拟合度较高,则卡方值较小,且与卡方相关的 P 值越大。在本书中,结构方程模型具有 52 个自由度,卡方值为 65.379(P＝0.054),表明模型拟合度可以接受。表 7-2 还显示了结构方程模型的拟合优度参数统计,结果表明,各指标均符合本书提出的指标要求,故本书构建的结构方程模型具备解释性及有效性。

表 7-2　模型拟合度参数

变量	数值	变量	数值
卡方检验	63.379(P＝0.054)	CFI	0.914(≥0.9)
RMSEA	0.045(≤0.05)	NFI	0.925(≥0.9)
GFI	0.987(≥0.09)	AGFI	0.978(≥0.9)

研究结果表明,与其他变量相比,年龄对驾驶人属性影响最大,该影响进而导致危险驾驶行为的发生,即年龄较大的驾驶人表现出更高的危险场景及危险操作发生概率。该结论与已有研究一致,即年轻但有经验的司机比其他驾驶人更安全。其原因可能是年轻驾驶人

反应迅速，在紧急驾驶情况下能有效调整驾驶操作，同时其善于运用车辆智能手段，如网联汽车技术，从而能更有效地规避风险。道路环境方面，不良天气对驾驶行为产生负面影响（导致更低的速度和更高的加速度）。在本书中，不良天气包括由于雨、雾和其他条件导致的低能见度等情况，这些情况会增加驾驶人的焦虑与紧张，从而导致危险驾驶行为的发生，该发现与以往研究一致，即不良天气是与危险驾驶相关的主要环境因素[233]。

与其他因素相比，危险驾驶行为与年龄较大的驾驶人、不良天气条件和较高的速度相关性更强。因此，驾驶行为是影响危险操作的主要因素，道路环境是影响危险场景的主要因素。此外，交通控制（车外）和驾驶人行为控制（车内）均会影响驾驶安全。故应采取不同的措施来提高不同情况下的行车安全。例如，交通管理可以通过改善道路环境（例如优化道路线形）来提高驾驶安全性；执法部门可以提升道路交通相关考试难度，或增加处罚力度以减少不良驾驶行为，提高驾驶安全性；同时，在设计车辆人机交互界面（HMI）时，应考虑本书对驾驶人属性的相关研究结论，例如针对老年驾驶人的独特设计。

7.2 基于病例对照条件 Logit 回归模型的高快速路危险跟驰行为致因分析

驾驶人的危险驾驶行为致因主要包括道路环境、观测到的驾驶行为特征及未观测到的驾驶人异质性（Unobserved Heterogeneity）特征（如生理、心理反应及操作差异等）。为考虑未观测到的异质性特征对危险跟驰行为致因影响，本书采用病例对照条件 Logit 回归模型，基于跟驰车辆驾驶人编号，按比例匹配病例组（危险跟驰）及对照组（正常跟驰），以控制未观测到的驾驶人异质性特征，其技术流程如图 7-2 所示。

7.2.1 病例对照条件 Logit 回归模型

病例对照条件 Logit 回归模型是在传统 Logit 回归模型基础上，采用分层和匹配的思想来考虑个体异质性特征，挖掘变量间的关联关系。因此，本书在模型中将不同驾驶人编号作为组别（Group）输入来控制体现未观测到的驾驶人异质性特征。

模型中，对于第 m 层的第 n 个观测对象而言，其成为病例组（本书中为危险跟驰）的概率为

$$P(y_{mn}=1)=\frac{\exp(\alpha_m+\beta X_{mn})}{1+\exp(\alpha_m+\beta X_{mn})} \tag{7-4}$$

式中，y_{mn} 表示该观测对象是否为危险跟驰，其中，$y_{mn}=1$ 代表危险跟驰；α_m 是反映层间（不同驾驶人）差异性的解释项；β 为各自变量的回归系数；X_{mn} 为第 m 层的第 n 个观测对象对应的解释变量（道路环境特性及驾驶行为特性参数）。

以病例对照比例为 1∶1 为例，第 m 层的条件似然值为

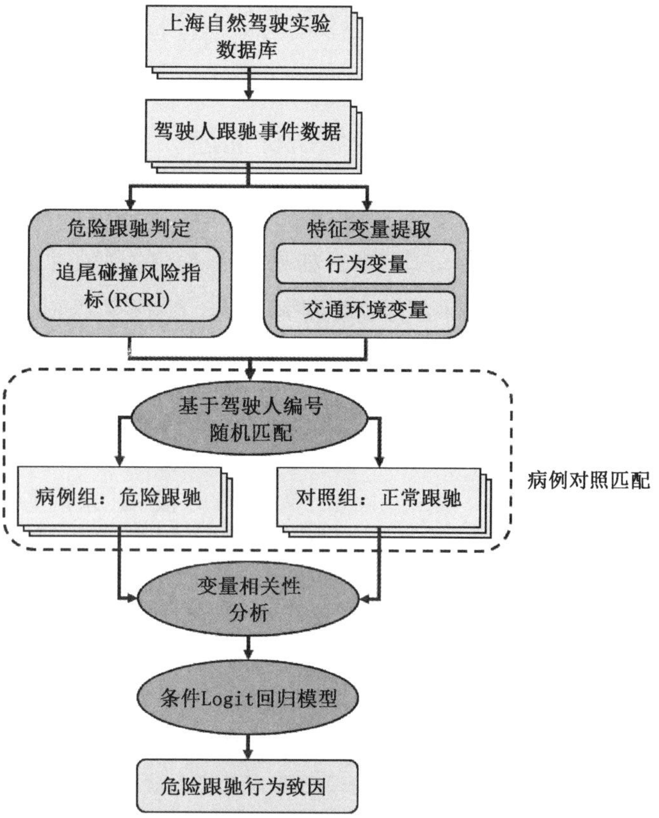

图 7-2　危险跟驰行为致因分析技术流程

$$L(Y_m \mid \beta)=P(y_{m1}=1, y_{m2}=0 \mid X_{m1}, X_{m2}, \beta)=\frac{\exp(\beta X_{m1})}{\exp(\beta X_{m1})+\exp(\beta X_{m2})} \tag{7-5}$$

本书采用最大似然法来获得各解释变量的回归系数。同时，为了分析各变量变化对驾驶人危险驾驶行为选择的影响，本书计算了各变量的优势比(Odds ratio，OR)。

连续变量 X_i 的优势比计算公式为

$$\mathrm{OR}(X_i)=\frac{P(y_{m1}=1 \mid X_i=x+\Delta,\ X')/[1-P(y_{m1}=1 \mid X_i=x+\Delta,\ X')]}{P(y_{m1}=1 \mid X_i=x,\ X')/[1-P(y_{m1}=1 \mid X_i=x,\ X')]}=\exp(\beta_i) \tag{7-6}$$

式中，x 为自变量 X_i 的观测值；Δ 是自变量 X_i 的变化程度；X' 为 X_i 外的其他自变量；β 为各自变量的回归系数。

离散变量 X'_i 优势比计算公式为

$$\mathrm{OR}(X'_i)=\frac{P(y_{m1}=1 \mid X'_i=,\ X')/[1-P(y_{m1}=1 \mid X'_i=x,\ X')]}{P(y_{m1}=1 \mid X'_i=x',\ X')/[1-P(y_{m1}=1 \mid X'_i=x',\ X')]}=\exp(\beta'_i) \tag{7-7}$$

式中，x 为离散变量 X'_i 的观测值；x' 为离散变量 X'_i 的基准变量。

本书采用软件 Stata/MP 16.0 进行病例对照条件 Logit 回归模型建模及各解释变量的回归系数估计。

7.2.2 危险跟驰行为致因分析特征变量统计描述

考虑到跟驰过程中行为的变化特征，本书取 5 s 的时间间隔对上海自然驾驶实验数据库中高快速路驾驶人跟驰事件进行分段[120]。如果某个 5 s 的跟驰片段中出现了危险跟驰状态，即判定该片段驾驶人的跟驰行为为危险跟驰行为。为探究驾驶人危险跟驰行为的致因，本书提取了时间变量、环境变量、前车扰动变量、驾驶人跟驰操作变量及驾驶人跟驰稳定性变量来分析驾驶人危险跟驰行为致因。

(1) 时间变量：是否工作日、是否高峰时段。

本书将 7:00—9:00、17:00—19:00 划分为高峰时段，其余时段为非高峰时段，即平峰时段。

(2) 环境变量：昼夜、天气、交通流状态。

交通流状态的判定主要参考 Wang 等[117]提出的标准，即依据自然驾驶车辆前向雷达探测到的前车数量和车速情况，定义低密度交通流状态的前车数量小于 2 辆且速度大于 60 km/h，中密度交通流状态的前车数量为 3～5 辆且速度为 30～60 km/h，高密度交通流状态的前车数量大于 5 辆且车速小于 30 km/h。

(3) 前车扰动变量：跟驰片段中前车的最大加速度、最大减速度。

(4) 驾驶人跟驰操作变量：车速均值、车速标准差、加速度标准差。

(5) 驾驶人跟驰稳定性变量：后车速度差（前车车速减后车车速）的均值与标准差、车头间距的均值与标准差。

为控制未观测的驾驶人异质性特征对建模结果的影响，本书采用病例对照方法，根据驾驶人编号为每个危险跟驰片段随机匹配正常跟驰片段。此外，通过对比 1∶1、1∶2、1∶3 和 1∶4 四个病例对照比例的建模效果，选择最优模型用于危险跟驰致因分析。表 7-3 和表 7-4 展示了病例对照比例为 1∶2 时（最终模型）的解释变量统计描述情况。

表 7-3 危险跟驰行为致因分析解释变量统计描述 1（对照比例 1∶2）

变量类别			危险跟驰（样本量：6 462）		正常跟驰（样本量：12 924）	
			计数	占比	计数	占比
时间变量	是否工作日	工作日	5 167	80.0%	9 266	71.7%
		节假日	1 295	20.0%	3 658	28.3%
	是否高峰时段	平峰时段	3 632	56.2%	7 531	58.3%
		高峰时段	2 830	43.8%	5 393	41.7%

（续表）

变量类别			危险跟驰（样本量：6 462）		正常跟驰（样本量：12 924）	
			计数	占比	计数	占比
环境变量	昼夜	白天	4 474	69.2%	9 234	71.5%
		夜晚	1 988	30.8%	3 690	28.6%
	天气	晴天	5 633	87.2%	11 519	89.1%
		雨天	829	12.8%	1 405	10.9%
	交通流密度	低密度	2 785	43.1%	7 615	59.0%
		中密度	2 759	42.7%	3 999	30.9%
		高密度	918	14.2%	1 310	10.1%

表 7-4　危险跟驰行为致因分析解释变量统计描述 2(对照比例 1：2)

变量类别		危险跟驰（样本量：6 462）		正常跟驰（样本量：12 924）	
		均值	标准差	均值	标准差
前车扰动变量	前车最大加速度(m/s^2)	0.634	0.559	0.653	0.393
	前车最大减速度(m/s^2)	1.744	1.023	0.635	0.506
驾驶人跟驰操作变量	后车平均车速(km/h)	47.403	20.092	57.584	21.395
	后车车速标准差(km/h)	4.106	2.721	1.467	1.206
	后车加速度标准差(m/s^2)	0.573	0.286	0.222	0.139
驾驶人跟驰稳定性变量	前后车速差均值(km/h)	−7.243	5.886	−0.713	4.651
	前后车速差标准差(km/h)	3.712	1.786	1.595	1.087
	车头间距均值(m)	16.230	8.250	25.688	17.007
	车头间距标准差(m)	3.155	2.314	1.440	1.347

7.2.3　危险跟驰行为致因分析特征变量相关性分析

为避免模型的共线性，在进行建模之前对模型输入变量的相关性进行分析。本书采用克莱姆相关系数(Cramer's V)计算时间及环境等离散变量之间的相关性，采用斯皮尔曼(Spearman)相关系数计算前车扰动、驾驶人跟驰操作及跟驰稳定性等连续变量之间的相关性，采用点双列相关系数(Point Biserial)计算离散变量与连续变量之间的相关性。

高快速路驾驶人危险跟驰行为致因模型的输入变量间相关性结果如图 7-3 所示。大于 0 表示两个变量之间存在正相关关系，小于 0 表示两个变量之间存在负相关关系。从图中可以看出，相关性最高的两个变量为后车平均车速和车头间距均值，其相关性系数为

0.58，说明当车速越高时，跟车间距越大。然而由于所有参数间的相关性均未达到强相关阈值 0.6，说明变量间共线性问题不突出，故建模前不对解释变量进行剔除。

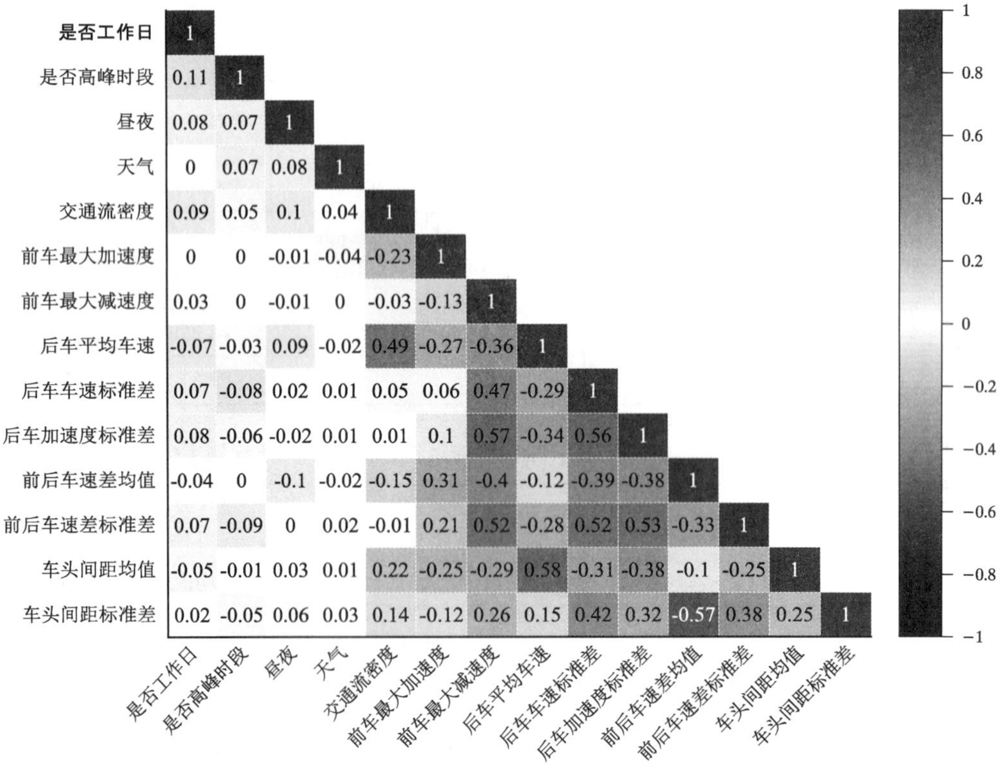

图 7-3　驾驶人危险跟驰行为解释变量相关性分析结果

7.2.4　危险跟驰行为致因分析模型结果与讨论

本书采用四个回归模型常用评估指标来对模型拟合效果进行评价，包括对数似然值(Log-likelihood)、伪 R^2、AIC 和贝叶斯信息准则(Bayesian Information Criterion，BIC)。其中，对数似然值、AIC 和 BIC 绝对值越小，说明模拟拟合效果越好，伪 R^2 越大说明模拟拟合效果越好。表 7-5 展示了 1∶1～1∶4 四种病例对照比下的条件 Logit 回归模型拟合效果。

表 7-5　不同病例对照比下条件 Logit 回归模型拟合效果对比

病例对照比例	Log-likelihood	伪 R^2	AIC	BIC
1∶1	−43.940	0.990	101.880	154.148
1∶2	−189.268	0.973	400.537	487.132
1∶3	−341.921	0.962	703.841	785.441
1∶4	−409.107	0.961	840.214	932.428

从表 7-5 中可以看出，当病例对照比为 1∶1 时，模型拟合效果最好，但考虑到最终模型

中半数以上变量由于显著性原因被剔除，不利于模型的解释性。当对照组比例大于或等于 2 时，其显著变量个数逐步趋于稳定。因此，结合以往研究[120]和模型效果评估情况，本书最终选择 1∶2 作为模型病例对照比例，即根据驾驶人编号为每个危险跟驰片段匹配两个正常跟驰片段进行建模。此外，本书也采用了传统 Logit 回归模型，将其与病例对照条件 Logit 回归模型的拟合性能参数进行对比，最终模型的参数估计结果如表 7-6 所示。

表 7-6　驾驶人危险跟驰行为致因模型参数估计结果

变量			Logit 回归模型			病例对照条件 Logit 回归模型		
			β	OR	$P>\lvert z\rvert$	β	OR	$P>\lvert z\rvert$
时间变量	是否工作日	工作日*	—	—	—	—	—	—
		节假日	—	—	—	—	—	—
	是否高峰时段	非高峰时段*	—	—	—	—	—	—
		高峰时段	—	—	—	0.902	2.465	0.001
环境变量	昼夜	白天*	—	—	—	—	—	—
		夜晚	—	—	—	—	—	—
	天气	晴天*	—	—	—	—	—	—
		雨天	1.014	2.755	<0.001	1.677	5.352	<0.001
	交通流密度	低密度*	—	—	—	—	—	—
		中密度	1.847	6.340	<0.001	1.277	3.585	0.006
		高密度	1.966	7.141	0.006	1.772	5.883	0.020
前车扰动变量	前车最大加速度(m/s^2)		—	—	—	—	—	—
	前车最大减速度(m/s^2)		1.492	4.447	<0.001	3.966	52.757	<0.001
驾驶人跟驰操作变量	后车平均车速(km/h)		0.023	1.023	<0.001	0.110	1.116	<0.001
	后车车速标准差(km/h)		0.694	2.002	<0.001	0.729	2.073	<0.001
	后车加速度标准差(m/s^2)		2.674	14.494	<0.001	2.448	11.563	<0.001
驾驶人跟驰稳定性变量	前后车速差均值(km/h)		−0.281	0.755	<0.001	−0.315	0.730	<0.001
	前后车速差标准差(km/h)		2.718	15.145	<0.001	2.443	11.504	<0.001
	车头间距均值(m)		−0.569	0.566	<0.001	−0.832	0.435	<0.001
	车头间距标准差(m)		—	—	—	—	—	—
	Log-likelihood		−2 107.285			−189.268		
	伪 R^2		0.829			0.973		
	AIC		4 236.57			400.537		
	BIC		4 323.165			487.132		

注：* 表示离散变量的基准组；—为不显著变量（P 值大于 0.05），在最终模型中被剔除。

表 7-6 中的回归系数为将不显著变量全部剔除后的最终模型结果，从模型评价结果中可以看出，病例对照条件 Logit 回归模型性能优于传统 Logit 回归模型。时间变量中，是否工作日对驾驶人的危险跟驰行为无显著影响，高峰时段对驾驶人危险跟驰存在正向影响，相比非高峰时段，高峰时段驾驶人发生危险跟驰行为的概率提高 1.465 倍。这一发现和以往研究[118, 234]结果一致，说明高峰时段驾驶人出行的迫切程度较高，容易引起危险驾驶。环境变量中，昼夜对驾驶人的危险跟驰行为无显著影响，但雨天对驾驶人的危险跟驰行为存在影响，相比于晴天，雨天发生危险跟驰的概率将提高 4.352 倍。该发现与以往 Das 等[235]和 Jung 等[236]的研究结果一致，说明恶劣天气条件下驾驶人的操作及车辆反馈受外界环境影响明显，进而会导致行车风险上升。此外，交通流密度显著影响驾驶人的危险跟驰行为，相比低密度交通流，中密度交通流和高密度交通流下驾驶人发生危险跟驰行为的概率分别上升 2.585 倍和 4.883 倍。这一发现说明交通流密度越高，行车环境的不确定性及受干扰程度越高，导致驾驶人采取危险驾驶的可能性越高[69]。

前车扰动变量方面，前车的最大减速度显著影响驾驶人的危险跟驰，前车最大减速度每增加 1 m/s^2，危险跟驰行为发生的概率就上升 51.757 倍。可以看出，正常跟驰片段的前车减速度均值为 0.635 m/s^2，而危险跟驰片段的前车减速度均值却高达 1.744 m/s^2，说明了前车的减速扰动对驾驶人跟驰行为安全影响较大[237, 238]。

驾驶人跟驰操作方面，平均跟驰车速、跟驰车速标准差及加速度标准差均与驾驶人危险跟驰发生呈正相关。其中，平均跟驰车速每增加 1 km/h，危险跟驰行为发生概率上升至 1.116 倍，说明驾驶人高速行驶条件下发生危险跟驰的可能性更大[120]。跟驰车速标准差每增加 1 km/h，危险跟驰行为发生概率上升至 2.073 倍。此外，模型结果显示，跟驰加速度标准差每增加 1 m/s^2，危险跟驰行为发生概率上升为原来的 11.563 倍，说明驾驶人加减速操作越频繁，车速离散程度越大，发生危险跟驰行为的可能性就越高[239]。

驾驶人跟驰稳定性变量中，前后车速度差均值与驾驶人危险跟驰行为呈负相关，前后车速差均值每增加 1 km/h，危险跟驰行为发生概率下降 27%。在表 7-4 中，危险跟驰状态下前后车速差均值为−7.243 km/h，而正常跟驰状态下前后车车速差均值为−0.713 km/h。跟驰过程中前后车速差的离散程度与危险跟驰行为呈正相关，前后车速差标准差每增大 1km/h，驾驶人发生危险跟驰的概率上升 10.504 倍。说明危险跟驰过程中前后车速差的离散性较大，驾驶人表现出来的跟驰稳定性较差[120]。此外，车头间距均值与危险跟驰行为呈负相关。结果显示，车头间距每增加 1 m，驾驶人发生危险跟驰的概率下降 56.5%，这也说明跟驰过程中驾驶人需要时刻保持足够的跟车间距来保证行车安全[240, 241]。

7.3 基于随机参数 Probit 回归模型的高快速路危险换道行为致因分析

传统的离散选择模型中常假定各样本中变量的回归系数均为固定值，忽略了各样本的异质性特征，造成模型回归结果出现偏倚[242]。随机参数 Probit 回归模型通过在模型回归系数上添加随机项来估计某一特征变量在各个样本之间表现出来的异质性。近年来，该模型被广泛应用于危险驾驶行为及交通事故风险分析[243-245]。本书中，驾驶人是否发生危险换道行为即二值选择问题。因此，考虑驾驶人换道模式的异质性特征，本书采用随机参数 Probit 回归模型对驾驶人危险换道行为致因进行建模分析，其技术流程如图 7-4 所示。

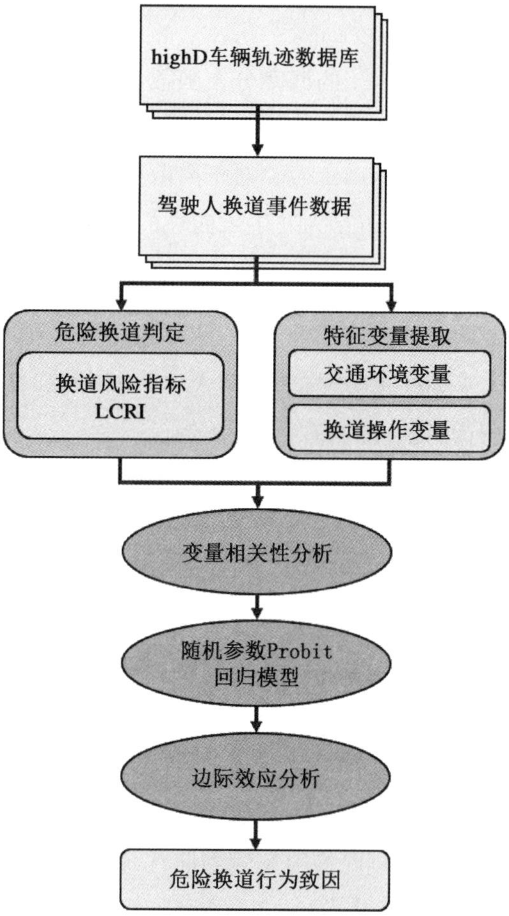

图 7-4　危险换道行为致因分析技术流程

7.3.1　随机参数 Probit 回归模型

传统的 Probit 回归模型为

$$y_i^* = \sum_{k=1}^{K} \boldsymbol{\beta}_k \boldsymbol{X}_{ik} + \varepsilon_i = \boldsymbol{\beta} \boldsymbol{X}_i + \varepsilon_i = \boldsymbol{Z}_i + \varepsilon_i \tag{7-8}$$

式中，y_i^* 为模型的潜在输出变量，本书中即正常换道(0)或危险换道(1)；β_k 是第 k 个自变量的回归系数；X_{ik} 为第 i 个样本中第 k 个自变量的值；ε_i 为随机误差项，被假设服从均值为 0 且方差为 1 的正态分布；$\boldsymbol{\beta}$ 是回归系数向量；Z_i 是第 i 个样本的估计值，可以表示为 $\boldsymbol{Z}_i = \sum_{k=1}^{K} \boldsymbol{\beta}_k \boldsymbol{X}_{ik}$。

由于忽略了各观测样本之间的异质性特征，传统 Probit 回归模型的结果可能出现偏倚。为解决这一问题，随机参数模型在各变量的回归系数 $\boldsymbol{\beta}$ 上添加随机分布项 $\boldsymbol{\sigma}_i$，表示为

$$\boldsymbol{\beta}_i = \boldsymbol{\beta} + \boldsymbol{\sigma}_i \tag{7-9}$$

式中，$\boldsymbol{\beta}_i$ 为随机参数模型回归系数向量。

随后，因变量 y_i 就可以由式(7-10)确定。

$$y_i = \begin{cases} 0(\text{正常换道}), & y_i^* \leqslant 0 \\ 1(\text{危险换道}), & y_i^* > 0 \end{cases} \tag{7-10}$$

当给定自变量 X 时，结果为正常换道和危险换道的概率分别为

$$P(y_i = 0 \mid X) = P(\varepsilon_i < 0 - Z_i) = \Phi(-Z_i) = \Phi(-\boldsymbol{\beta}_i \boldsymbol{X}) \tag{7-11}$$

$$P(y_i=1 \mid X)=P(\varepsilon_i>0-Z_i)=1-\Phi(-Z_i)=\Phi(\boldsymbol{\beta}_i\boldsymbol{X}) \tag{7-12}$$

式中，Φ 为 ε_i 的概率分布函数，即标准正态分布。

为了分析各解释变量对驾驶人危险换道行为的边际效应，本书计算了各变量的平均弹性系数(Elasticity)。对于离散变量，采用式(7-13)计算，其结果代表离散变量从 0 变化到 1 时，危险换道行为发生可能性的相对变化比例。

$$E=\frac{\Phi(\boldsymbol{\beta}_i\boldsymbol{X} \mid \boldsymbol{X}_k=1)-\Phi(\boldsymbol{\beta}_i\boldsymbol{X} \mid \boldsymbol{X}_k=0)}{\Phi(\boldsymbol{\beta}_i\boldsymbol{X} \mid \boldsymbol{X}_k=0)} \tag{7-13}$$

对于连续变量，采用式(7-14)计算，其结果表示该自变量每增加 1%时，发生危险换道行为可能性的相对变化比例。

$$E=\frac{\partial[\Phi(\boldsymbol{\beta}_i\boldsymbol{X})]}{\partial\boldsymbol{X}}\cdot\frac{\boldsymbol{X}}{\Phi(\boldsymbol{\beta}_i\boldsymbol{X})} \tag{7-14}$$

本书使用软件 NLOGIT 6.0，对随机参数 Probit 回归模型中的各参数采用最大似然法。参考以往研究[246, 247]，模型中选择 Halton 序列抽样，次数选择 500，随机参数的分布类型选择正态分布。

7.3.2 危险换道行为致因分析特征变量统计描述

为分析驾驶人危险换道行为致因，本书从 highD 车辆轨迹数据库中提取了 4 083 条换道数据。剔除换道车辆当前车道及目标车道前后车存在缺失的换道事件，累计剔除 1 429 条，最终获得 2 654 条驾驶人换道数据，其中正常换道 2 362 条，危险换道 292 条。

表 7-7 和表 7-8 列出了本书提出的危险换道行为致因分析解释变量的统计描述情况。变量类型包括换道车辆类型、交通环境变量(换道车辆周围车辆类型和是否高峰时段，此处高峰时段定义为上午 8:00—10:00)、驾驶人换道决策变量(左换道/右换道)、驾驶人换道操作变量(换道持续时长、纵/横向速度和加速度)、周围车辆运行变量(周围车辆车速和加速度)及驾驶人换道稳定性变量(换道车辆与周围车辆相对车速及相对距离)。

表 7-7　危险换道行为致因分析解释变量统计描述 1

变量类别			危险换道(样本量：292)		正常换道(样本量：2 362)	
			计数	占比	计数	占比
换道车辆类型		小车	187	64.04%	1 951	82.60%
		大车	105	35.96%	411	17.40%
交通环境变量	Pre 车辆类型	小车	203	69.52%	1 825	77.27%
		大车	89	30.48%	537	22.73%
	Fol 车辆类型	小车	218	74.66%	2 003	84.80%
		大车	74	25.34%	359	15.20%

（续表）

变量类别			危险换道（样本量：292）		正常换道（样本量：2 362）	
			计数	占比	计数	占比
交通环境变量	Pre1 车辆类型	小车	262	89.73%	2 038	86.28%
		大车	30	10.27%	324	13.72%
	Fol1 车辆类型	小车	262	89.73%	1 587	67.19%
		大车	30	10.27%	775	32.81%
	是否高峰时段	非高峰时段	179	61.30%	1 489	63.04%
		高峰时段	113	38.70%	873	36.96%
驾驶人换道决策变量	向左换道		245	83.90%	1 132	47.93%
	向右换道		47	16.10%	1 230	52.07%

表 7-8　危险换道行为致因分析解释变量统计描述 2

变量类别		危险换道（样本量：292）		正常换道（样本量：2 362）	
		均值	标准差	均值	标准差
驾驶人换道操作变量	换道持续时长(s)	5.269	0.907	5.723	0.918
	Sub 平均纵向速度(m/s)	26.666	7.208	29.065	5.496
	Sub 平均横向速度(m/s)	0.685	0.133	0.625	0.116
	Sub 平均纵向加速度(m/s^2)	0.151	0.444	0.065	0.375
	Sub 平均横向加速度(m/s^2)	−0.01	0.012	−0.006	0.01
周围车辆运行变量	Pre 平均纵向速度(m/s)	22.738	7.002	28.157	6.501
	Pre 平均纵向加速度(m/s^2)	−0.147	0.452	0.007	0.311
	Fol 平均纵向速度(m/s)	26.051	7.195	29.008	5.831
	Fol 平均纵向加速度(m/s^2)	−0.103	0.484	0.039	0.323
	Pre1 平均纵向速度(m/s)	29.061	8.007	29.604	6.073
	Pre1 平均纵向加速度(m/s^2)	−0.038	0.424	0.02	0.324
	Fol1 平均纵向速度(m/s)	29.331	8.109	28.267	6.239
	Fol1 平均纵向加速度(m/s^2)	−0.289	0.555	−0.098	0.323
驾驶人换道稳定性变量	Sub_Pre 平均纵向相对车速(m/s)	−3.715	3.383	−0.815	3.805
	Sub_Fol 平均纵向相对车速(m/s)	−0.406	3.454	0.032	2.738
	Sub_Pre1 平均纵向相对车速(m/s)	2.227	3.828	0.46	3.532
	Sub_Fol1 平均纵向相对车速(m/s)	2.476	4.336	−0.88	4.678
	Sub_Pre 纵向相对车速标准差(m/s)	0.34	0.353	0.312	0.428
	Sub_Fol 纵向相对车速标准差(m/s)	0.389	0.48	0.287	0.326
	Sub_Pre1 纵向相对车速标准差(m/s)	0.323	0.355	0.247	0.325
	Sub_Fol1 纵向相对车速标准差(m/s)	0.562	0.546	0.383	0.518
	Sub_Pre 平均纵向相对距离(m)	30.015	25.557	62.801	49.343
	Sub_Fol 平均纵向相对距离(m)	74.739	49.061	70.347	50.665

（续表）

变量类别		危险换道（样本量：292）		正常换道（样本量：2 362）	
		均值	标准差	均值	标准差
驾驶人换道稳定性变量	Sub_Pre1 平均纵向相对距离(m)	41.509	32.079	59.727	41.648
	Sub_Fol1 平均纵向相对距离(m)	65.173	48.361	64.968	49.563
	Sub_Pre 纵向相对距离标准差(m)	3.218	2.734	3.555	7.113
	Sub_Fol 纵向相对距离标准差(m)	3.547	10.592	2.227	6.206
	Sub_Pre1 纵向相对距离标准差(m)	2.712	2.69	2.169	3.826
	Sub_Fol1 纵向相对距离标准差(m)	4.716	7.612	4.064	6.111

注：Sub 表示换道车辆；Pre 表示换道车辆当前车道前车；Fol 表示换道车辆当前车道后车；Pre1 表示换道车辆目标车道前车；Fol1 表示换道车辆目标车道后车。

7.3.3 危险换道行为致因分析特征变量相关性分析

为避免模型变量的多重共线性，采用 7.2.3 小节的相关性分析方法对驾驶人危险换道行为解释变量进行相关性分析。图 7-5 所示为解释变量间相关性分析结果，图中变量与表 7-7 和表 7-8 中变量一致，另外，Sub_type 表示换道车辆类型；Type of LC 表示换道类型；mean 和 Std 分别代表均值和方差；*X* 和 *Y* 表示纵向和横向；Acc 表示加速度；Dis 表示距离。

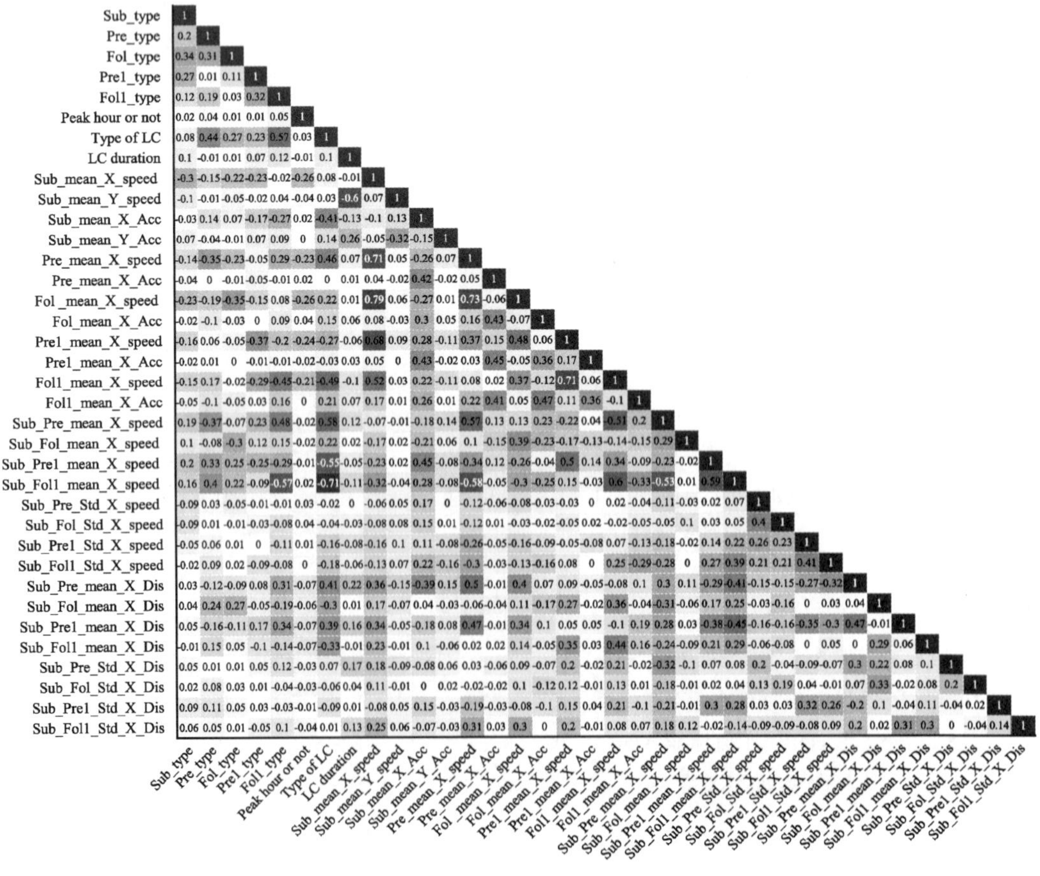

图 7-5 危险换道行为解释变量相关性分析结果

从图 7-5 中可以看出，换道车辆与周围车辆纵向车速之间的相关性普遍较高，其中换道车辆纵向车速与当前车道前车纵向车速相关性为 0.71；换道车辆纵向车速与当前车道后车纵向车速相关性为 0.79；换道车辆纵向车速与目标车道前车纵向车速相关性为 0.68；当前车道前车纵向车速与当前车道后车纵向车速相关性为 0.73；目标车道前车纵向车速与目标车道后车纵向车速相关性为 0.71。因此，后续建模中将换道车道外其余周围车辆纵向车速全部剔除。此外，换道车辆与目标车道后车纵向相对车速均值和目标车道后车类型、换道类型、当前车道前车纵向车速、换道车辆与当前车道前车纵向相对车速均呈负相关，且相关性系数均小于－0.5。故后续建模中将换道车辆与目标车道后车纵向相对车速均值剔除。

7.3.4　危险换道行为致因分析模型结果与讨论

为对比模型拟合效果，本书分别采用了传统的固定参数 Probit 回归模型和随机参数 Probit 回归模型进行危险换道行为致因分析建模。表 7-9 为模型回归结果，其中固定参数 Probit 回归模型和随机参数 Probit 回归模型的对数似然值分别为－648.461 和－610.042，AIC 值分别为 1 324.9 和 1 264.1，BIC 值分别为 1 407.3 和 1 393.5。因此，随机参数 Probit 回归模型能较好地刻画未观测到的驾驶人和驾驶行为模式异质性特征，其拟合效果也明显优于固定参数 Probit 回归模型。

表 7-9　驾驶人危险换道行为致因模型参数估计结果

<table>
<tr><td colspan="3" rowspan="2">变量</td><td colspan="3">固定参数 Probit 回归模型</td><td colspan="3">随机参数 Probit 回归模型</td></tr>
<tr><td>β</td><td>Z</td><td>$P>|z|$</td><td>β</td><td>Z</td><td>$P>|z|$</td></tr>
<tr><td colspan="9">固定参数(Mean)</td></tr>
<tr><td>换道车辆特征</td><td>Sub 车辆类型</td><td>小车：0；
大车：1</td><td>1.121</td><td>10.34</td><td><0.001</td><td>1.208</td><td>7.76</td><td><0.001</td></tr>
<tr><td>交通环境变量</td><td>Pre 车辆类型</td><td>小车：0；
大车：1</td><td>－0.411</td><td>－4.24</td><td><0.001</td><td>－0.565</td><td>－4.59</td><td><0.001</td></tr>
<tr><td>驾驶人换道决策变量</td><td>换道类型</td><td>左换道：0；
右换道：1</td><td>－0.256</td><td>－2.22</td><td>0.027</td><td>－0.907</td><td>－4.63</td><td><0.001</td></tr>
<tr><td rowspan="3">驾驶人换道操作变量</td><td colspan="2">换道持续时长(s)</td><td>－0.140</td><td>－2.45</td><td>0.014</td><td>－0.218</td><td>－2.93</td><td>0.003</td></tr>
<tr><td colspan="2">Sub 平均纵向速度(m/s)</td><td>－0.202</td><td>－2.85</td><td>0.004</td><td>－0.022</td><td>－2.60</td><td>0.009</td></tr>
<tr><td colspan="2">Sub 平均横向速度(m/s)</td><td>1.738</td><td>4.29</td><td><0.001</td><td>2.039</td><td>4.05</td><td><0.001</td></tr>
<tr><td>周围车辆运行变量</td><td colspan="2">Pre 平均纵向加速度(m/s^2)</td><td>－0.500</td><td>－4.38</td><td><0.001</td><td>－0.770</td><td>－4.78</td><td><0.001</td></tr>
</table>

（续表）

变量		固定参数 Probit 回归模型			随机参数 Probit 回归模型		
		β	Z	P>|z|	β	Z	P>|z|
驾驶人换道稳定性变量	Sub_Pre 平均纵向相对车速(m/s)	−0.158	−9.98	<0.001	−0.250	−14.22	<0.001
	Sub_Pre 平均纵向相对距离(m)	−0.013	−7.29	<0.001	−0.031	−13.97	<0.001
	Sub_Fol1 平均纵向相对距离(m)	−0.003	−3.32	<0.001	−0.004	−3.47	<0.001
	Sub_Pre 纵向相对距离标准差(m)	0.023	3.20	0.001	0.052	5.21	<0.001
	Sub_Fol 纵向相对距离标准差(m)	0.009	2.09	0.037	0.012	2.08	0.037
随机参数(SD)							
Sub 车辆类型	小车：0；大车：1	—	—	—	1.317	11.08	<0.001
Pre 车辆类型	小车：0；大车：1	—	—	—	0.167	3.52	<0.001
换道类型	左换道：0；右换道：1	—	—	—	1.349	9.87	<0.001
换道持续时长(s)		—	—	—	0.042	4.68	<0.001
Sub 平均纵向速度(m/s)		—	—	—	0.008	4.63	<0.001
Sub_Pre 平均纵向相对距离(m)		—	—	—	0.011	10.44	<0.001
Log-likelihood		−648.461			−610.042		
伪 R^2		0.252			0.339		
AIC		1 324.9			1 264.1		
BIC		1 407.3			1 393.5		

注：最终模型中仅保留显著性小于 0.05 的变量。

随机参数 Probit 回归模型估计结果显示，换道车辆类型、换道车辆当前车道前车类型、换道类型、换道持续时长、换道车辆平均纵向速度及换道车辆与当前车道前车平均纵向相对距离具有随机参数分布特性。为进一步量化分析各变量对驾驶人危险换道行为的影响，本书基于随机参数 Probit 回归模型计算各变量对应危险换道行为的平均边际效应，如表 7-10 所示。

表 7-10　驾驶人危险换道行为的平均边际效应

变量		弹性系数	Z	P>|z|
Sub 车辆类型	小车：0；大车：1	0.768	4.27	<0.001
Pre 车辆类型	小车：0；大车：1	−0.436	−3.36	<0.001
换道类型	左换道：0；右换道：1	−1.428	−3.58	<0.001
换道持续时长(s)		−4.045	−2.59	0.001
Sub 平均纵向速度(m/s)		−2.098	−2.09	0.036
Sub 平均横向速度(m/s)		4.211	3.15	0.002

(续表)

变量	弹性系数	Z	$P>\|z\|$
Pre 平均纵向加速度(m/s^2)	−0.025	−3.41	<0.001
Sub_Pre 平均纵向相对车速(m/s)	−0.926	−4.89	<0.001
Sub_Pre 平均纵向相对距离(m)	−5.960	−4.48	<0.001
Sub_Fol1 平均纵向相对距离(m)	−0.797	−12.75	<0.001
Sub_Pre 纵向相对距离标准差(m)	0.603	3.71	0.001
Sub_Fol 纵向相对距离标准差(m)	0.092	1.87	0.037

从表中可以看出，换道车辆类型具有随机参数特性(即异质性特征)，其回归系数服从N(1.208,1.317)的正态分布，说明82.12%的大车驾驶人发生危险换道的可能性比小车驾驶人高；与小车驾驶人相比，大车驾驶人发生危险换道的概率增加了0.768%。以往研究结果也表明[219,248,249]，货车比例的升高将造成事故风险上升。此外，当跟驰车辆类型为大车时，追尾事故发生的可能性也会升高[231]。造成该结果的原因可能包括两个方面：一是大车车速普遍较低，与周围车辆存在较大的车速差；二是相比小车，大车的加减速性能差使其在紧急情况下的反应操作受限，导致行车风险升高。

交通环境变量中，换道车辆前车类型回归系数服从N(−0.565,0.167)的正态分布，说明在99.96%的情况下，换道车辆前车类型为大车时，发生危险换道的概率会降低，相比小车其概率下降0.436%。这一发现与以往研究[250]结果一致，原因可能是大车减速性能低于小车，故当前方的大车刹车时，后方的跟驰车辆有充足的时间采取避撞操作，进而有效避免交通事故的发生[251]。

驾驶人换道决策方面，换道类型的回归系数服从N(−0.907,1.349)的正态分布，说明74.86%的向右换道驾驶人发生危险驾驶的概率低于向左换道。边际效应分析结果显示，与向左换道相比，向右换道发生危险驾驶的可能性降低1.428%。以往研究[113]结果表示，左侧车道(靠右行驶条件下)运行车速相对较高，驾驶人向左换道多伴随超车行为，发生危险驾驶的可能性也会升高。

驾驶人换道操作方面，换道持续时长的回归系数服从N(−0.218,0.042)的正态分布，绝大多数情况下换道持续时长与危险换道行为呈负相关。换道持续时长每增加1%，发生危险换道的概率降低4.045%。以往研究[252]也阐述了激进型驾驶人的换道持续时长往往较短，其面临的行车风险高于保守型驾驶人。同时，换道车辆的纵向车速与危险换道行为呈负相关，其回归系数服从N(−0.022,0.008)的正态分布。结果显示，换道车辆纵向车速每增加1%，发生危险换道的概率降低2.098%。此外，换道车辆的横向车速与危险换道行为呈正相关，驾驶人换道过程中横向车速每增加1%，其发生危险换道行为的概率增加4.211%。

周围车辆运行方面，换道车辆当前车道前车纵向车速与驾驶人危险换道行为呈负相关,其每增加 1%,危险换道行为发生概率下降 0.025%。这一现象的可能原因为:当换道车辆当前车道前车车速高时,换道车辆的受干扰程度相对较小,换道也越安全。

驾驶人换道稳定性方面,换道车辆与当前车道前车的纵向相对车速与危险换道行为呈负相关,其每增加 1%,危险换道行为发生概率下降 0.926%。同时,换道车辆与当前车道前车的纵向间距回归系数服从 N(−0.031,0.011)的正态分布,说明在 99.75%的情况下,换道车辆与当前车道前车的纵向间距与危险换道行为呈负相关,其每增加 1%,驾驶人发生危险换道的概率降低 5.960%。同样,换道车辆与目标车道后车的纵向间距每增加 1%,驾驶人发生危险换道的概率降低 0.797%。此外,换道车辆与当前车道前后车纵向间距的离散程度与危险驾驶行为呈正相关。其中,换道车辆与当前车辆前车纵向间距标准差每增加 1%,危险驾驶行为发生概率上升 0.603%;换道车辆与当前车辆后车纵向间距标准差每增加 1%,危险驾驶行为发生概率上升 0.092%。以往研究[117, 253]中指出,驾驶人换道行为风险主要由换道车辆与目标车道后车之间的冲突导致。然而,从本书模型结果可以发现,除了换道车辆与目标车道后车的冲突外,换道行为风险还与换道车辆和当前车道前车的冲突紧密相关。这一发现也表明,为保证换道的安全性,驾驶人在换道过程中不仅需要关注目标车道前后车的运行状态变化,还需关注当前车道前车的运行状态实时变化特征。Chen 等[210]的研究也说明了由于换道过程中驾驶人更多关注于目标车道上的车辆运行情况,忽视了当前车道前车的运行状态,导致换道过程中换道车辆与当前车道前车的碰撞风险升高。

7.4 本章小结

本书通过构建结构方程模型,以危险场景和危险操作为潜在因变量,以驾驶人属性、道路环境、驾驶行为指标作为潜在自变量,通过计算结构模型及观测模型,构建了危险驾驶行为致因分析结构方程模型。该模型具备较高的准确率及拟合度。模型结果表明,驾驶行为操作是影响危险驾驶行为的主要要素,该结论与本书提出的危险驾驶行为理论保持一致。同时,不良天气等外部环境以及性别等驾驶人属性也会影响驾驶行为,从而导致危险驾驶行为的发生。故对于危险驾驶行为的防控不仅需要面向单一的要素,还要进行综合管控和矫正。

从危险跟驰行为致因分析结果中可以得出,病例对照比为 1∶2 时,条件 Logit 回归模型的拟合性能及解释性最佳,并且考虑驾驶人异质性特征,采用条件 Logit 回归模型的拟合效果优于传统 Logit 回归模型。显著正向影响驾驶人危险跟驰行为的因素包括高峰时段、雨天、高密度交通流状态、前车减速度、跟驰车速及标准差程度、跟驰加速度标准差程度及前后车速差标准差程度,显著负向影响驾驶人危险跟驰行为的因素包括前后车速差均值和车头间距均值。

从危险换道行为致因分析结果中得出，显著正向影响驾驶人危险换道行为的因素包括换道车辆类型（大车）、换道车辆横向车速及换道车辆与当前车道前后车纵向间距的离散程度。显著负向影响的因素包括换道车辆当前车道前车类型（大车）、换道类型（向右换道）、换道持续时长、换道车辆纵向速度、换道车辆当前车道前车的纵向加速度、换道车辆与当前车道前车的纵向相对速度和相对距离及换道车辆与目标车道后车的纵向相对距离。

明确影响驾驶人危险跟驰及换道行为的相关因素可以为危险驾驶行为管控策略制定及实时预测奠定理论基础。

第8章

危险驾驶行为风险演化机理

8.1 高快速路危险跟驰行为风险演化

驾驶人在跟驰过程中需要根据前车运动状态变化不断调整车速和跟车距离，故其行车风险也随之动态变化。本章首先采用上海自然驾驶实验数据库的高快速路驾驶人跟驰行为片段，采用谱聚类算法对跟驰行为风险演化模式（Driving Risk Evolution Pattern，DREP）进行划分，根据不同演化模式对应的风险水平和危险跟驰事件占比判定危险跟驰行为风险演化模式。其次，采用相关性分析方法进行风险演化模式解释变量筛选。随后，采用考虑异质性均值和方差的随机参数多元 Logit 回归模型对高快速路危险跟驰行为风险演化模式致因进行分析，阐明其风险演化机理。最后，通过对各风险演化模式的案例分析，进一步阐明影响高快速路危险跟驰行为风险演化模式的关键因素。危险跟驰行为风险演化机理技术流程如图 8-1所示。

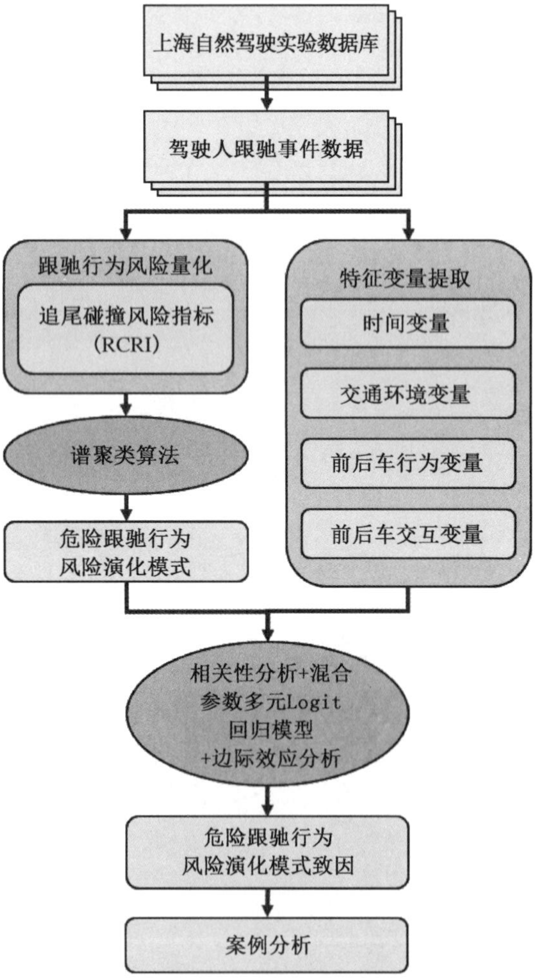

图 8-1 危险跟驰行为风险演化机理技术流程

8.1.1　基于谱聚类算法的危险跟驰行为风险演化模式判别

1. 谱聚类算法

本书采用谱聚类算法来识别驾驶人跟驰中的行车风险演化模式。谱聚类算法核心思想来源于图论，其本质是将空间中点的聚类问题转化为图的划分问题。以往研究[254, 255]也证明了与传统的 K-means 聚类算法相比，谱聚类算法更适用于时序数据，如车辆轨迹等。本书中，各样本即为驾驶人跟驰过程中风险值(该风险值依然沿用 5.2.2 小节中提出的安全替代指标 RCRI)的时间变化序列。通过谱聚类算法，构造一个有向无环图 $G=(V, E)$，其中 V 表示一组顶点，每个顶点代表一个样本或数据点；E 表示一组边，每个边代表两个数据样本之间的关系。聚类过程中，每条边都会分配一个权重，表示数据样本之间的相似性。谱聚类算法的目标是实现同群组子图中的样本相似程度最高且不同群组子图中的样本相似度最低[256]。本书采用的谱聚类算法详细步骤如下。

(1) 将跟驰行为片段时长归一化。本书提取的驾驶人跟驰片段持续时长多为 15～30 s。本书主要关注驾驶人行车风险的变化特征，为保证模式聚类效果，考虑到所采用的自然驾驶数据采集频率为 10 Hz，本书根据最小跟驰片段时长(15.1 s)对采集的跟驰片段进行等间距抽样，以表征跟驰过程中的风险演化过程。

(2) 计算各样本间的距离矩阵 $\boldsymbol{Dist}_{i,j}$。

$$\boldsymbol{Dist}_{i,j}=\frac{1}{n}\sqrt{\sum_{k=1}^{n}(R_{i,t}-R_{j,t})^2} \tag{8-1}$$

式中，$R_{i,t}$ 和 $R_{j,t}$ 分别代表样本 i 和样本 j 在 t 时刻的风险值。

(3) 将距离矩阵 $\boldsymbol{Dist}_{i,j}$ 转化为相似度矩阵 $\boldsymbol{S}_{i,j}$。

$$\boldsymbol{S}_{i,j}=\exp\left[-\left(\frac{\boldsymbol{Dist}_{i,j}}{\sigma}\right)^2\right] \tag{8-2}$$

式中，σ 即为核函数形参，在此处设置为 1。

(4) 计算度矩阵 $\boldsymbol{D}$($m\times m$ 的对角阵)、拉普拉斯矩阵 $\boldsymbol{L}$ 和标准化的对阵拉普拉斯矩阵 $\boldsymbol{L}_{\mathrm{s}}$。

$$\boldsymbol{D}=\sum_{j=1}^{m}\boldsymbol{S}_{i,j} \tag{8-3}$$

$$\boldsymbol{L}=\boldsymbol{D}-\boldsymbol{S}_{i,j} \tag{8-4}$$

$$\boldsymbol{L}_{\mathrm{s}}=\boldsymbol{D}^{-\frac{1}{2}}\boldsymbol{L}\boldsymbol{D}^{-\frac{1}{2}} \tag{8-5}$$

(5) 计算标准化拉普拉斯矩阵 $\boldsymbol{L}_{\mathrm{s}}$ 的特征值，并取其前 k (最佳聚类数)个特征值，构建相应的特征矩阵 $\boldsymbol{U}\in R^{m\times k}$ 。矩阵 $\boldsymbol{U}$ 的每一行即为一个样本，采用 K-means 聚类算法对 m 个样本进行类别划分，最后根据每行对应的聚类组别将原始样本 R 划分成不同的群组。

2. 危险跟驰行为风险演化模式判别

本书挑选了 38 名驾驶人，每名驾驶人的高快速路跟驰片段均超过 100 条并从其跟驰片段中随机抽取 100 条，最终获得 3 800 条跟驰片段，用于驾驶人危险跟驰行为风险演化机理分析。在谱聚类算法中需要确定最佳聚类数，本书计算了聚类数处于 2～10 的轮廓系数(Silhouette Coefficient)，如图 8-2 所示。可以发现，当聚类数为 5 时，轮廓系数最大，聚类效果最好。对比了聚类数为 4、5、6 时的安全风险模式划分结果，如图 8-3 所示。从图中可以看出，当聚类数为 4 时，风险演化模式 3 包括了跟驰前期和中期存在风险波动的情况；当聚类数为 6 时，风险演化模式 3 和风险演化模式 4 均为跟驰前期行车风险存在波动。因此，根据最大轮廓系数原则[257]和聚类模式对比分析，可以确定本书风险演化模式的最佳聚类数为 5。

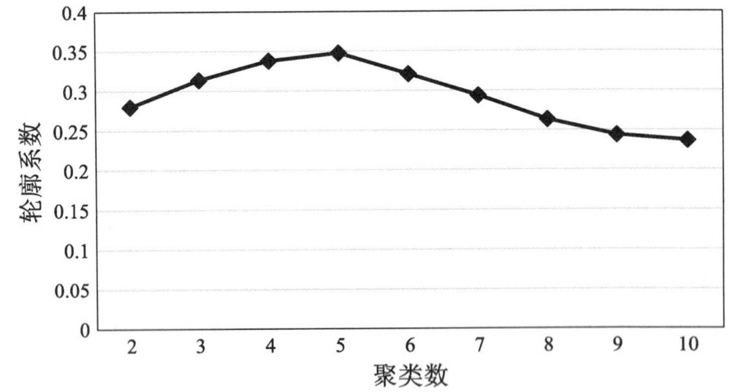

图 8-2　谱聚类算法不同聚类数对应的轮廓系数

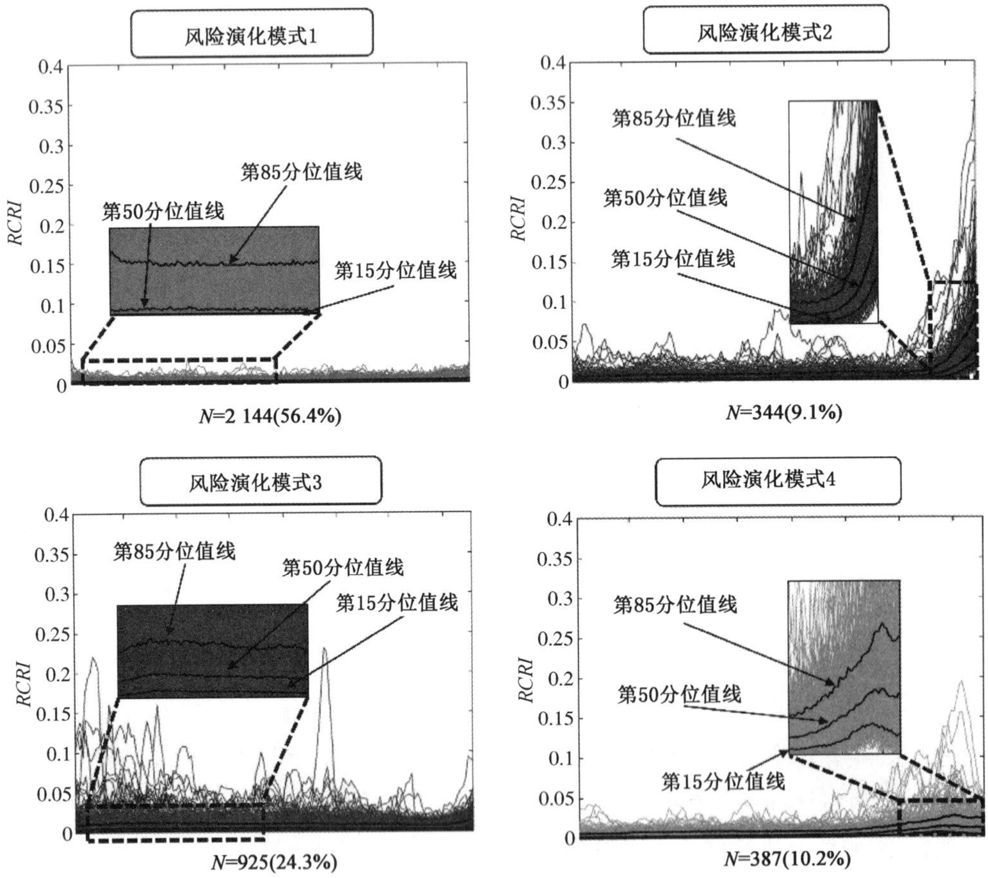

(a) 聚类数＝4

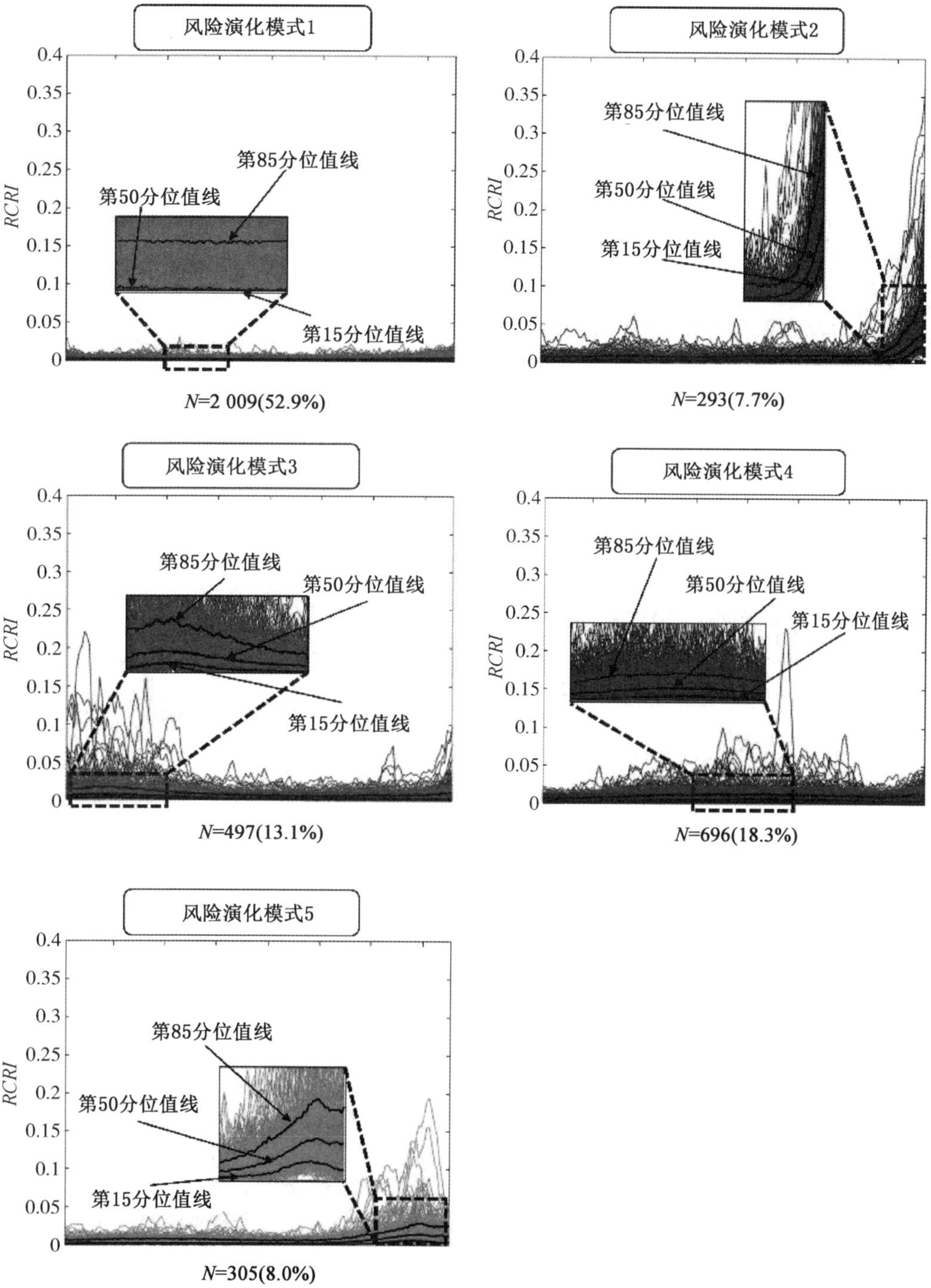
风险演化模式1
RCRI
第85分位值线
第50分位值线
第15分位值线
N=2 009(52.9%)
风险演化模式2
第85分位值线
第50分位值线
第15分位值线
N=293(7.7%)
风险演化模式3
第85分位值线
第50分位值线
第15分位值线
N=497(13.1%)
风险演化模式4
第85分位值线
第50分位值线
第15分位值线
N=696(18.3%)
风险演化模式5
第85分位值线
第50分位值线
第15分位值线
N=305(8.0%)

(b) 聚类数=5

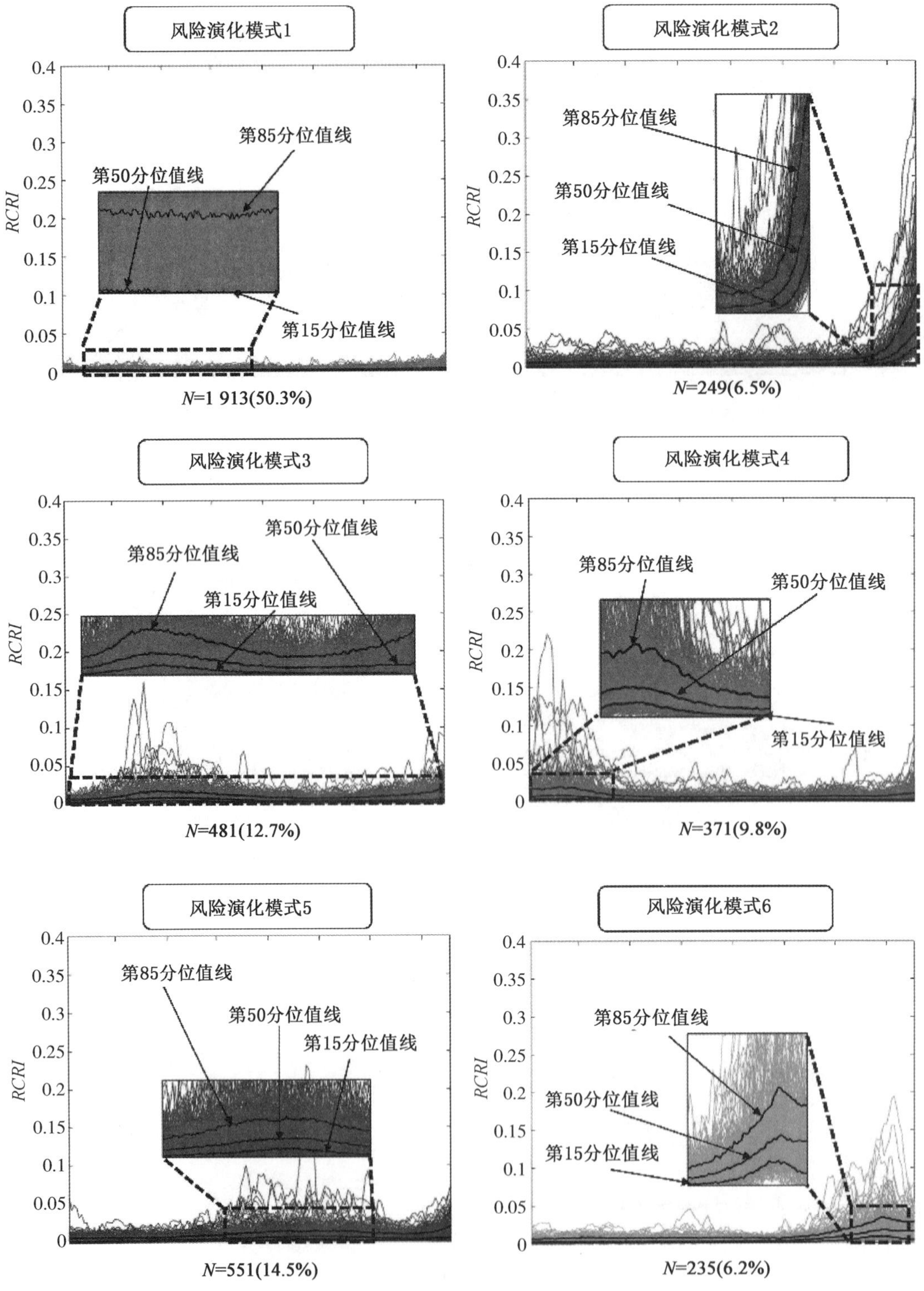

(c) 聚类数=6

图 8-3　不同聚类数下跟驰行为安全风险演化模式

从图 8-3(b) 可以看出，风险演化模式 1 的驾驶人行车风险维持在较低水平，风险演化模式 2 中行车风险在跟驰后期存在急剧上升的现象，风险演化模式 3 中行车风险在跟驰前期存在波动现象，风险演化模式 4 中行车风险在跟驰中期存在波动现象，风险演化模式 5 中行车风险在跟驰后期存在波动现象。五类风险演化模式的占比分别为 52.9%、7.7%、13.1%、18.3% 和 8.0%。

图 8-4 为各类风险演化模式下跟驰片段平均行车风险箱型图，可以发现风险演化模式 2 和风险演化模式 5 对应的行车风险最高，其次为风险演化模式 4 和风险演化模式 3，风险演化模式 1 的行车风险最低。随后，本书采用非参数性显著性检验方法 Kruskal-Wallis 对不同风险演化模式对应的行车风险进行显著性检验，如表 8-1 所示。可以发现，任意两类跟驰行为安全风险演化模式之间的平均行车风险均存在显著性差异。

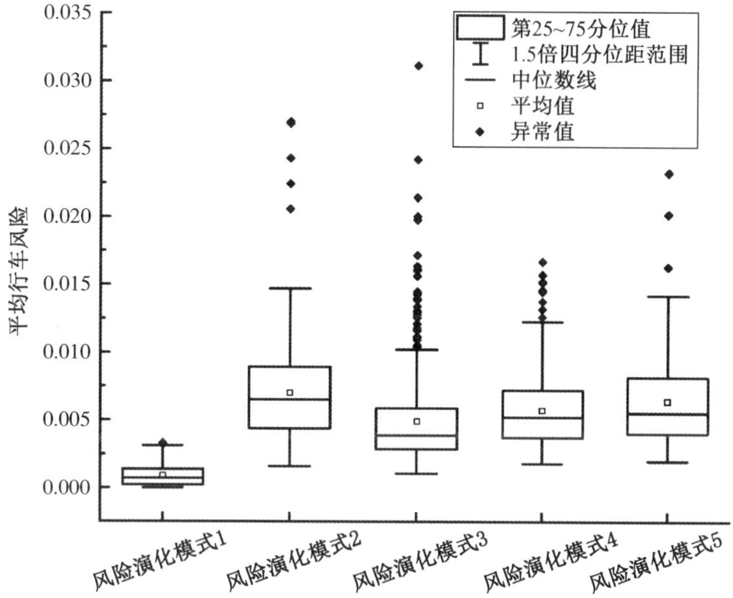

图 8-4　各类风险演化模式下跟驰片段平均行车风险箱型图

表 8-1　各类风险演化模式下跟驰片段平均行车风险 Kruskal-Wallis 检验结果

组别 1	组别 2	χ^2	p
风险演化模式 1	风险演化模式 2	751.79	<0.001***
风险演化模式 1	风险演化模式 3	1 096.76	<0.001***
风险演化模式 1	风险演化模式 4	1 524.82	<0.001***
风险演化模式 1	风险演化模式 5	788.02	<0.001***
风险演化模式 2	风险演化模式 3	101.19	<0.001***
风险演化模式 2	风险演化模式 4	28.49	<0.001***
风险演化模式 2	风险演化模式 5	6.60	0.010***
风险演化模式 3	风险演化模式 4	70.02	<0.001***

（续表）

组别 1	组别 2	χ^2	p
风险演化模式 3	风险演化模式 5	74.12	$<0.001^{***}$
风险演化模式 4	风险演化模式 5	6.51	0.010^{***}
总风险演化模式		2 782.51	$<0.001^{***}$

注：*** 指显著性水平为 0.01。

此外，对各类风险演化模式中存在危险跟驰行为的占比进行统计，如表 8-2 所示。从表中可以发现，风险演化模式 1 中全部为正常跟驰片段，危险跟驰行为的风险演化模式主要包括四类，即风险演化模式 2～5。其中，风险演化模式 2 中包含危险跟驰行为的片段占比高达 76.5%，是危险跟驰行为的主要风险演化模式。

表 8-2　各类风险演化模式下平均行车风险及危险跟驰片段占比统计

风险演化模式	平均风险	危险跟驰片段数	危险跟驰片段占比	正常跟驰片段占比
风险演化模式 1	0.000 9	0	0	100%
风险演化模式 2	0.007 0	224	76.5%	23.5%
风险演化模式 3	0.004 9	85	17.1%	82.9%
风险演化模式 4	0.005 7	94	13.5%	86.5%
风险演化模式 5	0.006 4	77	25.2%	74.8%

8.1.2　危险跟驰行为风险演化模式致因分析特征变量统计描述

与危险跟驰行为致因分析一致，本书提取了三类变量；时间变量包括是否工作日及是否高峰时段；环境变量包括昼夜、天气及交通流密度；车辆动力学参数变量包括前车扰动变量、驾驶人跟驰操作变量和前后车交互变量。其中，前车扰动变量包括纵向车速的均值和标准差、最大加速度和最大减速度，这些变量主要反映跟驰过程中前车驾驶人的扰动特性；驾驶人跟驰操作变量包括纵向车速均值、纵向车速标准差及加速度标准差，用来表征后车驾驶人跟驰过程的操作行为特性；前后车交互变量包括驾驶人跟驰时长、前后车速差均值和标准差及车头间距均值和标准差，主要反映后车跟驰行为的稳定性。危险跟驰行为风险演化模式的各解释变量统计描述如表 8-3 和表 8-4 所示。

表 8-3　危险跟驰行为风险演化模式解释变量统计描述 1

变量			计数	占比
时间变量	是否工作日	工作日	2 902	76.4%
		节假日	898	23.6%
	是否高峰时段	非高峰时段	2 192	57.7%
		高峰时段	1 608	42.3%

（续表）

变量			计数	占比
环境变量	昼夜	白天	2 780	73.2%
		夜晚	1 020	26.8%
	天气	晴天	3 270	86.0%
		雨天	530	14.0%
	交通流密度	低密度	2 533	66.7%
		中密度	927	24.3%
		高密度	340	9.0%

表 8-4　危险跟驰行为风险演化模式解释变量统计描述 2

变量		均值	标准差	最小值	最大值
前车扰动变量	前车平均车速(km/h)	59.046	21.048	12.191	133.898
	前车车速标准差(km/h)	4.352	3.057	0.188	26.285
	前车最大加速度(m/s^2)	1.033	0.479	0.086	5.818
	前车最大减速度(m/s^2)	1.228	0.747	0.017	5.068
驾驶人跟驰操作变量	后车平均车速(km/h)	59.780	21.282	12.124	123.700
	后车车速标准差(km/h)	4.665	3.021	0.036	29.208
	后车加速度标准差(m/s^2)	0.352	0.174	0.000	1.590
前后车交互变量	跟驰片段时长(s)	28.823	14.943	15.100	101.000
	前后车速差均值(km/h)	−0.204	1.128	−7.149	6.605
	前后车速差标准差(km/h)	0.960	0.464	0.107	4.604
	车头间距均值(m)	27.748	17.420	7.820	109.703
	车头间距标准差(m)	6.050	5.232	0.341	33.708

8.1.3　危险跟驰行为风险演化模式致因分析特征变量相关性分析

为避免模型共线性，在进行危险跟驰行为风险演化模式致因分析之前，采用 7.2.3 小节的方法对各变量间的相关性进行分析，结果如图 8-5 所示。图中大于 0 表示两变量存在正相关关系，小于 0 表示两变量存在负相关关系。从图中可以看出，前车车速均值与后车车速均值、前车车速标准差与后车车速标准差之间的相关性较高，分别为 0.98 和 0.68，超过强相关性阈值 0.6。考虑到后车车速变化可以反映驾驶人的跟驰操作特性，在后期建模中将前车平均车速和车速标准差剔除。

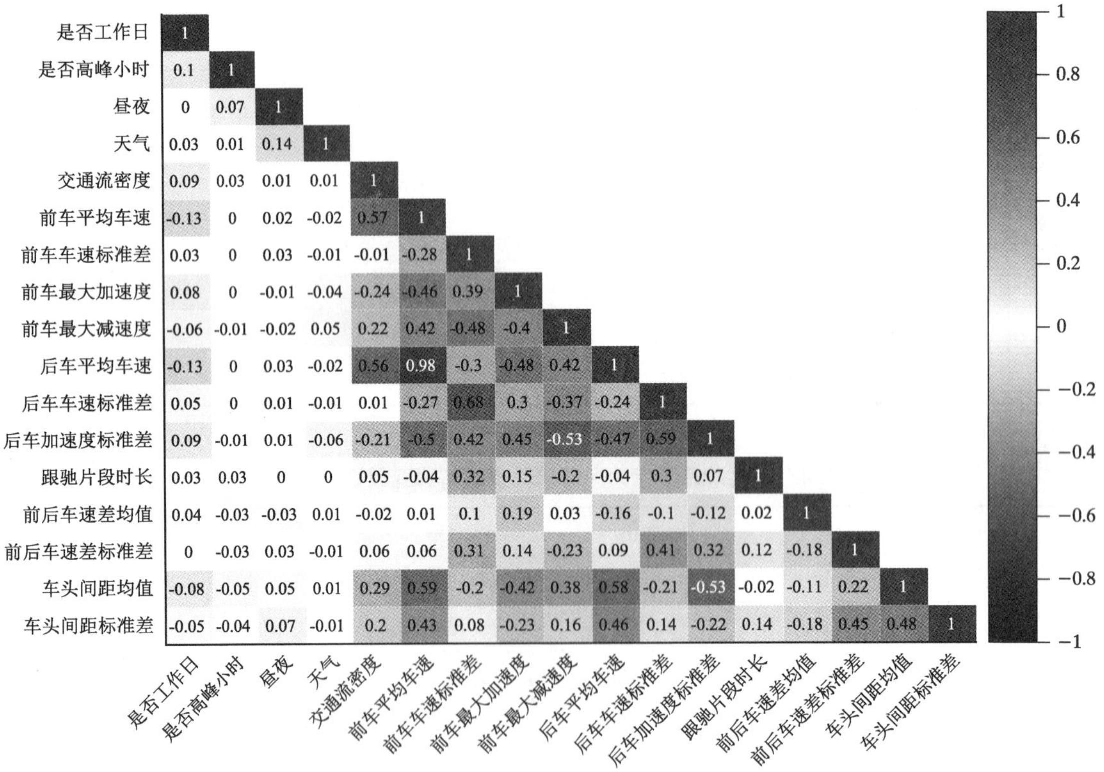

图 8-5　危险跟驰行为安全风险演化模式解释变量相关性分析结果

8.1.4　基于随机参数多元 Logit 回归模型的危险跟驰行为风险演化模式致因分析

1. 考虑异质性均值和方差的随机参数多元 Logit 回归模型

本书采用考虑异质性均值和方差的随机参数多元 Logit 回归模型（Random Parameter Multinomial Logit Model with Heterogeneity in Means and Variances，xRP－MNL）来分析危险跟驰行为安全风险各类演化模式的影响因素。该模型是随机参数多元 Logit 回归模型的拓展，模型能考虑各驾驶人的异质性特征，进而使模型结果更加准确。此外，该模型除了能找出影响不同演化模式的随机参数外，还能最大程度探寻影响随机参数均值及方差的解释变量，进而对随机参数进行合理解释。近年来，该模型也被广泛应用于交通安全领域，包括事故严重程度建模及行车风险相关研究[258-261]。

xRP-MNL 中每类演化模式的效用函数为

$$U_{in}=\beta_i X_{in}+\varepsilon_{in} \tag{8-6}$$

式中，U_{in} 表示确定样本 n 的风险演化模式为 i 的概率的效用函数；X_{in} 为影响风险演化模式 i 的解释变量；β_i 为估计参数；ε_{in} 为误差项，服从特定的广义极值分布。

xRP-MNL 的基础为多元 Logit 回归模型，对于任意样本 n ，其选择风险演化模式 i 的概率为

$$P_{in}=\frac{\exp(\beta_i X_{in})}{\sum_{\forall I}\exp(\beta_i X_{in})} \tag{8-7}$$

式中，I 为所有可能存在的风险演化模式集合。

传统的多元 Logit 回归模型假定各因素对不同的风险演化模式影响强度均为固定的，这难以解决由样本异质性特征而导致的模型结果出现偏倚等问题。为解决并解释可能存在但未被观测到的异质性特征，本书添加了异质性均值和标准差等估计参数，最终模型的估计参数为

$$\beta_{in}=\beta_i+\Theta_{in}Z_{in}+\sigma_{in}\exp(\Psi_{in}W_{in})v_{in} \tag{8-8}$$

式中，β_i 为所有样本的估计参数均值；Z_{in} 为表征风险演化模式 i 对应解释变量的异质性均值参数；Θ_{in} 为 Z_{in} 的估计参数；W_{in} 为表征风险演化模式 i 对应解释变量的异质性方差 σ_{in} 参数；Ψ_{in} 为 W_{in} 的估计参数；v_{in} 为干扰项。

根据拟合效果，本书最终选择正态分布作为各随机参数的分布特征。所有 xRP-MNL 中的估计参数均通过软件 NLOGIT 6.0，采用 500 次 Halton 序列抽样，基于最大似然法估计获得。

为了对比评估 xRP-MNL、传统多元 Logit 回归模型及随机参数多元 Logit 回归模型（简称随机参数模型）的拟合性能，本书采用四种模型评估指标[245, 260]，包括 McFadden 伪 R^2（McFadden Pseudo R-Squared）、模型收敛时的对数似然值（Log-likelihood at convergence）、AIC、BIC。

同时，本书采用似然比（Likelihood Ratio，LR）检验来对比两个模型的拟合效果，如式(8-9)所示。

$$LR=-2[LL(\beta_l)-LL(\beta_h)] \tag{8-9}$$

式中，LR 服从自由度为两个模型估计参数个数之差的 χ^2 分布；$LL(\beta_l)$ 为低阶模型的最大似然值(如传统的多元 Logit 回归模型)；$LL(\beta_h)$ 为高阶模型的最大似然值(如随机参数模型)。

此外，本书采用弹性分析来解析各解释变量对发生危险跟驰行为各类风险演化模式概率的影响强度[260]。对于连续变量而言，其弹性系数结果 $E_{x_{ink}}^{P_{in}}$ 可以表示为

$$E_{x_{ink}}^{P_{in}}=\frac{\partial P_{in}}{\partial x_{ink}}\times\frac{x_{ink}}{P_{in}} \tag{8-10}$$

式中，x_{ink} 为选择演化模式 i 的样本 n 对应解释变量 k 的值；$E_{x_{ink}}^{P_{in}}$ 表示 x_{ink} 每变化 1%，样本

n 选择演化模式 i 变化的概率；对于 xRP-MNL 而言，其 P_{in} 可以表示为

$$P_{in}=\frac{\exp\{[\beta_i+\Theta_{in}Z_{in}+\sigma_{in}\exp(\Psi_{in}W_{in})v_{in}]X_{in}\}}{\sum\limits_{\forall I}\exp\{[\beta_i+\Theta_{in}Z_{in}+\sigma_{in}\exp(\Psi_{in}W_{in})v_{in}]X_{in}\}} \tag{8-11}$$

对于离散变量而言，其弹性系数结果可以表示为

$$E_{x_{ink}}^{P_{in}}=\frac{P_{in}(x_{ink}=1)-P_{in}(x_{ink}=0)}{P_{in}(x_{ink}=0)} \tag{8-12}$$

式中，$P_{in}(x_{ink}=0)$ 和 $P_{in}(x_{ink}=1)$ 分别表示当 x_{ink} 为 0 和 1 时，样本 n 选择演化模式 i 的概率；$E_{x_{ink}}^{P_{in}}$ 表示 x_{ink} 从 0 变化到 1，样本 n 选择演化模式 i 变化的概率。下文计算的所有弹性系数均采用所有样本的弹性系数均值表示。

2. 危险跟驰行为安全风险演化模式致因分析结果与讨论

表 8-5 为驾驶人危险跟驰行为风险演化模式致因模型参数估计结果，包括多元 Logit 回归模型、随机参数多元 Logit 回归模型和 xRP-MNL。可以看出，xRP-MNL 的 McFadden 伪 R^2 和对数似然值相较其他两个模型更高，AIC 和 BIC 值更低。同时，xRP-MNL 的 LR 分别为 310.352 和 247.504，显著高于临界值 $\chi^2_{(9,0.01)}=21.667$ 和 $\chi^2_{(6,0.01)}=16.812$。以上检验结果说明，相比传统多元 Logit 回归模型和随机参数多元 Logit 回归模型，xRP-MNL 拟合效果最优。

表 8-5　驾驶人危险跟驰行为风险演化模式致因模型参数估计结果

变量	多元 Logit 回归模型		随机参数多元 Logit 回归模型		xRP-MNL	
	β	Z	β	Z	β	Z
常数项[DREP 2]	2.528***	5.1	7.553***	6.7	7.974***	5.3
常数项[DREP 3]	3.353***	7.6	8.186***	7.4	8.662***	5.9
常数项[DREP 4]	5.715***	12.2	10.343***	9.3	10.894***	7.4
常数项[DREP 5]	3.303***	7.2	8.061***	7.3	8.585***	5.8
环境变量						
昼夜(夜晚：1，白天：0)[DREP 5]	0.413***	3.0	0.427***	3.0	0.419***	2.9
天气(雨天：1，晴天：0)[DREP 5]	−0.332*	−1.8	−0.371*	−1.7	−0.342*	−1.9
高密度交通流(是：1，否：0)[DREP 1]	−1.863***	−6.8	−4.046***	−7.0	−4.228***	−5.5
高密度交通流(是：1，否：0)[DREP 4]	0.367*	1.8	0.368*	1.7	0.372*	1.7
前车扰动变量						
前车最大减速度(m/s^2)[DREP 2]	0.629***	6.9	0.698***	6.0	0.632***	7.1
前车最大减速度(m/s^2)[DREP 5]	0.431***	5.1	0.416***	4.6	0.419***	4.8

（续表）

变量	多元 Logit 回归模型		随机参数多元 Logit 回归模型		xRP-MNL	
	β	Z	β	Z	β	Z
驾驶人跟驰操作变量						
后车平均车速(km/h)[DREP 1]	0.024***	3.4	0.050***	3.9	0.057***	3.5
后车平均车速(km/h)[DREP 4]	−0.006*	−1.8	−0.006*	−1.8	−0.007*	−1.7
后车车速标准差(km/h)[DREP 1]	−0.058**	−2.1	−0.052***	−3.0	−0.078**	−2.9
后车车速标准差(km/h)[DREP 2]	−0.187***	−6.1	−0.303***	−4.1	−0.405***	−5.4
随机参数后车车速标准差的标准差[DREP 2]	—	—	0.171***	3.1	0.247***	4.9
后车加速度标准差(m/s^2)[DREP 1]	−5.172***	−8.3	−6.498***	−5.6	−8.405***	−5.8
前后车交互变量						
跟驰片段时长(s)[DREP 1]	0.001***	2.9	0.002**	2.5	0.012***	2.9
跟驰片段时长(s)[DREP 2]	−0.002***	−3.9	−0.002***	−3.8	−0.002***	−3.4
前后车速差均值(km/h)[DREP 1]	3.370***	19.4	6.103***	11.8	6.268***	10.2
随机参数前后车速差均值的标准差[DREP 1]	—	—	3.367***	7.0	2.239***	5.6
前后车速差均值(km/h)[DREP 3]	2.109***	13.2	2.794***	6.4	2.154***	10.7
前后车速差均值(km/h)[DREP 4]	0.853***	5.8	0.990***	6.0	0.859***	5.3
前后车速差标准差(km/h)[DREP 1]	−0.532**	−2.3	−3.060***	−5.8	−2.444***	−4.8
前后车速差标准差(km/h)[DREP 3]	1.856***	10.1	2.575***	6.5	1.910***	8.0
车头间距均值(m)[DREP 1]	0.501***	21.9	1.023***	10.4	0.850***	10.9
随机参数车头间距均值的标准差[DREP 1]	—	—	0.052***	3.0	0.042***	2.3
车头间距均值(m)[DREP 4]	−0.097***	−5.7	−0.095***	−5.1	−0.045**	−2.5
车头间距标准差(m)[DREP 2]	0.275***	6.2	0.613***	6.5	0.756***	6.2
车头间距标准差(m)[DREP 3]	0.344***	9.4	0.662***	7.5	0.800***	6.8
车头间距标准差(m)[DREP 4]	0.493***	12.5	0.820***	9.2	0.948***	7.8
车头间距标准差(m)[DREP 5]	0.240***	5.7	0.529***	5.8	0.691***	5.6
随机参数异质性均值						
后车车速标准差：车头间距标准差[DREP 2]	—	—	—	—	−0.020***	−3.3
前后车速差均值：跟驰片段时长[DREP 1]	—	—	—	—	0.005***	2.7

（续表）

变量	多元 Logit 回归模型		随机参数多元 Logit 回归模型		xRP-MNL	
	β	Z	β	Z	β	Z
前后车速差均值：前车最大减速度［DREP 1］	—	—	—	—	−0.347***	−3.6
车头间距均值：低密度交通流［DREP 1］	—	—	—	—	0.104**	2.3
随机参数异质性方差						
后车车速标准差：车头间距均值［DREP 2］	—	—	—	—	0.042***	3.0
前后车速差均值：跟驰片段时长［DREP 1］	—	—	—	—	0.002***	3.4
模型评估指标						
McFadden Pseudo R-Squared	0.397		0.436		0.533	
Log-likelihood at convergence	−3 012.156		−2 980.732		−2 856.98	
AIC	6 082.3		5 962.5		5 790.0	
BIC	6 263.4		6 162.3		6 027.2	

注：DREP 为风险演化模式的简称(下同)；*、**、*** 分别表示显著性水平为 0.1、0.05 和 0.01。

表 8-6 所示为驾驶人危险跟驰行为风险演化模式致因模型各变量弹性系数，各解释变量对不同危险跟驰行为风险演化模式的具体影响强度如下。

表 8-6 驾驶人危险跟驰行为风险演化模式致因模型各变量弹性系数

变量	弹性系数				
	DREP 1	DREP 2	DREP 3	DREP 4	DREP 5
环境变量					
昼夜(1—夜晚，0—白天)［DREP 5］	−0.001	−0.004	−0.004	−0.004	0.108
天气(1—雨天，0—晴天)［DREP 5］	0.002	0.002	0.002	0.002	−0.046
高密度交通流(1—是，0—否)［DREP 1］	−0.012	0.285	0.286	0.285	0.286
高密度交通流(1—是，0—否)［DREP 4］	−0.001	−0.003	−0.001	0.004	−0.003
前车扰动变量					
前车最大减速度(m/s^2)［DREP 2］	−0.004	0.746	−0.031	−0.031	−0.032
前车最大减速度(m/s^2)［DREP 5］	−0.003	−0.020	−0.019	−0.019	0.495

（续表）

变量	弹性系数				
	DREP 1	DREP 2	DREP 3	DREP 4	DREP 5
驾驶人跟驰操作变量					
后车平均车速(km/h)[DREP 1]	0.106	−2.561	−2.553	−2.565	−2.568
后车平均车速(km/h)[DREP 4]	0.003	0.025	0.025	−0.369	0.028
后车车速标准差(km/h)[DREP 1]	−0.011	0.276	0.279	0.275	0.276
后车车速标准差(km/h)[DREP 2]	0.006	−1.061	0.045	0.045	0.047
后车加速度标准差(m/s^2)[DREP 1]	−0.093	2.233	2.227	2.237	2.266
前后车交互变量					
跟驰片段时长(s)[DREP 1]	0.428	−0.074	−0.035	−0.048	−0.052
跟驰片段时长(s)[DREP 2]	0.003	−0.559	0.023	0.023	0.026
前后车速差均值(km/h)[DREP 1]	0.040	−0.967	−0.964	−0.968	−0.962
前后车速差均值(km/h)[DREP 3]	−0.006	−0.046	0.393	−0.046	−0.048
前后车速差均值(km/h)[DREP 4]	−0.001	−0.011	−0.006	0.164	−0.011
前后车速差标准差(km/h)[DREP 1]	−0.074	1.770	1.765	1.773	1.728
前后车速差标准差(km/h)[DREP 3]	−0.024	−0.193	1.639	−0.191	−0.190
车头间距均值(m)[DREP 1]	0.803	−19.333	−19.274	−19.317	−19.367
车头间距均值(m)[DREP 4]	0.020	0.158	0.159	−2.351	0.158
车头间距标准差(m)[DREP 2]	−0.023	4.392	−0.184	−0.181	−0.180
车头间距标准差(m)[DREP 3]	−0.064	−0.509	4.324	−0.504	−0.501
车头间距标准差(m)[DREP 4]	−0.047	−0.361	−0.364	5.372	−0.363
车头间距标准差(m)[DREP 5]	−0.020	−0.158	−0.159	−0.158	4.021

(1) 随机参数异质性均值和方差

表 8-5 中，随机参数模型发现了三个包括随机效应的变量，分别为后车（跟驰车辆）车速标准差、前后车速差均值和车头间距均值。

后车车速标准差的回归系数服从均值为−0.405、标准差为 0.247 的正态分布。这也表明在 94.95%的情况下，后车车速标准差增大会降低风险演化模式 2 发生的概率。前文也提到，风险演化模式 2 是危险跟驰行为占比最高的模式。结合这一发现可以得出，风险演化模式 2 的驾驶人更倾向于保持稳定的行车速度，即使是以增大行车风险为代价。这一发现与 2005 年 Fuller[262]提出的风险稳态理论一致，该理论指出，部分驾驶人倾向于在可接受的行车风险基础上尽可能保持或提高行车效率。此外，该随机参数的均值随着车头间距标准差的增大而减小，说明跟车过程中车头间距离散程度越大，该随机参数的负向影响越大，驾驶人选择风险演化模式 2 的概率越低。这也说明，当驾驶人跟车状态不稳定时，驾驶人会不断调整车速以保证行车安全。从模型估计中的参数异质性方差结果可以看出，车头间距均值越大，后车车速标准差回归系数的方差越大。

同时，前后车速差均值的回归系数服从 N(6.268, 2.239)，说明当前车的车速越高时，跟驰车辆发生追尾的风险越小，风险演化模式 1(安全演化模式)的概率升高[263]。此外，跟驰片段时长和前车最大减速度对该随机参数均值存在显著影响。其中，跟驰片段时长的增加会增大前后车速差均值对风险演化模式 1 的正向影响，说明跟驰片段时长越大，驾驶人跟驰行为越稳定，行车风险也会维持在相对较低的水平；然而，前车最大减速度的增大会减小前后车速差均值对风险演化模式 1 的正向影响，这也说明前车运行状态波动较大时，追尾碰撞风险产生波动的概率也随即上升。模型估计中的参数异质性方差结果显示，跟驰片段时长的增加会导致风险演化模式 1 中前后车速差均值回归系数的方差变大。

随机参数车头间距均值的回归系数服从 N(0.850, 0.042)，说明车头间距均值越大，风险演化模式 1 的概率越高。此外，低密度交通流显著影响其回归系数均值。当交通流密度较低时，该参数的正向影响越大，说明低密度交通流情况下，车辆之间相对干扰较小、运行风险较低且风险波动相对平稳[118, 264]。

(2) 环境变量

昼夜对风险演化模式 5 存在显著正向影响。相比白天，夜晚驾驶人跟驰风险演化模式 5的概率上升。一个可能的原因是，夜晚驾驶人视线受限，在发生换道前的准备阶段不能准确估计本车与前车的间距，导致在跟驰末期存在风险波动情况[265]。弹性系数结果显示，相比白天，夜晚驾驶人追尾风险演化模式 5 发生的可能性上升 0.108%。同时，天气条件也显著影响风险演化模式 5 发生的可能性，结果显示，雨天风险演化模式 5 发生的可能性将降低 0.046%。以往研究也表明，由于雨天道路湿滑，驾驶人在准备换道阶段会尽可能与前车保持较大的跟车间距，以防止前车急刹车造成追尾风险上升，因此跟驰末期发生风险波动的可能性减小[266]。此外，高密度交通流显著影响风险演化模式 1 和风险演化模式 4 发生的可能性。弹性系数结果显示，高密度交通流状态下，风险演化模式 1 发生的可能性下降 0.012%，风险演化模式 4 发生的可能性上升 0.004%。这也说明高密度交通流会增大行车风险，导致驾驶人在跟驰过程中追尾风险更大[267]。

(3) 前车扰动变量

前车最大纵向减速度是影响两类危险跟驰行为占比最高的风险演化模式(风险演化模式 2 和风险演化模式 5)的关键变量。由此也可以说明，外源性风险(前车急刹车等)导致驾驶人发生危险跟驰的占比较高。边际效应分析结果显示，前车最大减速度每增加 1%，风险演化模式 2 和风险演化模式 5 的可能性分别增加 0.746%和 0.495%。这一发现也与以往研究结果一致，即跟驰过程中前车的最大减速度显著影响追尾碰撞风险[268, 269]。同时，这两类风险演化模式均在跟驰末期发生风险波动，也说明了前车的急刹车行为会迫使跟驰车辆采用换道操作来避免碰撞的发生。

(4) 驾驶人跟驰操作变量

后车平均车速显著影响风险演化模式1和风险演化模式4。其中，后车平均车速每增加1%，风险演化模式1的可能性增加0.106%，而风险演化模式4的可能性降低0.369%。这一发现也说明，高速行驶环境下，车辆之间交互影响较小，行车风险波动较小。但在低速情况下，车辆交互频繁，驾驶人跟驰过程中的行车风险增加[270]。

后车车速标准差显著影响风险演化模式1和风险演化模式2。跟驰过程中，后车车速标准差每增加1%，风险演化模式1和风险演化模式2的可能性分别降低0.011%和1.061%。通常，车速离散程度越大，行车风险越高[271, 272]。然而，跟驰车辆车速离散程度对风险演化模式2(危险跟驰行为占比最高的风险演化模式)存在负向影响，这一发现也证明了部分驾驶人更倾向于根据自己对风险的控制能力而尽可能保持恒定的运行车速[273]。

跟驰车辆纵向加速度标准差显著影响风险演化模式1。其加速度标准差每增加1%，风险演化模式1的可能性降低0.093%，这也说明跟驰中频繁加减速会导致车辆运行风险增大。

(5) 前后车交互变量

跟驰片段时长显著影响风险演化模式1和风险演化模式2。跟驰片段时长每增加1%，风险演化模式1的可能性增加0.428%，而风险演化模式2的可能性降低0.559%。可以直观地看出，跟驰持续时间越长，车辆行驶状态越稳定，发生危险跟驰的可能性也随之降低；相反，跟驰持续时间越短，跟驰车辆或其周围车辆的行驶状态变化则越频繁，行车风险出现波动的可能性就越大，发生危险跟驰行为的可能性则上升。

前后车速差均值显著影响风险演化模式1、风险演化模式3和风险演化模式4。前后车速差均值每增加1%，风险演化模式1、风险演化模式3和风险演化模式4的可能性分别增加0.040%、0.393%和0.164%。这也是相对合理的，在前车车速较高的情况下，这三类风险水平相对较低的演化模式发生概率增大[263]。前后车速差标准差显著影响风险演化模式1和风险演化模式3。前后车速差标准差每增加1%，风险演化模式1的可能性降低0.074%，而风险演化模式3的可能性增加1.639%。

车头间距均值显著影响风险演化模式1和风险演化模式4。结果显示，车头间距均值每增加1%，风险演化模式1的可能性增加0.803%，而风险演化模式4的可能性降低2.351%。车头间距标准差显著影响风险演化模式2～5四类模式。弹性系数结果显示，跟驰过程中车头间距标准差每增加1%，四类危险跟驰行为风险演化模式可能性分别增加4.392%、4.324%、5.372%和4.021%。这一发现与以往研究[241, 274]结果一致，即跟驰过程中车头间距的波动会导致行车风险的波动，进而增加交通事故发生的可能性。

8.1.5 案例分析

为进一步解析随机参数模型中各解释变量对危险跟驰行为不同风险演化模式的影响，

基于自然驾驶实验中的车载视频数据和轨迹数据，本书对每类风险演化模式选取了相应的车辆跟驰场景开展案例分析。

1. 风险演化模式 1

图 8-6 为风险演化模式 1 的某一车辆跟驰场景及其运动学参数变化特征，该模式也是安全跟驰行为的主要演化模式。从图中可以看出，场景中交通流密度相对较低，整个跟驰过程中前后车始终保持相对稳定的跟驰状态，直到最后前车发生换道，跟驰结束。此外，随机参数模型结果也显示交通流密度越低、后车车速均值越高、后车车速离散程度越小、跟驰时长越长、前后车速差离散性越小且跟车间距越大等情况会增大风险演化模式 1 的概率。可以发现，风险演化模式 1 中各变量表现出来的影响效果与本案例场景一致，也说明了当车辆之间干扰较小且驾驶人保持相对稳定的跟驰状态时，车辆跟驰安全风险变化相对平稳，发生危险跟驰行为的可能性也较低。

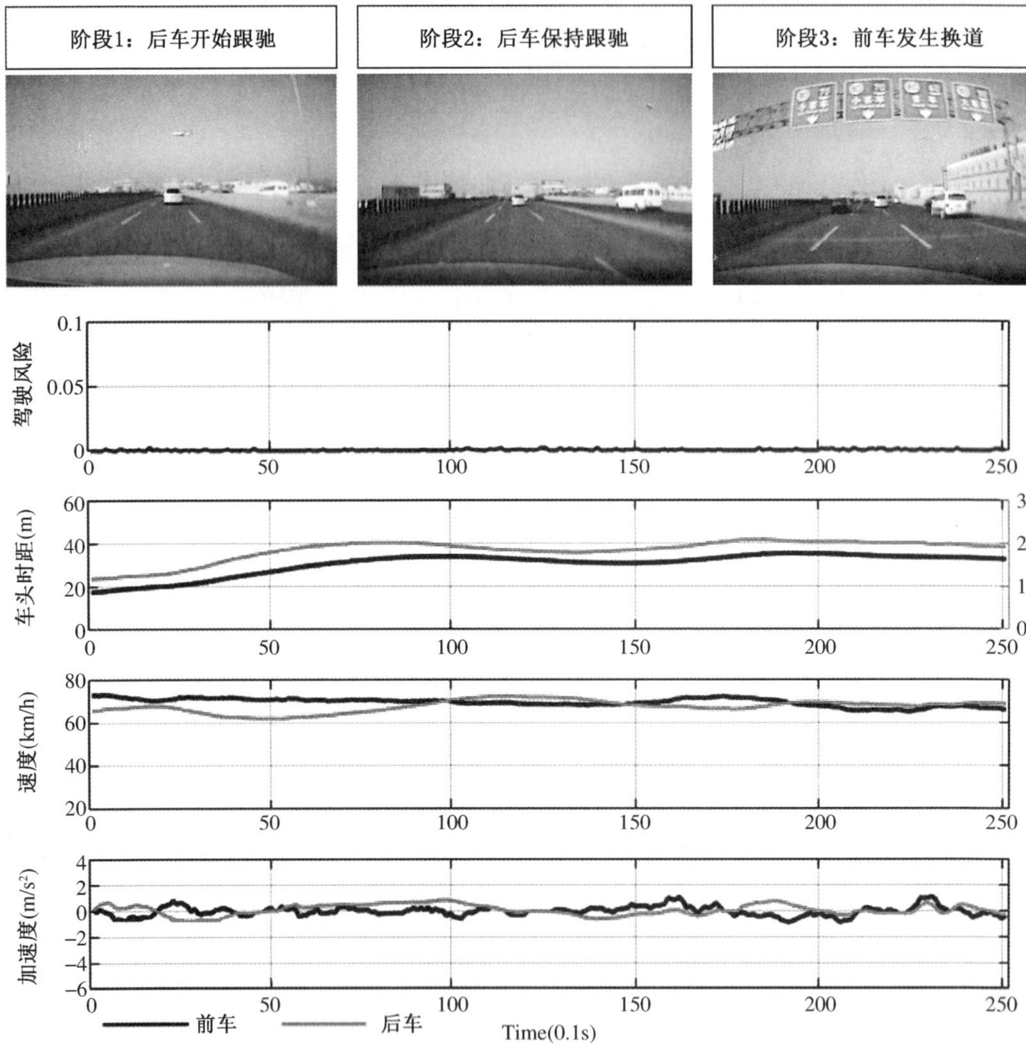

图 8-6　风险演化模式 1 案例示意

2. 风险演化模式 2

在图 8-7 所示场景下，开始时，后车一直跟随前车行驶，随后前车采取减速操作，后车在右侧车道找到超车机会，最终加速完成超车动作。可以发现，在驾驶人跟驰末期(超车准备阶段)，行车风险急剧上升，该风险演化模式也是危险跟驰行为占比最高的演化模式。从随机参数模型中也可以看出，当前车最大减速度越大、后车车速离散程度越小、跟车时长越短且车头间距离散程度越大时，风险演化模式 2 的概率越高。该案例分析结果和模型结果都说明，风险演化模式 2 的驾驶人在一定程度上愿意以牺牲行车安全为代价来追求行车效率。

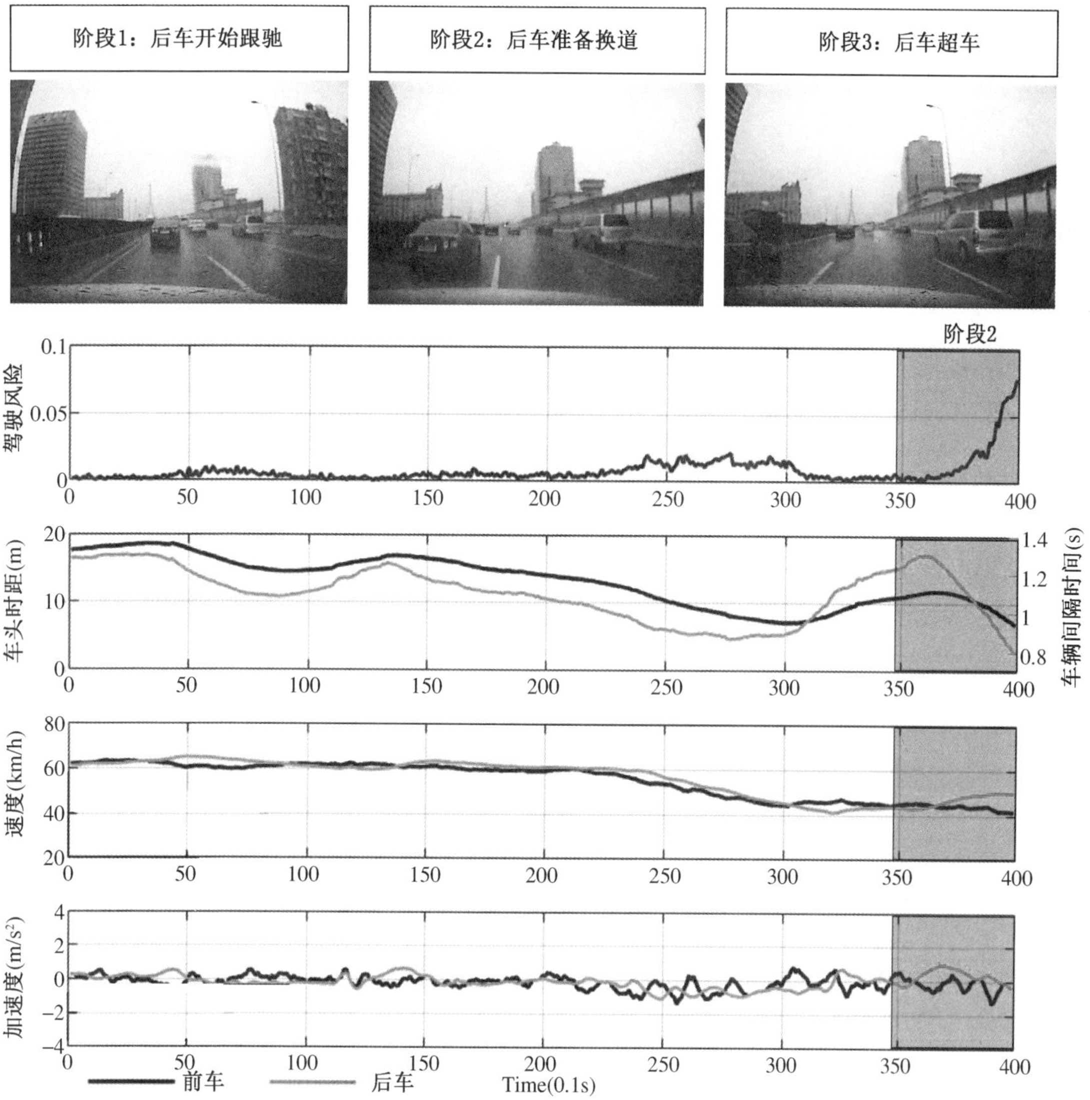

图 8-7　风险演化模式 2 案例示意

3. 风险演化模式 3

风险演化模式 3 中驾驶人跟驰前期风险波动较大，如图 8-8 所示，后车在跟驰初期通过加速来调整与前车的纵向间距，进而导致跟驰前期行车风险的波动，后期跟驰状态稳定后行车风险变化相对平稳。随机参数模型结果也表示，前后车速差均值越大、前后车速差和跟车间距的离散程度越高，越会增加该类风险演化模式发生的概率。然而，风险演化模式 3 中的风险波动多出现在跟驰前期驾驶人加速调整车头间距阶段，因此其行车风险仍处于相对可控的范围。

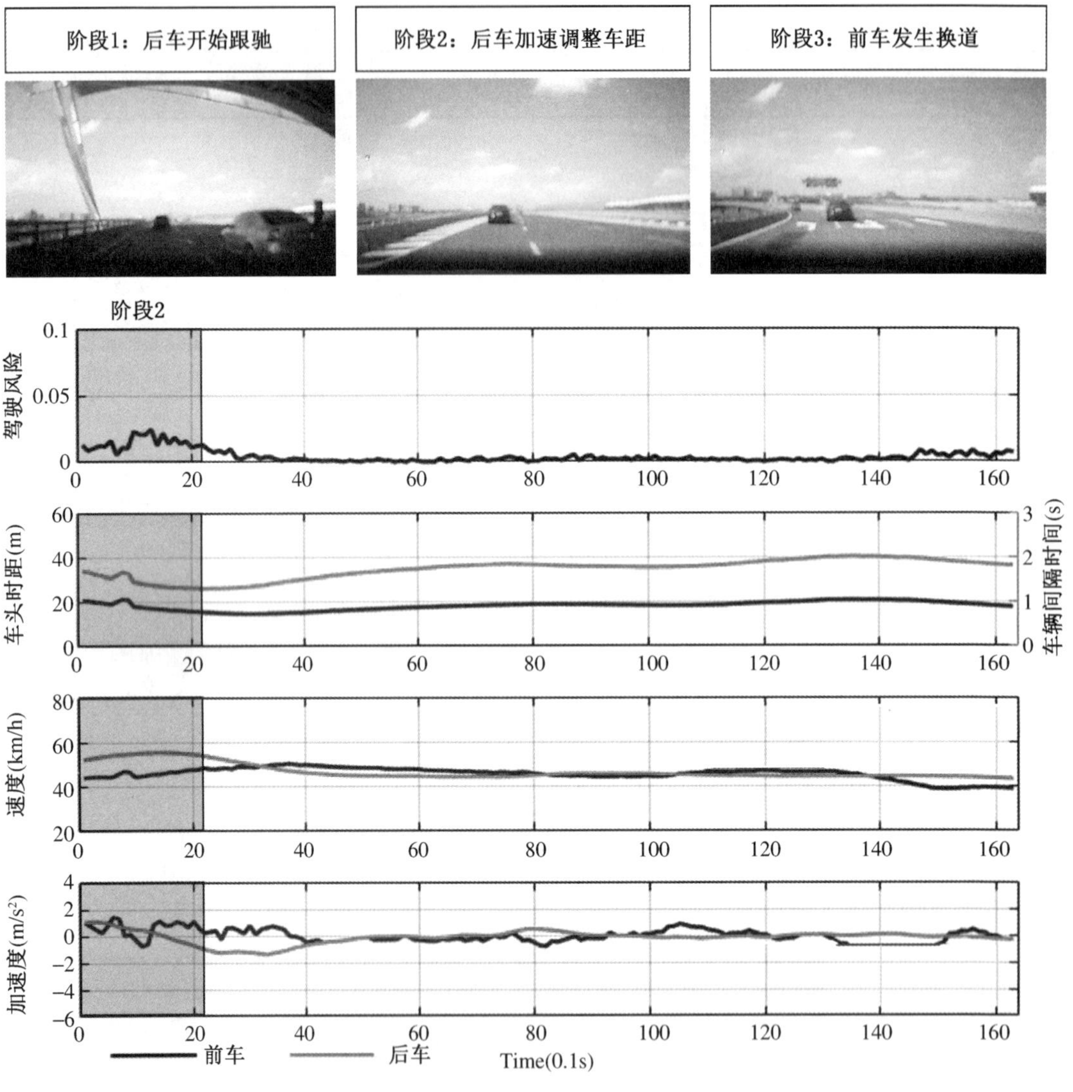

图 8-8　风险演化模式 3 案例示意

4. 风险演化模式 4

图 8-9 为风险演化模式 4 对应的案例场景。在该场景中，交通流密度相对较高，跟驰过

程中驾驶人不断采取加减速操作来调整与前车的相对车速和车头间距，从而导致跟驰中期风险波动。随机参数模型中也显示，高密度交通流、较低的后车车速、较大的前后车速度差、较小的车头间距和较大的车头间距离散程度会增大该类风险演化模式的概率。因此风险演化模式 4 对应的危险跟驰行为多发生在交通拥堵情况下，由于车辆间交互愈加频繁而导致车辆运行风险存在波动。

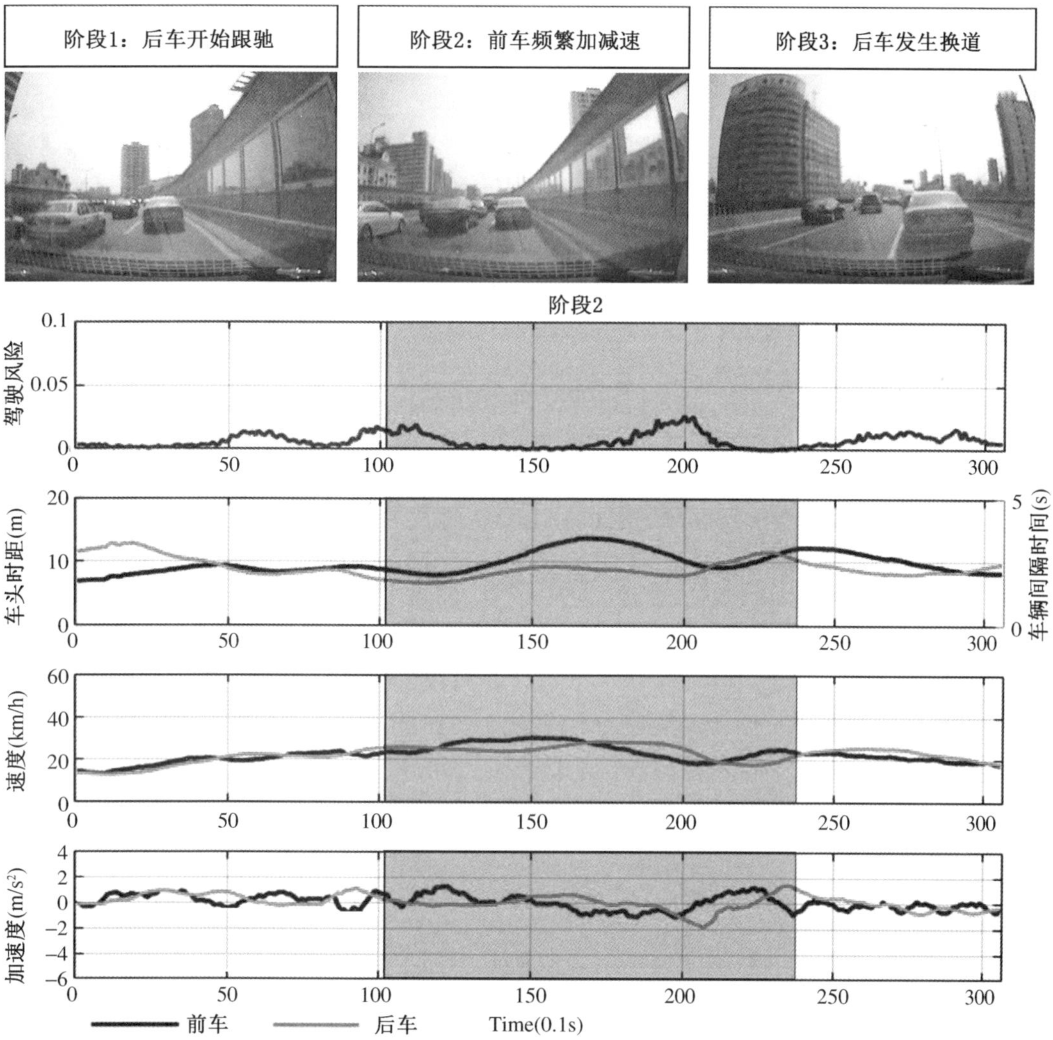

图 8-9　风险演化模式 4 案例示意

5. 风险演化模式 5

图 8-10 所示为风险演化模式 5 的案例场景。在跟驰末期，前车采取刹车减速操作，随后后车进行换道而结束跟驰，导致跟驰后期行车风险出现波动。随机参数模型结果也表明，夜间、雨天、前车减速度增加及车头间距离散程度变大会增加风险演化模式 5 发生的概率。

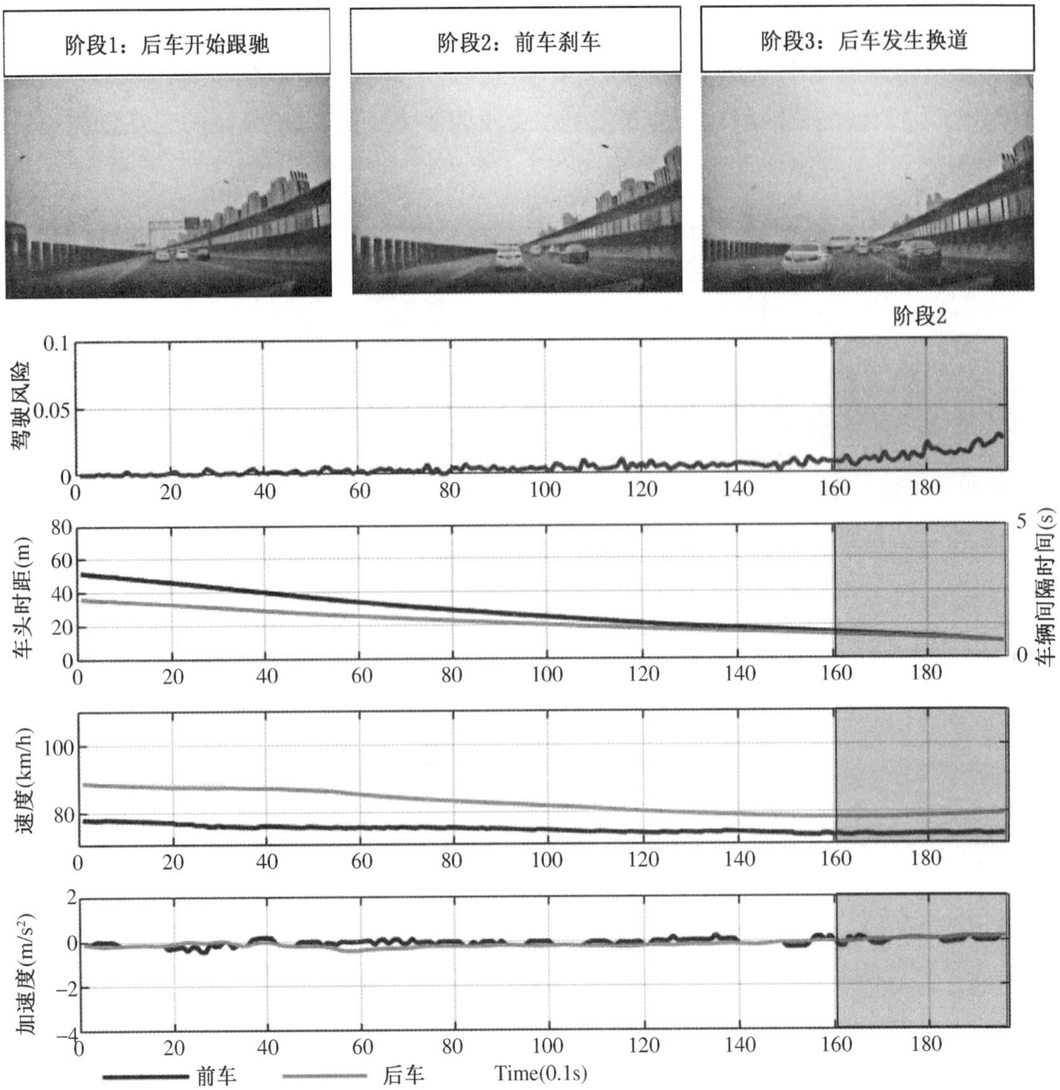

图 8-10　风险演化模式 5 案例示意

8.2　高快速路危险换道行为风险演化

随着交通流量的不断增大，车辆之间的交互作用愈加频繁，容易引发交通震荡现象。交通震荡会导致车辆走走停停，影响交通流的连续性，进而降低通行效率和交通安全。图 8-11 所示为 highD 车辆轨迹数据(1 号观测点，2017 年 10 月 1 日 8:55—9:12)时空分布情况，从图中可以发现较为明显的交通波动现象和驾驶人的多次换道操作(黑色圆圈所示)。同时，以往研究[275-277]也证明交通流密度较大的情况下，驾驶人的换道行为被视为移动的交通瓶颈，是导致道路通行能力下降和事故风险上升的主要原因。

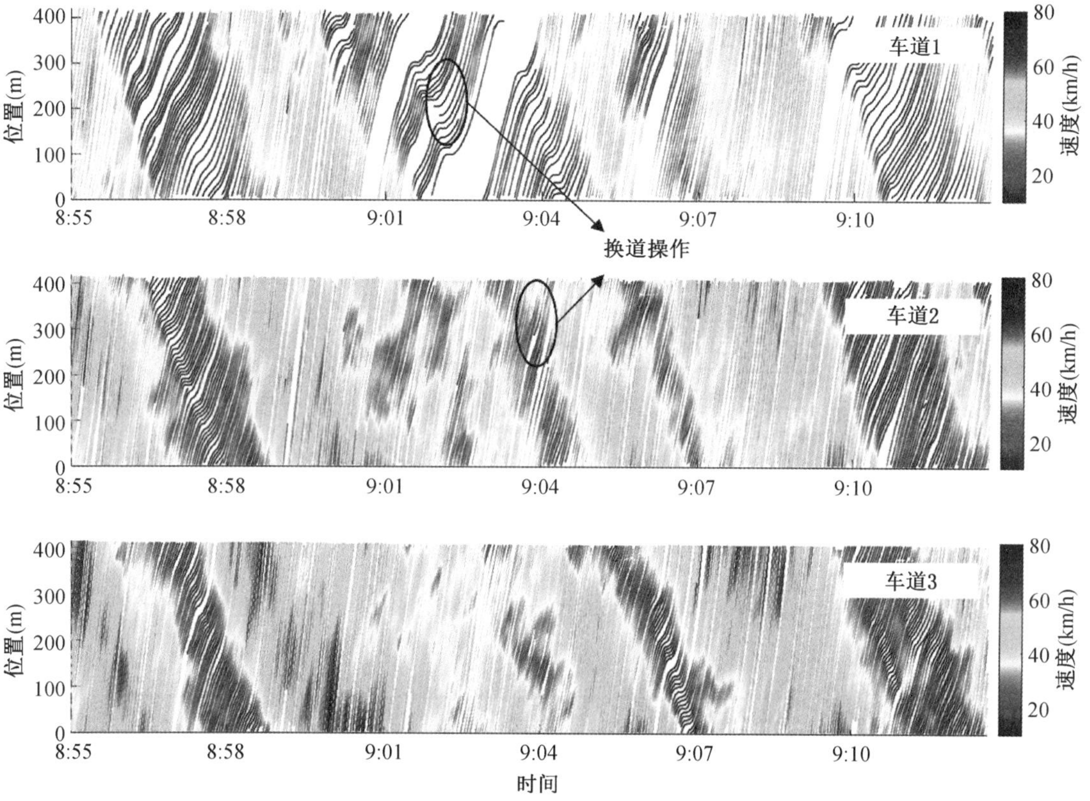

图 8-11　highD 车辆轨迹部分数据时空分布

单个换道行为主要对换道车辆上游交通流产生扰动，导致车流运行风险出现波动[278]。当换道车辆驶离当前车道时，当前车道后车会突然面临新的前车，其会根据当前车头间距和相对速度进行车速调整，从而达到稳定的跟驰状态。同时，换道车辆驶入目标车道后，目标车道后车会突然面临车头间距的减小，其也会根据当前车头间距和相对速度进行车速调整，最终达到稳定的跟驰状态。这一重新恢复稳定跟驰状态的现象被称为换道松弛(Relaxation)现象[279, 280]。此外，以往研究[275, 281]也表明，驾驶人换道操作主要对换道车辆当前车道及目标车道后车产生影响。

图 8-12 所示为某一次换道切入行为(圆圈所示位置)对目标车道后方车流运行状况及风险水平产生的扰动情况。从图中圆圈部分可以看出，车辆切入到目标车道后车前方后，目标车道后方车辆依次出现减速避让操作，导致其运行风险出现不同程度的波动现象。

因此，本节主要从危险换道行为对车流运行风险影响的角度出发，研究其造成的周边车流运行风险时空演化特征，预测由于交通流、换道行为特征等因素造成的周边车流运行风险影响范围及影响强度，研究技术流程如图 8-13 所示。

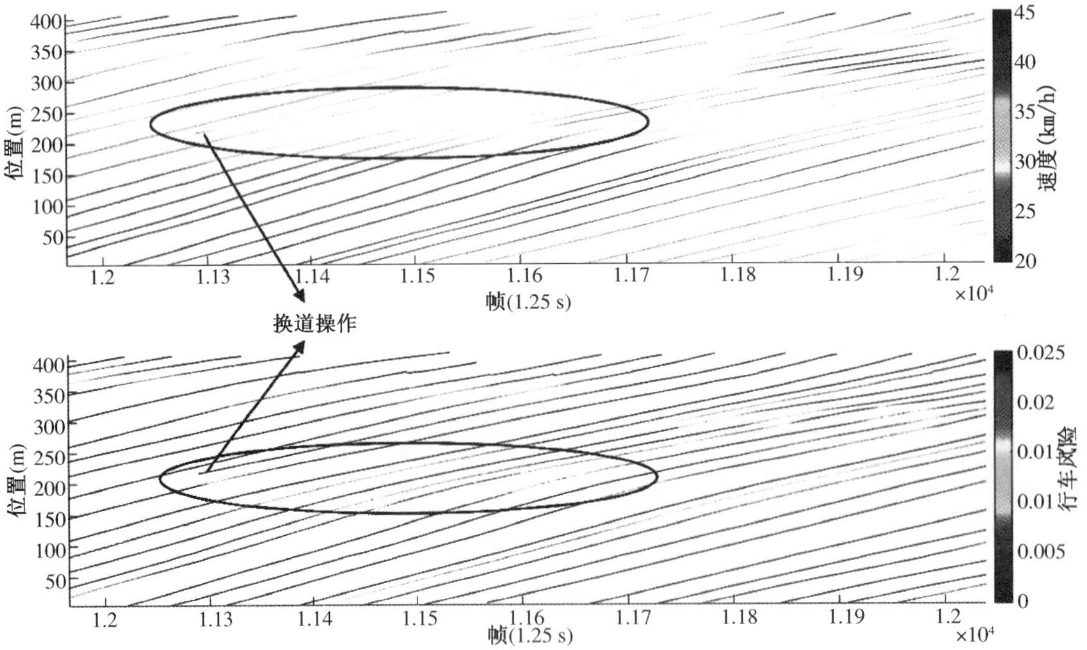

图 8-12　某次换道切入行为对目标车道后方车流运行风险时空影响

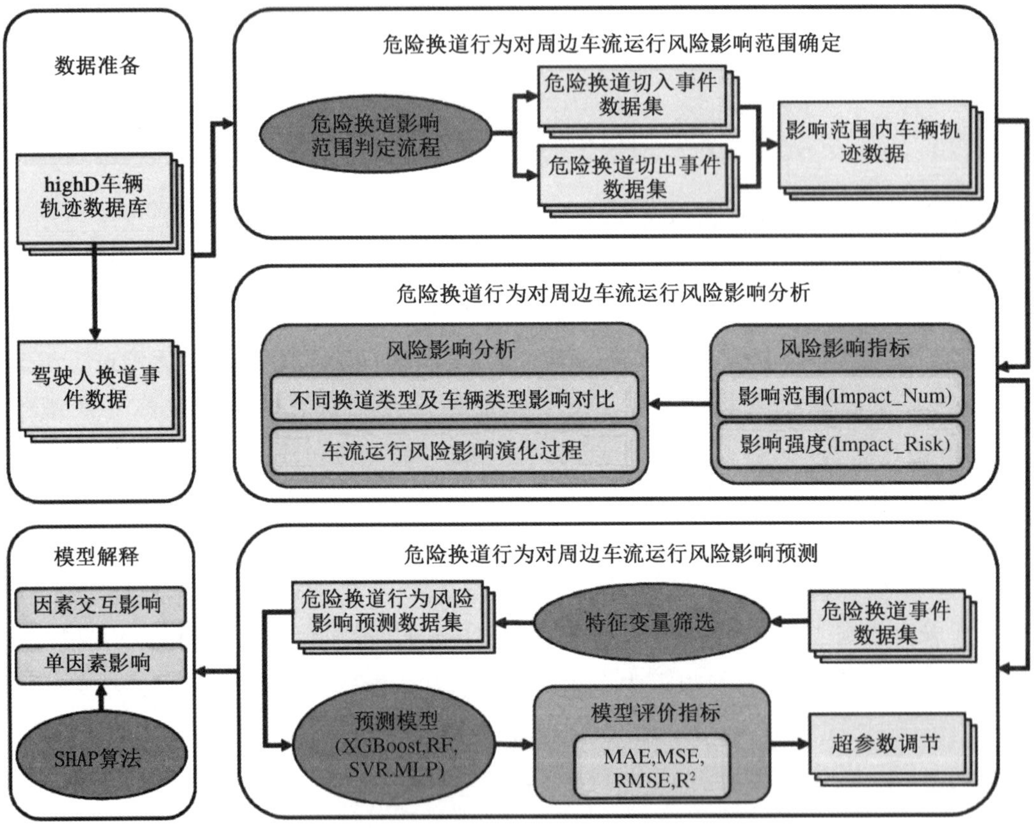

图 8-13　高快速路危险换道行为风险演化研究流程

首先，基于 highD 车辆轨迹数据库提取高快速路驾驶人换道事件数据，根据危险换道影响范围判定流程，确定危险换道行为（危险切入、危险切出行为）对周边车流运行风险影响范围。其次，分析不同换道类型及车辆类型对应的危险换道行为造成的周边车流运行风险演化过程。再次，筛选包括环境、驾驶人行为特征及车辆交互特征等变量，采用 XGBoost 模型对危险换道行为造成的车流运行风险影响范围和影响强度进行预测，并与其他主流机器学习算法进行效果对比。最后，采用 SHAP 算法解释提出的机器学习回归预测算法，分析交通流、换道行为特征等因素及其交互对模型预测结果的影响。

8.2.1　危险换道行为对周边车流运行风险影响范围确定

为研究危险换道行为对周边车流运行风险的影响，首先需要对其影响范围进行确定。将危险换道行为对周边车流运行安全影响分为两个方面：一方面为驾驶人危险换道切入对目标车道后方车辆的影响，另一方面为驾驶人危险换道切出对当前车道后方车辆的影响。

图 8-14 所示为驾驶人换道过程。其中，Sub 表示换道车辆；Pre_1 和 Fol_1 表示换道车辆当前车道前车和后车；Pre_2 和 Fol_2 表示换道车辆目标车道前车和后车；Gap1 表示换道车辆驶离（切出）本车道后，本车道前后车间距；Gap2 表示换道车辆驶入（切入）目标车道后，换道车辆与目标车道后车间距。对于车辆 Fol_2 而言，换道车辆的换道行为即换道切入；对于车辆 Fol_1 而言，换道车辆 Sub 的换道行为即换道切出。

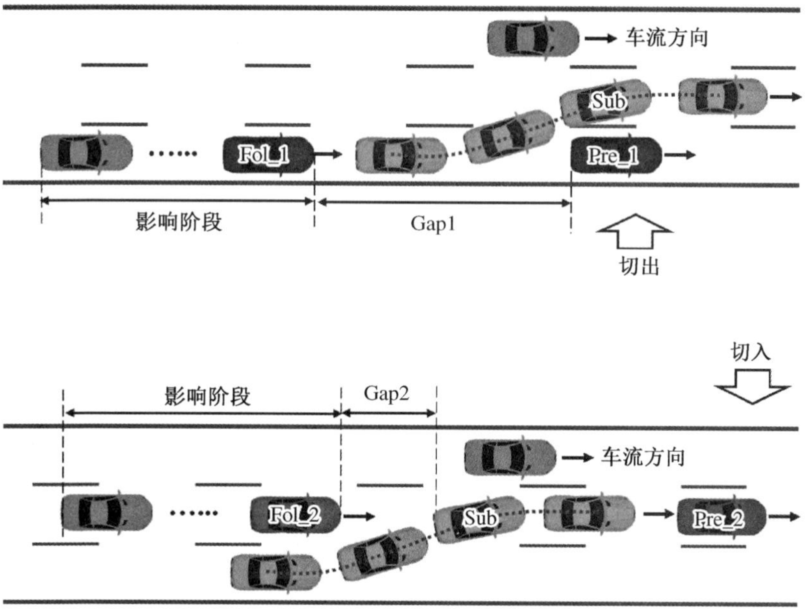

图 8-14　驾驶人换道切入和换道切出过程示意

以驾驶人危险换道切入行为为例，确定其对周边车流运行风险影响范围分为以下几个步骤。

（1）提取危险换道切入事件。判断准则为：①换道切入车辆目标车道后方存在跟随车辆(Fol_2)且 Fol_2 与换道车辆(Sub)的车头时距小于 4 s。其中，车头时距 4 s 为 highD 车辆轨迹数据库中驾驶人变道切入的判定阈值；②切入行为导致跟随车辆采取制动减速或换道操作来规避行车风险。通常正常的换道行为不会对目标车道后车运行状态产生影响，而危险换道操作会迫使周围车辆采取刹车或换道等风险规避行为[117, 194, 253]。故本书选择准则②作为区分正常换道和危险换道的标准之一。

（2）提取换道时刻后 30 s 内切入车辆目标车道后方车辆的轨迹数据。以往研究中提出，一般情况下，换道行为导致的周边车流运行风险影响时间范围不超过 30 s[280]。因此，本书提取 30 s 范围内的车辆轨迹数据作为换道行为影响范围确定的基础。

（3）提取 30 s 范围内首次出现无减速且无换道的车辆 ID。日常驾驶中，驾驶人往往会采用刹车和换道两种常规操作来规避行车风险，若某车辆在运行过程中无这两种操作，则认定危险换道切入行为对该车无影响。因此，在步骤(2)提取的车辆轨迹基础上，迭代判断并提取 30 s 范围内首次出现无减速和无换道的车辆 ID，并将其作为影响范围判定的界限。

（4）剔除受影响车辆在观测范围内未完成减速或换道的事件。为保证提取的影响范围包含车辆完整减速或换道过程，对受影响车辆避撞操作等事件进行剔除。

（5）剔除影响范围内存在其他切入车辆的事件，这是为了保证提取的影响范围内车辆风险扰动均为该危险换道切入行为所致。

经过上述五个步骤，本书提取了 559 条危险换道切入事件，并匹配了其影响范围内的车辆运行轨迹。同样，以换道车辆驶离本车道时当前车道后车(Fol_1)与前车(Pre_1)车头时距小于 4 s 为危险换道切出行为判断依据，采用上述步骤，共提取 319 条危险换道切出事件，并匹配了其影响范围内的车辆运行轨迹。

8.2.2 危险换道行为风险演化分析

1. 风险影响指标

危险换道行为对周边车流运行风险影响主要包括两个量化指标：一是影响范围 $Impact\_Num$，即危险换道切入行为及切出行为对周边车流运行风险影响的车辆数；二是影响强度 $Impact\_Risk$，即危险换道切入行为及切出行为造成的周边车流运行风险扰动。

将影响范围内的车辆在换道车辆换道时刻前 1 s 的平均风险值作为基准，则单车的风险影响强度 $Risk(n)$ 的计算公式为

$$Risk(n)=\sum_{t=1}^{T}[(RCRI_t-RCRI^*)\times\Delta t] \quad (\forall RCRI_t>RCRI^*) \tag{8-13}$$

式中，$RCRI_t$ 为车辆 n 在 t 时刻的追尾碰撞风险值(详细计算过程见 5.2.2 小节)；$RCRI^*$ 为车辆 n 在换道车辆换道时刻前 1 s 的平均追尾碰撞风险值；T 为该车受影响片段时长；Δt 为时间步长，本书中为 1 帧(1/25 s)。

将所有受影响车辆的风险累加即可得到危险换道行为对局部车流运行风险影响强度

$$Impact\_Risk = \sum_{N=1}^{n} Risk(n) \tag{8-14}$$

式中，N 为受影响的车辆数。

图 8-15 所示为提取的危险换道切入行为(Cut-in)与危险换道切出行为(Cut-out)导致的周边车流运行风险影响范围和影响强度密度直方图。从图中可以看出，85%的危险换道切入行为影响车辆数小于 5，85%的危险换道切出行为影响车辆数小于 4。从分布图和显著性检验可以看出，危险换道切入行为造成的风险影响范围和影响强度均显著高于危险换道切出行为，其中影响范围的 ANOVA 显著性检验 $F=5.41, p=0.02$；影响强度的显著性检验 $F=4.22, p=0.04$。

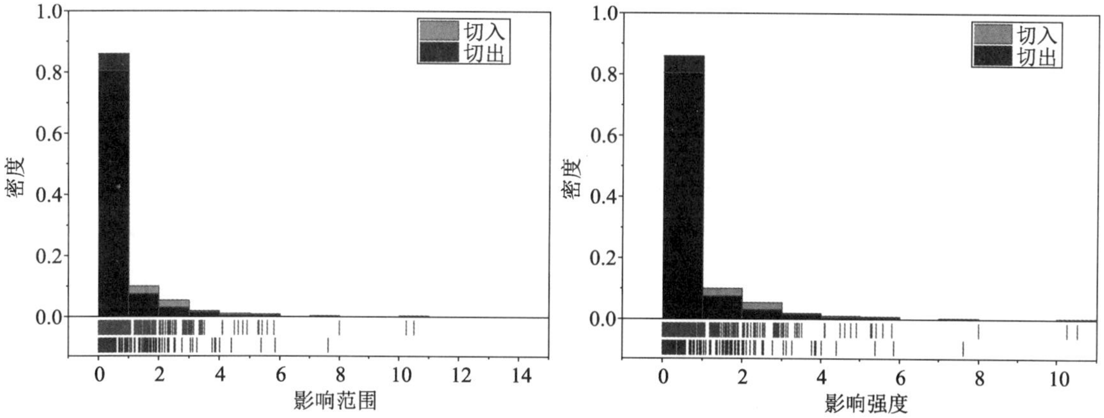

图 8-15　危险换道切入行为与切出行为影响范围及影响强度密度直方图(含轴须图)

2. 不同换道类型及车辆类型下危险换道行为对周边车流运行风险影响分析

图 8-16 所示为不同车辆类型(小车：Car；大车：Truck)及换道类型(左换道：LCL；右换道：LCR)时危险换道切入及切出行为对周边车流运行风险影响的统计分析。

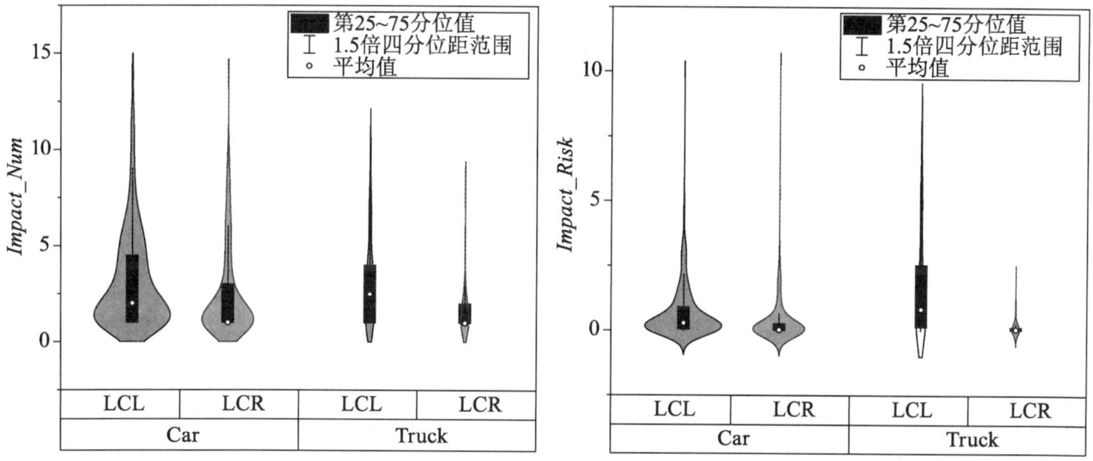

(a) 换道车辆切入对周边车流运行风险影响(左：影响范围；右：影响强度)

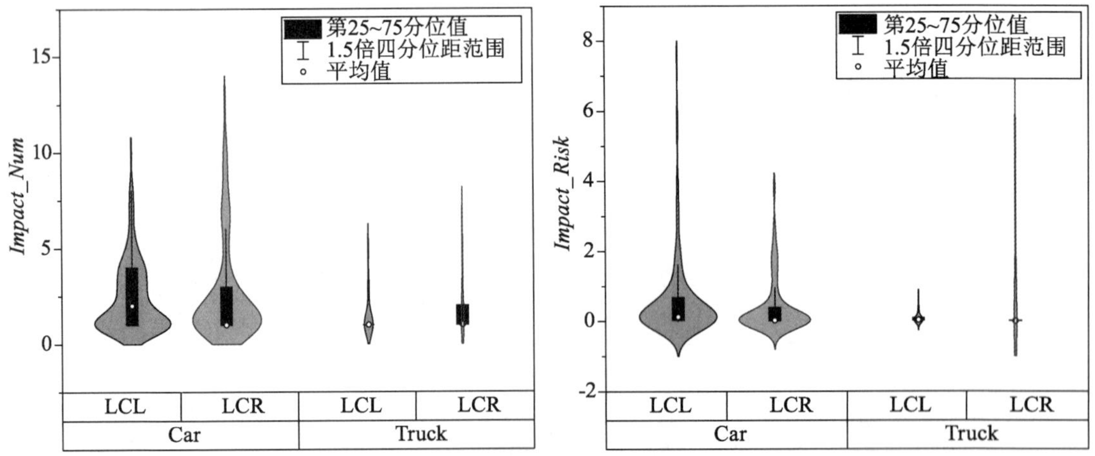

(b) 换道车辆切出对周边车流运行风险影响(左：影响范围；右：影响强度)

图 8-16　不同车辆类型及换道类型下危险换道行为对周边车流运行风险影响

方差分析结果显示，不同换道类型之间危险切入行为造成的影响范围（$F=17.0$，$p<0.01$）和影响强度（$F=21.4$，$p<0.01$）均存在显著性差异，其中驾驶人向左换道切入造成的影响范围和影响强度显著高于向右换道切入。同时，不同车辆类型之间危险切入行为造成的风险影响强度存在显著性差异（$F=9.4$，$p<0.01$），其中大车切入造成的风险影响强度显著高于小车。此外，不同换道类型及车辆类型之间危险切出行为造成的影响范围和风险影响强度均不存在显著性差异。

3. 危险换道行为导致的周边车流运行风险演化分析

85%的危险换道切入行为影响范围小于 5，且 85%的危险换道切出行为影响范围小于 4，因此绘制了不同影响范围下危险换道切入和切出行为导致的周边车辆运行风险影响演化过程，如图 8-17、图 8-18 所示。图中车辆 1 为换道车辆最邻近的车辆，而车辆 5 距离换道车辆最远。

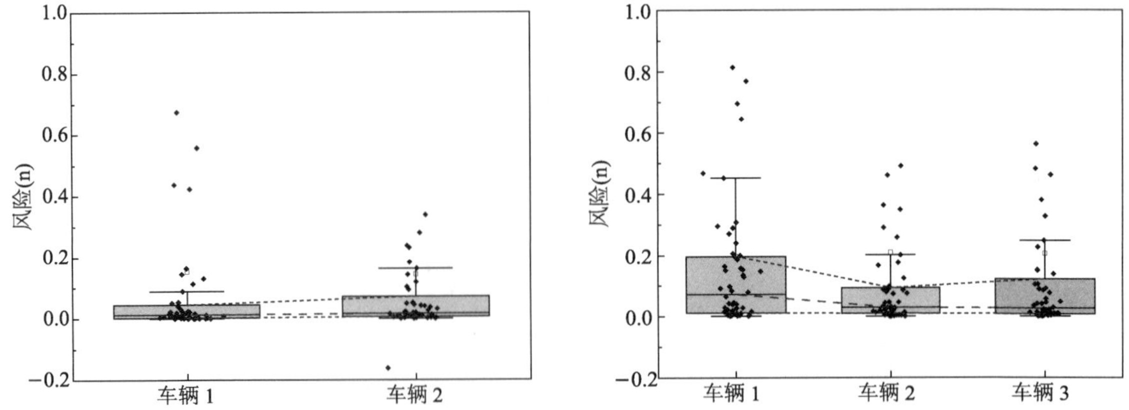

(a) *Impact_Num*=2　　(b) *Impact_Num*=3

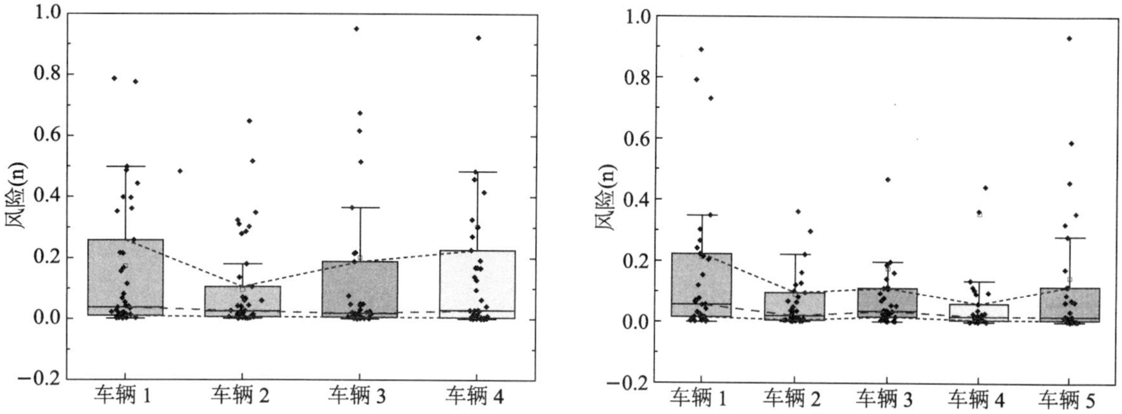

(c) *Impact_Num*=4　　　　(d) *Impact_Num*=5

图 8-17　危险换道切入行为导致的周边车辆运行风险影响演化图

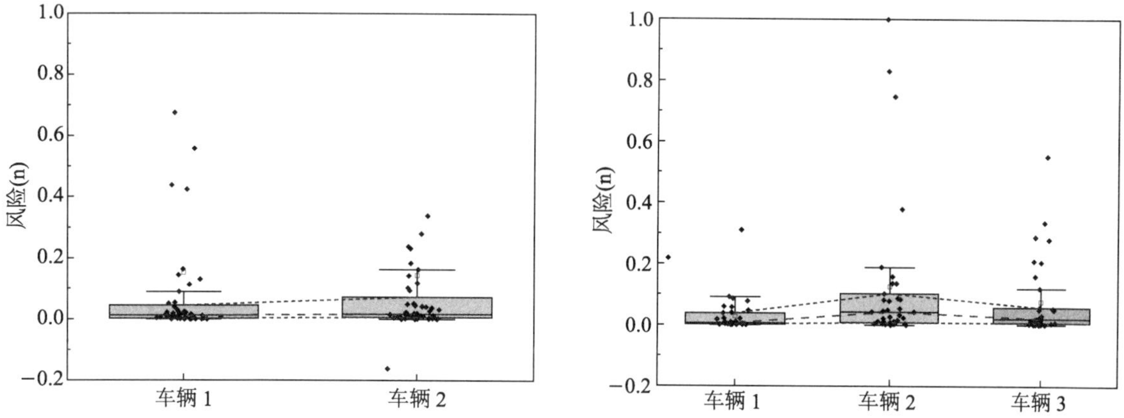

(a) *Impact_Num*=2　　　　(b) *Impact_Num*=3

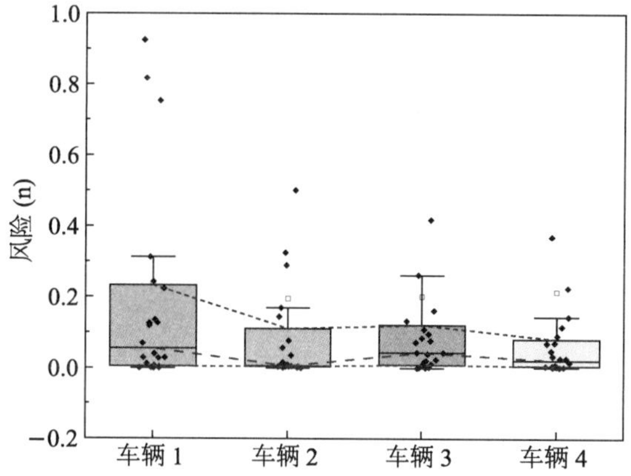

(b) *Impact_Num*=4

图 8-18　危险换道切出行为导致的周边车辆运行风险影响演化图

从图 8-17 中可以看出，危险变道切入导致的车辆运行风险影响强度在目标车道后方车辆中呈现不断衰减的趋势，这一发现也证明驾驶人的危险变道切入行为对目标车道后方紧随车辆影响最大。此外，当影响范围为 4 时，风险影响值的第 75 分位变化曲线在车辆 3 和车辆 4 中呈上升趋势。经核查，该场景中车辆 3 和车辆 4 采用变换车道来规避风险的占比分别为 16.3%和 25.6%，远高于车辆 1 和车辆 2 发生变换车道的占比 11.6%和 4.7%。同时，该场景中风险变化程度较大的样本也多由驾驶人发生换道操作所致。

在图 8-18 中，与危险换道切入不同，当危险换道切出行为影响的车辆数为 2 和 3 时，车辆 1 的风险影响强度均小于车辆 2。造成这一现象的原因可能是，当换道车辆切出时，换道车辆当前车道紧随后车的车头间距突然增大，即使该车采用减速来调整与前车的车速差，其风险变化也相对较小，此时若车辆 2 同样采取减速刹车操作，风险变化相对较大。然而当影响车辆数为 4 时，说明该换道切出行为的风险较高，此时切出车辆的紧随后车（车辆 1）的风险受影响最大，后续车辆的风险影响强度同危险切入行为一样，呈现逐渐减弱趋势。

8.2.3 危险换道行为风险演化预测

在危险换道行为对周边车流运行风险影响分析的基础上，本节主要基于驾驶人换道行为特征及交通环境特征，采用 XGBoost 算法对驾驶人危险换道切入行为及切出行为造成的车流运行风险影响范围和影响强度进行预测，并采用 SHAP 算法对模型各解释变量进行分析。

1. 预测模型变量筛选

为预测危险换道行为对周边车流运行风险影响范围及影响强度，筛选了以下几个变量。

（1）时间变量：是否高峰时段。其中，高峰时段定义为 8:00—10:00。

（2）交通环境变量，包括交通流量（换道时刻前 1 min 被影响车道的流量）和交通流中的货车占比。

（3）车辆类型和换道类型。

（4）驾驶人换道操作变量，包括换道持续时间、换道车辆纵横向车速及加速度。

（5）车辆间交互变量，包括危险换道切入行为和切出行为导致的车头间距增大和减小值，受影响车道首车的车头间距及其与前车的纵向车速差（后车减前车）。相关变量的统计描述如表 8-7 和表 8-8 所示。

2. 预测模型框架

树模型中的 XGBoost 具有回归预测性能佳、占用计算资源少等优点，同时该模型可以与 SHAP 算法联合使用，能较好地对模型中各个变量对预测结果的影响强度进行解释说明。因此，采用的模型框架包括 XGBoost 回归算法和 SHAP 算法，以实现危险换道行为对周边车流运行风险的影响预测和关键因素分析。

表 8-7　危险换道行为对周边车流运行风险影响预测变量统计描述 1

变量类别		危险换道切入行为（样本量：559）		危险换道切出行为（样本量：319）	
		均值	标准差	均值	标准差
交通环境变量	交通流量(veh)	24	7	26	7
	交通流中货车占比	0.138	0.235	0.120	0.188
驾驶人换道操作变量	换道持续时长(s)	5.638	0.911	5.665	0.910
	纵向车速(m/s)	29.924	4.329	29.801	4.471
	横向车速(m/s)	0.639	0.120	0.638	0.119
	纵向加速度(m/s^2)	0.208	0.327	0.195	0.376
	横向加速度(m/s^2)	−0.008	0.010	−0.008	0.011
车辆间交互变量	纵向车速差(m/s)	—	—	2.006	3.196
	纵向间距(m)	—	—	77.814	26.908
	车头间距增大值(m)	—	—	32.523	21.859
	纵向车速差(m/s)	0.098	4.788	—	—
	纵向间距(m)	44.006	30.374	—	—
	车头间距减小值(m)	77.151	79.689	—	—

表 8-8　危险换道行为对周边车流运行风险影响预测变量统计描述 2

变量类别				危险换道切入行为（样本量：559）		危险换道切出行为（样本量：319）	
				计数	占比	计数	占比
时间变量		是否高峰时段	非高峰时段：0	399	71.4%	227	71.2%
			高峰时段：1	160	28.6%	92	28.8%
交通环境变量	车辆及换道类型	车辆类型	小车：0	490	87.7%	296	92.8%
			大车：1	69	12.3%	23	7.2%
		换道类型	向左换道：0	330	59.0%	172	53.9%
			向右换道：1	229	41.0%	147	46.1%

XGBoost 算法核心思想已在 6.2.2 小节详细介绍。与前文采用的树分类模型不同，本节采用树回归模型，其目标函数为

$$L = \sum_{i=1}^{n} l[\boldsymbol{y}_i, \hat{\boldsymbol{y}}_i + f(x_i^M)] + \Omega \quad (8\text{-}15)$$

式中，$\boldsymbol{y}_i$ 即为目标输出值；$\hat{\boldsymbol{y}}_i$ 为模型预测输出值；$f(x_i^M)$ 为树模型添置项；Ω 为避免过拟合的正则项。

该树回归模型的目标即通过训练集数据迭代计算使得目标函数最小。本书将数据集按 60%、20%、20%的比例划分为训练集、验证集和测试集。采用网格寻优方法对 XGBoost 算法中的五个超参数进行选择，包括估计器数量（10，50，100）、最大树深（6，8，10）、学习效率（0.01，0.1）、每棵树使用的样本数占比（0.4，0.6，0.8，1.0）及每棵树使用的特征数占比（0.4，0.6，0.8，1.0）。同时，为消除数据量纲对模型效果的影响，输入特征均按极值原则进行了归一化处理。

为评估模型预测效果，选择回归模型常用的四个评估指标[275, 282]，包括 MAE、MSE（均方误差，Mean Square Error）、RMSE（Root Mean Squared Error，均方根误差）和 R^2。此外，还采用了随机森林模型、支持向量回归（Support Vector Regressor，SVR）模型、多层感知机回归模型与 XGBoost 算法进行对比。

此外，为解释 XGBoost 的机器学习模型，深入分析驾驶人换道行为特征及交通环境对车流运行安全风险影响的关键特征及其影响方式，采用 SHAP 算法计算获得全局贡献度变化及关键变量依赖图，用以分析各变量对模型预测结果的贡献度。SHAP 算法的详细介绍见 6.2.4 小节。

3. 预测结果分析

在模型变量筛选和模型框架构建的基础上，本书分别对危险换道切入行为和危险换道切出行为造成的周边车流运行风险影响范围及影响强度进行预测。经过网格寻优，最终各预测模型的超参数选择结果如表 8-9 所示。

表 8-9　XGBoost 回归模型最终超参数选取

预测变量	估计器数量	最大树深	学习效率	每棵树使用的样本数占比	每棵树使用的特征数占比
切入影响范围	100	10	0.01	1.0	0.6
切入影响强度	50	8	0.01	0.8	0.8
切出影响范围	100	10	0.01	1.0	0.6
切出影响强度	100	10	0.01	0.8	0.4

同时，模型测试集的预测效果评估指标对比如表 8-10 和图 8-19 所示。可以看出，无论是危险换道切入行为还是危险换道切出行为的影响预测，XGBoost 预测性能都明显优于其他三类模型。同时，危险换道切入行为造成的周边车流运行风险预测效果评估指标的 R^2 高于危险换道切出行为。可能的原因是，危险换道切出行为中受影响车道驾驶人会突然面临车头间距的增大，驾驶人会根据驾驶经验和当下的场景选择合适的操作，造成影响范围和影响强度不确定性增大。反之，危险换道切入行为会直接导致目标车道后车车头间距突然变小，驾驶人往往会采取相对固定的避撞操作，因此其影响范围和影响强度预测准确率相对较高。

表 8-10　模型预测效果评估指标

模型	预测变量	MAE	MSE	RMSE	R^2
XGBoost	切入影响范围	0.439	1.122	1.059	0.798
	切入影响强度	0.226	0.291	0.539	0.862
	切出影响范围	0.619	1.589	1.261	0.598
	切出影响强度	0.297	0.260	0.510	0.663
RF	切入影响范围	0.927	1.854	1.361	0.666
	切入影响强度	0.412	0.458	0.677	0.782
	切出影响范围	0.769	1.918	1.385	0.402
	切出影响强度	0.373	0.459	0.678	0.273
SVR	切入影响范围	1.094	2.872	1.695	0.208
	切入影响强度	0.669	2.077	1.441	0.265
	切出影响范围	1.026	2.837	1.685	0.165
	切出影响强度	0.395	0.648	0.805	0.189
MLP	切入影响范围	1.026	2.837	1.685	0.296
	切入影响强度	0.663	0.806	0.901	0.313
	切出影响范围	1.094	2.872	1.695	0.246
	切出影响强度	0.396	0.651	0.824	0.134

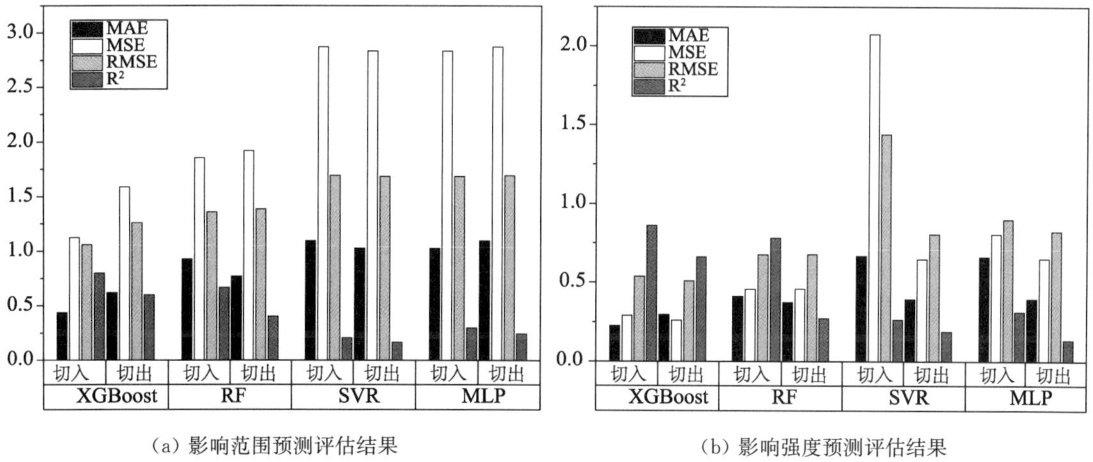

图 8-19　模型预测效果评估对比

从图 8-20 中可以看出，该预测模型能相对准确地预测危险换道切入行为和切出行为对周边车流运行状态及风险扰动的影响。同时，模型能较好地识别影响强度较大的危险换道行为，这对于行车风险预警和主动交通管控至关重要。此外，风险影响强度预测模型的预测效果优于影响范围预测模型，说明危险换道行为造成的车流运行风险扰动相对固定，XGBoost 模型可以较好地学习驾驶人危险换道行为与车流运行风险扰动的相关关系。

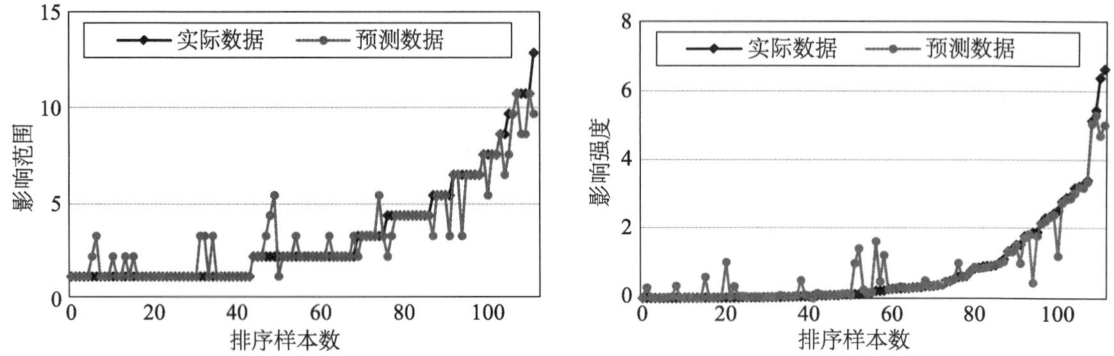

(a) 危险换道切入行为

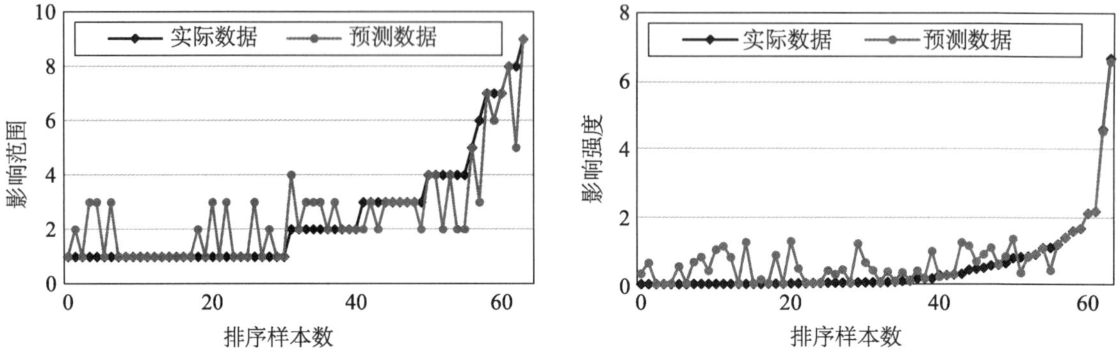

(b) 危险换道切出行为

图 8-20　危险换道行为影响范围及影响强度预测结果

4. 模型解释及关键特征分析

根据危险换道切入行为和危险换道切出行为的四个影响预测模型（XGBoost、RF、SVR 和 MLP），本书采用 SHAP 算法计算获得了模型各特征变量的 SHAP 值（SHAP 值大于 0 代表正向影响，反之代表负向影响），绘制了变量 SHAP 值分布图。

图 8-21 为危险换道切入行为影响范围预测模型特征变量 SHAP 值分布图。可以看出，交通流量、换道车辆纵向加速度、交通流中货车占比及换道车辆纵向车速与危险换道切入造成的车流运行风险影响范围关联程度较高。

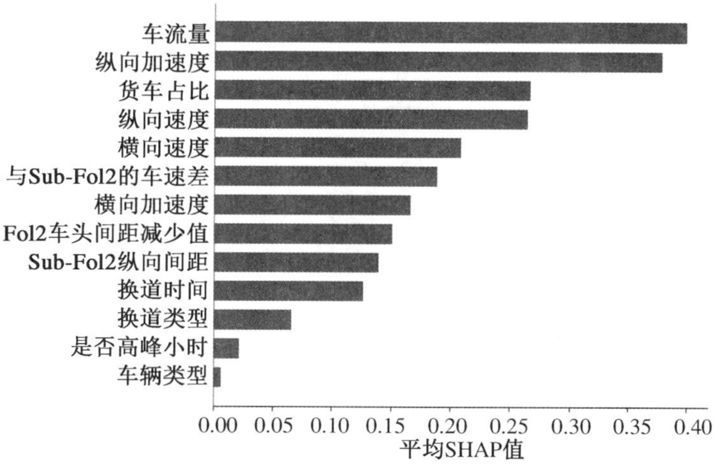

图 8-21　危险换道切入行为影响范围预测模型特征变量 SHAP 值

图 8-22 所示为危险换道切入行为影响强度预测模型特征变量 SHAP 值分布图。可以看出，换道车辆纵向车速、换道车辆与目标车道后车车速差、换道车辆与目标车道后车间距及交通流量与危险换道切入造成的车流运行风险影响强度关联程度较高。

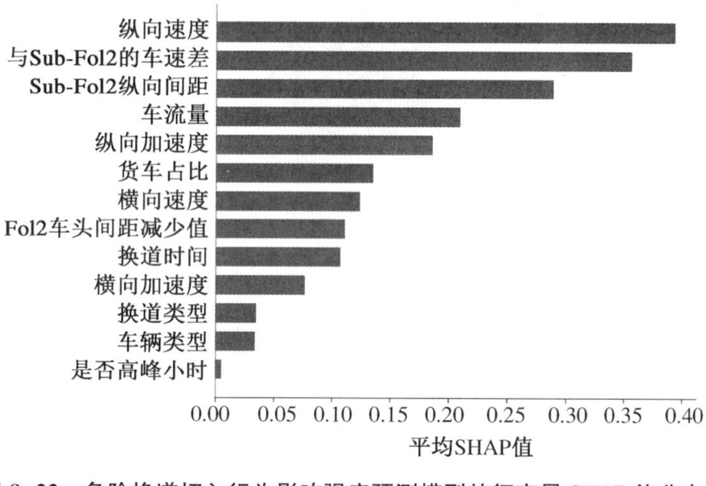

图 8-22　危险换道切入行为影响强度预测模型特征变量 SHAP 值分布图

图 8-23 所示为危险换道切出行为影响范围预测模型特征变量 SHAP 值分布图。可以看出，交通流量、换道车辆横向加速度、Pre1_Fol1 纵向车速差及换道车辆纵向车速与危险换道切入造成的车流运行风险影响范围关联程度较高。

图 8-24 所示为危险换道切出行为影响强度预测模型特征变量 SHAP 值分布图。可以看出，Pre1_Fol1 纵向车速差、换道车辆横向车速、换道车辆纵向车速及 Pre1_Fol1 纵向间距与危险换道切出行为造成的车流运行风险影响强度关联程度较高。

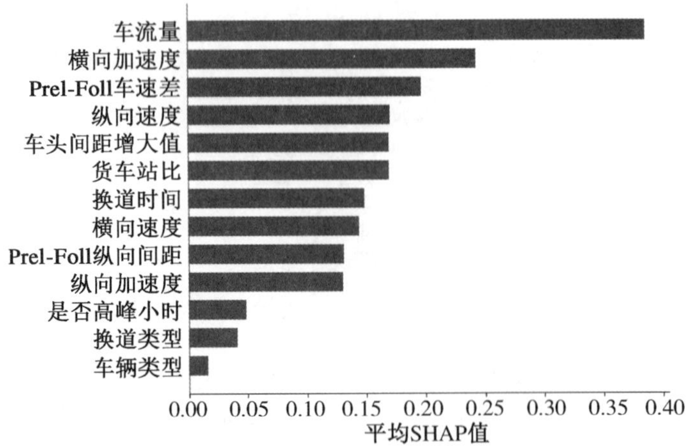

图 8-23　危险换道切出行为影响范围预测模型特征变量 SHAP 值分布图

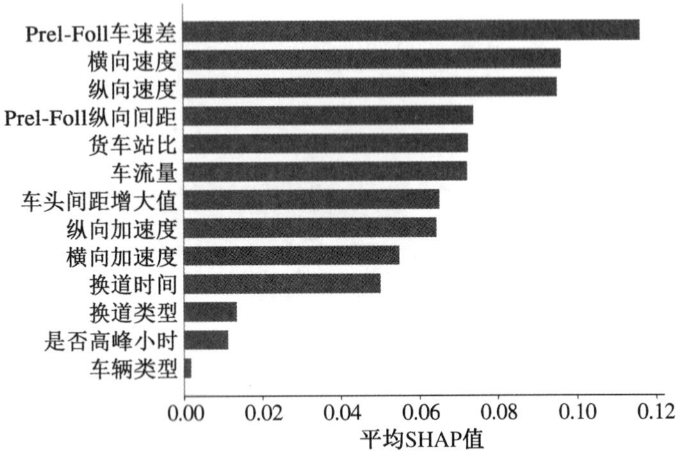

图 8-24　危险换道切出行为影响强度预测模型特征变量 SHAP 值分布图

8.3　本章小结

本章针对高快速路驾驶人危险跟驰和危险换道行为风险演化过程，解析高快速路驾驶人危险跟驰行为风险演化模式及其致因，厘清了高快速路危险换道切入行为及切出行为对周边车流运行风险的影响，主要包括：①高快速路危险跟驰行为风险演化；②高快速路危险换道行为风险演化。

高快速路危险跟驰行为风险演化研究方面，本章首先基于上海自然驾驶实验数据库提取的高快速路跟驰数据和第 5 章提出的跟驰风险量化指标 RCRI，采用谱聚类算法获得了五类驾驶人跟驰行为风险演化模式。根据各类型风险演化模式中危险跟驰行为的占比及其风险状态分布特征，确定了常见的四类危险跟驰行为风险演化模式。随后，考虑驾驶人跟驰行为的异质性特征，筛选解释性变量，采用考虑异质性均值和方差的随机参数多元Logit模型分析各类风险演化模式的致因机理，并评估了各解释变量对不同风险演化模式影响的边际效应。最后，本章对各类跟驰行为风险演化模式展开案例分析，并与建模结果进行对比。研究发现，交通流密度增加、前车扰动程度增大及驾驶人不稳定的跟驰状态均会增大危险跟驰行为风险演化模式发生的可能。此外，危险跟驰行为占比最高的风险演化模式（跟驰末期风险急剧上升）多为外源性风险（前车急减速）和内源性风险（驾驶人倾向于牺牲行车安全来保证行车效率）叠加所致。

高快速路危险换道行为风险演化研究方面，本书首先基于highD车辆轨迹数据库提取的驾驶人换道事件，将对周边车流产生扰动的危险换道行为分为危险换道切入行为和危险换道切出行为。随后，根据受影响车道上的车流运行状态确定了危险换道行为的影响范围。其次，分析了不同换道类型及车辆类型危险换道行为对周边车流运行风险的影响，解析了危险换道行为导致的局部车流运行风险演化过程。再次，采用XGBoost算法，分别对危险换道切入行为和危险换道切出行为造成的周边车流运行风险影响范围和影响强度进行预测。最后，采用机器学习模型解释算法SHAP计算了每个样本中各个变量的贡献度，绘制了SHAP值分布图，研究发现，驾驶人向左侧车道危险切入造成的影响范围和风险影响强度显著高于向右切入，同时大车切入造成的风险影响强度显著高于小车。XGBoost算法能较为准确地预测由于危险换道而造成的车流风险影响，SHAP算法也能对模型结果进行较好的解释。

本书从风险演化模式及车流风险扰动的新视角对驾驶人危险驾驶行为进行了相关研究，对深入解析危险驾驶行为的发生及演变规律有重要意义，研究成果可以为高级交通管理、驾驶辅助系统及智能网联汽车的发展提供理论依据和技术支持。

第 9 章 危险驾驶行为预警

9.1 车道偏离预警

车道偏离预警系统(Lane Departure Warning System, LDWS)是车辆高级驾驶辅助系统(Advanced Driving Assistance System,SDAS)的一个重要组成部分。LDWS 通过各种传感器获得行驶道路的相关信息,并参考车辆运行状态、预警阈值、距离等数据分析车辆有没有偏离当前车道的趋势。如果有发生偏离的趋势,则 LDWS 会通过图像、声音或震动等方式向驾驶人发出预警信息。

LDWS 可以细分为两种类型。一种是纵向的 LDWS,另一种是横向的 LDWS。纵向的 LDWS 是目标车辆行驶方向失控或目标车辆车速太快而导致车辆发生车道偏离时向驾驶人发出预警信息的系统,横向的 LDWS 是目标车辆放开方向盘或驾驶人的注意力不集中导致目标车辆逐渐偏离车道时向驾驶人发出预警信息的系统[283]。在实际车辆行驶过程中,纵向的车道偏离事件由于发生速度较快,检测系统难以及时检测并发出预警信息。同时,驾驶人基本也没有太多的时间来修正车辆的行驶方向。因此,目前大多数研究都是针对横向 LDWS 的。

横向 LDWS 可以分为两种:第一种是基于道路基础构造的 LDWS,第二种是基于车辆的 LDWS。基于道路基础构造的 LDWS 是借助提前铺设在道路上的基础设施来判断行驶车辆的横向坐标位置的,这种基于道路基础构造的系统需要把现有的道路按照严格的要求进行必要的改造升级。最传统的改造升级方法就是在道路下方掩埋磁铁或电感线圈,行驶车辆就可以利用车载的传感器来检测行驶道路下方的预埋设备,通过计算感应到的电磁信号,进一步分析计算目标车辆在当前车道上的横向坐标位置信息。这种改造道路预埋设备的检测方法在检测目标车辆横向位置信息时精度比较高,但是同时也存在明显的问题,最大缺陷就是要对道路进行改造升级,而这种改造一般会花费巨大。

基于车辆的 LDWS 主要是使用机器视觉或红外传感器技术等来检测车辆和当前车道线的相对位置,从而利用各种决策模型来判断是否发出预警信息。现在市场上已经商业化普及的 LDWS 产品基本上都是基于机器视觉的。在该研究领域,研究人员依据视频采集设备的不同安装位置，将基于车辆的 LDWS 细分为两类[283]：侧视系统——在目标车辆侧方位置安装视频采集设备，让视频采集设备斜指向目标车辆侧方的车道；前视系统——在目标车辆前方位置安装视频采集设备，让视频采集设备指向目标车辆前面的车道。不管是侧视系统还是前视系统，组成它们的功能模块基本是一样的：一是目标车辆和行驶车道位置状态检测模块；二是目标车辆车道偏离决策模块；三是向目标车辆发出偏离预警的信号模块。两类系统的工作过程也基本是一致的：首先，使用传感器感知模块检测行驶道路的几何形状和目标车辆的相关动态参数；其次，使用车道偏离决策算法对目标车辆是否已经或即将发生车道偏离情况进行可能性评价；最后，如果目标车辆有发生偏离车道的趋势或正在发生车道偏离，则通过预警信号发出装置向驾驶人员发出预警信息。

基于计算机视觉的 LDWS 是目前市场上的主流，其工作流程分为以下六个步骤[284]。

(1) 道路视频(图像)采集。在这个环节中相机类型和分辨率对采集图像的质量至关重要，直接影响后续的图像处理，对于后续的车道偏离或轨迹规划影响也很大。

(2) 确定有效的车道线检测区域，以消除噪声、降低图像处理的复杂性。

(3) 图像增强处理，提高后续车道线检测的处理效率。

(4) 应用不同的图像处理算法检测车道线。

(5) 车道线建模。

(6) 车道偏离决策和预警。

在各类车道线的检测与识别算法中，基于机器视觉的车道线检测算法是目前业界关注度比较高的一类算法。这类算法一般的处理过程是：首先获取目标车辆行驶中的道路视频图像；其次，依据各种不同的车道线特征从获取的道路视频图像中识别和提取车道线；最后，通过检测的车道线信息及其变化趋势，结合目标车辆和当前车道线的相对位置信息，判断是否向驾驶人发出车道偏离的预警信息[285]。

9.2 疲劳预警

疲劳是由于肌肉和中枢神经系统长时间从事生理活动或心理加工过程，缺乏足够的休息而产生的没有足够能力或资源来维持生理活动或心理加工最佳水平的一种现象，可以分为脑力疲劳和体力疲劳。驾驶疲劳是指驾驶人在连续行车后所产生的生理、心理动能以及驾驶操作效能下降的现象。脑力疲劳或体力疲劳是驾驶人疲劳驾驶的重要因素。疲劳驾驶非常危险，据不完全统计，全世界每年有约 20 万起交通事故是疲劳驾驶引起的[286]。由此可见，疲劳驾驶已经成为影响交通安全的一个严重问题。

针对疲劳驾驶的巨大危害，疲劳预警系统应运而生。它旨在通过预警信息让处于疲劳状态的驾驶人把握自身状态，是目前解决疲劳驾驶的一个重要途径，可以有效降低由疲劳驾驶引发的交通事故[287]。

疲劳预警系统的关键部分是识别驾驶人的疲劳驾驶，目前可用于疲劳检测判别的方法有以下几种。

(1) 基于生理信号的检测方法

当人处于疲劳状态时，其生理信号会发生显著的变化，因此基于医学及生理学层面对疲劳进行研究的发展较早。常用的生理信号有脑电信号(EEG)、心电信号(ECG)、肌电信号(EMG)、眼电信号(EOG)及呼吸、脉搏等。

(2) 基于面部生理特征的检测方法

当驾驶人疲劳时，会做出打哈欠、眨眼等对抗疲劳的行为。通过分析驾驶人的眼部行为、头部的运动及嘴部的张合等行为，可以提炼出疲劳的表征指标，进而对驾驶人的状态进行辨识。

(3) 基于驾驶人行为及车辆运动参数的检测方法

驾驶疲劳导致驾驶人的执行能力和对车辆的控制能力下降，从驾驶人角度来讲比较直观的参数就是方向盘转角的变化，体现在车辆上就是车辆行驶状态发生异常。

(4) 基于驾驶人反应能力的检测方法

驾驶人处于疲劳状态时反应能力下降，相比于驾驶人的生理参数、面部生理特征参数、驾驶人行为以及车辆运动参数，反应能力参数具有直观、便于量化等特点，在疲劳研究领域逐渐体现出其重要性。部分研究者对于反应能力的研究重点是将其作为其他表征指标的参考。

(5) 基于信息融合的检测方法

采用单一类型的特征参数辨识疲劳具有片面性，因此许多研究者将两种及以上类型的参数进行多源信息融合后再进行疲劳的辨识研究。比如，将生理信号与车辆运行参数、驾驶人操作行为融合，将面部生理特征与车辆运行参数、驾驶人操作行为融合，或者将车辆运行参数、驾驶人操作行为与其他类型的表征参数融合。

许多疲劳检测装置已经向产品化发展。疲劳侦测器 DD850 由美国 Attention Technologies 公司开发。它通过 Camera Unit 摄像头检测器采集驾驶人眼部视频，并将视频中的参数进行分析与提取以计算 PERCLOS 参数，并结合开发的疲劳监测算法检测疲劳状态。该算法的核心是检测驾驶人的头部位置、眼睛动作及嘴巴等特征参数来进行疲劳判别。美国 Assist Ware Technology 公司开发了一种驾驶人状态监测装置 SafeTrace，可以实时拍摄路面的视频，并进行车道检测判定行驶路线。同时其还对方向盘操作参数进行提取，采用综合分析后的结果判定驾驶人的疲劳状态。日本日产汽车公司开发了一种通过拍摄驾驶人脸部视频进行疲劳状态检测的系统。摄像机安装在仪表盘，并实时分析采集到的驾驶人脸部图像信息，进行状态判定。美国 Dgital Installations 公司开发了一种方向盘监视装置(S. A. E)，其主要原理是对方向盘操作参数进行识别来分析驾驶人的疲劳状态。当检测到方向盘持续不动时间超过 4 s 时，即判定此时为疲劳状态。中国南京远驱科技有限公司开发的 Gogo850 主要通过监测驾驶人的眼部运动参数来判断驾驶人的疲劳状态，其瞳孔识别算法可以区分困倦对眼部的影响。以色列 Mobileye 公司推出 Mobileye 560，其具有多种识别与预警功能，还可对碰撞进行预防。它主要通过图像识别的方法实现交通标志检测与识别、车道线标记识别及车道偏离检测等功能。

9.3 追尾预警

超过 65%的车辆相撞属于追尾相撞。梅赛德斯-奔驰汽车公司对各类交通事故的研究表明，若驾驶人能够提早 1 s 意识到有事故危险并采取相应的正确措施，则绝大多数的交通事故仍可以避免。借助汽车追尾预警系统（Car Rear-End Collision Alarm System，CRCAS），追尾碰撞概率可降低 62%[288, 289]。因此，对汽车追尾预警的研究具有非常重要的现实意义。

1938 年，Gibson 等[290]首次提出了汽车碰撞与行驶安全的概念。CRCAS 的雏形最早可以追溯到 1957 年出现在航空交通领域的碰撞预警装置。但 CRCAS 真正开始被研究是在 20 世纪 80 年代末，Pollard 和 Stein 等[291, 292]提出了早期的 CRCAS 预警算法。20 世纪 90 年代，Leasure[293]、Knipling 等[294]、Burgett 等[295]提出了 CRCAS 的碰撞分区、边界条件及预警标准等基本理论，对 CRCAS 的发展起到了奠基性作用。

进入 21 世纪后，以驾驶人和乘客为中心的智能汽车主动安全系统及相关的新型驾驶传感器和控制器，正在全世界范围内受到越来越多汽车及汽车附属产品制造商和大众消费者的关注[296]。德国和法国最先从被动安全的角度出发，对汽车追尾预警所采用的先进车距测量技术（如超声波、微波、激光、红外、GPS 等）进行了研究，以车间距离小于安全车间距离为预警判据。日本 Toyota、Honda、Mitsubish 等汽车公司研究采用毫米波雷达、CCD 摄像机或扇形激光束扫描雷达传感器对车间距离进行动态监控。美国克莱斯勒汽车公司研究采用两个测距仪和一个影像系统测量安全距离及前方障碍物。美国 GM 公司的 V2V 系统利用卫星导航系统精确定位和无线网络技术，当有车辆相隔距离超出安全范围时，可以发出提醒驾驶人及时采取行动的警报。

目前，大批研究人员对 CRCAS 作了许多研究，已经有部分产品逐步得到实际应用，但应用效果不尽如人意。CRCAS 是复杂的非线性时变系统，各子系统有不同的评价指标和控制策略，而且，其输入输出之间具有耦合效应。当对各子系统分别进行优化控制时，简单迭加并不能获得良好的综合性能，它们之间的匹配以及协调工作涉及人-车-环境等诸多因素，其模型和技术极为复杂，参数繁多，用经典或现代理论和方法往往会使计算和系统更加复杂，特别是当子系统进一步增加时，将会变得无法实现，而且不可能从根本上解决各系统的协调工作。如何实现 CRCAS 各子系统良好匹配协调工作，大幅度提高车辆的安全性、实时性和自主性等综合性能，成了新的难题。

9.4 基于 LBS 的事故致因与危险驾驶行为耦合预警模型

LBS(位置服务,Location-based Service)技术是 GPS 等获取的实时用户位置信息与空间地理信息(如电子地图)相结合,通过无线通信传输,在个人、专业、社交和娱乐等方面提供个性化服务的综合集成信息技术。采用无缝定位技术,可以准确获取分布在道路路网上的交通运营主体的动态位置信息,结合地理空间信息和交通管理信息,解决动态交通安全管理中的若干关键技术,搭建基于 LBS 的车-路设施协同作用的主动式交通安全管理服务平台,由此实现:①交通信息环境复杂或环境突变的道路位置,尤其是平面或立体交叉口位置的交通冲突预警;②干线公路事故多发的隐患路段驶入前预警;③高速公路及城市快速路出入口位置变道或追尾冲突预警;④突发事件快速警报,交通组织措施优化,交通管理及事件信息快速发布。

在局部交通复杂环境下还不足以实现定位和通信的统一。随着中国北斗卫星导航系统的发展和服务水平的推进,需要实现其为普通大众出行服务的关键技术。一方面集成定位与通信于一体,能够为未来的交通安全管理及应急提供新的技术支撑和服务理念;另一方面也能够对中国自主知识产权的卫星定位系统实现应用和推广。此外,LBS 在交通安全管理中的示范应用必将促进其更广泛的用户市场应用,真正形成以北斗卫星导航系统、空间信息系统和移动通信等为主导支撑技术的新型产业链。

城市道路事故隐患点的静态分析结果难以与车辆实时状态信息结合,本书针对此问题建立了基于 LBS 的事故致因与行车状态耦合的预警模型,给出了对模型定性分析和定量分析的方法,通过求解最小割集和结构重要度可以明确导致事故产生的可能不利因素组合,结合危险驾驶行为判断车辆在事故隐患点是否有发生事故的可能,进而采取针对性的事故预防工作。

顶事件是可能导致事故发生的最基本、最重要的事件,通常是一些错误、失误或故障问题。在事件树或故障树中,顶事件位于根节点,目的是通过分析和识别顶事件,找出导致事故发生的原因和路径。在事故致因分析中,导致顶事件发生的基本事件很多,但各个基本事件对顶事件的影响程度不尽相同,在采取预防措施时应该分轻重缓急,首先消除或控制对顶事件影响较大的基本事件。在定性分析中,通常用结构重要度衡量各基本事件对顶事件的影响程度。

首先,考查基本事件 i。若基本事件 i 发生,则顶事件发生;若基本事件 i 不发生,则顶事件不发生。状态矢量 $(1_I, x)$ 称为基本事件 i 的危险割矢量,相应的割集称为危险割集。对于基本事件 i,统计其危险割矢量数

$$n_{\phi}(i)=\sum_{x=1}\left[\Phi(1_I,x)-\Phi(0_I,x)\right] \tag{9-1}$$

显然,基本事件 i 的危险割矢量数越多,其对顶事件发生的影响越大。除基本事件 i 之

外，其余的基本事件组合数为 2^{n-1}。 基本事件 i 的结构重要度 $I_{\phi}(i)$ 定义为

$$I_{\phi}(i)=\frac{n_{\phi}(i)}{2^{n-1}}=\frac{\sum\left[\Phi(1_I,\ x)-\Phi(0_I,\ x)\right]}{2^{n-1}} \tag{9-2}$$

根据式(9-14)和式(9-15)可以计算基本事件 i 的结构重要度，之后按照数值大小排序就可得到各事件的重要度。

其次，根据结构重要度计算，对各种基本事件的结构重要度进行排序，从模型的结构上了解各基本事件对顶事件发生的影响程度，按照重要度的顺序安排事故的预防工作，以达到科学预防的目的。

(1) 定量分析顶事件概率求解

当各最小割集中包含的基本事件没有重复时(指同一基本事件不在 2 个或 2 个以上最小割集中出现)，顶事件发生概率的计算公式为

$$g(q)=\prod_{j=1}^{k}\coprod_{i\in k_j}q_i \tag{9-3}$$

最小割集数量少时，选用最小割集法；最小径集数目少时，选用最小径集法。

(2) 概率重要度与临界重要度分析

在结构重要度分析中，通过分析基本事件在模型结构中的位置关系来了解各基本事件的重要程度。而概率重要度是考虑基本事件发生概率变化能给顶事件发生概率产生多大影响，以此作为基本事件重要性的判断依据。概率重要度的定义为

$$I_g(i)=\frac{\partial g(q)}{\partial q_i} \tag{9-4}$$

概率重要度是用来衡量各基本事件之间的相对重要程度，而临界重要度是从减少概率大的基本事件的角度考虑的，对于相同减少概率的基本事件，其临界重要度也应相同。因此，可以把临界重要度定义为基本事件发生概率的相对变化率与顶事件发生概率的相对变化率之比。

$$I_c(i)=\frac{\partial \ln g(q)}{\partial \ln q_i} \tag{9-5}$$

$$I_c(i)=\frac{q_i}{g(q)}\times\frac{\partial g(q)}{\partial q_i}=I_g(i)\times\frac{q_i}{g(q)} \tag{9-6}$$

基于上述分析方法，选取某市四个事故隐患点作为实例分析，对这些事故隐患点的事故资料、设计资料进行细致分析研究后得到如下的事故特征。

(1) 立交匝道 1 的平面线形由圆曲线、缓和曲线和直线段组成(图 9-1)。圆曲线半径小于 500 m，缓和曲线的起始点在直线段后 2.5 m，即在上坡后立即进入小半径曲线。对于驾驶人而言，在加速上坡后需要立即采取减速入弯的操作，容易引发事故。

图 9-1　立交匝道 1

(2) 立交匝道 2 的平面线形由圆曲线、缓和曲线和直线段组成(图 9-2)。圆曲线半径小于 600 m,缓和曲线的起始点在上坡段中,即在上坡的同时进入小半径曲线。在上坡路段加速行驶的过程中出现小半径曲线,构成了不利的事故因素。

图 9-2　立交匝道 2

(3) 平面交叉口 1 位于桥下游 245 m 处,为信号控制十字交叉口(图 9-3)。经实地勘察发现,该交叉口的北侧进道口连接桥段全程下坡路段,且在夜间从桥上无法观测到前方交叉口。因此,驾驶人在下坡控制车速的同时面对突然出现的交叉口难以及时应对,易引发事故。

图 9-3　平面交叉口 1

(4) 平面交叉口 2 为大型信号控制十字交叉口,具有右转渠化设施,但交叉口内部无转弯标线引导(图 9-4)。经过对事故卷宗的整理发现,车辆在该交叉口入口段有较多的违法换道行为,占事故总数的 38%;在交叉口内部的事故数占 21%。可见该交叉口虽然设施齐全,但交叉口内部缺乏足够的地面指引和控制。

图 9-4　平面交叉口 2

四个事故隐患点基本事件及最小割集见表 9-1 和表 9-2。最小割集对应的结构重要度如表 9-3 所示。

表 9-1　基本事件说明

基本事件	说明	基本事件	说明
X_1	>30 km/h	X_6	微型面包车
X_2	>40 km/h	X_7	一般车辆
X_3	>60 km/h	X_8	所有车辆
X_4	晴	X_9	夜间
X_5	雨	X_{10}	变道

表 9-2　四个事故隐患点的最小割集

事故隐患点	最小割集
立交匝道 1	X_1；X_5；X_6 X_7；X_5；X_2 X_8；X_4；X_3
立交匝道 2	X_1；X_5；X_6 X_7；X_5；X_2 X_8；X_4；X_3
平面交叉口 1	X_2；X_9；X_5 X_3；X_9；X_4
平面交叉口 2	X_2；X_{10}

表 9-3　各基本事件的结构重要度

事故隐患点	结构重要度
立交匝道 1	$X_5=0.26$，$X_4=0.19$，$X_6=X_1=0.17$，$X_7=X_8=0.03$，$X_2=X_3=0.075$
立交匝道 2	$X_5=0.23$，$X_4=X_6=0.2$，$X_1=0.13$，$X_2=X_3=X_7=X_8=0.06$
平面交叉口 1	$X_9=0.31$，$X_2=X_3=0.18$，$X_4=X_5=0.165$
平面交叉口 2	$X_{10}=0.64$，$X_3=0.36$

由表 9-3 可知，四个事故隐患点的基本事件结构重要度：立交匝道 1 为 $X_5>X_4>X_6=X_1>X_7=X_8>X_2=X_3$；立交匝道 2 为 $X_5>X_4=X_6>X_1>X_2=X_3=X_7=X_8$；平面交叉口 1 为 $X_9>X_2=X_3>X_4=X_5$；平面交叉口 2 为 $X_{10}>X_3$。对四个事故隐患点提出如表 9-4 所示的针对性预警条件。

表 9-4　四个事故隐患点针对性预警条件

事故隐患点	预警条件
立交匝道 1、立交匝道 2	“微型面包车”+“雨”+“>30 km/h” “一般车辆”+“雨”+“>40 km/h” “所有车辆”+“晴”+“>60 km/h”
平面交叉口 1	“夜间”+“>60 km/h”
平面交叉口 2	“变道行为”+“>60 km/h”

9.5 本章小结

危险驾驶行为预警从驾驶人生理特征和车辆运动特征参数进行模型构建和风险识别，从危险驾驶的外在表现进行预警，这类预警模型都是聚焦到具体的危险驾驶行为，而未能从危险驾驶的本质上实现统一。驾驶行为的演化机理尚不明确，单纯着眼于驾驶行为所表现出的驾驶人特征和车辆运动特征，割裂了人-车-路系统间的联系和影响。以主动式交通安全管理服务平台为基础，采用高精度、无缝定位技术和 LBS 技术，可实现车辆的主动交通安全服务。有必要进一步通过示范应用，开发拥有自主产权、适用于交通安全的基于 LBS 主动交通安全综合平台，并评估 LBS 主动交通安全服务对车辆驾驶安全问题的作用，降低车辆在示范区域的事故率及伤亡率。

第10章 危险驾驶行为状态下的车流控制

10.1 容错性车流状态

10.1.1 容错性车流定义

Calvert 等[148]在研究中给出了交通流容错性的定义，即“某段道路能抵抗交通流的干扰并且从干扰中恢复正常通行的能力”。Murray-Tuite[297]认为安全是交通容错性考虑的十个主要方面之一。为了更好地阐释容错性在交通系统中如何发挥作用，本书引用医学中的免疫性进行类比。免疫性是指机体抵抗外来侵袭、维护体内环境稳定性的能力。在医学中[图 10-1(a)]，细菌的入侵和免疫力是人体是否感染的两个最重要因素。其中，细菌的入侵给人体造成了危害，影响人体健康；而免疫力的存在则能维护人体健康，消灭细菌从而避免其危害人体健康。人体的免疫力越强，则其抗细菌能力就越强，从而越能保证人体健康。交通安全[图 10-1(b)]有相似的逻辑，车流容错性是交通系统的“免疫力”，交通突发事件是“细菌”，而交通事故的发生是“感染”，事故风险是指发生交通事故的可能性。如果不存在车流容错性，交通突发事件就会增加事故风险从而导致交通事故，但事实上并没有发生那么多的交通事故，这是因为交通有安全容错性，可防止事故的发生。利用车流容错性，就可以得到交通突发事件、事故风险之间清晰的关系。

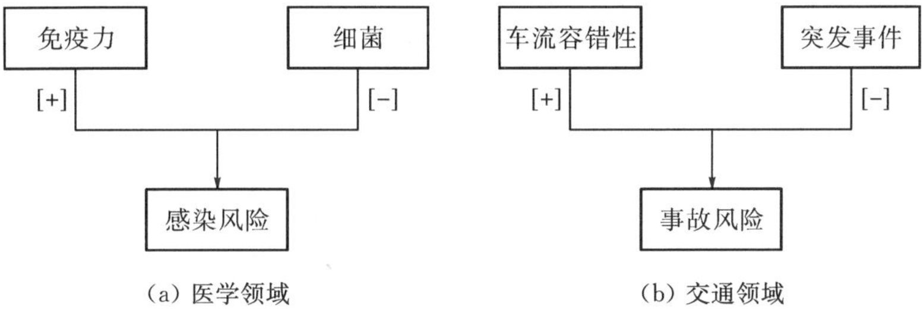

图 10-1 容错性机理示意

根据 Calvert 等给出的关于交通流容错性的定义，可以将车流的容错性定义为某段道路抵抗交通干扰并避免增加交通运行风险的能力。交通干扰是指交通突发事件，如危险驾驶行为、车辆故障，或者其他任何可能导致事故的交通行为。

考虑到交通突发事件的多样性，本书选取其中一种主要类型，主要探究车流容错性、危险驾驶行为和事故风险之间的关系。之前的研究表明，在超速、慢速和突然停车三种危险驾驶行为中，加入超速行为后的车流状态相比正常车流状态，其高风险状态数量增加不明显，基本保持以个位数增加，而其余两种危险驾驶行为的高风险状态数量相比正常车流状态均有较大的涨幅[133]。本书要研究车流的容错性，需要尽可能增大危险驾驶行为对车流的影响，而超速驾驶行为对车流运行风险的影响相对较小，不易体现车流的容错性，故本书选取慢速、突然停车两种危险驾驶行为来构建容错性车流，进而对车流的容错性进行分析。

10.1.2 容错性车流风险运行状态评价指标

通俗地说，风险就是指一个事件产生我们所不希望的后果的可能性。从广义上讲，只要某一事件的发生存在着两种或两种以上的可能性，就可以认为该事件存在风险。风险分析是对风险影响和后果进行评价和估量的方法，包括确定性风险分析和可能性风险分析两种方法。前者属于事件的定性研究方法，即分析一定假设约束前提下的确切事件后果；后者属于事件的定量研究方法，即分析风险的概率及其对目标造成后果的影响程度[298]。

风险分析是由风险因素、风险估计和风险评价三者构成的统一体，风险因素也就是风险源的确定，划分事件的类型及确认相关的影响因素；风险估计描述事件发生的可能性，估计风险出现的概率；风险评价则是衡量风险发生的结果，通常是指风险可能产生的后果类型和严重性。

系统风险量化的表达式通常写为

$$R=f(P,C) \tag{10-1}$$

式中，R 表示风险的大小；P 为风险出现的概率；C 为风险造成的后果。

1. 风险指标模型的适用性分析

集计分析法在建立模型时输入的因变量多与事故相关，如事故率用 0 和 1 表示事故是否发生等。另外，当前集计分析法的研究更倾向于利用交通流参数构建新的变量来反映事故与新变量之间的统计学关系。这种变量的构建虽然在一定程度上能够提升模型的模拟精度，但是事故的发生往往具有一定的偶然性，驾驶人的人为因素也很难预测，加之交通流参数是宏观参数，不能反映车流中车辆之间的微观风险，因此，事故的发生和宏观交通流参数都不能确切地反映风险产生的本质原因。非集计分析法虽然对风险产生的本质原因做了较为细致的描述，但是当前非集计分析法的研究多数着眼于微观层面，很少探索相应的风险指标与路段的交通流参数之间的相关性。

本书主要对容错性车流带来的高速公路车流运行风险进行分析，评价指标应当是基于能够反映车辆行为的微观风险指标，而非笼统的指标，如事故率等。同时，因为在仿真环境中不会出现事故，所以不能以事故相关指标来作判断，故本书选择非集计分析法中的冲突事件 TTC 来反映车辆之间的微观行为。可利用阈值对较小的 TTC 进行筛选，进而采取集计分析法统计小于阈值的 TTC 次数来作为风险指标。通过将两种分析法进行综合，可以有效反映微观的个体行为对中观车流的干扰，从而建立车辆级行车风险指标与中观车流运行风险之间的关系。

2. 基于 TTC 方法的单车追尾碰撞概率风险

对于高速公路事故来说，追尾是最为普遍的事故形态之一[299]，追尾碰撞也是车辆间事故的最主要形态。因此，本书在研究时将追尾碰撞发生的概率作为衡量风险的指标可以很好地模拟高速公路事故的发生。

在众多基于车辆追尾碰撞的安全评价指标中，TTC(图 10-2)以其简便性和直观性受到广泛认可。当后车速度大于前车时，TTC 可通过公式(10-2)计算获得。

$$TTC_i = \frac{x_{i-1}(t) - x_i(t) - l_{i-1}}{v_i(t) - v_{i-1}(t)} \tag{10-2}$$

式中，TTC_i 为第 i 辆车追尾前车(即第 $i-1$ 辆车)的碰撞事件；$x_{i-1}(t)$ 和 $x_i(t)$ 分别为 t 时刻前车和后车在道路上的位置坐标；$v_{i-1}(t)$ 和 $v_i(t)$ 则分别为 t 时刻前车和后车的位置速度；l_{i-1} 为前车的车长。

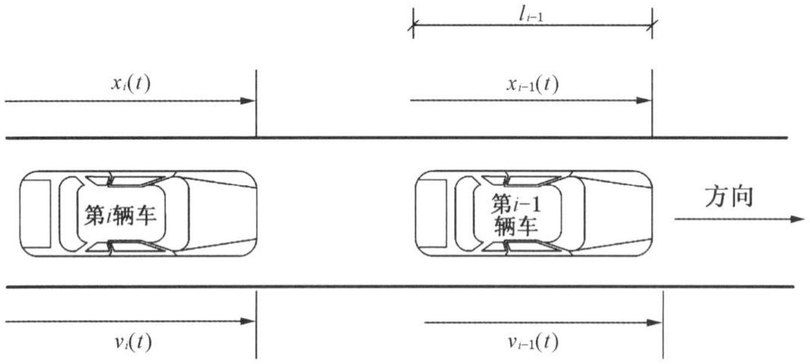

图 10-2　TTC 原理示意

TTC 作为一个数值指标，需要选取合适的阈值来判断交通冲突。当前的研究中，TTC 阈值的建议值根据不同情况取 1.5～5 s[300]。Hyden[301]将 1.5 s 设置为阈值来判断危险交通冲突。Li 等[302]建议将 2.3s 作为阈值来判断针对追尾的交通冲突，2.8 s 作为阈值来判断针对变道的交通冲突。考虑到高速公路上车辆较快的车速和更严重的冲突后果，本书参考美国州公路及运输协会给定的驾驶人反应时长，把 TTC 阈值设置为 2 s。也就是说，前后车之间计算得出的 TTC 小于 2 s 即被认为是车辆间的一次交通冲突。

3. 单车风险与车流运行风险

得到了车流运行中的单车风险后，以单车风险作为基础指标构建车流运行风险指标，首先要解决二者数据时间粒度不同的问题，即检测器检测时间间隔与车辆轨迹数据的采样时间间隔的数量对应问题，如图 10-3 所示。以整个路段任意两个相邻时间段作为一个时段进行分析，一方面，在任一时刻，路段上包含了数台正在行驶的车辆，于是路段与车辆之间存在一对多的关系；另一方面，为了保证能够监测连续的车辆行驶状态，车辆轨迹数据的采样时间间隔很短，往往只有秒级，而检测器的检测间隔则常以分钟计，因此每个检测器间隔中包含了多个采样时间间隔。在仿真软件 Aimsun 中，每个仿真步输出 1 次车辆轨迹数据，于是车辆轨迹数据的采样时间间隔即是仿真步长。

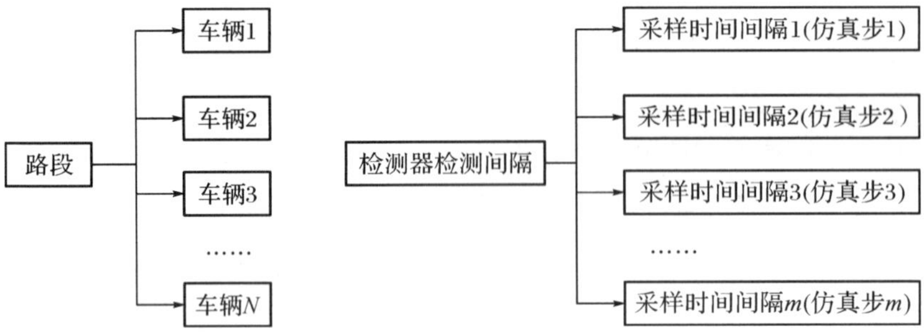

图 10-3　数据粒度的对应

基于 TTC 方法的单车追尾碰撞概率风险计算的是一个采样时间间隔中一辆车的风险状态，一个路段在一个检测器检测间隔中共包含 $n \times m$ 个单车追尾碰撞概率风险。在一个检测器检测时间内，车辆 i 在第 j 个采样时间间隔中的风险记作 r_{ij}，则一个检测器检测时间间隔内，所有的车辆风险如表 10-1 所示。

表 10-1　单个检测器检测时间间隔中所有的车辆风险

路段中的车辆	检测器检测时间间隔				
	仿真步 1	仿真步 2	…	仿真步 $m-1$	仿真步 m
车辆 1	r_{11}	r_{12}	…	$r_{1,m-1}$	$r_{1,m}$
车辆 2	r_{21}	r_{22}		$r_{2,m-1}$	$r_{2,m}$
…	…	…		…	…
车辆 $n-1$	$r_{n-1,1}$	$r_{n-1,2}$		$r_{n-1,m-1}$	$r_{n-1,m}$
车辆 n	$r_{n,1}$	$r_{n,2}$		$r_{n,m-1}$	$r_{n,m}$

当前的研究中，用单车数据构建车流运行风险评价指标的研究主要集中于交通冲突方法。一种做法是统计路段中所有车辆的冲突数作为路段车流运行风险的评价指标，如周俊昌等[303]利用模糊评价的方法以交通冲突数、交通量、路段长度的比值作为评价参数，对宁波市高速公路互通区的安全等级作出了分级评价。另一种做法是利用 TTC 的统计分位值作为判定风险的阈值，如卢川等[304]对录像中采集的冲突数据进行统计，然后选取 85% 累计

频率的 TTC 值作为严重冲突的判断阈值以判定公路交叉口的冲突严重性。

本书借鉴以上两种方法定义车流运行风险，选取 2 s 作为基于 TTC 的交通冲突阈值，大于 2 s 的 TTC 记为 1 次交通冲突，对于 1 个检测器检测时间间隔里包含的不同的仿真步，认为其权重无显著差异，故先求每个检测时间间隔下正常状态路段中交通冲突的总和作为总路段风险，进而利用聚类算法对不同总路段风险进行聚类，得到高风险、低风险的交通冲突总数的阈值，从而对车流运行风险进行二分类，具体过程如下。

对于任一采样时间间隔（仿真步）内路段上的 n 辆车，按式(10-3)将其交通冲突筛选出来。

$$Q_{i(1\leqslant i\leqslant n)}=\begin{cases}0, & TTC<2\\ 1, & TTC\geqslant 2\end{cases} \tag{10-3}$$

求和，得到 w 次交通冲突。

$$w=\sum_{1}^{n}Q_i \tag{10-4}$$

之后，将 w 次交通冲突根据时间维度划分到 k 次检测器检测时间间隔中。

$$w=\sum_{1}^{k}Q_{ki} \tag{10-5}$$

当所有的采样时间间隔中的交通冲突求和后，对按照检测器时间间隔归类的交通冲突数进行聚类得到阈值 $Q_{\text{阈值}}$，根据阈值对检测器时间间隔内的车流运行风险进行二分类。

$$\text{车流状态}=\begin{cases}\text{高风险}, & Q_{ki}>Q_{\text{阈值}}\\ \text{低风险}, & Q_{ki}\leqslant Q_{\text{阈值}}\end{cases} \tag{10-6}$$

最终，以单车风险作为基础指标构建车流运行风险指标。

10.1.3　基于 Aimsun 的容错性车流状态识别模型

为了对容错性车流进行识别，首先需要构建仿真场景来对真实的道路环境进行模拟。基于 TTC 指标方法构建的车流运行风险模型是对路段整体的交通安全风险进行识别，因此本节选取了沈阳—海口国家高速公路（简称“沈海高速”，编号 G15）的一段道路作为仿真路段来构建 Aimsun 仿真模型。

1. Aimsun 路网模型的构建

本书着眼于高速公路中容错性车流的识别，因此仿真模型中路网的建立相对简单，选取沈海高速在江苏省境内的一段道路建立仿真路网模型。G15 选取段长约 8 km，车流方向由南向北，单向 3 车道，车道宽 3.75 m，设计行车速度为 120 km/h，如图 10-4 所示。为避免汇入车流的影响，选取路段上无出入口。为了保证仿真结果的准确性，路段上的检测器密度不宜太低，因此路段上检测器的布置借鉴美国奥兰多州际公路 I-4 公路上检测器的布置方式，检测器间距约为 800 m，路段上共布置 10 个检测器。检测器的数据采集周期为 0.5 min，采集的数据内容包括速度、占有率和流量。

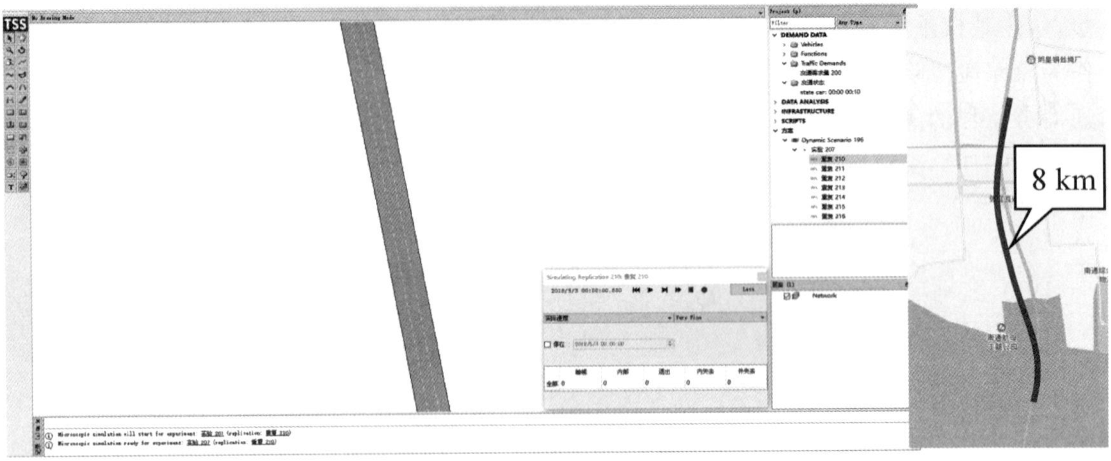

图 10-4　G15 节选路段在 Aimsun 建模(左)与该路段数字地图(右)

为了构建容错性车流状态识别模型，首先要对正常状态下的车流进行仿真实验，并以此作为比较标准，将危险驾驶行为加入，再对比加入前后的车流运行风险的变化。Aimsun 中正常状态下的交通流由路、车和车辆行为三部分组成，因此在参数设置时主要针对这三方面进行，其中“路”是指道路模型参数，“车”是指车辆参数，“车辆行为”是指车辆行驶行为模型参数。

(1) 道路模型参数设置

道路模型参数设置主要针对道路运营特征的设计值。因为建立的路网相对简单，并不包含出入口，所以道路模型参数设置主要包括道路模型的最大速度(Max Speed)、通行能力(Capacity)和流量延误函数(VDF)等，具体参数的设置如图 10-5 所示。

(2) 车辆参数设置

车辆参数的设置主要用于定义车辆的长度、宽度、速度以及加、减速度等固有物理特性，由于车辆的类型和种类不尽相同，车辆的物理特性不能用单一的数值定义，所以所有 Aimsun 中车辆参数的设置采用“均值＋偏差＋最大最小值限制”的模式进行设置，其主要参数包括车辆长度(Length)、宽度(Width)、期望最大速度(Max Desired Speed)、最大加/减速度(Max Acceleration / Deceleration)和常规制动速度(Normal Deceleration)等。

车辆参数设置完毕后，需要针对实际车流中的车辆特性进行标定。G15 沈海高速公路江苏段车流主要由小车构成，因此，针对小客车的特性(主要参数为速度、速度离散性和驾驶遵从率)，对仿真中的“car”类型(小车)车辆进行标定。标定采用 2016 年 3 月南通开发区至苏通大桥段部署的高清卡口系统所采集到的车辆信息，其小车的速度分布如图 10-6 所示。

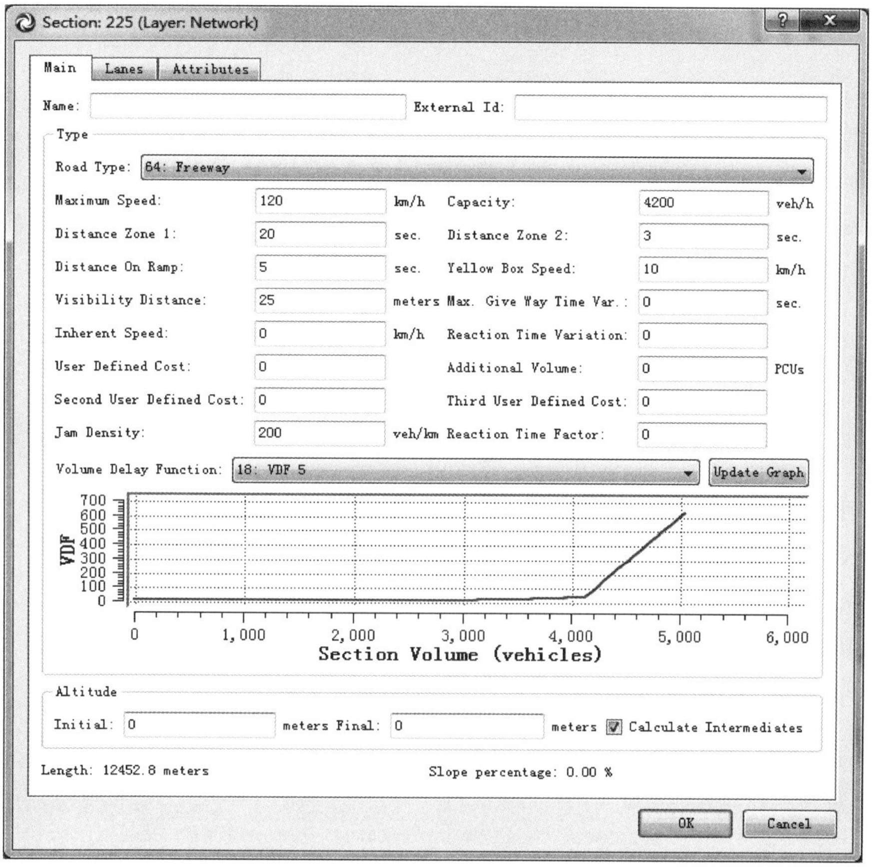

图 10-5　道路模型参数设置

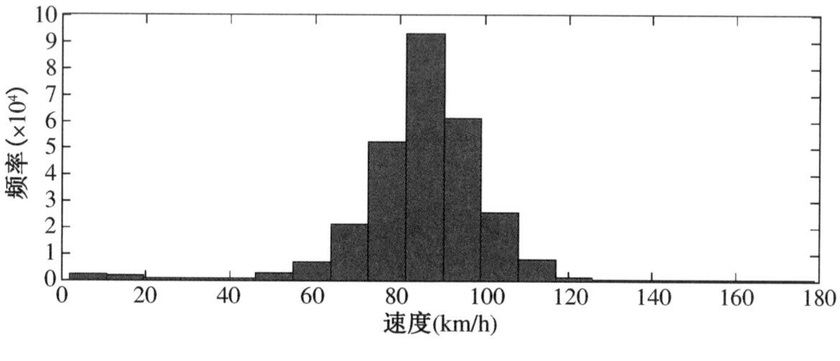

图 10-6　G15 沈海高速南通研究路段车辆速度分布

《中华人民共和国道路交通安全法实施条例》规定，高速公路应当标明车道的行驶速度，最高车速不得超过 120 km/h，最低车速不得低于 60 km/h。因此，将速度高于 120 km/h 和低于 60 km/h 的车辆比例计为车辆不遵从率，小客车的遵从率分别为 99.65%。计算车辆的速度和方差后标定为实际车辆的速度和速度方差。小客车的参数设置如图 10-7 所示。

(3) 车辆行驶行为模型参数设置

车辆行驶行为定义了车辆在路段中行驶时采用的行驶策略，包括跟驰行驶时的跟驰策略和换道策略等。其主要参数包括是否调用外部车辆行驶行为模型(Activate External Behavioral Model)、Aimsun 预设跟驰模型选择(Car Following Model)和无法达到理想速度时的换车道比例(Percent Overtake)以及返回原车道比例(Percent Recover)等。因为本书需要体现车流的容错性，所以需要激活外部的驾驶模型来对车辆运动特性进行 SDK 二次开发，具体参数设置如图 10-8 所示。

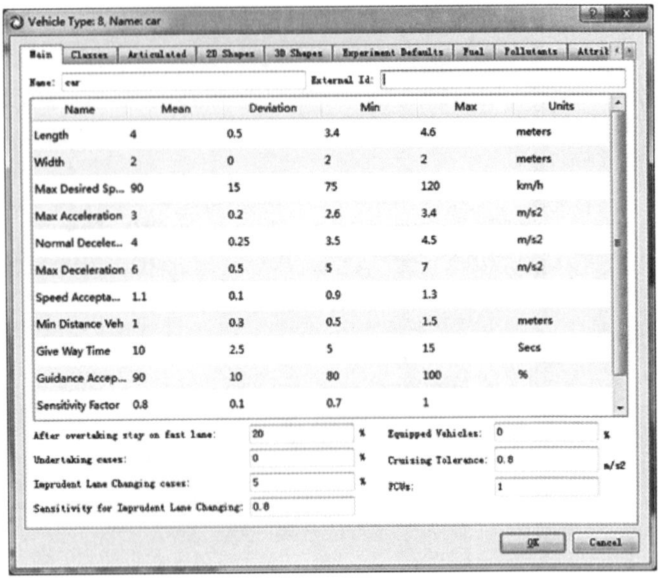

图 10-7　车辆参数设置示意

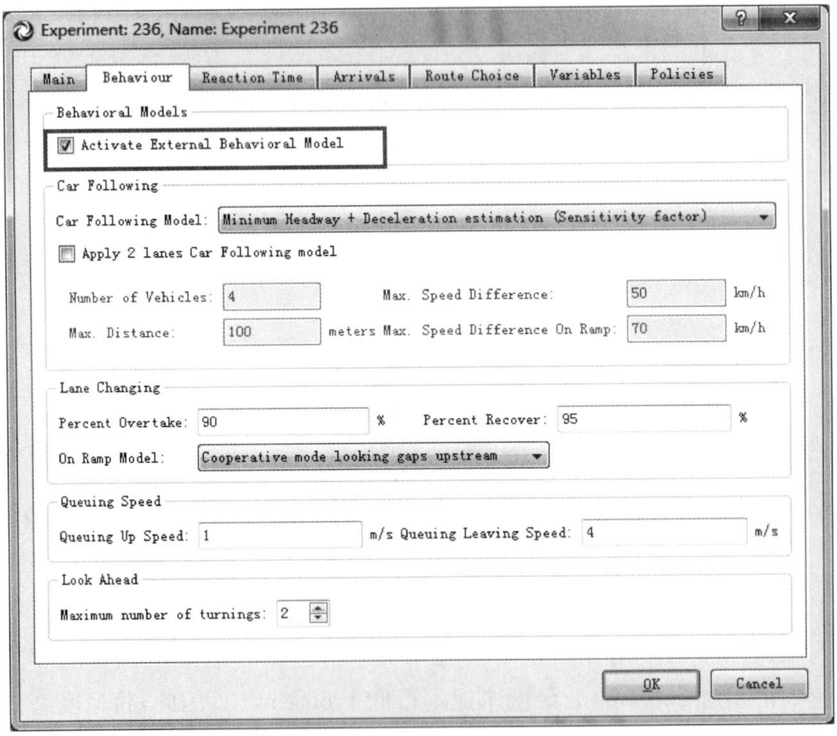

图 10-8　车辆行驶行为模型参数设置示意

2. Aimsun 仿真二次开发

正常情况下车流并不会出现危险驾驶行为，为了研究车流的容错性，需要通过对仿真软件 Aimsun 的驾驶行为模型进行修改来产生危险驾驶行为，并收集输出车辆的轨迹数据。

Aimsun 二次开发基于 C＋＋语言，在软件 Visual Studio2005 中进行开发编译。首先，编写危险驾驶行为模型并编译生成 dll 动态链接库，在已建立的仿真实验中，加载外部行为模型，对特定车辆的驾驶行为进行重新定义。为了修改车辆的驾驶行为，先编写 SDK 模块，指定特定 ID 的车辆，根据驾驶人的不同错误操作修改其速度、加速度并根据行驶逻辑计算得出车辆位置。

再利用 SDK 开发在调用外部动态链接库时通过可扩展标记语言(. xml 文件)指定外部动态链接库的调用顺序。

其次，通过在 Aimsun 仿真 API 模块中添加对应的参数采集、实时计算程序、模型嵌入，便可以调用相关的参数数组、指针进行计算。模型共嵌入两种，一种是计算同车道前后车 TTC 的模型，另一种是按周期输出检测器数据的模型。前者用以对单车追尾碰撞概率风险进行数据收集，后者用以提取检测器数据用来构建状态识别模型自变量。为了实时提取仿真场景中的交通流参数并计算相关参数，需要对 Aimsun 仿真的运行逻辑进行把控。应先对整个场景进行路网环境、交通流设置等校核，并进行初始化。在 API 函数中可以调用 AAPIInit()函数接口对其进行初始化，如定义全局数组、输出文件初始化等。初始化后开始仿真，仿真采用仿真步的形式逐步后推，在每个仿真步的开始和结束时刻都将计算整个路网车流中每个车辆的动态信息(速度、加速度、位置等)。Aimsun API 可以采用 InfVeh 与 StaticInfVeh 两个类来对车辆的动态信息和静态信息进行读取。每个仿真步的结束时刻对应着下一个仿真步的开始时刻。在每个仿真步结束的同时，可以调用 AAPIPostManage()函数对所需要的参数进行计算和导出。当时间到达仿真设定时间时，结束仿真，可以调用 AAPIFinish()函数对整个仿真的输出文件进行导出。在仿真过程中，各个车辆进入路段和驶出路段时的参数设定及统计可以通过 AAPIEnterVehicle()和 AAPIExitVehicle()来实现。

3. 容错性车流构建参数的设定

在仿真实验中构建容错性车流时，主要考虑如何构建危险驾驶行为，即犯错车辆的驾驶行为逻辑。

慢速车辆在道路中行驶时因为其自身惰性，占用车道会降低道路的通行能力，从而形成路段上的瓶颈，迫使后方车辆减速和换道而影响交通安全；突然停车行为则可以分为两个阶段来看待，第一阶段是车辆制动到停止前，此阶段错误行为对车流的影响源于前车突然减速导致跟随车辆的减速；第二阶段是车辆保持停止状态的时间，该阶段错误行为对车流的影响则源于车辆停止、侵占车道导致道路通行能力下降。

只有让危险驾驶行为对车流有最大的影响，才能使车流尽可能表达出容错性，参考之前的研究[133]，对于慢速驾驶行为，无论对于低密度、中密度、高密度交通流状态，慢速 50%

(60 km/h)导致的道路高风险状态数量增加量均大于慢速 25%(90 km/h)所引起的增加量,且增加量显著。同时,高速公路实际运行中存在大量慢速 25%(90 km/h),其并未对车流风险造成很大的影响。而突然停车 10 s 及以上导致的道路高风险状态数量增加量基本不发生变化,考虑到突然停车第一阶段是最影响交通的阶段,而第二阶段对交通不会产生很大的影响。因此,选取慢速 50%、突然停车 10 s 两种危险驾驶行为来构建容错性车流。

4. 车流状态数据收集

本章采用交通仿真的一个主要原因就是在真实的交通流环境中,危险驾驶行为的出现具有随机性,而且当前的道路设施设备诸如线圈、高清卡口等难以对其准确地观测和记录。交通仿真能反复模拟重现危险驾驶行为,进而构建容错性车流,发挥计算机仿真在复杂环境下控制影响因素、搜集有效数据的优势,使车流的容错性研究得以更有效、深入,结论更具有现实意义。

仿真软件 Aimsun 以仿真步作为仿真运行的基础参数,车辆的行驶状态在每个仿真步中保持不变,仿真步结束后更新车辆运行状态,包括反应时间在内的时间间隔均需设定为仿真步长的整数倍。为了模拟车辆运行状态的随机性,本书将仿真步长设为 Aimsun 中允许最小的步长 0.1 s,每次仿真步长结束时输出路段上所有车辆的运行状态数据,运行状态的时间序列数据共同构成了所有车辆的轨迹数据。

本章采集到的车辆轨迹数据包括车辆 id、路段 id、车辆所在车道、车辆位置、车辆速度、仿真步数、前后车 TTC、目标车辆进入时间、车辆车长、车辆进入时间和所在车道。

为了对容错性车流进行识别,仿真中还需要导出检测器的检测数据。当前道路中使用的检测器主要用于检测断面在检测时间间隔内的平均交通流参数,如断面平均速度、平均密度等。因此,本章仿真中检测器的检测数据也针对道路的断面平均数据,采集到的数据种类包括仿真时间、平均速度、流量和平均占有率。

10.1.4 不同容错性车流的仿真实验

在建立了仿真模型后,仿真实验首先对未加载危险驾驶行为的车流状态即正常车流状态进行仿真。流量取 2 000 辆/h、3 000 辆/h 和 4 000 辆/h 三种情况,三种流量分别代表了低交通流密度、中交通流密度和高交通流密度下的流量状态。为了保证交通流情况的随机性和全面性,每种流量状态分别建立 30 次重复仿真实验。每个重复的仿真实验时长为 15 min,去除前 5 min 的交通准备时间(Warm-up Time),每个重复仿真实验中共得到 10 min的数据。所有实验均加载 API 动态链接库导出车辆的轨迹数据和检测器的检测数据,而后对数据进行分析,得到车辆的追尾碰撞概率风险和路段风险。具体分为如下两个步骤。

(1) 在 Aimsun 动态场景(Dynamic Scenario)中建立一个特定流量总量的实验(Experiment),而后在实验下建立 30 个重复(Replication),如图 10-9 所示。Aimsun 中车辆的生成服从一定的概率分布,而概率分布的产生是由仿真过程中的随机种子决定的,同一个实验在不更改交通流参数的前提下对不同的重复实验进行仿真时，除用于生成车辆的随机种子外，其余交通流参数均相同。而且同一个重复在多次仿真运算时，随机种子不会发生变化。调节实验中的交通流需求（Traffic Demand）和交通状态（Traffic State）到三个流量状态下，加载 API 动态链接库，分别完成所有的 30 个重复场景仿真实验。再将得到的轨迹数据和检测器数据导入.csv 文件，按照检测器的布置、记录时间把数据分成不同的时间段，利用车辆轨迹数据，计算路段风险，同时将检测器数据与路段风险数据按时间序列的顺序一一对应，以待进一步分析。

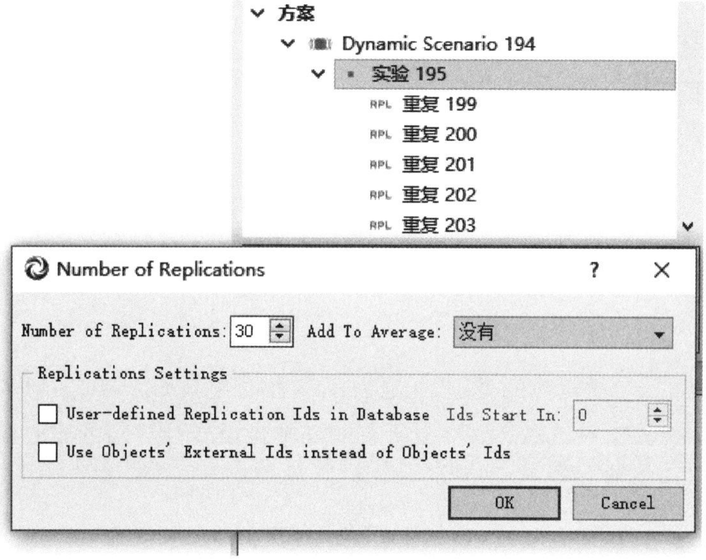

图 10-9　动态场景下构建重复实验

（2）在 Aimsun 中加载研究的危险驾驶行为，构建容错性车流，再次进行仿真。首先在 Visual Studio 中用 C++语言编写车辆危险驾驶行为模型，并编译生成 dll 动态链接库。然后在已建立的实验中，加载外部行为模型，分别调用两种危险驾驶行为模型的动态链接库，对已建立的 20 个重复再次进行仿真实验，得到危险驾驶行为加入后的车辆轨迹参数与检测器参数。就此，完成所有仿真实验的源数据采集。

10.2　容错性车流状态风险识别与评价

10.2.1　基于 K-Means 聚类的车流运行风险等级划分

1. K-Means 聚类算法

K-Means 聚类算法的思想是对于给定的样本集，按照样本之间的距离大小，将样本集

划分为 K 个簇。让簇内的点尽量紧密地连在一起，使簇间的距离尽量大。

假设簇划分为 $(C_1, C_2, \cdots, C_k)$，则最小化平方误差

$$E=\sum_{i=1}^{k}\sum_{x\in C_i}\|x-\boldsymbol{\mu}_i\|_2^2 \tag{10-7}$$

式中，$\boldsymbol{\mu}_i$ 是簇 C_i 的均值向量，有时也称为质心，表达式为

$$\boldsymbol{\mu}_i=\frac{1}{|C_i|}\sum_{x\in C_i}x \tag{10-8}$$

K-means 聚类算法流程如下。

(1) 输入样本集 $D=\{x_1, x_2, \cdots, x_m\}$，聚类的簇树 k，最大迭代次数 N，从数据集 D 中随机选择 k 个样本作为初始的 k 个质心向量：$\{\boldsymbol{\mu}_1, \boldsymbol{\mu}_2, \cdots, \boldsymbol{\mu}_m\}$。

(2) 对于 $n=1, 2, \cdots, N$：

① 将簇划分 C 初始化为 $C_t=\varnothing$，$t=1, 2, \cdots, k$。

② 对于 $i=1, 2, \cdots, m$，计算样本 x_i 和各个质心向量 $\boldsymbol{\mu}_j(j=1, 2, \cdots, k)$ 的距离

$$d_{ij}=\|x_i-\boldsymbol{\mu}_i\|_2^2 \tag{10-9}$$

将标记最小的 x_i 所对应的类别 λ_i 记为 d_{ij}，此时更新 $C_{\lambda_i}=C_{\lambda_i}\cup\{x_i\}$。

③ 对于 $j=1, 2, \cdots, k$，对 C_j 中所有的样本点重新计算新的质心

$$\boldsymbol{\mu}_j=\frac{1}{|C_j|}\sum_{x\in C_j}x \tag{10-10}$$

④ 如果所有的 k 个质心向量都没有发生变化，则转到步骤(3)。

(3) 输出簇划分 $C=\{C_1, C_2, \cdots, C_k\}$。

在统计分析软件 SPSS 中，利用其自带的聚类功能完成 K-Means 聚类操作，对路段的风险值进行聚类。

2. 车流运行风险等级划分

为了评判车流运行状态的安全性，首先要建立判断指标，研究基于第 3 章的危险驾驶行为仿真实验数据库，采用未加入危险驾驶行为的正常交通流状态的路段车流运行风险阈值作为该判别指标。首先对正常状态下相同流量总量下的 30 个不同重复分别进行仿真实验，得到车辆轨迹数据；然后将计算得到的前后车 TTC 进行汇总，按照时间维度收集每 30 s 的 TTC 小于 2 s 的次数(以下简称“风险次数”)，总共得到 1 800 组实验样本，部分数据如表 10-2所示。

表 10-2　单次实验不同时间段的风险次数

时间(min)	0.5	1	1.5	2	2.5	3	3.5	…	7.5	8	8.5	9	9.5	10
风险次数	13	53	14	11	13	1	30	…	21	32	19	39	15	7

因为同一路段不同时间的道路特征并没有显著差异性，所以对所有风险次数进行无差别聚类。使用 SPSS 软件中的 K-Means 聚类功能进行二元聚类，将车流运行风险分为高风险和低风险两种状态，具体操作界面如图 10-10 所示。

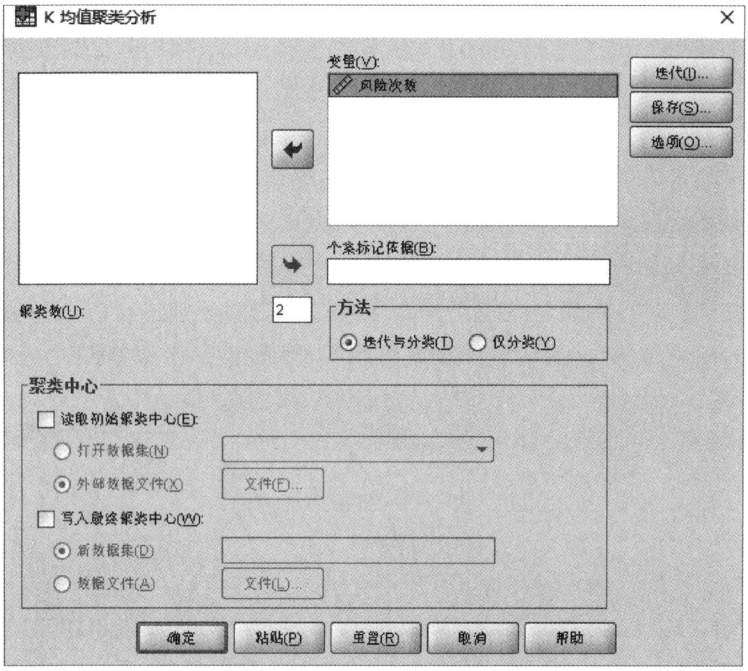

图 10-10　SPSS K-Means 聚类分析界面

当路段风险次数超过阈值时，路段处于高风险状态；否则，处于低风险状态。低密度交通流（2 000 辆/h）、中密度交通流（3 000 辆/h）和高密度交通流（4 000 辆/h）三种状态下的聚类结果如表 10-3 所示。

表 10-3　聚类结果

类别	低密度		中密度		高密度		聚类结果汇总	
聚类	1	2	1	2	1	2	1	2
风险次数	13.27	47.17	42.52	93.54	85.02	153.59	37.40	124.63

3. 不同流量状态风险评价

根据上文的模型实现方法，进行正常状态车流仿真实验并收集数据，得到检测器数据和车辆数据，而后需要计算并选取阈值来划分高风险状态车流和低风险状态车流。

（1）不同流量状态下的路段车流运行风险阈值对比

在正常交通流状态下，分别对低密度交通流、中密度交通流和高密度交通流三种状态下的 30 次重复进行仿真实验，利用 K-Means 聚类方法分析数据，得到三种流量状态下的风险（TTC 风险次数）阈值，如表 10-4 所示。

表 10-4　不同密度下的风险阈值

流量(辆/h)	2 000	3 000	4 000	所有交通流
风险阈值	30	68	119	82

可以看出，随着流量密度的增加，风险阈值也在增加，高密度交通流状态与中密度交通流状态风险阈值的差(51)显著大于中密度交通流状态与低密度交通流状态的差(38)。

(2) 不同流量状态下的高风险状态数量对比

根据不同交通流状态下的风险阈值，将路段风险与阈值进行对比，每 30 s 内路段 TTC 风险次数大于阈值记为 1，反之记为 0。对于每次重复实验，共有 20 组时间段，则得到 20 组 0-1 风险数据，随后统计所有 20 个风险数据中 1 的数量作为该重复实验在整个仿真过程中的高风险状态数量。对每种流量状态下的 30 次重复实验，分别进行以上过程统计高风险状态数量，并进行对比。三种流量状态的高风险状态数量如图 10-11 所示。

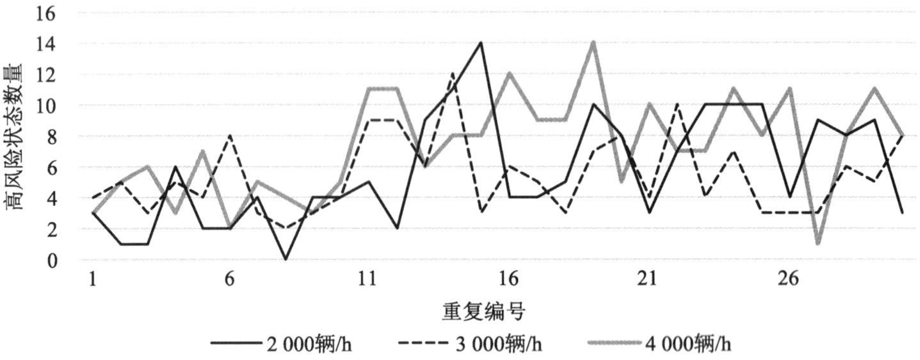

图 10-11　不同流量状态下的高风险状态数量

从图 10-11 中可以看出，每种流量状态下，不同重复实验得到的高风险状态数量具有很强的随机性，没有显著的回归特征，这也说明了不同的交通流状态之间存在明显的差异，侧面说明随机种子的可靠性，保证了仿真实验的真实性，能摒除因为车流状态的相似而带来的泛化性下降。高密度下的车流高风险状态数量大部分是大于低密度和中密度车流的，根据之前的研究成果[193]，流量的增加会导致车流风险的增加，流量本身也是影响容错性的重要因素，因此本书中选取所有流量状态下的高风险次数来进行聚类，最终得到的结果作为衡量高风险状态和低风险状态的阈值。

10.2.2　基于 BP 神经网络的容错性车流状态识别

1. 数据采集和输入

利用 Aimsun 仿真 API 二次开发输出原始数据，包括车辆轨迹数据和检测器数据。

(1) 车辆轨迹数据

根据 Aimsun 仿真步长的设置，每一个仿真步长 0.1 s 输出路段所有车辆瞬时轨迹数据，部分数据样本如表 10-5 所示。

表 10-5　车辆轨迹数据采集样本

车辆 id	路段 id	所在车道	位置（m）	速度（km/h）	仿真步数（0.1 s）	TTC（s）	目标车辆进入时间（s）	车长（m）	进入时间（s）
12	193	1	285.333	101.041	212	2.831 19	286.9	3.445 2	11.343
12	193	1	288.138	100.986	213	2.773 31	286.9	3.445 2	11.343
…	…	…	…	…	…	…	…	…	…

（2）检测器数据

利用路段上布设的 10 个线圈来收集检测器数据。每 30 s 汇总一次检测器数据，整理后的数据包括仿真时间、平均速度、流量和平均占有率。部分数据样本如表 10-6 所示。

表 10-6　检测器数据采集样本

时间（min）	平均速度（km/h）			流量（辆/h）			平均占有率		
	1	…	10	1	…	10	1%	…	10%
0.5	107.552	…	98.629	20	…	12	3.449%	…	3.705%
1	104.384	…	107.990	13	…	16	5.927%	…	4.752%
…	…	…	…	…	…	…	…	…	…
10	97.677	…	106.356	15	…	17	3.780%	…	6.558%

2. 数据预处理

（1）数据标准化

参考本小节收集的检测器数据，可以看出平均速度、流量、平均占有率的值存在量级上的不同，为了保证算法的效率和准确率，对检测器数据进行数据归一化。鉴于 z-score 标准化可以有效避免离群数据对数据整体的影响，同时可以避免因个别新数据加入而需要重新标准化，故选用 z-score 标准化对数据进行标准化。

z-score 标准化要求原始数据的分布可以近似为高斯分布。对检测器数据利用 SPSS 软件中的探索功能对数据进行高斯分布检验，部分结果如表 10-7 和图 10-12 所示。

表 10-7　高斯分布检验结果

正态分布检验	Kolmogorov-Smirnova(K-S)检验			Shapiro-Wilk(S-W)检验		
	统计量	df	Sig	统计量	df	Sig
数据	0.020	1 791	0.089	0.997	1 791	0.002

从表 10-7 中可以看出 K-S 检验显著值 Sig＝0.089＜0.5，S-W 检验的显著值 Sig＝0.002＜0.5。查看 Q-Q 图进一步确认，统计量基本在直线附近，可以认为服从正态分布。

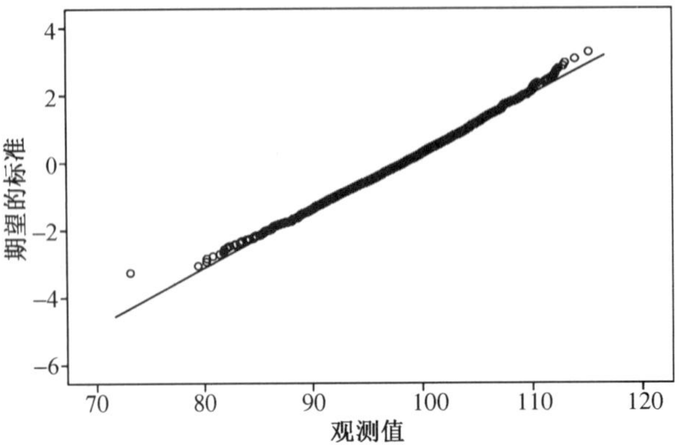

图 10-12　正态分布检验的标准 Q-Q 图

按照上述思路，对所有的自变量进行正态分布检验，发现均符合正态分布特征，则对于自变量进行 z-score 标准化，部分数据如表 10-8 所示。

表 10-8　z-score 标准化自变量样本

时间	平均速度(km/h)			流量(辆/h)			平均占有率		
	1	…	10	1	…	10	1%	…	10%
…	0.442 175	…	−0.277 61	−0.871 95	…	0.513 990 53	−0.046 375%	…	−0.066 762%
…	1.058 828	…	−1.129 71	−1.397 73	…	−0.616 799 6	0.076 485 4%	…	−0.021 104%
…	…	…	…	…	…	…	…	…	…

(2) 数据平衡

风险状态数据收集完毕后，需要将高风险状态和低风险状态的数据进行平衡来使机器学习取得更优的分类效果。利用 10.2.1 小节中聚类获得的阈值，计算容错性车流中高风险状态和低风险状态的比例，如表 10-9 所示。

表 10-9　高低风险状态比例

容错性车流状态	慢速驾驶行为	突然停车行为	汇总
高风险状态	583	594	1 177
低风险状态	1 217	1 206	2 423
比例	1∶2	1∶2	1∶2

可见数据比例在 1∶2 左右，因此需要尽可能平衡数据，使高风险状态数据和低风险状态数据保持在 1∶1，从而达到最好的分类效果。

首先在 python 中调用 imbalanced-learn 包，利用提供的接口实现 SMOTE 过抽样算法，将高风险状态样本多产生 1 倍，从而使处理后的高风险状态数量与低风险状态保持一致，利用 counter 函数查看过抽样前后的样本类别分布，结果显示过抽样之后高风险状态数据和低风险状态数据保持 1∶1 的比值。

其次，对于 SMOTE 过抽样后形成的新旧高风险状态样本，采用非参数检验（曼-惠特尼 U 检验），来确保新旧样本不存在显著的差别，为神经网络建模提供可靠的数据支撑，利用 SPSS 中提供的两个独立样本非参数检验进行分析，部分结果如表 10-10 所示。

表 10-10　曼-惠特尼 U 检验结果

检验方式	X_1	X_2	X_3	…	X_{28}	X_{29}	X_{30}
曼-惠特尼 U	179 616	177 844	177 473	…	175 166	173 642.5	176 419.5
Wilcoxon W	349 852	34 808	373 098	…	370 791.0	369 267.5	372 044.5
Z	−0.424	−0.717	−0.778	…	−1.159	−1.411	−0.952
渐近显著性（双侧）	0.671	0.473	0.437	…	0.246	0.158	0.341

3. 算法构建

如图 10-13 所示，得到处理过的数据后，建立相关的 BP 神经网络模型，用于识别高风险状态车流和低风险状态车流，其中 10 个检测器的数据（平均速度、流量、平均占有率）作为模型的自变量，车流的风险状态为模型的因变量，其中，高风险状态记为 1，低风险状态记为 0。

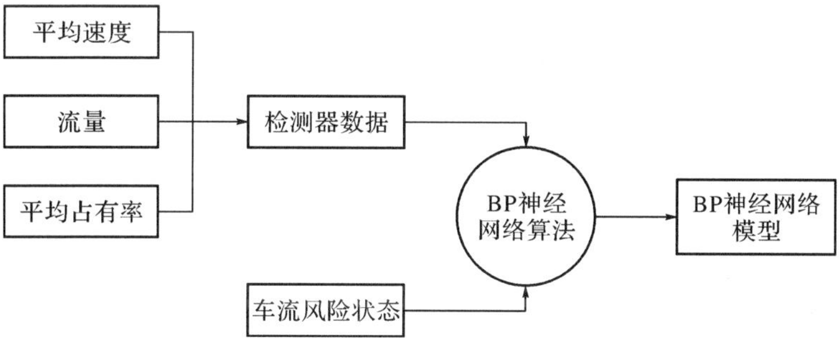

图 10-13　神经网络算法逻辑示意

为了建立识别模型，交通仿真中得到的检测器数据和车流数据经过整理和处理后，利用 BP 神经网络进行训练和检验，本章采用 Matlab 神经网络工具箱进行建模。

在建模过程中，首先所有数据被随机划分为训练集（70%）、验证集（15%）和测试集（15%）。其中，训练集用以学习样本数据集，通过匹配一些参数来建立一个分类器，最终建立一种分类的方式，主要是用来训练模型。验证集用以确定网络结构或控制模型复杂程度的参数，对学习出来的模型调整分类器的参数，如在神经网络中选择隐藏单元数。测试集用以检验最终选择最优模型的性能如何，主要是测试训练好的模型的分辨能力（识别率等）。通过将数据集划分为训练集、验证集和训练集，防止过度拟合。

随后确定隐藏层中节点的个数，参照以往的研究中提供的方法[305, 306]，选取 15 个节点进行实验，后续根据模型结果的好坏选取合适的节点进行建模，部分内容如图 10-14 所示。

为了防止过拟合现象，BP 神经网络采用留出法在训练集和验证集中加以训练，在验证集中具有最好效果的模型被选作训练模型，随后利用未训练过的测试集检验其模型的预测结果。

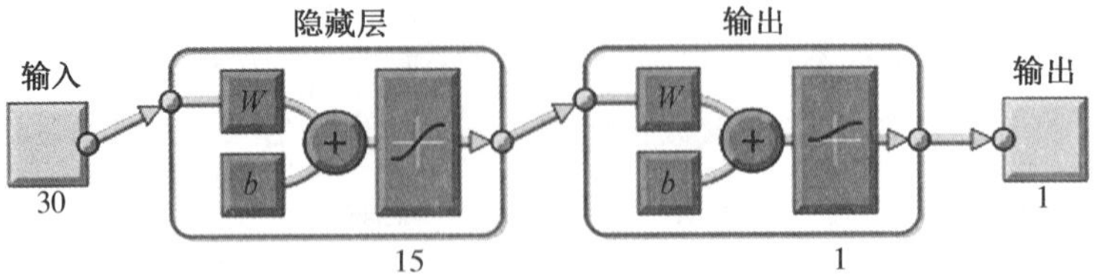

图 10-14　神经网络输入层、隐藏层、输出层示意

4. 结果验证

BP 神经网络模型输出预测结果后，需要和原数据进行对比来验证模型预测结果的好坏。本章采用混淆矩阵、ROC 曲线和 AUC 来评估模型结果。

部分混淆矩阵结果如图 10-15 所示。

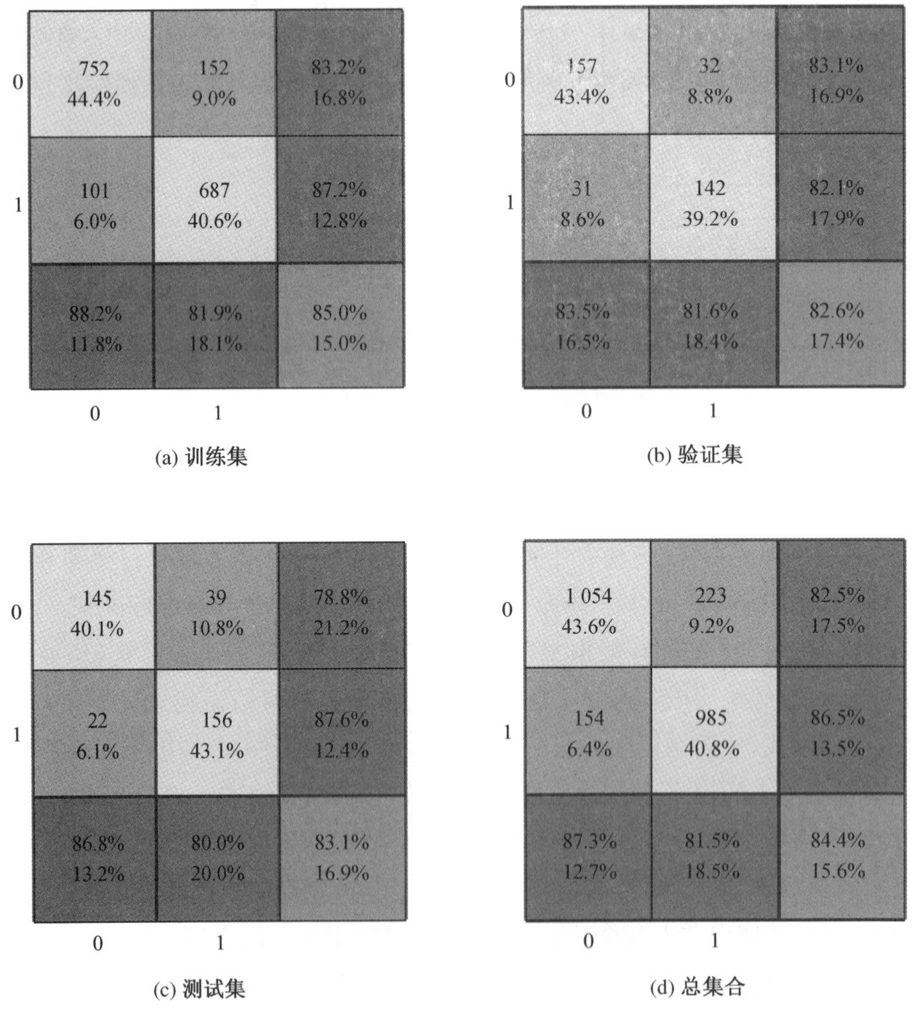

图 10-15　神经网络识别结果产生的混淆矩阵

部分 ROC 曲线图如图 10-16 所示。

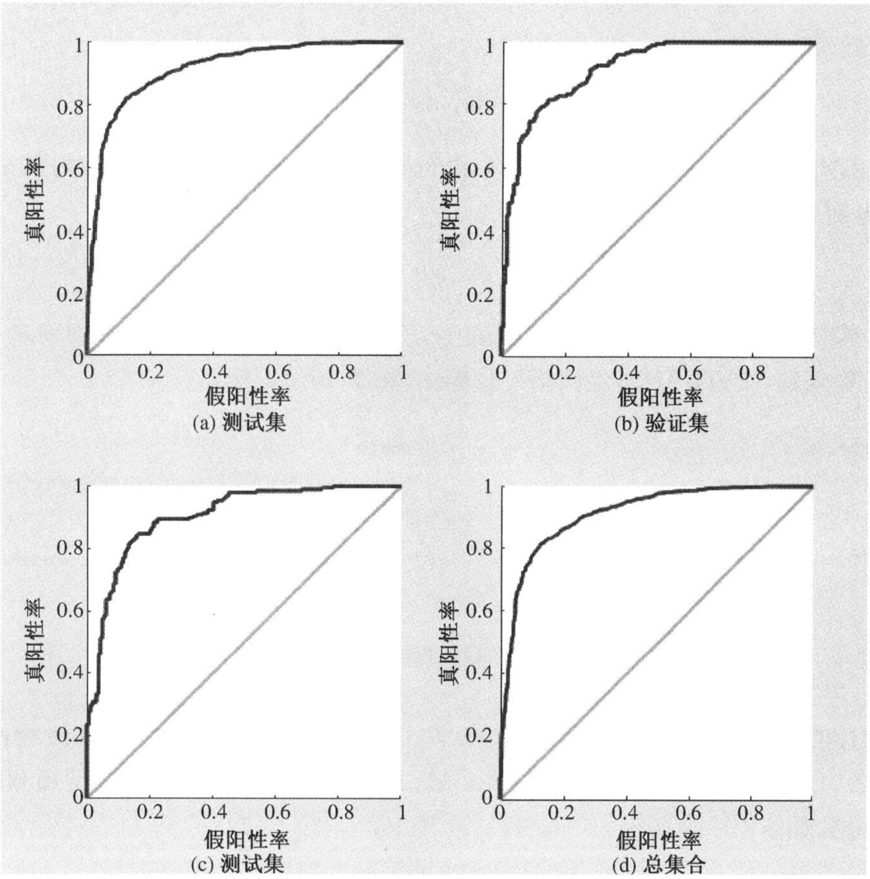

图 10-16　神经网络识别结果产生的 ROC 曲线图

若各个曲线图均在斜对角线上方且走势大致相同，则表明该模型预测精度较高且具有较佳的泛化性。而代表 ROC 曲线下面积的 AUC，其值越接近于 1，则模型预测精度越高。

10.2.3　容错性车流状态识别模型结果验证分析

Aimsun 中车辆的产生由随机种子决定，而每一个重复与其随机种子一一对应，也就是说，对于同一个重复，在不改变其交通流参数的前提下，每次运行均会产生相同的结果。由于这个特性，利用同一重复构建不同的容错性车流，可以保证容错性车流所有其余的变量都与正常车流状态相同，从而实现了控制变量的目标。本书将分别探究基于慢速驾驶行为构建的容错性车流识别模型、基于突然停车行为构建的容错性车流识别模型和基于典型危险驾驶行为构建的容错性车流识别模型。

1. 基于慢速驾驶行为构建的容错性车流识别模型

在低密度、中密度和高密度交通流状态中分别加入以慢速 50%(60 km/h)状态行驶的车辆，在 Aimsun 中分别进行 30 次重复实验后，每 30 s 统计 1 次检测器数据和车辆数据，总共得到 20×30×3=1 800 组样本，剔除掉无效样本后，最后得到 1 791组有效样本。

按照 10.2.1 小节中计算得出的阈值，半分钟内风险次数大于 82 为高风险状态，记为 1；反之为低风险状态，记为 0，则二者比例为

$$\{1:583,\ 0:1\ 208\}$$

利用 SMOTE 过抽样方法对原始样本进行数据平衡，增加高风险状态的数量，经处理后，最后得到 2 416 组样本，二者比例为

$$\{1:1\ 208,\ 0:1\ 208\}$$

将样本中的自变量[即(平均速度、流量、占有率)×10=30 个变量]和因变量根据风险状态 1、0，输入到 MATLAB 神经网络工具箱中，如图 10-17 所示。

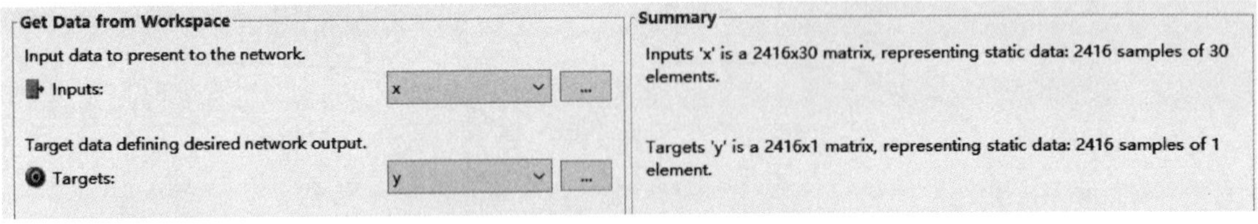

图 10-17　输入自变量与因变量

在所有的 2 416 组样本里，随机选取 70% 的数据作为训练集进行神经网络训练(Training)，15%的数据进行验证(Validation)，15%的数据用于对识别模型预测效果的测试(Testing)，如图 10-18 所示。

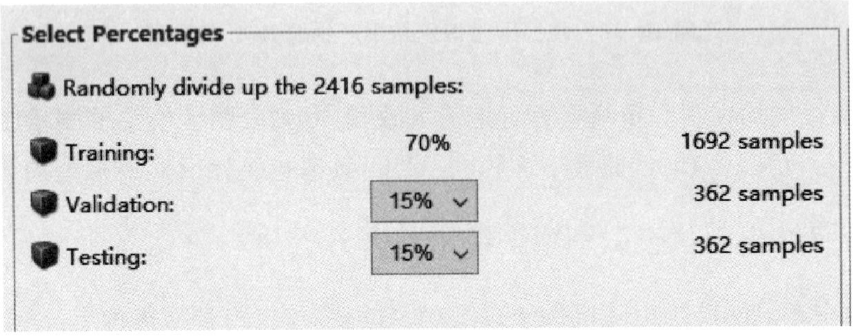

图 10-18　确定各个集合的比例

随后对该神经网络模型进行训练，为了验证模型对于数据的鲁棒性，进行 10 次训练，并绘制预测精度、真真率(1 判别为 1 的概率)、误报率(0 判别为 1 的概率)、AUC 的箱型图，如图 10-19 所示。

从图中可以看出，四个指标中不存在异常值，而且分布很集中，说明不同的训练模型对于数据集的鲁棒性较佳，选择其中最优的模型，其混淆矩阵、ROC 曲线如图 10-20 和图 10-21所示。

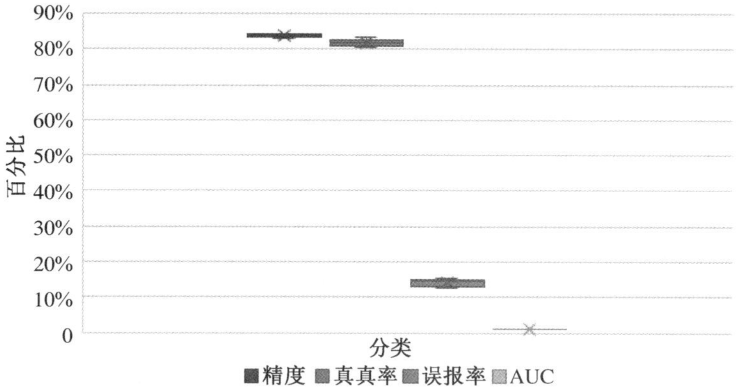

图 10-19　不同验证参数的箱型图

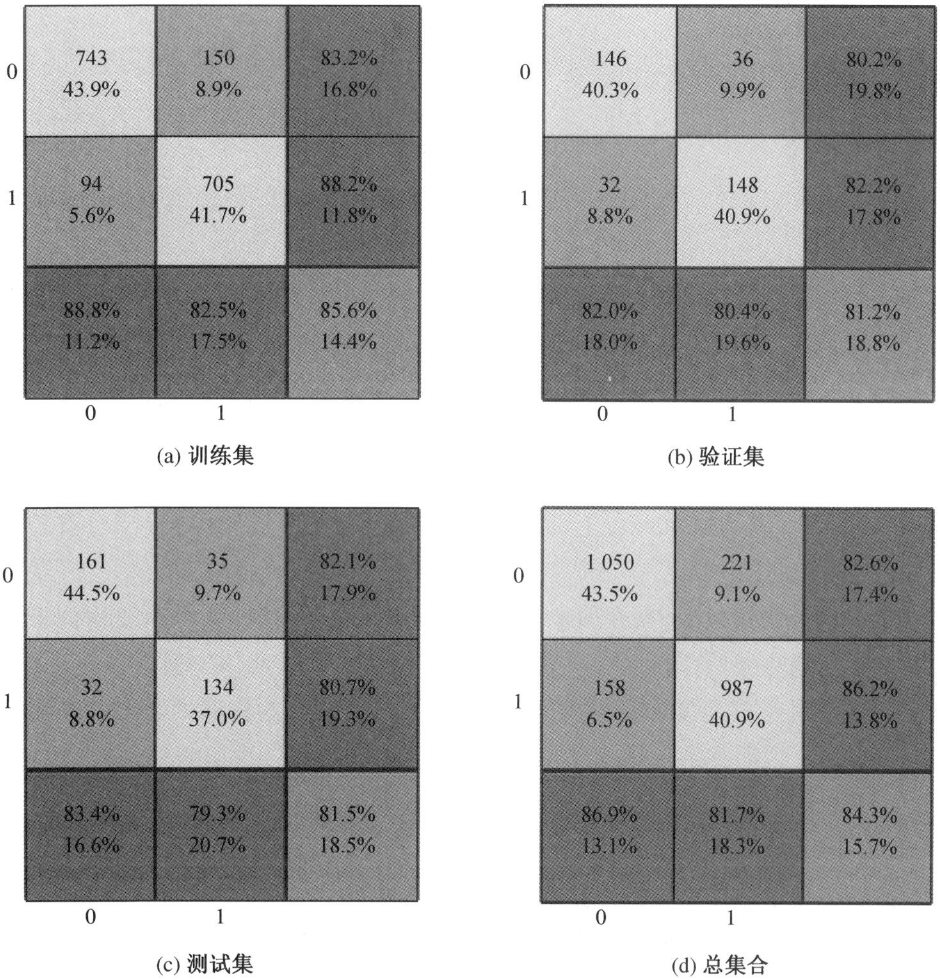

图 10-20　慢速驾驶行为下容错性车流识别模型的混淆矩阵

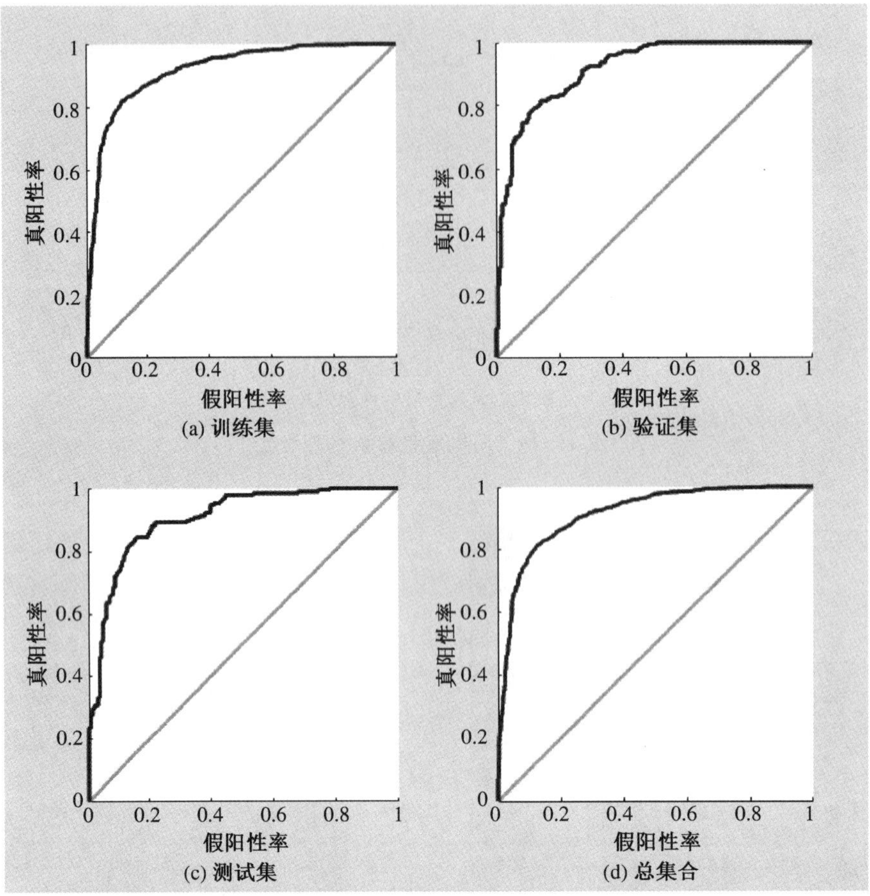

图 10-21　慢速驾驶行为下容错性车流识别模型的 ROC 曲线

从混淆矩阵中可以看出，在训练集、验证集、测试集和总集合中，高风险状态预测精度、总体预测精度基本能达到 80%以上，而且误报率均低于 18%，表明该模型具有较好的预测结果。

从 ROC 曲线中可以看出，在训练集、验证集、测试集和总集合中曲线均位于斜对角线上方，且曲线的趋势相似，同时 AUC 值=0.917，接近于 1，表明该模型具有良好的泛化性。

综上所述，从精度角度和泛化性角度，基于慢速驾驶行为构建的容错性车流识别模型具备较好的效果，说明在加入慢速车辆增加车流的风险性后，可以将高风险(容错性较差)状态和低风险(容错性较好)状态区分出来，进而说明慢速驾驶行为引发的车流的容错性好坏是可以被识别的。

2. 基于突然停车行为构建的容错性车流识别模型

在低密度、中密度和高密度交通流状态中分别加入突然停车(10 s)状态的车辆。样本量与基于慢速行驶行为的容错性车流识别模型相同，为 1 797 组。

半分钟内风险次数大于 82 为高风险状态，记为 1，反之为低风险状态，记为 0，得到二者比例为

$$\{1 : 594,\ 0 : 1\ 203\}$$

利用 SMOTE 过抽样方法对原始样本进行数据平衡，增加高风险状态的数量，经处理后，最后得到 2 406 组样本，二者比例为

$$\{1 : 1\ 203,\ 0 : 1\ 203\}$$

将样本中的自变量和因变量输入 MATLAB 神经网络工具箱，如图 10-22 所示。

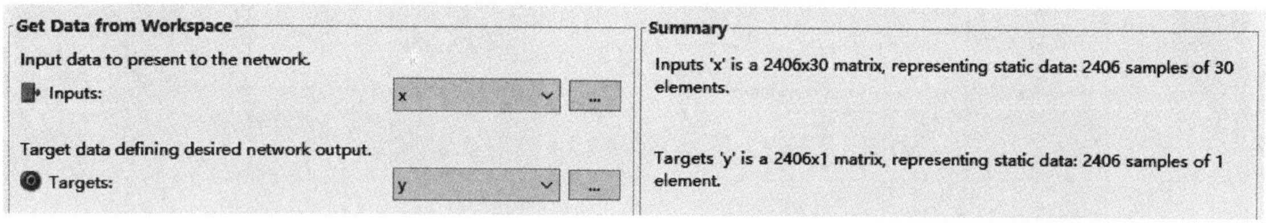

图 10-22　输入自变量与因变量

在所有的 2 406 组样本里，随机选取 70%的数据作为训练集，15%的数据进行验证，15%的数据用于测试(图 10-23)。

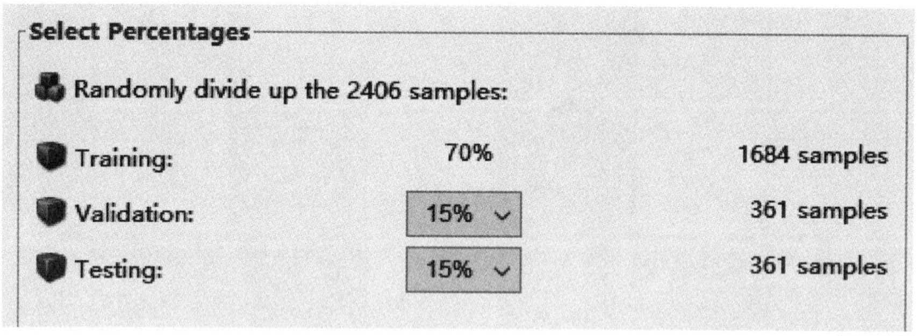

图 10-23　确定各个集合的比例

随后对该神经网络模型进行训练，其预测精度、真真率、误报率、AUC 的箱型图如图 10-24 所示。

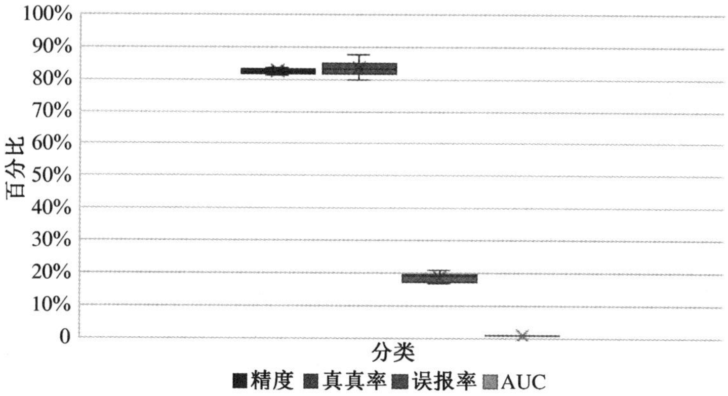

图 10-24　不同验证参数的箱型图

四个指标中不存在异常值，而且分布很集中，说明不同的训练模型对于数据集的鲁棒性较佳。选择其中最优的模型，其混淆矩阵、ROC 曲线如图 10-25 和图 10-26 所示。

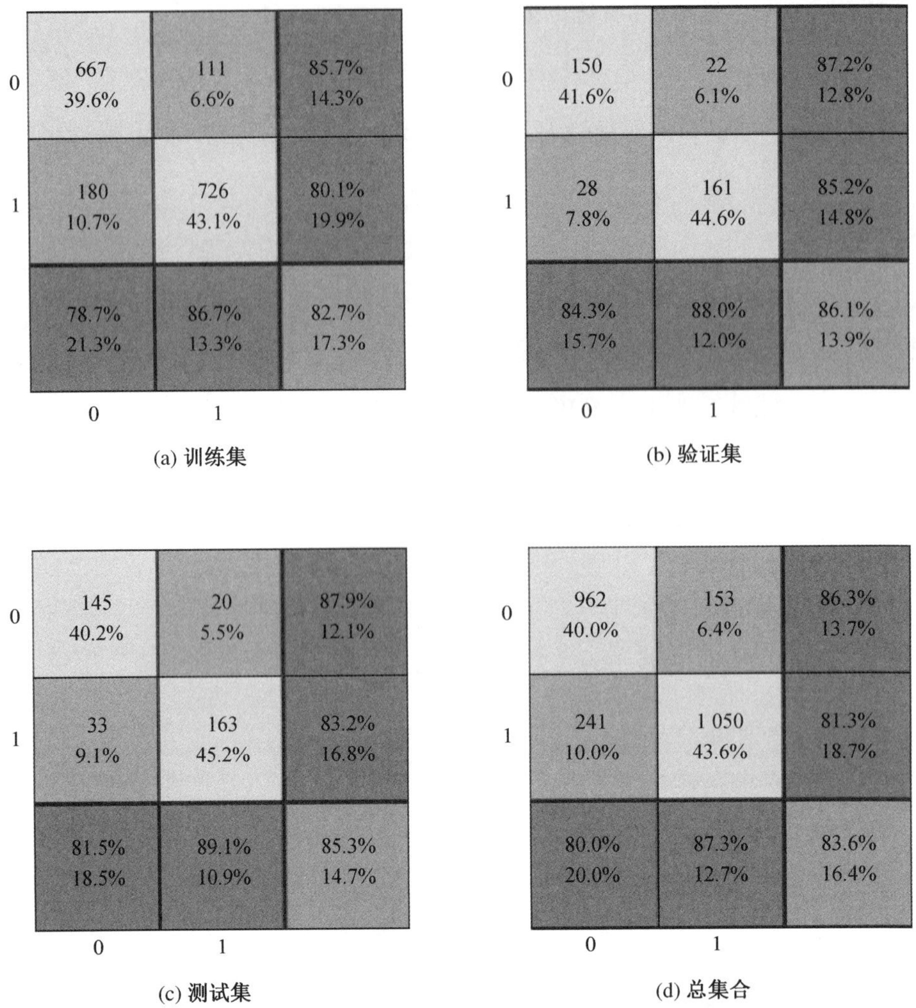

图 10-25　突然停车行为下容错性车流识别模型的混淆矩阵

从混淆矩阵中可以看出，在训练集、验证集、测试集和总集合中高风险状态预测精度、总体预测精度均能达到 80%以上，而且误报率保持在 15%～22%，表明该模型具有较好的预测结果。

从 ROC 曲线中可以看出，在训练集、验证集、测试集和总集合中曲线均位于斜对角线上方，且曲线的趋势相似，表明该模型具有良好的泛化性。

综上所述，从精度和泛化性角度，基于突然停车行为构建的容错性车流识别模型具备较好的效果，说明在车辆突然停车增加车流的风险性后，可以将高风险（容错性较差）状态和低风险（容错性较好）状态区分出来，进而说明突然停车行为引发的车流的容错性好坏是可以被识别的。

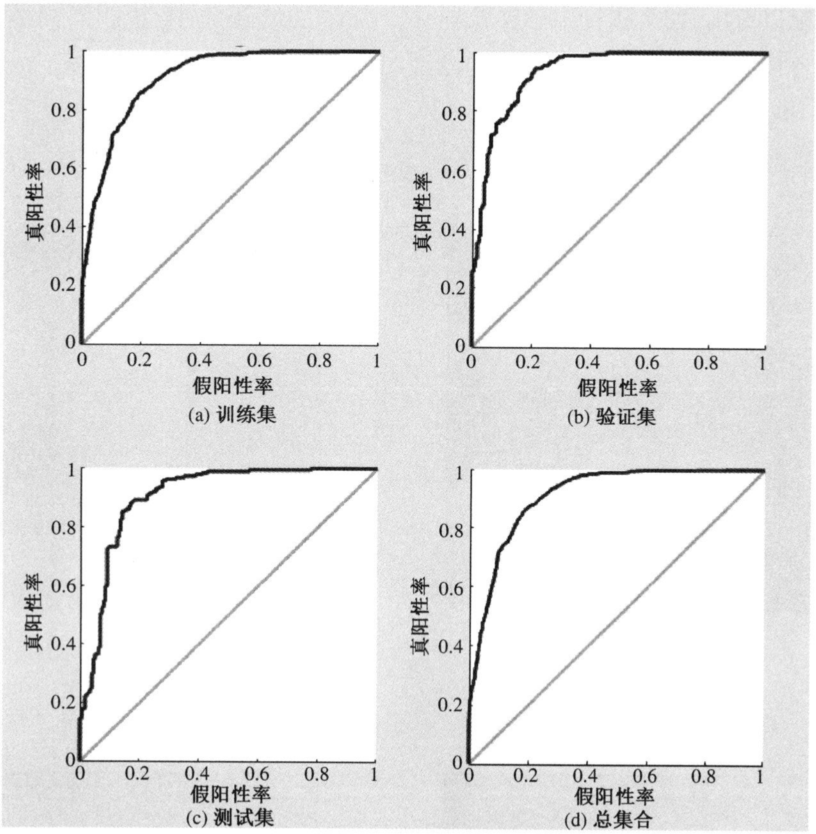

图 10-26　突然停车行为下容错性车流识别模型的 ROC 曲线

3. 基于典型危险驾驶行为构建的容错性车流识别模型

将前两个模型的数据汇总后，共得到 4 822 组样本，二者比例为

$$\{1:2\ 411,\ 0:2\ 411\}$$

将样本中的自变量和因变量输入 MATLAB 神经网络工具箱。在所有的 4 822 组样本里，随机选取 70％的数据作为训练集，15％的数据进行验证，15％的数据用于测试。

随后对该神经网络模型进行训练，为了验证模型对于数据的鲁棒性，进行 10 次训练，并绘制预测精度、真真率、误报率、AUC 的箱型图，如图 10-27 所示。

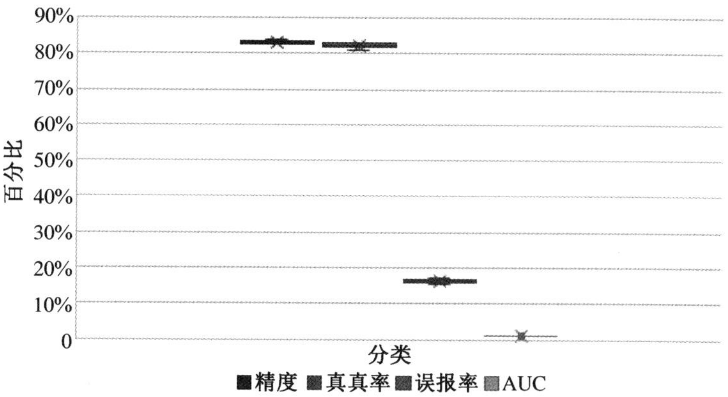

图 10-27　不同验证参数的箱型图

从图中可以看出，四个指标中不存在异常值，而且分布很集中，说明不同的训练模型对于数据集的鲁棒性较佳，选择其中最优的模型，其混淆矩阵、ROC 曲线如图 10-28 和图 10-29 所示。

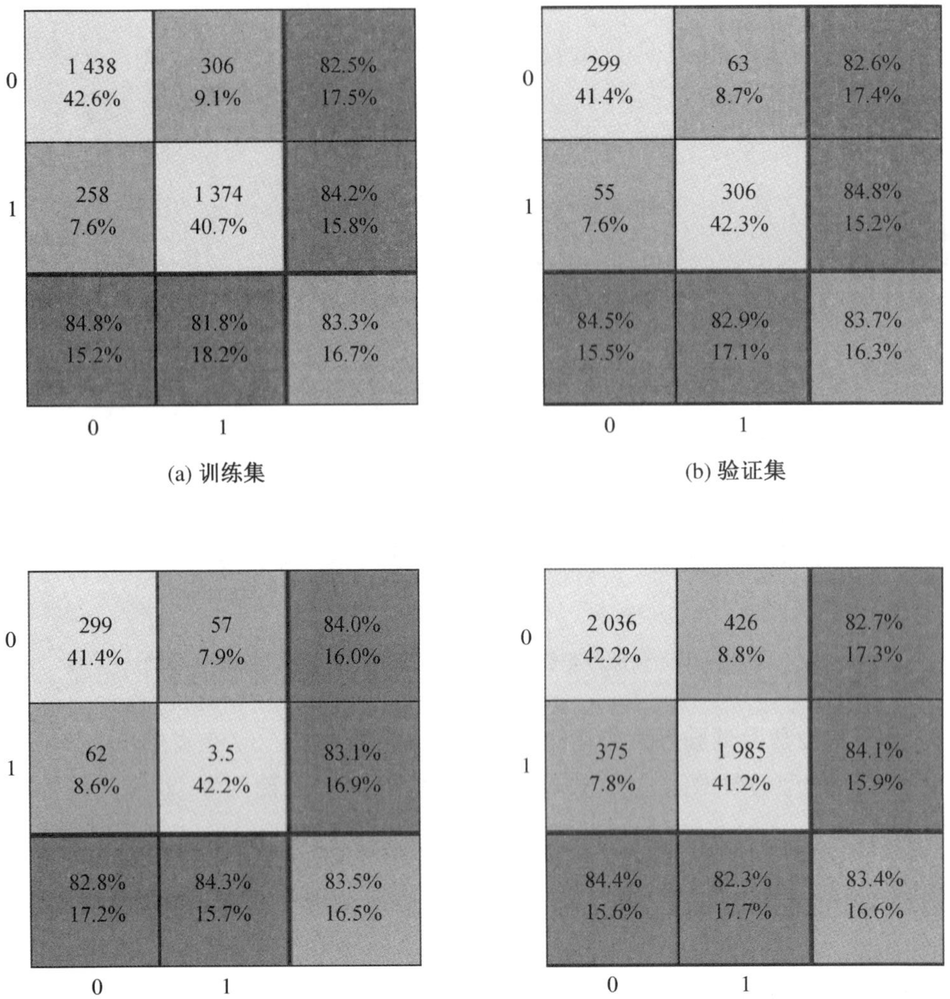

(a) 训练集　(b) 验证集　(c) 测试集　(d) 总集合

图 10-28　典型危险驾驶行为下容错性车流识别模型的混淆矩阵

从混淆矩阵中可以看出，在训练集、验证集、测试集和总集合中高风险状态预测精度、总体预测精度均能达到 80%以上，而且误报率均低于 18%，表明该模型具有较好的预测结果。

从 ROC 曲线中可以看出，在训练集、验证集、测试集和总集合中曲线均位于斜对角线上方，且曲线的趋势相似，表明该模型具有良好的泛化性。

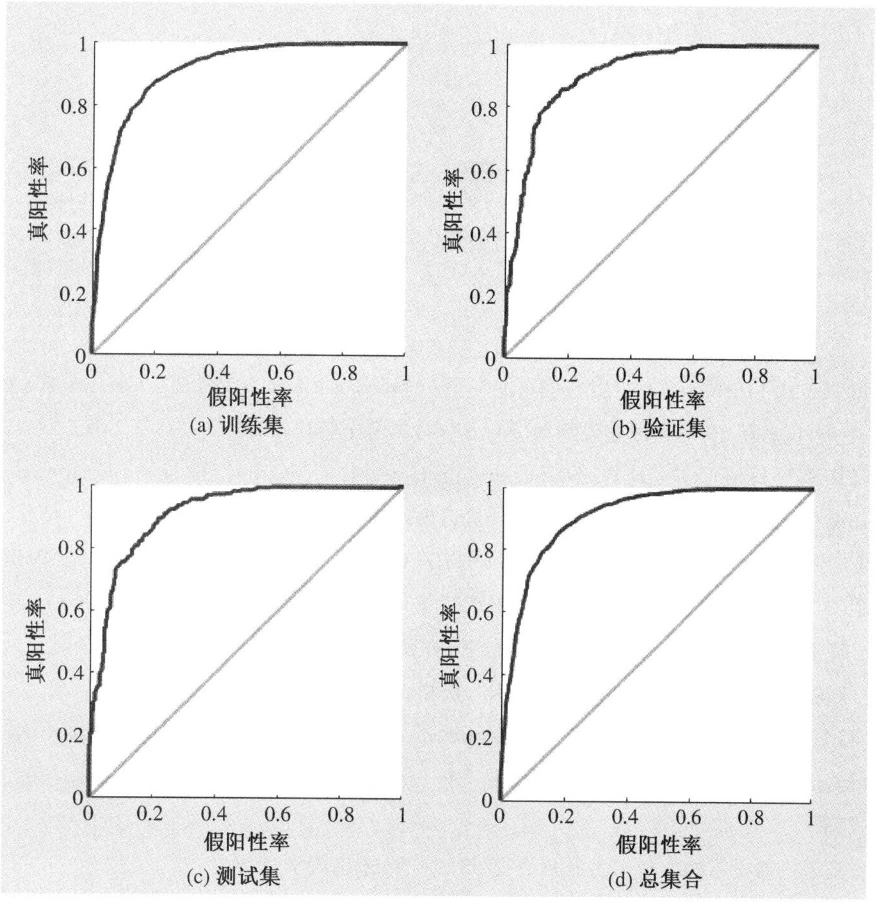

图 10-29　典型危险驾驶行为下容错性车流识别模型的 ROC 曲线

10.3　本章小结

本书首先考虑到流量对于车流运行风险的影响，选取所有流量状态下的高风险次数来进行聚类，最终得到的结果作为衡量高风险状态和低风险状态的阈值；其次利用危险驾驶行为引起车流风险的增加，使车流体现出足够的容错性，分别建立基于慢速驾驶行为、突然停车行为和典型危险驾驶行为的容错性车流识别模型。

分析各模型预测结果获得的混淆矩阵、ROC 曲线和 AUC，得知模型能够有效区分出高风险（容错性较差）状态和低风险（容错性较好）状态，说明容错性好和容错性不好的车流运行状态具备检测器数据上的相似性，即一定的通性，也说明容错性较差的车流运行状态是可以被识别出来的，同时也揭示了因更多危险驾驶行为引起车流的容错性好坏具有相似交通特征的可能性；最后，为以后区分、对比容错性不同的车流运行状态，研究其内在机理，进而采取限速、车道控制等手段从而降低车流运行风险提供了模型支撑。

参 考 文 献

[1] World Health Organization. Global status report on road safety 2018 [R]. Geneva:WHO, 2018.

[2] 中共中央,国务院. 交通强国建设纲要[M]. 北京:人民出版社,2019.

[3] BAKER S P, HADDON JR W. Reducing injuries and their results: the scientific approach [J]. The Milbank Memorial Fund Quarterly Health and Society, 1974,52(4): 377-389.

[4] SABEY B E, STAUGHTON G C. INTERACTING ROLES OF ROAD ENVIRONMENT VEHICLE AND ROAD USER IN ACCIDENTS [J]. CESTE I MOSTOVI, 1975.

[5] 赵玲. 基于马尔可夫链的道路交通事故预测研究及应用[D]. 西安:长安大学,2013.

[6] 何欣. 驾驶行为的特征表达与应用研究[D]. 杭州:浙江大学,2021.

[7] YANG L, LI X, GUAN W, et al. Assessing the relationship between driving skill, driving behavior and driving aggressiveness [J]. Journal of Transportation Safety & Security, 2022, 14(5): 737-753.

[8] 平鹏. 基于机器学习的驾驶行为分析研究[D]. 南京:东南大学,2020.

[9] GOLIAS I, KARLAFTIS M G. An international comparative study of self-reported driver behavior [J]. Transportation Research Part F: Traffic Psychology and Behaviour, 2001, 4(4): 243-256.

[10] MEADOWS M L, STRADLING S G. Are women better drivers than men? [M]//HARTLEY J. In The Applied Psychologist. 2nd ed. Buckingham: Open University Press,2000.

[11] LAJUNEN T, PARKER D. Are aggressive people aggressive drivers? A study of the relationship between self-reported general aggressiveness, driver anger and aggressive driving [J]. Accident Analysis & Prevention, 2001, 33(2): 243-255.

[12] MOURANT R R, ROCKWELL T H. Strategies of Visual Search by Novice and Experienced Drivers [J]. Human Factors, 1972, 14(4): 325-335.

[13] BROWN I D, GROEGER J A. Risk perception and decision taking during the transition between novice and experienced driver status [J]. Ergonomics, 1988, 31(4): 585-597.

[14] RANNEY T A. Models of driving behavior: A review of their evolution [J]. Accident Analysis & Prevention, 1994, 26(6): 733-750.

[15] WANG J, LI K, LU X-Y. Effect of Human Factors on Driver Behavior [M]//CHEN Y, LI L. Advances in Intelligent Vehicles. Boston: Academic Press. 2014.

[16] BERGASA L M, ALMERíA D, ALMAZáN J, et al. Drive safe: An App for alerting inattentive drivers and scoring driving behaviors [C]//the 2014 IEEE Intelligent Vehicles symposium

proceedings. Dearborn: IEEE, 2014.

[17] VAN LY M, MARTIN S, TRIVEDI M M. Driver classification and driving style recognition using inertial sensors[C]//the 2013 IEEE Intelligent Vehicles Symposium (IV). Gold Coast: IEEE, 2013.

[18] DöRR D, GRABENGIESSER D, GAUTERIN F. Online driving style recognition using fuzzy logic [C]//the 17th international IEEE conference on intelligent transportation systems (ITSC). Qingdao: IEEE, 2014.

[19] BROMBACHER P, MASINO J, FREY M, et al. Driving event detection and driving style classification using artificial neural networks[C]//the 2017 IEEE International Conference on Industrial Technology (ICIT). Wuhan: IEEE, 2017.

[20] SALEH K, HOSSNY M, NAHAVANDI S. Driving behavior classification based on sensor data fusion using LSTM recurrent neural networks[C]//the 2017 IEEE 20th International Conference on Intelligent Transportation Systems (ITSC). Yokohama: IEEE, 2017.

[21] MOUKAFIH Y, HAFIDI H, GHOGHO M. Aggressive driving detection using deep learning-based time series classification[C]//the 2019 IEEE International Symposium on INnovations in Intelligent SysTems and Applications (INISTA). Kocaeli: IEEE, 2019.

[22] MOHAMMADNAZAR A, ARVIN R, KHATTAK A J. Classifying travelers' driving style using basic safety messages generated by connected vehicles: application of unsupervised machine learning [J]. Transportation research part C: emerging technologies, 2021(122): 102917.

[23] TAUBMAN-BEN-ARI O, MIKULINCER M, GILLATH O. The multidimensional driving style inventory — scale construct and validation [J]. Accident Analysis & Prevention, 2004, 36(3): 323-332.

[24] TAUBMAN-BEN-ARI O, SKVIRSKY V. The multidimensional driving style inventory a decade later: Review of the literature and re-evaluation of the scale [J]. Accident Analysis and Prevention, 2016, 93: 179-188.

[25] LI G, ZHU F, QU X, et al. Driving Style Classification on Based on Driving Operational Pictures [J]. IEEE Access, 2019, 7: 90180-90189.

[26] XUE Q, JIANG Y, LU J. Risky Driving Behavior Recognition Based on Trajectory Data [J]. China Journal of Highway and Transport, 2020, 33(6): 84-94.

[27] CHEN X Y, SUN J, MA Z, et al. Investigating the long- and short-term driving characteristics and incorporating them into car-following models [J]. Transportation Research Part C-Emerging Technologies, 2020(117): 102698.

[28] MICHON J A. A Critical View of Driver Behavior Models: What Do We Know, What Should We Do? [M]//EVANS L, SCHWING R C. Human Behavior and Traffic Safety. Boston: Springer US. 1985: 485-524.

[29] LEE J D. Fifty Years of Driving Safety Research [J]. Human Factors, 2008, 50(3): 521-528.

[30] SAGBERG F, SELPI, BIANCHI PICCININI G F, et al. A review of research on driving styles and road safety [J]. Human factors, 2015, 57(7): 1248-1275.

[31] SAYED T, ABDELWAHAB W, NAVIN F. Identifying accident-prone locations using fuzzy pattern

recognition [J]. Journal of Transportation Engineering, 1995, 121(4): 352-358.

[32] SINGH S. Critical reasons for crashes investigated in the National Motor Vehicle Crash Causation Survey [R]. Washington DC: National Highway Traffic Safety Administration, 2015.

[33] CAO L. In-depth behavior understanding and use: the behavior informatics approach [J]. Information Sciences, 2010, 180(17): 3067-3085.

[34] PERVIN L A. The science of personality [M]. Oxford: Oxford university press, 2003.

[35] JONAH B A. Sensation seeking and risky driving: a review and synthesis of the literature [J]. Accident Analysis & Prevention, 1997, 29(5): 651-665.

[36] ROBERTI J W. A review of behavioral and biological correlates of sensation seeking [J]. Journal of research in personality, 2004, 38(3): 256-279.

[37] FISHBEIN M. The relationships between beliefs, attitudes and behavior [J]. Cognitive consistency, motivational antecedents and behavioral consequents, 1966: 199-223.

[38] GENDOLLA G H. On the impact of mood on behavior: An integrative theory and a review [J]. Review of general psychology, 2000, 4(4): 378-408.

[39] BLANEY P H. Affect and memory: a review [J]. Psychological bulletin, 1986, 99(2): 229.

[40] FELDMAN R S. Essentials of understanding psychology [M]. Columbus: McGraw-Hill, 2005.

[41] DECI E L, RYAN R M. The "what" and "why" of goal pursuits: Human needs and the self-determination of behavior [J]. Psychological inquiry, 2000, 11(4): 227-268.

[42] MADDEN T J, ELLEN P S, AJZEN I. A comparison of the theory of planned behavior and the theory of reasoned action [J]. Personality and social psychology Bulletin, 1992, 18(1): 3-9.

[43] AJZEN I. From intentions to actions: A theory of planned behavior [M]. Berlin: Springer. 1985: 11-39.

[44] HUANG H, LI Y, ZHENG X, et al. Objective and subjective analysis to quantify influence factors of driving risk [C]//the 2019 IEEE Intelligent Transportation Systems Conference (ITSC). Auckland: IEEE, 2019.

[45] PRECHT L, KEINATH A, KREMS J F. Identifying the main factors contributing to driving errors and traffic violations — Results from naturalistic driving data [J]. Transportation research part F: traffic psychology behaviour, 2017, 49: 49-92.

[46] HAYWARD J C. Near-miss determination through use of a scale of danger [J]. Highway Research Record, 1972.

[47] STRAYER D L, DREWS F A, CROUCH D J. Fatal distraction? A comparison of the cell-phone driver and the drunk driver [C]//the Driving Assesment Conference. Iowa: University of Iowa, 2003.

[48] SCOTT-PARKER B, WESTON L. Sensitivity to reward and risky driving, risky decision making, and risky health behaviour: A literature review [J]. Transportation research part F: traffic psychology behaviour, 2017, 49: 93-109.

[49] ZHANG X, QU X, TAO D, et al. The association between sensation seeking and driving outcomes: A systematic review and meta-analysis [J]. Accident Analysis & Prevention, 2017, 123: 228-235.

[50] FINE B J. Introversion-extraversion and motor vehicle driver behavior [J]. Perceptual Motor Skills, 1963, 16(1): 95-100.

[51] REASON J, MANSTEAD A, STRADLING S, et al. Errors and violations on the roads: a real distinction? [J]. Ergonomics, 1990, 33(10): 1315-1332.

[52] DULA C S, GELLER E S. Risky, aggressive, or emotional driving: Addressing the need for consistent communication in research [J]. Journal of Safety Research, 2003, 34(5): 559-566.

[53] ZUCKERMAN M. Behavioral expressions and biosocial bases of sensation seeking [M]. Cambridge: Cambridge University Press, 1994.

[54] ZHENG D P, JIANG Z H, ZHANG Q. A Study on Driver's Risky Driving Behavior and Its Influencing Factors [J]. Chinese Journal of Ergonomics, 2014: 1-10.

[55] 张瑞. 人格特质与驾驶行为潜在关系的研究[D]. 深圳:深圳大学,2016.

[56] TAO D, ZHANG R, QU X. The role of personality traits and driving experience in self-reported risky driving behaviors and accident risk among Chinese drivers [J]. Accident Analysis & Prevention, 2017, 99: 228-235.

[57] CONSTANTINOU E, PANAYIOTOU G, KONSTANTINOU N, et al. Risky and aggressive driving in young adults: Personality matters [J]. Accident Analysis & Prevention, 2011, 43(4): 1323-1331.

[58] 张长军,李冲,范茂林,等. 机动车肇事驾驶员人格特征的对照研究[J]. 中华行为医学与脑科学杂志, 2009,018(001):63-64..

[59] WU Y, ABDEL-ATY M, PARK J, et al. Effects of crash warning systems on rear-end crash avoidance behavior under fog conditions [J]. Transportation research part C: emerging technologies, 2018, 95: 481-492.

[60] SHANGGUAN Q, FU T, LIU S. Investigating rear-end collision avoidance behavior under varied foggy weather conditions: A study using advanced driving simulator and survival analysis [J]. Accident Analysis & Prevention, 2020, 139: 105499.

[61] YAN X, LI X, LIU Y, et al. Effects of foggy conditions on drivers' speed control behaviors at different risk levels [J]. Safety Science, 2014, 68: 275-287.

[62] ABDU R, SHINAR D, MEIRAN N. Situational (state) anger and driving [J]. Transportation research part F: traffic psychology behaviour, 2012, 15(5): 575-580.

[63] ZHAO X, ZHANG X, RONG J. Study of the effects of alcohol on drivers and driving performance on straight road [J]. Mathematical problems in engineering, 2014, 2014:1-9.

[64] SANDBERG D, WAHDE M. Particle swarm optimization of feedforward neural networks for the detection of drowsy driving[C]//the 2008 IEEE International Joint Conference on Neural Networks (IEEE World Congress on Computational Intelligence). [S. l.]: IEEE,2008.

[65] 姚莹. 基于视觉特征的驾驶员分心驾驶行为甄别方法研究[D]. 北京:北京工业大学,2017.

[66] YANG L, GUAN W, MA R, et al. Comparison among driving state prediction models for car-following condition based on EEG and driving features [J]. Accident Analysis & Prevention, 2019, 133: 105296.

[67] DINGUS T A, KLAUER S, NEALE V, et al. The 100-car naturalistic driving study, Phase II-results of the 100-car field experiment [R]. Springfield : National Highway Traffic Safety Administration,2006.

[68] KUJALA T, MAKELA J. Naturalistic study on the usage of smartphone applications among Finnish drivers [J]. Accident Analysis & Prevention, 2018, 115: 53-61.

[69] WANG J, HUANG H, LI Y, et al. Driving risk assessment based on naturalistic driving study and driver attitude questionnaire analysis [J]. Accident Analysis & Prevention, 2020, 145: 105680.

[70] SHAOUT A K, BODENMILLER A E. A mobile application for monitoring inefficient and unsafe driving behaviour [C]// The international Arab conference on information technology. Athen:ACIT, 2011.

[71] EREN H, MAKINIST S, AKIN E, et al. Estimating driving behavior by a smartphone[C]//the 2012 IEEE Intelligent Vehicles Symposium. Alcala:IEEE,2012.

[72] 周晓霞. 城市交通危险驾驶行为及影响因素研究[D]. 合肥:合肥工业大学,2016.

[73] FULLER R. A conceptualization of driving behaviour as threat avoidance [J]. Ergonomics, 1984, 27(11): 1139-1155.

[74] WINTER J C F D, DODOU D. The Driver Behaviour Questionnaire as a predictor of accidents: A meta-analysis [J]. Journal of Safety Research, 2010, 41(6): 463-470.

[75] SHANEEL B, ANIL B, KAYMARLIN G. The influence of anger, impulsivity, sensation seeking and driver attitudes on risky driving behaviour among post-graduate university students in Durban, South Africa [J]. Accident Analysis & Prevention, 2013, 55: 67-76.

[76] SCOTT-PARKER B. Emotions, behaviour, and the adolescent driver: A literature review [J]. Transportation Research Part F Traffic Psychology Behaviour, 2017, 50: 1-37.

[77] FALK E B, CASCIO C N, O'DONNELL M B, et al. Neural responses to exclusion predict susceptibility to social influence [J]. Journal of Adolescent Health, 2014, 54(5): S22-S31.

[78] XU W, ZHAO X, CHEN Y, et al. Research on the relationship between dynamic message sign control strategies and driving safety in freeway work zones [J]. Journal of Advanced Transportation, 2018, 2018.

[79] OUIMET M C, PRADHAN A K, BROOKS-RUSSELL A, et al. Young drivers and their passengers: a systematic review of epidemiological studies on crash risk [J]. Journal of Adolescent Health, 2015, 57(1): S24-S35.

[80] RAJARATNAM S M W, LANDRIGAN C P, WANG W, et al. Teen Crashes Declined After Massachusetts Raised Penalties For Graduated Licensing Law Restricting Night Driving [J]. Health Affairs, 2015, 34(6): 963-970.

[81] ZHAO X, ZHANG X, RONG J, et al. Identifying method of drunk driving based on driving behavior [J]. International Journal of Computational Intelligence Systems, 2011, 4(3): 361-369.

[82] 孙一帆. 考虑驾驶员倾向性的酒驾辨识方法 [D]. 淄博:山东理工大学, 2018.

[83] WOLLMER M, BLASCHKE C, SCHINDL T, et al. Online driver distraction detection using long short-term memory [J]. IEEE Transactions on Intelligent Transportation Systems, 2011, 12(2):

574-582.

[84] WANG X, XU R, ZHANG S, et al. Driver distraction detection based on vehicle dynamics using naturalistic driving data [J]. Transportation research part C: emerging technologies, 2022, 136: 103561.

[85] MINE A. Driver's arousal level estimating apparatus for vehicle and method of estimating arousal level [Z]. Google Patents. 2002

[86] 汪宴宾. 基于驾驶行为特征与眼动特征的疲劳驾驶辨识方法研究[D]. 成都:西南交通大学,2015.

[87] KLAUER S G, DINGUS T A, NEALE V L, et al. The impact of driver inattention on near-crash/crash risk: An analysis using the 100-car naturalistic driving study data [R]. United States: National Highway Traffic Safety Administration, 2006.

[88] BAGDADI O, VáRHELYI A. Development of a method for detecting jerks in safety critical events [J]. Accident Analysis & Prevention, 2013, 50: 83-91.

[89] AF WåHLBERG A E. The relation of acceleration force to traffic accident frequency: a pilot study [J]. Transportation Research Part F: Traffic Psychology Behaviour, 2000, 3(1): 29-38.

[90] ANTONIUS V D H A R. A time-based analysis of road user behaviour in normal and critical encounters [D]. Delft: Delft University of Technology, 1990.

[91] NYGåRD M. A method for analysing traffic safety with help of speed profiles [D]. Hervanta: Tampere University of Technology, 1999.

[92] VARHELYI A. Drivers' speed behaviour at a zebra crossing: a case study [J]. Accident Analysis & Prevention, 1998, 30(6): 731-743.

[93] 徐伟民. 基于驾驶员驾驶意图的换道轨迹预测研究[D]. 长沙:湖南大学,2018.

[94] LI X, WANG W, ROETTING M. Estimating Driver's Lane-Change Intent Considering Driving Style and Contextual Traffic [J]. IEEE Transactions on Intelligent Transportation Systems, 2018: 1-14.

[95] REN G, ZHANG Y, LIU H, et al. A New Lane-Changing Model with Consideration of Driving Style [J]. International Journal of Intelligent Transportation Systems Research, 2019, 17(3): 181-189.

[96] DOSHI A, TRIVEDI M. A comparative exploration of eye gaze and head motion cues for lane change intent prediction [C]//the 2008 IEEE Intelligent Vehicles Symposium. [S. l.]:IEEE, 2008.

[97] GAO J, MURPHEY Y L, ZHU H. Multivariate time series prediction of lane changing behavior using deep neural network [J]. Applied Intelligence, 2018, 48(10): 3523-3537.

[98] LI K, WANG X, XU Y, et al. Lane changing intention recognition based on speech recognition models [J]. Transportation Research Part C: Emerging Technologies, 2016, 69: 497-514.

[99] JAIN A, KOPPULA H S, RAGHAVAN B, et al. Car that Knows Before You Do: Anticipating Maneuvers via Learning Temporal Driving Models [C]//the 2015 IEEE International Conference on Computer Vision (ICCV). Santiago: IEEE, 2015.

[100] ZHONG M, LINGRAS P, SHARMA S. Estimation of missing traffic counts using factor, genetic, neural, and regression techniques [J]. Transportation Research Part C: Emerging Technologies,

2004, 12(2): 139-166.

[101] HONG W-C, DONG Y, ZHENG F, et al. Hybrid evolutionary algorithms in a SVR traffic flow forecasting model [J]. Applied Mathematics and Computation, 2011, 217(15): 6733-6747.

[102] FENG X, LING X, ZHENG H, et al. Adaptive multi-kernel SVM with spatial — temporal correlation for short-term traffic flow prediction [J]. IEEE Transactions on Intelligent Transportation Systems, 2018, 20(6): 2001-2013.

[103] HABTEMICHAEL F G, CETIN M. Short-term traffic flow rate forecasting based on identifying similar traffic patterns [J]. Transportation research Part C: emerging technologies, 2016, 66: 61-78.

[104] DIMITRIOU L, TSEKERIS T, STATHOPOULOS A. Adaptive hybrid fuzzy rule-based system approach for modeling and predicting urban traffic flow [J]. Transportation Research Part C: Emerging Technologies, 2008, 16(5): 554-73.

[105] TAN M-C, WONG S C, XU J-M, et al. An aggregation approach to short-term traffic flow prediction [J]. IEEE Transactions on Intelligent Transportation Systems, 2009, 10(1): 60-69.

[106] JAIN A, SINGH A, KOPPULA H S, et al. Recurrent neural networks for driver activity anticipation via sensory-fusion architecture[C]//the 2016 IEEE International Conference on Robotics and Automation (ICRA). [S. l.]: IEEE,2016.

[107] 季学武,费聪,何祥坤,等. 基于 LSTM 网络的驾驶意图识别及车辆轨迹预测[J]. 中国公路学报, 2019,32(06):34-42.

[108] ZHANG Z, HE Q, GAO J, et al. A deep learning approach for detecting traffic accidents from social media data [J]. Transportation research part C: emerging technologies, 2018, 86: 580-596.

[109] HUANG H, ABDEL-ATY M. Multilevel data and Bayesian analysis in traffic safety [J]. Accident Analysis & Prevention, 2010, 42(6): 1556-1565.

[110] KHATTAK M W, PIRDAVANI A, DE WINNE P, et al. Estimation of safety performance functions for urban intersections using various functional forms of the negative binomial regression model and a generalized Poisson regression model [J]. Accident Analysis & Prevention, 2021, 151: 105964.

[111] LEE J, CHAE J, YOON T, et al. Traffic accident severity analysis with rain-related factors using structural equation modeling-A case study of Seoul City [J]. Accident Analysis & Prevention, 2018, 112: 1-10.

[112] YUAN J, ABDEL-ATY M, CAI Q, et al. Investigating drivers' mandatory lane change behavior on the weaving section of freeway with managed lanes: A driving simulator study [J]. Transportation Research Part F: Traffic Psychology and Behaviour, 2019, 62: 11-32.

[113] MAHAJAN V, KATRAKAZAS C, ANTONIOU C. Crash risk estimation due to lane changing: A data-driven approach using naturalistic data [J]. IEEE Transactions on Intelligent Transportation Systems, 2020.

[114] ZHANG H, QIAN D, YANG X, et al. The impact of speech-based texting on drivers' braking reaction and deceleration duration in the car-following scenario [J]. Journal of Transportation Safety

Security, 2019, 11(5): 520-543.

[115] TIMMERMANS C P, ALHAJYASEEN W K, ROSS V, et al. Introducing a multi-variate classification method: Risky driving acceptance among different heterogeneous driver sub-cultures [J]. Journal of Safety Research, 2020, 73: 81-91.

[116] ZHANG J, WANG Y, LU G. Impact of heterogeneity of car-following behavior on rear-end crash risk [J]. Accident Analysis & Prevention, 2019, 125: 275-289.

[117] WANG X, YANG M, HURWITZ D. Analysis of cut-in behavior based on naturalistic driving data [J]. Accident Analysis & Prevention, 2019, 124: 127-137.

[118] SHANGGUAN Q, FU T, WANG J, et al. Quantification of Rear-End Crash Risk and Analysis of Its Influencing Factors Based on a New Surrogate Safety Measure [J]. Journal of Advanced Transportation, 2021, 2021: 5551273.

[119] CHEN Q, GU R, HUANG H, et al. Using vehicular trajectory data to explore risky factors and unobserved heterogeneity during lane-changing [J]. Accident Analysis & Prevention, 2021, 151: 105871.

[120] LI Q, YAO H, LI X. A matched case-control method to model car-following safety [J]. Transportmetrica A: Transport Science, 2022: 1-19.

[121] CHEN Q, HUANG H, LI Y, et al. Modeling accident risks in different lane-changing behavioral patterns [J]. Analytic Methods in Accident Research, 2021, 30: 100159.

[122] YUAN C, LI Y, HUANG H, et al. Using traffic flow characteristics to predict real-time conflict risk: a novel method for trajectory data analysis [J]. Analytic Methods in Accident Research, 2022: 100217.

[123] 熊晓夏.基于马尔可夫链理论的道路交通事故链演化模型和阻断策略研究[D].镇江:江苏大学,2018.

[124] 林琳.高速公路追尾事故链风险演化状态及阻断方案研究[D].重庆:重庆交通大学,2020.

[125] PAPAZIKOU E, QUDDUS M, THOMAS P, et al. What came before the crash? An investigation through SHRP2 NDS data [J]. Safety Science, 2019, 119: 150-161.

[126] PAPAZIKOU E, THOMAS P, QUDDUS M. Developing personalised braking and steering thresholds for driver support systems from SHRP2 NDS data [J]. Accident Analysis & Prevention, 2021, 160: 106310.

[127] LI Y, WU D, LEE J, et al. Analysis of the transition condition of rear-end collisions using time-to-collision index and vehicle trajectory data [J]. Accident Analysis & Prevention, 2020, 144: 105676.

[128] LI Y, WU D, CHEN Q, et al. Exploring transition durations of rear-end collisions based on vehicle trajectory data: a survival modeling approach [J]. Accident Analysis & Prevention, 2021, 159: 106271.

[129] RONG J, MAO K, MA J. Effects of individual differences on driving behavior and traffic flow characteristics [J]. Transportation Research Record: Journal of the Transportation Research Board, 2011, 2248(1): 1-9.

[130] 唐夕茹,陈艳艳.基于改进型元胞自动机模型的双车道公路交通特征分析[J].北京工业大学学报,

2014,40(01):1-10.

[131] 黄天伊,周晨静,王益.驾驶行为特性对道路通行能力影响的量化研究[J].交通信息与安全,2018,36(04):81-89.

[132] LAVAL J A, LECLERCQ L. A mechanism to describe the formation and propagation of stop-and-go waves in congested freeway traffic [J]. Philosophical Transactions Mathematical Physical Engineering Sciences, 2010, 368(1928): 4519-4541.

[133] 孙劲宇.违法驾驶行为对高速公路车流运行风险的影响研究[D].上海:同济大学,2016.

[134] 孔雨萌.基于微观仿真的容错性交通流识别[D].上海:同济大学,2019.

[135] 张辉.分心驾驶行为对交通安全影响机理与建模研究[D].北京:北京交通大学,2018.

[136] 肖遥.分心行为对交通安全和交通效率的影响分析与建模[D].北京:清华大学,2016.

[137] HIROSHI K. Road Accidents in Japan [J]. The International Association of Traffic and Safety Science Rresearch, 1997, 21(2): 160-161.

[138] 裴玉龙.道路交通事故多发点质量控制鉴别法的改进[J].哈尔滨工业大学学报,2006(01):97-100.

[139] HILDEBRAND E, WILSON F. Road Safety Audit Guidelines [R]: Canada: University of New Brunswick Transportation Group, 1999.

[140] 张瑾,王永清,施清团.基于交通事故分布的交通控制分析[J].公路交通科技(应用技术版),2007(06):154-156.

[141] 谢晓鹏,王喜顺.现代汽车安全技术综述[J].汽车运用,2005,(05):8-9.

[142] KüPPER A. Location-based services: fundamentals and operation [M]. New York: John Wiley & Sons, 2005.

[143] STEINIGER S, NEUN M, EDWARDES A. Foundations of location based services [J]. Lecture Notes on LBS, 2006, 1(272): 2.

[144] STENGEL R F. Intelligent failure-tolerant control [J]. IEEE Control Systems, 1991, 11(4): 14-23.

[145] BLANKE M, IZADI-ZAMANABADI R, BøGH S A, et al. Fault-tolerant control systems — A holistic view [J]. Control Engineering Practice, 1997, 5(5): 693-702.

[146]《中国公路学报》编辑部.中国交通工程学术研究综述·2016[J].中国公路学报,2016,29(06):1-161.

[147] SHEU J, RITCHIE S G. PROTOTYPE OF A NEW FRAMEWORK FOR REAL-TIME ROAD TRAFFIC CONGESTION DETECTION [C]//the Applications of Advanced Technologies in Transportation Engineering. Newport Beach: IEEE, 1998.

[148] CALVERT S C, SNELDER M. A methodology for road traffic resilience analysis and review of related concepts [J]. Transportmetrica A Transport Science, 2015: 1-23.

[149] OH C, JUNG E, RIM H, et al. Intervehicle Safety Warning Information System for Unsafe Driving Events: Methodology and Prototypical Implementation [J]. Transportation Research Record, 2012, 2324(1).

[150] 姜桂艳.道路交通状态判别技术与应用[M].北京:人民交通出版社,2004.

[151] PETTY K F, OSTLAND M, KWON J, et al. A new methodology for evaluating incident detection

algorithms[J]. Transportation Research Part C Emerging Technologies, 2002, 10(3): 189-204.

[152] AHMED M S. Analysis of freeway traffic time series data and their application to incident detection [J]. Equine Veterinary Education, 1979, 6(1): 32-35.

[153] SHEU J B, RITCHIE S G. A new methodology for incident detection and characterization on surface streets [J]. Transportation Research Part C, 1998, 6(5-6): 315-335.

[154] PERSAUD B N, HALL F L, et al. Catastrophe theory and patterns in 30 second freeway traffic data, implications for incident detection [J]. Transportation Research Part A General, 1989, 23(2): 103-113.

[155] LEVIN M, KRAUSE G M. Incident detection: a Bayesian approach [J]. 1978:52-58.

[156] LEE C. Real-time crash prediction model for application to crash prevention in freeway traffic [J]. Transportation Research Record Journal of the Transportation Research Board, 2003, 1840(1): 67-77.

[157] LEE C, SACCOMANNO F, HELLINGA B. Analysis of crash precursors on instrumented freeways [J]. Transportation Research Record Journal of the Transportation Research Board, 2002, 1784(1): 1-8.

[158] GOLOB T F, RECKER W, PAVLIS Y. Probabilistic models of freeway safety performance using traffic flow data as predictors [J]. Safety Science, 2008, 46(9): 1306-1333.

[159] OH J S, OH C, RITCHIE S G, et al. Real-Time Estimation of Accident Likelihood for Safety Enhancement [J]. Journal of Transportation Engineering, 2005, 131(5): 358-363.

[160] ABDEL-ATY M, UDDIN N, PANDE A, et al. Predicting Freeway Crashes from Loop Detector Data by Matched Case-Control Logistic Regression [J]. Transportation Research Record Journal of the Transportation Research Board, 2004, 1897(1): 88-95.

[161] YU R, ABDEL-ATY M. Utilizing support vector machine in real-time crash risk evaluation [J]. Accident Analysis & Prevention, 2013, 51(2): 252-259.

[162] YU R, ABDEL-ATY M. Investigating the different characteristics of weekday and weekend crashes [J]. Journal of Safety Research, 2013, 46(6): 91-97.

[163] AHMED M, ABDEL-ATY M, et al. A data fusion framework for real-time risk assessment on freeways [J]. Transportation Research Part C, 2013, 26(1): 203-213.

[164] 徐铖铖,刘攀,王炜,等.基于判别分析的高速公路交通安全实时评价指标[J].东南大学学报(自然科学版),2012,42(3):555-559.

[165] 徐铖铖,王炜,李志斌.恶劣天气下高速公路实时事故风险预测模型[J].吉林大学学报(工学版),2013,43(1):68-73.

[166] 赵新勇.基于多源异构数据的高速公路交通安全评估方法[D].哈尔滨:哈尔滨工业大学,2013.

[167] 曲栩.基于可变限速控制驾驶行为特征的交通流建模及事故风险预测研究[D].南京:东南大学,2013.

[168] 李志斌,刘攀,金茂菁,等.高速公路常发拥堵路段追尾事故风险实时预测[J].吉林大学学报(工),2013,43(6):1482-1487.

[169] 孙剑,孙杰.城市快速路实时交通流运行安全主动风险评估[J].同济大学学报(自然科学版),2014,

42(6):873-879.

[170] 贾丰源,孙杰,孙剑. 快速路交通流运行安全关键参数识别与评估[J]. 同济大学学报(自然科学版),2015,43(2):221-225.

[171] BAUM L E, PETRIE T. Statistical inference for probabilistic functions of finite state Markov chains [J]. The annals of mathematical statistics, 1966, 37(6): 1554-1563.

[172] TASCA L. A review of the literature on aggressive driving research [C]// First Global Web Conference on Aggressive Driving Issues. [S. l.]:[s. n.], 2000.

[173] GONZALEZ A B R, WILBY M R, DIAZ J J V, et al. Modeling and detecting aggressiveness from driving signals [J]. IEEE Transactions on intelligent transportation systems, 2014, 15(4): 1419-1428.

[174] ZHANG Y, LIANG W, HE H, et al. Perception of vehicle and traffic dynamics using visual-inertial sensors for assistive driving [C]//the 2018 IEEEInternational Conference on Robotics and Biomimetics (ROBIO). Shanghai: IEEE, 2018.

[175] YANG M, WANG X, QUDDUS M. Examining lane change gap acceptance, duration and impact using naturalistic driving data [J]. Transportation research part C: emerging technologies, 2019, 104: 317-331.

[176] XU W, WANG J, FU T, et al. Investigating contributing factors on aggressive driving based on a structural equation model [J]. Journal of advanced transportation, 2022(2022).

[177] AGRESTI A. An introduction to categorical data analysis [M]. New York: John Wiley & Sons, 2018.

[178] DUBATH P, RIMOLDINI L, SüVEGES M, et al. Random forest automated supervised classification of Hipparcos periodic variable stars [J]. Monthly Notices of the Royal Astronomical Society, 2011, 414(3): 2602-2617.

[179] ANOWAR F, SADAOUI S, SELIM B. Conceptual and empirical comparison of dimensionality reduction algorithms (PCA, KPCA, LDA, MDS, SVD, LLE, ISOMAP, LE, ICA, t-SNE) [J]. Computer Science Review, 2021, 40(100378): 21.

[180] CHATFIELD C, COLLINS A J. Introduction to multivariate analysis [M]. London: Routledge, 2018.

[181] ABDI H, WILLIAMS L J. Principal component analysis [J]. Wiley interdisciplinary reviews: computational statistics, 2010, 2(4): 433-459.

[182] ROWEIS S T, SAUL L K. Nonlinear dimensionality reduction by locally linear embedding [J]. Science, 2000, 290(5500): 2323-2326.

[183] VAN DER MAATEN L, HINTON G. Visualizing data using t-SNE [J]. Journal of machine learning research, 2008, 9(11).

[184] MOON K R, VAN DIJK D, WANG Z, et al. Visualizing structure and transitions in high-dimensional biological data [J]. Nature biotechnology, 2019, 37(12): 1482-1492.

[185] ZHAO X, XU W, MA J, et al. The "PNE" driving simulator-based training model founded on the theory of planned behavior [J]. Cognition, Technology & Work, 2019, 21(2): 287-300.

[186] FORD J K, MACCALLUM R C, TAIT M. The application of exploratory factor analysis in applied psychology: A critical review and analysis [J]. Personnel psychology, 1986, 39(2): 291-314.

[187] LIU C W, LIN K H, KUO Y M. Application of factor analysis in the assessment of groundwater quality in a blackfoot disease area in Taiwan [J]. Science of the total environment, 2003, 313(1-3): 77-89.

[188] ZHU M, WANG X, ANDREW T, et al. Modeling car-following behavior on urban expressways in Shanghai: A naturalistic driving study [J]. Transportation Research Part C: Emerging Technologies, 2018, 93: 425-445.

[189] KUANG Y, QU X, WANG S. A tree-structured crash surrogate measure for freeways [J]. Accident Analysis & Prevention, 2015, 77: 137-148.

[190] TRIGGS T J, HARRIS W G. Reaction time of drivers to road stimuli [R]. Melbourne: Monash University, 1982.

[191] CUNTO F, SACCOMANNO F F. Calibration and validation of simulated vehicle safety performance at signalized intersections [J]. Accident analysis & Prevention, 2008, 40(3): 1171-1179.

[192] HANCOCK M W, WRIGHT B. A policy on geometric design of highways and streets [M]. Washington: American Association of State Highway Transportation Officials, 2013.

[193] WANG J, KONG Y, FU T, et al. The impact of vehicle moving violations and freeway traffic flow on crash risk: An application of plugin development for microsimulation [J]. Plos One, 2017, 12(9).

[194] SHANGGUAN Q Q, WANG J H, FU T, et al. Quantification of cut-in risk and analysis of its influencing factors: a study using random parameters ordered probit model [J]. Journal of Transportation Safety & Security, 2021.

[195] OH C, PARK S, RITCHIE S G. A method for identifying rear-end collision risks using inductive loop detectors [J]. Accident Analysis & Prevention, 2006, 38(2): 295-301.

[196] JOHNSON R A, WICHERN D W. Applied multivariate statistical analysis [M]. Berlin: Springer, 2002.

[197] MILARDO S, RATHORE P, SANTI P, et al. An Unsupervised Approach for Driving Behavior Analysis of Professional Truck Drivers [C]//the International Conference on Intelligent Transport Systems. Berlin: Springer, 2021.

[198] MORIDPOUR S, SARVI M, ROSE G, et al. Lane-changing decision model for heavy vehicle drivers [J]. Journal of Intelligent Transportation Systems, 2012, 16(1): 24-35.

[199] LEE W S, GROSH D L, TILLMAN F A, et al. Fault tree analysis, methods, and applications a review [J]. IEEE transactions on reliability, 1985, 34(3): 194-203.

[200] CHEN T, SHI X, WONG Y D. Key feature selection and risk prediction for lane-changing behaviors based on vehicles' trajectory data [J]. Accident Analysis & Prevention, 2019, 129: 156-169.

[201] PARK H, OH C, MOON J, et al. Development of a lane change risk index using vehicle trajectory data [J]. Accident Analysis & Prevention, 2018, 110: 1-8.

[202] KOGANEI R, SASAKI K, WATANABE N. Characteristic identification of oil dampers for railway

vehicles using Neural Networks [J]. WIT Transactions on The Built Environment, 2008, 103: 725-733.

[203] SVOZIL D, KVASNICKA V, POSPICHAL J. Introduction to multi-layer feed-forward neural networks [J]. Chemometrics and intelligent laboratory systems, 1997, 39(1): 43-62.

[204] ER M J, WU S, LU J, et al. Face recognition with radial basis function (RBF) neural networks [J]. IEEE transactions on neural networks, 2002, 13(3): 697-710.

[205] GREEN M. "How Long Does It Take to Stop?" Methodological Analysis of Driver Perception-Brake Times [J]. Transportation human factors, 2000, 2(3): 195-216.

[206] HSIAO C. Analysis of panel data [M]. Cambridge :Cambridge University Press, 2014.

[207] BAHDANAU D, CHO K, BENGIO Y. Neural machine translation by jointly learning to align and translate [J]. Computer Science, 2014.

[208] SMILKOV D, THORAT N, ASSOGBA Y, et al. Tensorflow. js: Machine learning for the web and beyond [J]. Proceedings of Machine Learning and Systems, 2019, 1: 309-321.

[209] SON H, KWEON Y J, PARK B B. Development of crash prediction models with individual vehicular data [J]. Transportation research part C: emerging technologies, 2011, 19(6): 1353-1363.

[210] CHEN T, SHI X, WONG Y D, et al. Predicting lane-changing risk level based on vehicles' space-series features: A pre-emptive learning approach [J]. Transportation Research Part C: Emerging Technologies, 2020, 116: 102646.

[211] CHEN T, GUESTRIN C. XGboost: A scalable tree boosting system [C]// the Proceedings of the 22nd ACM Sigkdd International Conference on Knowledge Discovery and Data Mining. New York: ACM, 2016.

[212] YU R, ABDEL-ATY M. Utilizing support vector machine in real-time crash risk evaluation [J]. Accident Analysis & Prevention, 2013, 51: 252-259.

[213] SVETNIK V, LIAW A, TONG C, et al. Random forest: a classification and regression tool for compound classification and QSAR modeling [J]. Journal of chemical information and computer sciences, 2003, 43(6): 1947-1958.

[214] HU J, HUANG M C, YU X. Efficient mapping of crash risk at intersections with connected vehicle data and deep learning models [J]. Accident Analysis & Prevention, 2020, 144: 105665.

[215] KE G, MENG Q, FINLEY T, et al. Lightgbm: A highly efficient gradient boosting decision tree [J]. Advances in neural information processing systems, 2017, 30: 3146-3154.

[216] National Transportation Safety Board. Special investigation report-highway vehicle and infrastructure-based technology for the prevention of rear-end collisions [R]. Washington DC: University of California, 2001.

[217] CHANG I, PARK H, HONG E, et al. Predicting effects of built environment on fatal pedestrian accidents at location-specific level: Application of XGBoost and SHAP [J]. Accident Analysis & Prevention, 2022, 166: 106545.

[218] QI H, YAO Y, ZHAO X, et al. Applying an interpretable machine learning framework to the

traffic safety order analysis of expressway exits based on aggregate driving behavior data [J]. Physica A: Statistical Mechanics and its Applications, 2022, 597: 127277.

[219] YUAN C, LI Y, HUANG H, et al. Application of explainable machine learning for real-time safety analysis toward a connected vehicle environment [J]. Accident Analysis & Prevention, 2022, 171: 106681.

[220] LI X, WANG W, ROETTING M. Estimating driver's lane-change intent considering driving style and contextual traffic [J]. IEEE Transactions on Intelligent Transportation Systems, 2018, 20(9): 3258-3271.

[221] HAN T, JING J, ÖZGüNER Ü. Driving intention recognition and lane change prediction on the highway[C]//the 2019 IEEE Intelligent Vehicles Symposium (IV). [S. l.]: IEEE, 2019.

[222] CHENG W, FEI H, ASAD J K. Driver Lane-changing behavior prediction based on deep learning [J]. Journal of Advanced Transportation, 2021(2021).

[223] XIE D, FANG Z, JIA B, et al. A data-driven lane-changing model based on deep learning [J]. Transportation Research Part C: Emerging Technologies, 2019, 106: 41-60.

[224] LIU Y, ZHAO P, QIN D, et al. Driving intention identification based on long short-term memory neural network [C]//the 2019 IEEE Vehicle Power and Propulsion Conference (VPPC). [S. l.]: IEEE,2019.

[225] HUANG H, WANG J, FEI C, et al. A probabilistic risk assessment framework considering lane-changing behavior interaction [J]. Science China Information Sciences, 2020, 63(9): 1-15.

[226] CHAWLA N V, BOWYER K W, HALL L O, et al. SMOTE: synthetic minority over-sampling technique [J]. Journal of artificial intelligence research, 2002, 16: 321-357.

[227] YOU J, WANG J, GUO J. Real-time crash prediction on freeways using data mining and emerging techniques [J]. Journal of modern transportation, 2017, 25(2): 116-123.

[228] SHANGGUAN Q Q, FU T, WANG J H, et al. An integrated methodology for real-time driving risk status prediction using naturalistic driving data [J]. Accident Analysis & Prevention, 2021, 156: 106122.

[229] SHANGGUAN Q Q, FU T, WANG J H, et al. A proactive lane-changing risk prediction framework considering driving intention recognition and different lane-changing patterns [J]. Accident Analysis & Prevention, 2022, 164: 106500.

[230] CAI Q, ABDEL-ATY M, YUAN J, et al. Real-time crash prediction on expressways using deep generative models [J]. Transportation Research Part C: Emerging Technologies, 2020, 117: 102697.

[231] HYUN K K, JEONG K, TOK A, et al. Assessing crash risk considering vehicle interactions with trucks using point detector data [J]. Accident Analysis & Prevention, 2019, 130: 75-83.

[232] BEHNOOD A, AL-BDAIRI N S S. Determinant of injury severities in large truck crashes: A weekly instability analysis [J]. Safety Science, 2020, 131: 104911.

[233] GOEBELBECKER J, UZGIRIS S. Margin of safety for heavy trucks on curves [J]. Safety Bull, 1998, 7(2): 1-2.

[234] ADEYEMI O J, ARIF A A, PAUL R. Exploring the relationship of rush hour period and fatal and non-fatal crash injuries in the U. S. : A systematic review and meta-analysis [J]. Accident Analysis & Prevention, 2021, 163: 106462.

[235] DAS S, DUTTA A, SUN X. Patterns of rainy weather crashes: Applying rules mining [J]. Journal of Transportation Safety & Security, 2019: 1-23.

[236] JUNG S, QIN X, NOYCE D A. Modeling highway safety and simulation in rainy weather [J]. Transportation Research Record, 2011, 2237(1): 134-143.

[237] YE L, YAMAMOTO T. Evaluating the impact of connected and autonomous vehicles on traffic safety [J]. Physica A: Statistical Mechanics and its Applications, 2019, 526: 121009.

[238] LI Y, TANG C, PEETA S, et al. Nonlinear Consensus-Based Connected Vehicle Platoon Control Incorporating Car-Following Interactions and Heterogeneous Time Delays [J]. IEEE Transactions on Intelligent Transportation Systems, 2019, 20(6): 2209-2219.

[239] PIRDAVANI A, DE PAUW E, BRIJS T, et al. Application of a rule-based approach in real-time crash risk prediction model development using loop detector data [J]. Traffic Injury Prevention, 2015, 16(8): 786-791.

[240] SIEBERT F W, OEHL M, PFISTER H-R. The influence of time headway on subjective driver states in adaptive cruise control [J]. Transportation Research Part F: Traffic Psychology and Behaviour, 2014, 25: 65-73.

[241] PENG Y, ABDEL-ATY M, SHI Q, et al. Assessing the impact of reduced visibility on traffic crash risk using microscopic data and surrogate safety measures [J]. Transportation Research Part C: Emerging Technologies, 2017, 74: 295-305.

[242] MANNERING F L, SHANKAR V, BHAT C R. Unobserved heterogeneity and the statistical analysis of highway accident data [J]. Analytic Methods in Accident Research, 2016, 11: 1-16.

[243] FOUNTAS G, PANTANGI S S, HULME K F, et al. The effects of driver fatigue, gender, and distracted driving on perceived and observed aggressive driving behavior: A correlated grouped random parameters bivariate probit approach [J]. Analytic Methods in Accident Research, 2019, 22: 100091.

[244] ZUBAIDI H A, OBAID I A, ALNEDAWI A, et al. Motor vehicle driver injury severity analysis utilizing a random parameter binary probit model considering different types of driving licenses in 4-legs roundabouts in South Australia [J]. Safety Science, 2021, 134: 105083.

[245] MENG F Y, SZE N N, SONG C C, et al. Temporal instability of truck volume composition on non-truck-involved crash severity using uncorrelated and correlated grouped random parameters binary logit models with space-time variations [J]. Analytic Methods in Accident Research, 2021, 31: 100168.

[246] FOUNTAS G, ANASTASOPOULOS P C. A random thresholds random parameters hierarchical ordered probit analysis of highway accident injury-severities [J]. Analytic Methods in Accident Research, 2017, 15: 1-16.

[247] DA SILVA F G F, FALCãO V A, DOMINGOS M C D F, et al. Analysis of the generalized use of

logit models in simulating changes in decision attributes at the airport check-in [J]. Research in Transportation Economics, 2022: 101182.

[248] HUANG H, ABDEL-ATY M A, DARWICHE A L. County-level crash risk analysis in Florida: Bayesian spatial modeling [J]. Transportation Research Record: Journal of the Transportation Research Board, 2010, 2148(1): 27-37.

[249] WENG J, MENG Q, YAN X. Analysis of work zone rear-end crash risk for different vehicle-following patterns [J]. Accident Analysis & Prevention, 2014, 72: 449-457.

[250] SHAO X, MA X, CHEN F, et al. A random parameters ordered probit analysis of injury severity in truck involved rear-end collisions [J]. International Journal of Environmental Research and Public Health, 2020, 17(2): 395.

[251] BOKARE P, MAURYA A. Acceleration-deceleration behaviour of various vehicle types [J]. Transportation research procedia, 2017, 25: 4733-4749.

[252] DAS A, AHMED M M. Exploring the effect of fog on lane-changing characteristics utilizing the SHRP2 naturalistic driving study data [J]. Journal of Transportation Safety & Security, 2019: 1-26.

[253] XIE G, QIN H, HU M, et al. Modeling discretionary cut-in risks using naturalistic driving data [J]. Transportation Research Part F: Traffic Psychology and Behaviour, 2019, 65: 685-698.

[254] WANG S, BAO Z, CULPEPPER J S, et al. A survey on trajectory data management, analytics, and learning [J]. ACM Computing Surveys, 2021, 54(2): 1-36.

[255] BIAN J, TIAN D, TANG Y, et al. Trajectory data classification: A review [J]. ACM Transactions on Intelligent Systems Technology, 2019, 10(4): 1-34.

[256] VON LUXBURG U. A tutorial on spectral clustering [J]. Statistics and Computing, 2007, 17(4): 395-416.

[257] YU B, BAO S, ZHANG Y, et al. Measurement and prediction of driver trust in automated vehicle technologies: An application of hand position transition probability matrix [J]. Transportation Research Part C: Emerging Technologies, 2021, 124: 102957.

[258] ALNAWMASI N, MANNERING F. The impact of higher speed limits on the frequency and severity of freeway crashes: Accounting for temporal shifts and unobserved heterogeneity [J]. Analytic Methods in Accident Research, 2022, 34: 100205.

[259] ISLAM M, MANNERING F. A temporal analysis of driver-injury severities in crashes involving aggressive and non-aggressive driving [J]. Analytic Methods in Accident Research, 2020, 27: 100128.

[260] WASHINGTON S, KARLAFTIS M, MANNERING F, et al. Statistical and econometric methods for transportation data analysis [M]. London:Chapman and Hall, 2020.

[261] ZAMANI A, BEHNOOD A, DAVOODI S R. Temporal stability of pedestrian injury severity in pedestrian-vehicle crashes: New insights from random parameter logit model with heterogeneity in means and variances [J]. Analytic Methods in Accident Research, 2021, 32: 100184.

[262] FULLER R. Towards a general theory of driver behaviour [J]. Accident Analysis & Prevention,

2005, 37(3): 461-472.

[263] GU X, ABDEL-ATY M, XIANG Q, et al. Utilizing UAV video data for in-depth analysis of drivers' crash risk at interchange merging areas [J]. Accident Analysis & Prevention, 2019, 123: 159-169.

[264] TIAN R, LI L, CHEN M, et al. Studying the Effects of Driver Distraction and Traffic Density on the Probability of Crash and Near-Crash Events in Naturalistic Driving Environment [J]. IEEE Transactions on Intelligent Transportation Systems, 2013, 14(3): 1547-1555.

[265] ZHANG K, HASSAN M. Crash severity analysis of nighttime and daytime highway work zone crashes [J]. PLoS one, 2019, 14(8): e0221128.

[266] AHMED M M, GHASEMZADEH A. The impacts of heavy rain on speed and headway Behaviors: An investigation using the SHRP2 naturalistic driving study data [J]. Transportation Research Part C: Emerging Technologies, 2018, 91: 371-384.

[267] GE Y, LIU X, SHEN B, et al. Can prosocial attitude reduce the risk behavior in simulated driving? [J]. Transportation Research Part F: Traffic Psychology and Behaviour, 2021, 79: 84-93.

[268] JANG J, KO J, PARK J, et al. Identification of safety benefits by inter-vehicle crash risk analysis using connected vehicle systems data on Korean freeways [J]. Accident Analysis & Prevention, 2020, 144: 105675.

[269] WANG X, ZHANG X, GUO F, et al. Effect of daily car-following behaviors on urban roadway rear-end crashes and near-crashes: A naturalistic driving study [J]. Accident Analysis & Prevention, 2022, 164: 106502.

[270] TEH E, JAMSON S, CARSTEN O, et al. Temporal fluctuations in driving demand: The effect of traffic complexity on subjective measures of workload and driving performance [J]. Transportation Research Part F: Traffic Psychology and Behaviour, 2014, 22: 207-217.

[271] HAMZEIE R, SAVOLAINEN P T, GATES T J. Driver speed selection and crash risk: Insights from the naturalistic driving study [J]. Journal of Safety Research, 2017, 63: 187-194.

[272] AL AUFI A, SCHMIDT C, GOETZ J, et al. Investigating "Texting while Driving" Behavior at Different Roadway Configurations Using a Driving Simulator Setting [J]. Transportation Research Record, 2021.

[273] TARKO A P. Modeling drivers' speed selection as a trade-off behavior [J]. Accident Analysis & Prevention, 2009, 41(3): 608-616.

[274] CAIRD J K, JOHNSTON K A, WILLNESS C R, et al. A meta-analysis of the effects of texting on driving [J]. Accident Analysis & Prevention, 2014, 71: 311-318.

[275] LI M, LI Z, XU C, et al. Short-term prediction of safety and operation impacts of lane changes in oscillations with empirical vehicle trajectories [J]. Accident Analysis & Prevention, 2020, 135: 105345.

[276] LI X, SUN J Q. Studies of vehicle lane-changing dynamics and its effect on traffic efficiency, safety and environmental impact [J]. Physica A: Statistical Mechanics and its Applications, 2017, 467: 41-58.

[277] LAVAL J A, DAGANZO C F. Lane-changing in traffic streams [J]. Transportation Research Part B: Methodological, 2006, 40(3): 251-264.

[278] CHAUHAN P, KANAGARAJ V, ASAITHAMBI G. Understanding the mechanism of lane changing process and dynamics using microscopic traffic data [J]. Physica A: Statistical Mechanics and its Applications, 2022, 593: 126981.

[279] 陆斯文. 高速公路关键基础驾驶行为建模及行车风险评价研究[D]. 上海:同济大学,2011.

[280] ZHENG Z, AHN S, CHEN D, et al. The effects of lane-changing on the immediate follower: Anticipation, relaxation, and change in driver characteristics [J]. Transportation Research Part C: Emerging Technologies, 2013, 26: 367379.

[281] ZHENG Z. Recent developments and research needs in modeling lane changing [J]. Transportation Research Part B: Methodological, 2014, 60: 16-32.

[282] AYOUB J, DU N, YANG X J, et al. Predicting Driver Takeover Time in Conditionally Automated Driving [J]. IEEE Transactions on Intelligent Transportation Systems, 2022: 1-10.

[283] 胡振国. 基于驾驶员状态监督和可拓决策的车道偏离辅助系统[D]. 合肥:合肥工业大学,2018.

[284] 陈卫卫. 基于机器视觉的车道偏离预警系统关键技术研究[D]. 西安:长安大学,2021.

[285] 张亮. 基于机器视觉的车道偏离预警策略研究[D]. 大连:大连理工大学,2017.

[286] HUEY B M, WICKENS C D. Workload transition: Implications for individual and team performance [R]. Washington DC: National Research Council Washington DC, 1993.

[287] 李家文. 驾驶人疲劳状态及交通环境自适应式预警方法的研究 [D]. 北京: 清华大学, 2011.

[288] JAMSON A H, LAI F C, CARSTEN O M. Potential benefits of an adaptive forward collision warning system [J]. Transportation research part C: emerging technologies, 2008, 16(4): 471-484.

[289] LIANG J, CHEN L, CHEN X. The study of car rear-end warning model based on MAS and behaviour [J]. International journal of computer applications in technology, 2010, 39(4): 207-212.

[290] GIBSON J J, CROOKS L E. A theoretical field-analysis of automobile-driving [J]. The American journal of psychology, 1938, 51(3): 453-471.

[291] POLLARD J K. Evaluation of the Vehicle Radar Safety Systems' Rashid Radar Safety Brake Collision Warning System [R]. Cambridge: US Department of Transportation, 1988.

[292] STEIN A C, ZIEDMAN D, PARSEGHIAN Z. Field evaluation of a nissan laser collision avoidance system [R]. [S. l.]:TRID,1989.

[293] LEASURE W A. THE IMPORTANCE OF CRASH PROBLEM ANAYLSIS IN DEFINING NHSTA'S IVHS PROGRAM; proceedings of the Surface transportation and the information age [C]//the IVHS America 1992 Annual Meeting. Newport Beach:[s. n.], 1992.

[294] KNIPLING R R, HENDRICKS D, KOZIOL J, et al. A front-end analysis of rear-end crashes [C]// the Surface Transportation and the Information Age Proceedings of the IVHS America 1992 Annual Meeting. [S. l.]:[s. n.], 1992.

[295] BURGETT A L, CARTER A, MILLER R, et al. A collision warning algorithm for rear-end collisions[C]//the 16th International Technical Conference on Enhanced Safety of Vehicles (ESV).

Windsor:[s. n.], 1998.

[296] 李力,王飞跃,郑南宁,等. 驾驶行为智能分析的研究与发展[J]. 自动化学报,2007,(10):1014-1022.

[297] MURRAY-TUITE P M. A Comparison of Transportation Network Resilience under Simulated System Optimum and User Equilibrium Conditions [C]//the Simulation Conference. [S. l.]: [s. n.], 2006.

[298] 王爽. 微观交通仿真及分析技术在交通影响评价中的应用研究[D]. 吉林:吉林大学,2006.

[299] 龚海阳. 如何防止汽车追尾事故[J]. 交通世界(运输车辆),2012,(10): 138-139.

[300] KATJA V. A comparison of headway and time to collision as safety indicators [J]. Accident Analysis & Prevention, 2003, 35(3): 427-433.

[301] HYDEN C. THE DEVELOPMENT OF A METHOD FOR TRAFFIC SAFETY EVALUATION: THE SWEDISH TRAFFIC CONFLICTS TECHNIQUE [J]. Bulletin Lund Institute of Technology Department, 1987.

[302] LI S, XIANG Q, MA Y, et al. Crash Risk Prediction Modeling Based on the Traffic Conflict Technique and a Microscopic Simulation for Freeway Interchange Merging Areas [J]. International Journal of Environmental Research & Public Health, 2016, 13(11): 1157.

[303] 周俊昌,常玉林,郭敏,等. 基于交通冲突技术的高速公路安全评价[J]. 重庆交通大学学报(自然科学版),2011,30(5):974-977.

[304] 卢川,项乔君,张国强,等. 公路平交口交通冲突严重性的判定[J]. 合肥工业大学学报(自然科学版),2008,31(5):683-686.

[305] 王嵘冰,徐红艳,李波,等. BP 神经网络隐含层节点数确定方法研究[J]. 计算机技术与发展,2018,28(4):31-35.

[306] 张清浪,李先明. 一种确定神经网络隐层节点数的新方法[J]. 吉首大学学报(自科版),2002,23(1):89-91.